湖北省高等学校马克思主义中青年理论家培育计划

湖北省社科基金前期资助项目（项目编号：19ZD105）

以人民为中心视域下的马克思市民社会理论研究

YI RENMIN WEI ZHONGXIN SHIYU XIA DE
MAKESI SHIMIN SHEHUI LILUN YANJIU

刘建新◎著

人民出版社

目　录

导　论　马克思市民社会理论的时代回应 1

　　一、历史唯物主义的时代创新 1

　　二、当代中国马克思主义的价值立场 10

第一章　马克思市民社会批判的理论前提 21

　第一节　现代性的生成 21

　　一、现代性的核心 22

　　二、现代性的生成 24

　　三、黑格尔与理性形而上学 26

　第二节　青年黑格尔派对黑格尔哲学的批判 29

　　一、宗教批判 30

　　二、政治批判 37

　第三节　马克思的现代性批判视野 42

　　一、对理性形而上学的批判 43

　　二、对市民社会的政治经济学批判 47

　　三、马克思市民社会批判视野中的人的全面发展 51

　　四、以人民为中心是实现人的全面发展的必由之路 55

第二章　马克思市民社会理论的哲学基础 ……………58

第一节　自我意识哲学与宗教批判 …………………………58

一、自我意识哲学的分析 ……………………………58

二、自我意识是人的最高神性 ……………………66

第二节　对青年黑格尔派和费尔巴哈哲学的批判 ………70

一、自由是全部精神存在的类的本质 ……………70

二、人的存在是国家的基础 ………………………78

三、对费尔巴哈唯物主义的批判 …………………87

第三节　对黑格尔辩证法和整个哲学的批判 ……………94

一、青年黑格尔派与黑格尔哲学基地 ……………95

二、人的类本质和异化劳动 ………………………98

三、"对象性的活动"与人的生成 …………………106

第三章　对市民社会的政治经济学批判 …………118

第一节　黑格尔市民社会理论及其批判 …………………119

一、黑格尔的市民社会理论 ………………………120

二、对黑格尔市民社会理论的批判 ………………128

第二节　国民经济学家的市民社会观批判 ………………136

一、斯密的市民社会理论分析 ……………………137

二、蒲鲁东之"贫困"根源 …………………………143

第三节　对市民社会的政治经济学批判 …………………150

一、社会关系的物化 ………………………………152

二、市民社会的资本逻辑 …………………………164

三、资本与人的劳动异化 …………………………167

第四节　共产主义与市民社会的解放 ……………………171

一、市民社会与人类解放 …………………………171

二、共产主义与人的自由的真正实现 177

第四章 市民社会批判与人的全面发展 184

第一节 马克思市民社会批判视域中的人的全面发展 184

一、异化劳动批判与人的全面发展 185

二、从"人对物的依赖"到人的全面发展 189

三、从人的片面发展到人的全面发展 193

第二节 现代性建构与人的全面发展的现实路径 198

一、现代性的当代反思及其建构 198

二、马克思东方社会理论的启示 207

三、人的全面发展的生产力维度 222

四、人的全面发展的制度维度 234

第三节 制度文明与人的全面发展 242

一、马克思市民社会批判视域中的制度文明 244

二、社会主义制度文明的价值取向 248

第五章 以人民为中心的制度建构与实践 255

第一节 人的利益保障 255

一、以人民为中心的核心 256

二、实现人民根本利益的制度途径 260

三、人民根本利益的最高形式 263

第二节 人的能力的发展 266

一、建立均等教育的制度体系 266

二、形成创造力竞相迸发的制度优势 269

第三节 人的主体地位确立 272

一、人是社会的主体 273

二、人是市场的主体 276

第四节 人的自由本性实现 282

一、民主化与人的全面发展 283

二、法治化与人的全面发展 287

第五节 人、自然与社会的和谐发展 293

一、坚持人与自然和谐共生 294

二、加强制度建设，促进社会与人的全面发展 304

主要参考文献 313

后 记 320

导　论
马克思市民社会理论的时代回应

一、历史唯物主义的时代创新

马克思说:"哲学家的成长并不像雨后的春笋,他们是自己的时代、自己的人民的产物,人民最精致、最珍贵和看不见的精髓都集中在哲学思想里。"[①] 理论的生长点不是自然形成的,而是在适应社会发展的需要中产生的,推动理论发展的真正动力正在于时代的需要。真正推动哲学家探讨哲学问题的深层力量是社会实践的需要,是人们改造世界的需要,哲学家思考的思想材料,归根到底也是人们改造世界的实践活动提供的,没有实践中提出的问题,哲学家不可能有思考哲学问题的动机;没有实践活动的结果,哲学家就会连思考的对象都没有。[②] 自20世纪80年代起,国内学界对"市民社会"研究一度高涨。市民社会问题引起学术界的普遍关注和讨论,与全球化、现代化理论的兴起有直接联系,但从根本上讲,还是源自中国现代性建构的现实需要。现代化是当代中国的时代主题,是走向民族复兴的必由之路,是增进人民福祉的根本路径,而中国现代化只有在一个现代意义的社会结构中才能实现,离开现代意义的社会结构,现代化就失去了生长的土壤。基于此,培育社会主义市民社会,建构现代公共社会空间,是一个重大的时代课题。

市民社会是当代生活世界的基本情形和普遍形式。市民社会的形成,意

---

① 《马克思恩格斯全集》第 1 卷,人民出版社 1956 年版,第 120 页。

② 参见《陶德麟文集》,武汉大学出版社 2007 年版,第 689 页。

味着在家庭这种自然状态和国家这种政治生活之间，开辟了一个外在于政治国家的经济活动、社会活动的私域和进行议政参政的非官方的公域。①1992年起中国致力于构建社会主义市场经济体制，表明市民社会开始以新的社会形式走向现代化的前沿领域，中国以更加开放的姿态主动融入世界，并以自己的独特创造推动了现代社会的前行，开启了人类文明的新形态。随着中国社会的由传统向现代的加速转型，中国社会主义市民社会得到快速发展，国家和社会关系也表现出新特点，人们在物质水平不断提高的基础上，对社会公平正义、有效社会治理、良好社会秩序发出日益强烈的呼唤。在此情境下，马克思市民社会理论渐成研究热点，成果迭出，如《马克思的市民社会理论及其历史地位》（俞可平，1993）、《国家与社会：中国市民社会研究》（邓正来，1997）、《马克思的市民社会理论及其意义》（陈晏清、王新生，2001）、《马克思市民社会理论研究》（蒋红，2007）、《马克思市民社会理论研究》（洪岩编著，2011）、《回归历史——基于马克思市民社会批判视角》（王代月，2016）等。这些成果力图通过文本考察为中国经济社会发展提供理论资源，为构建社会主义市场经济体制贡献理论思考，但总体上还是局限于文本解读，在面向生活实践、致力解决现实问题上，明显跟不上中国社会的现代化步伐，近年来研究还呈现出力量分散、成果弱化的态势。

这种困境的根源在于离开中国现实，特别是离开对生活在社会主义初级阶段的中国人的关注，马克思市民社会理论研究就不可能取得实质性突破，这与马克思主义的理论本性是不相适应的。"人的思维是否具有客观的真理性，这不是一个理论的问题，而是一个实践的问题。人应该在实践中证明自己思维的真理性，即自己思维的现实性和力量，自己思维的此岸性。"② 马克思对市民社会的批判体现出强烈的现实性。马克思通过对资本主义现实的深刻剖析，对人的现实处境深切关怀，对人的前景作出科学展望。马克思毕生的理论主题，是把人的解放和幸福放在中心位置，把追求人的自由全面发展

---

① 参见邓正来：《国家与社会：中国市民社会研究》，北京大学出版社2008年版，第7页。
② 《马克思恩格斯选集》第1卷，人民出版社1995年版，第55页。

作为崇高境界。与过去悲天悯人的慈善家和徒托空言的思想家不同的是，马克思将人的思维从"天上"拉回到"人间"，以科学实践观为基础，通过人的历史活动去理解人，指出人的本质在其现实性上是一切社会关系的总和，不能把人看作是抽象的存在物，而是现实的存在物，要改变人的现实处境，只有改变现存的社会关系，变革资本主义制度，才能实现人的解放，实现人的自由全面发展。

两千多年的哲学史说到底就是人认识自己的历史，但人认识自己比认识自然困难何止百倍。以往哲学共同的弱点就在于未能发现人类社会和人本身的生成机制和真正奥秘，无论是唯心主义还是旧唯物主义，都不能提出科学的理论和认识的方法，只能以各种不同的形式在迷宫里徘徊。这个缺陷，连 19 世纪杰出的唯物主义哲学家费尔巴哈也不例外。这种哲学始终没有抓住历史活动的现实主体，也无从揭示人类社会历史的规律，甚至也不能准确抓住时代提出的问题，更找不到这些问题的症结。马克思由唯心主义向唯物主义的转变过程以及历史唯物主义的创立过程，就是以对人的问题的探究为原动力的。1843 年的《黑格尔法哲学批判》及其《导言》，1844 年的《1844年经济学哲学手稿》，1844 年与恩格斯合著的《神圣家族》，1845 年的《关于费尔巴哈的提纲》，1845 年与恩格斯合著的《德意志意识形态》，1847 年的《哲学的贫困》，1848 年与恩格斯合著的《共产党宣言》，包括他撰写的《资本论》都是对人的问题的探讨，都是关于人如何获得解放的理论。马克思主义哲学指出了理解人的社会和人自身的关键是实践，生活的观点、实践的观点是马克思主义的核心观点，实践性是马克思主义最显著的理论品格。纵观马克思的思想历程，"现实的生活""现实的关系""现实的运动""现实的共同体""现实的态度"等现实问题是被尤为关注的，马克思提出要"建立自己的现实"，即"要扬弃私有财产的思想，有思想上的共产主义就完全够了。而要扬弃现实的私有财产，则必须有现实的共产主义行动"①。从人的现实的运动理解人，才能真正把握什么是"人本身"。

① 《马克思恩格斯文集》第 1 卷，人民出版社 2009 年版，第 231—232 页。

　　问题是时代的声音。人在现实活动中会产生各种不同的问题，对人的现实运动可以从不同的视角去理解，但不论怎样也离不开对人的本质的把握，以及对人赖以生存和发展的社会条件和社会制度作现实的分析。作为人的活动的关系范畴，制度的运行状态直接影响人的活动。人是社会存在物，人也是制度存在物。制度从本质上讲，就是社会化的人类群体的结合方式，是稳定、规范、成熟、系统的社会关系的表现形态。制度的状态攸关人的生存状态。正如吉登斯所说，现代性是制度化的秩序，也就是说，现代性是通过一定的社会模式和制度安排而得到表现和实现，并通过制度的方式加以实施和巩固的。所以人要实现现代化，必然要求制度层面的现代化，通过制度现代化促进和实现人的现代化。在中国社会持续发展的背景下，坚持和完善中国特色社会主义制度，优化社会制度的功能状态，推进国家治理体系和治理能力现代化，适应社会生产力的发展要求，不断满足人民对美好生活的向往，对走向现代化的当代中国显得尤为迫切。

　　社会主义社会不是一成不变的，而是需要不断改革的社会。社会主义改革是一场自我扬弃的现实运动，其价值目标正在于人的自由而全面的发展，朝着实现全体人民共同富裕不断迈进。实现这一价值目标，不可能一蹴而就，而是要通过若干个历史阶段的探索实践才能达成。每个历史阶段都有其具体特点，各个阶段前后相继汇成历史的"长河"。因此人的自由而全面发展离不开社会的历史性，离不开现阶段社会主义的现实运动。中国当前最大的国情就是仍处在并将长期处在社会主义初级阶段。新中国成立 70 多年特别是改革开放 40 多年来，我国经济建设取得巨大成就，生产力发展突飞猛进，在几十年的时间里走完西方国家几百年的历史进程，大踏步地赶上了时代，社会主义制度的优越性得到进一步彰显。但是，我国的制度建设还存在着很多不完善的地方，制度体系亟须改革和完善以适应新的发展要求。在 1992 年的南方谈话中，邓小平同志富有洞见地指出："恐怕再有三十年的时间，我们才会在各方面形成一整套更加成熟、更加定型的制度。"① 习近平总

---

① 《邓小平文选》第 3 卷，人民出版社 1993 年版，第 372 页。

书记指出："今天，摆在我们面前的一项重大历史任务，就是推动中国特色社会主义制度更加成熟更加定型，为党和国家事业发展、为人民幸福安康、为社会和谐稳定、为国家长治久安提供一整套更完备、更稳定、更管用的制度体系。这项工程极为宏大，必须是全面的系统的改革和改进，是各领域改革和改进的联动和集成，在国家治理体系和治理能力现代化上形成总体效应、取得总体效果。"① 要看到，"相比我国经济社会发展和人民群众的要求，相比当今世界日趋激烈的国际竞争，相比实现国家长治久安，我们在国家治理体系和治理能力方面还有许多亟待改进的地方，我们的制度还没有达到更加成熟更加定型的要求，有些方面甚至成为制约我们发展和稳定的重要因素"②。党的十九大进一步明确，全面深化改革总目标是完善和发展中国特色社会主义制度、推进国家治理体系和治理能力现代化。全面深化改革的目标就是通过制度建设与完善，进一步彰显社会主义制度的优越性，激发制度的优势与活力，从根本上说，制度建设的目的在于协调和优化人与人之间的关系，以促进人际关系的和谐，维护最广大人民的根本利益，促进人的全面发展。

　　人的现实性决定了马克思市民社会理论研究的现实性。社会是由"现实的个人"组成的集合体，人的社会性与现实性是高度统一的，人的现实性决定了社会的现实性，也决定了市民社会理论研究的现实性。深化马克思市民社会理论研究，不能停留于经典著作的文本阐释，在已经取得的学术成果基础上作重复解释，而是要着力体现研究的现实性。当前最要紧的是紧密结合中国现实，密切联系中国人的现实生活来拓展马克思市民社会理论研究。如果缺少对人的关心和关注，缺少现实关怀态度，研究就很难有说服力和解释力，如果体现不出现实性，就无法将理论研究向前推进。从马克思市民社会理论研究所取得的成果和研究的现状看，还缺乏对人的足够重视，缺乏对制度变革的深入思考，以及制度变革对人的生存和发展带来的深刻影响，这些欠缺直接导致马克思市民社会理论研究处于停滞不前的状态。

---

① 《习近平谈治国理政》，外文出版社 2014 年版，第 104—105 页。
② 《习近平关于全面深化改革论述摘编》，中央文献出版社 2014 年版，第 28 页。

马克思市民社会理论的研究出路，就在于结合当代中国人的实际生活，通过制度建设促进人的全面发展。以人民为中心的发展思想是唯物史观的时代创新，为深化拓展马克思市民社会理论研究指明了方向，提供了重要视野。党的十八大以后，习近平总书记多次提到以人民为中心的发展思想，强调人民性是马克思主义的基本立场，要把为人民谋幸福作为根本使命。在十九大报告中，习近平总书记把"坚持以人民为中心"作为中国特色社会主义的基本方略进行了系统论述，充分体现了在实践基础上党的基本理论的重大创新，是马克思主义中国化时代化的重大成果。围绕以人民为中心思想，学者们作出积极呼应，产生了系列相关研究成果，如《坚持以人民为中心的发展思想》（蔡昉，2016）、《坚持以人民为中心的研究导向》（陈华兴，2017）、《以人民为中心发展思想的理论逻辑与价值意蕴》（杨金洲，2018），以及徐云鹏（2017）、邹兴平（2018）、许君强（2019）等。学者们能自觉以唯物史观作指导，对以人民为中心的发展思想作了及时跟进和论证，阐释了以人民为中心的发展思想是习近平新时代中国特色社会主义思想的核心内容和理论精髓，体现治国理政的根本立场、观点和方法及其对新时代的中国实践具有极为重要的指导意义。这些研究无疑对于深入学习和切实贯彻习近平新时代中国特色社会主义思想，推进以人民为中心的思想研究，具有重要的理论价值。

不足也是存在的。表现在，学者们的研究以论文居多，对某个具体问题、某个方面以及技术路径研究多；从历史唯物主义时代创新的视角对以人民为中心思想作整体研究较少，对中国化的历史唯物主义形态及其实践意义进行系统探究较少。同时，学者们没有进一步从制度层面深化以人民为中心的思想研究，论述深度还有较大欠缺，这与国内学者没有在学理上作充分挖掘密切相关，特别是与没有对马克思市民社会理论作系统阐述，从中提炼出思想智慧和理论资源来加强和深化对人的相关研究密切相关。

国外学者在市民社会研究方面有着深厚的理论渊源，也积累了深厚的学术基础。亚里士多德提出的"市民社会"（政治城邦）概念，14世纪在欧洲被广为采用。文艺复兴后，16世纪的西欧开始进入资本主义时期。市民社会的兴起，为思想家们提供了思考的对象和材料。英法启蒙思想家格劳秀斯、斯宾诺莎、洛克、卢梭、孟德斯鸠等将市民社会理解为与自然状态相对的政治社会或国家，因此，市民社会与国家是同一的。黑格尔沿用了市民社会并赋予新的含义，将市民社会研究的重心转向经济活动和经济领域。正是通过对经济学的深入研究，黑格尔认识到现代社会的进步意义，体会到主体性原则所具有的价值，并由此把握现代社会的矛盾，得出"国家高于社会、决定社会"的结论。

马克思市民社会理论作为这一路程中的坐标式成果，在 20 世纪晚期资本主义背景下，引起当代西方思想家的关注，他们试图从中寻求思想资源，以展开对现代社会的批判。主要代表是：一是葛兰西的《狱中札记》，葛兰西强调市民社会对政治国家的决定作用，但将市民社会理解为意识形态和文化的领域，看作上层建筑的范畴；二是哈贝马斯的《交往行为理论》，哈贝马斯认为，市民社会是在市场经济的基础上发展起来的并独立于政治国家的私人自主领域，它包括市场体系和公共领域两个部分，从而将"公共领域"概念引入市民社会理论中，后来哈贝马斯又运用市民社会（生活世界）/系统（政治＋经济）的模式，分析资本主义危机的根源，强调抵制政治和经济体系的工具理性，重建生活世界的交往理性，以展开对晚期资本主义社会的现实批判。当代西方一些学者如科亨、阿拉托、塔尔科特·帕森斯等人认为，市民社会主要由文化领域构成，是资本主义社会的"上层建筑"，市民社会的主要功能是将文化价值制度化。总体而言，西方学者的研究沉溺于精神文化的反思，不可能对资本主义社会病症提出可行的"药方"和"诊治方案"。

目前国外学者对以人民为中心思想还没有作专门的系统研究，多是从不同视角作的相关研究，取得的研究成果也分散在不同方面。比如，有学者（如俄罗斯的尤里·塔夫罗夫斯基）从实现中国梦的角度进行阐述，对习近平为实现中国梦提出的新思想新战略作了评价；有学者（如联合国工业发展组织原总干事卡洛斯·马格里诺斯）从关注"四个全面"战略布局的视角，探讨了这一战略布局对于中国人民实现对美好生活向往的必要性；党的十九大之后，有学者（如意大利学者安德烈·卡托内）从增进人民获得感幸福感的角度展开探讨；如此等等。这些论者对于中国社会取得的重大成就基本持肯定态度，积极评价中国发展给人民带来的实际改变，以及对人类生存的重大意义。但是，这些研究没有以马克思主义为理论指导，没有正确的研究方向引领，无论他们的研究成果如何丰富，涉及内容如何广泛，与中国人民的现实需要相比较，还是不见舆薪、不得要领。还要看到，这些学者由于没有亲身经历中国实践，没有充分感受中国现实，没有接受中国优秀传统文化熏陶，他们的研究虽有可取之处，但总体上还是雾里看花，甚至还有些文不对题，无论是研究的方法路径或是成果价值都存在很多缺陷。

总的来看，国内外学界的研究取得大量可资借鉴和启人思考的成果，也留存较为宽阔的研究余地。主要表现为：其一，缺乏系统性研究，对以人民为中心作学理整体梳理分析，并形成一个基本完整框架的学术专著几乎没有；其二，缺乏逻辑性研究，对以人民为中心的理论渊源的挖掘，对马克思主义人学的生成机制的历史逻辑考察，梳理马克思市民社会理论与以人民为中心的内在联系，需着力推进；其三，缺乏现实性研究，在坚持和完善中国特色社会主义制度体系，推进国家治理体系和治理能力现代化背景下建构新型市民社会与国家的关系，通过制度体系现代化彰显以人民为中心的发展思想，在现实性上还需加强研究。

因此，本书的研究无论从理论层面还是实践层面都具有重要意义。中国正着力构建和完善社会主义市场经济体制。市民社会这一介于家庭和国家的"公共领域"是与市场经济相互贯通的。在中国社会的现代化进程中，如何在充分利用市场机制配置资源、提高效益、促进发展的同时，避免市场机制带来社会负面效应；如何用理性的动机和行为引导人的市场活动，如何加强人的市场行为的民主化法治化；如何协调政府与市场的关系，发挥好有效市场与有为政府的作用，使两方面的作用产生"1+1>2"的效果；如何在经济发展和人民生活水平提升的同时保持人与自然的和谐共生等，都需要从马克思市民社会批判视野中寻求思想智慧和理论资源。马克思市民社会理论揭示了市场经济条件下市民社会与国家的关系，剖析了资产阶级社会与国家异化的根源，并找到了消除这种异化的目标指向和现实路径，为当代中国不断深化改革、理顺以国家和市民社会关系为基础的各种社会关系、促进经济社会协调和谐发展，提供了理论指导和方法论意义。

马克思市民社会理论的价值取向在于实现人的幸福和人的自由全面发展。这是我们构建社会主义市场经济体制必须始终遵循的价值导向，是我们党矢志不渝的奋斗目标。党的十八大以来，我们党不断深化和勠力践行这一价值取向。党的十八届五中全会提出坚持以人民为中心的发展思想，把增进人民福祉、促进人的全面发展、朝着共同富裕方向稳步前进作为经济发展的出发点和落脚点。党的十九届四中全会明确提出，坚持和完善中国特色社会主义制度、推进国家治理体系和治理能力现代化的总体目标是，到我们党成立一百年时，在各方面制度更加成熟更加定型上取得明显成效；到2035年，各方面制度更加完善，基本实现国家治理体系和治理能力现代化；到新中国成立一百年时，全面实现国家治理体系和治理能力现代化，使中国特色社会主义制度更加巩固、优越性充分展现。党的十九届五中全会进一步强化了以人民为中心的发展思想，对扎实推动共同富裕作出重大战略部署，强调共同富裕具有鲜明的时代特征和中国特色，使全体人民通过辛勤劳动和相互帮助，普遍达到生活富裕富足、精神自信自强、环境宜居宜业、社会和谐和睦、公共服务普及普惠，实现人的全面发展和社会全面进步，凸显了社会主义制度的价值取向在于促进人的全面发展。以人民为中心充分彰显了社会主义制度的优越性。在总结抗击新冠肺炎疫情的伟大斗争时，习近平总书记深刻指出："衡量一个国家的制度是否成功、是否优越，一个重要方面就是看其在重大风险挑战面前，能不能号令四面、组织八方共同应对。我国社会主义制度具有非凡的组织动员能力、统筹协调能力、贯彻执行能力，能够充分发挥集中力量办大事、办难事、办急事的独特优势，这次抗疫斗争有力彰显了我国国家制度和国家治理体系的优越性。"他强调："在保护人民生命安全面前，我们必须不惜一切代价，我们也能够做到不惜一切代价，因为中国共产党的根本宗旨是全心全意为人民服务，我们的国家是人民当家作主的社会主义国家。"① 社会主义制度优越性的核心，在于始终把人民放在社会发展的中心地位，始终维护和发展最广大人民的根本利益，不断满足人民美好生活需要，不断促进人的全面发展。

因此，本书从历史唯物主义时代创新的视角对以人民为中心思想作系统研究，对于深入贯彻习近平新时代中国特色社会主义思想，探究马克思市民社会批判的政治经济学视野及其人学资源，立足中华民族伟大复兴实践，结合坚持和完善中国特色社会主义制度体系，推进国家治理体系和治理能力现代化的新时代要求，通过制度体系的变革与建构，更好把制度优势转化为国家治理效能，实现最广大人民的根本利益，促进人的全面发展，具有重要的现实意义。

二、当代中国马克思主义的价值立场

习近平总书记指出："马克思主义政治经济学是马克思主义的重要组成部分，也是我们坚持和发展马克思主义的必修课。马克思、恩格斯根据辩证唯物主义和历史唯物主义的世界观和方法论，批判继承历史上经济学特别是英国古典政治经济学的思想成果，通过对人类经济活动的深入研究，创立了马克思主义政治经济学，揭示了人类社会特别是资本主义社会经济运动规律。"② 马克思主义政治经济学的理论品格，在于通过对市民社会的政治经济学批判，揭示资产阶级社会人的生存状态，揭示造成这种状态的社会根源，揭示改变这种状态的方法路径，从而揭示人类社会的前景及其发展规律。马克思主义政治经济学不仅是洞察资本主义社会内在矛盾的"显微镜"，更是展望人类社会发展前景的"望远镜"，对于当代中国特色社会主义伟大实践具有极为深远的理论价值和现实意义。为此，本书将系统论述马克思市民社会政治经济学批判的人学视点，并以此切入，阐明以人民为中心的发展

---

① 习近平：《在全国抗击新冠肺炎疫情表彰大会上的讲话》，人民出版社 2020 年版，第 11、13 页。

② 《十八大以来重要文献选编》（下），中央文献出版社 2018 年版，第 1 页。

思想是唯物史观中国化的最新成果。在新时代，发展当代中国马克思主义、21世纪马克思主义，需要着力推进以人民为中心的发展思想的制度建构与实践。

（一）人是目的

从14世纪文艺复兴起，欧洲几个世纪的人文主义思潮，唤起人们对自由的追求，人逐渐从中世纪宗教神学统治的漫漫长夜中解放出来，从以神为中心转向以人为中心，实现了以人为目的的立场转换。近代欧洲思想的发展跌宕起伏，在各种社会力量交织酝酿中，经过英国经验主义、欧洲大陆理性主义以及德国古典哲学的思想发展，欧洲哲学产生的新成果，为马克思主义产生提供了直接且丰富的理论来源。马克思思想历程的最大转折，就是从唯心主义向唯物主义的转变，通过对现代性问题的批判，创立实践哲学范式，实现历史唯物主义的伟大创造。马克思的思想演进的根本动力在于对"现实的人"的关注。从《黑格尔法哲学批判》开始，马克思通过对黑格尔理性至上国家观的批判，以"人的高度"重塑市民社会与国家的关系，从理性和精神领域转向现实的物质利益，以"苦恼的疑问"为开端展开对资产阶级社会的批判，揭示了造成人的困境的根本原因在于资本主义制度，从而也表明，现代国家的制度建构是走出人面临的困境、实现人的自由和解放的现实保障。而且，以个体自由为目的的人的全面发展，是在现代社会基础上不断建构人性的过程，即使建立社会主义制度以后，这个正在进行的自我扬弃的运动，在现实中也将经历一个极其漫长而艰难的过程。

（二）人的异化

市民社会是马克思理解传统社会向现代社会转型的枢纽，也是马克思现代性批判的现实基础。近代市民社会的产生和发展，构成了马克思历史理论生成的时代背景。近代市民社会是从传统社会脱胎而出的，相比传统社会，无疑是历史的巨大进步，促成了生产力和社会观念质的飞跃，但也给人带来了苦难，这就是人的异化。马克思对市民社会的批判，是建构历史唯物主义的思想起点，遵循的是政治经济学的内在路径。马克思把对人的命运的关切和对客观实际的分析融为一体，深入解剖市民社会的本质，揭露劳动者异化的真相，揭示制度变革对于实现人的自由全面发展的必要性。现代社会开启了现代化的序幕和征程，现代化也造成了强大的物化社会，将人抛入异化状态之中，人与物的关系发生颠倒和错位，从而产生一种怪象：对象化世界本是人所创造出来的，现在却反过来成为统治人自身的异化力量；人生产的东西越多，失去的也就越多；人使世界变得越繁华，他自己也变得越孱弱，人不再是目的而仅仅作为手段存在。"在资产阶级社会里，资本具有独立性和个性，而活动着的个人却没有独立性和个性"①，正是在这个意义上，马克思表现出对现实的人的深切同情和强烈关注，以政治经济学为思想武器，展开对市民社会即资产阶级社会的批判。

其一，国民经济学"敌视人"的本质。国民经济学家把人看作形式上的抽象的人，实质上是把人当作"物"来研究，他们从私有财产的前提出发，把私有财产在现实中经历的物质过程套入抽象的公式，然后把这些公式格式化为规律，但没有揭示这些规律与私有财产之间的本质联系，"它没有给劳动提供任何东西，而是给私有财产提供一切"。国民经济学无法提出私有财产的本质问题，它所描绘的私有财产的关系包含着对抗与冲突：一方面，劳动的属人性质必须被承认为财富的生命；另一方面，财富的现代私有财产形式又不得不把这种生命当作自己始终加以对付和克服的敌人。实质上，国民经济学家的视野中没有人的现实存在。

其二，市民社会的资本逻辑与人的异化。在对国民经济学家的市民社会观的批判中，马克思进入到历史唯物主义的研究领域，从政治经济学的视角来解剖市民社会并从而寻找全部历史的基础，在研究最发达的、资产阶级的经济形式的本质规定时，在人类解剖中找出"猴体解剖"的钥匙。这使得马克思把作为停止一切现存社会的秩序力量的资本作为研究的中心，这也就构成了马克思市民社会批判的基本维度。只有深入和彻底研究资本的内在逻

---

① 《马克思恩格斯选集》第 1 卷，人民出版社 1995 年版，第 287 页。

辑，才能把握市民社会的本质，厘清市民社会的矛盾。市民社会说到底是在现代社会生产的基础上资本运动的产物，这种再生产体系使资本作为统治一切的社会力量占据优势，具有积极的一面，但它注定要瓦解，因为资本积累绝不只是一个幸福的过程，而是使大量善良弱势群体失去生产资料和生活资料、走向苦难深渊的过程。资本在此过程中逐渐抛弃了它自身的社会关系及其社会属性，彻底变成自动的拜物教，要求整个世界成为献给它的"祭品"，使人与物的关系发生颠倒，其现实结果是人不是以人的方式对待人，而是以物的方式对待人。所以，马克思说，"资本是资产阶级社会的支配一切的经济权力。它必须成为起点又成为终点"①。

马克思揭示了市民社会条件下异化劳动的四种表现。劳动者的产品、他的劳动本身乃至他的整个生活，变成了一种异己的、与他相对立的独立力量，掉过头来反对他自身，这就是异化劳动。在资本的强制逻辑下，原本的生命的本真活动成为异在于人的活动，资本的原则意味着劳动力和劳动产品的分离。劳动本来是人的现实活动，但在资本主义社会，劳动的现实性同时也是人的现实的丧失。资本主义再生产就是通过不断打断劳动外化和占有之间的链条而持续不断地进行的，异化劳动也构成了资本主义社会赖以存在的基础。

（三）人的解放

马克思揭示人在资本主义制度下的处境，是为了把人从异化状态中解放出来，找到通向自由王国的现实路径。所谓解放，就是从不自由的状态进入自由状态。在这里，马克思是以社会发展的观点来看待人的自由的。马克思指出，资产阶级推翻封建制度的一大进步在于使人们获得"政治解放"，但在资本主义条件下，人的自由"不是建立在人与人结合起来的基础上，而是建立在人与人分离的基础上"，这种自由是"利己主义的人"的自由，也就是资产阶级少数人的自由，这是虚假的自由，要获得真实的自由，就要改造

---

① 《马克思恩格斯全集》第 46 卷（上），人民出版社 1979 年版，第 45 页。

市民社会，推翻资本主义制度，实现"人的解放"。①

追求自由是人的特性。人是现实的历史的人，只要有人的生存，就会不断改变环境和自身，在认识客观必然性的基础上不断达到自由的境界。那么，人实现自由用什么来衡量呢？马克思明确指出，人的自由解放与否的标志就是劳动。显然，雇佣劳动是不自由的标志，与之相对的是自由自主的劳动。雇佣劳动之所以不自由，是由于被异化了。在马克思看来，由于劳动变成异化劳动，由于劳动不再是实现人的类本质的活动，所以，劳动者通过劳动就丧失了其本质，成为异己的"非人"。并且，由于劳动变成异化劳动，劳动产品就不再属于劳动者，而是作为一种异己的力量同劳动者相对立，也就是说，劳动产品属于不劳动的资本家，所以，劳动者与资本家的对立就呈现为有产与无产的对立。而在这种对立中，相比于资产者来说，无产者个人全面地否定自身，全面地成为"非人"。因此，只有无产者获得解放，这些对立和异化才能从根本上得到消除。

马克思认为，资本主义私有制是异化和异化力量的来源，并由此发现了这个辩证法的体现者，即无产阶级，人类解放是社会最后一个等级即无产阶级所推动的解放。无产阶级的产生是近代市民社会发展的结果。在《〈黑格尔法哲学批判〉导言》中，马克思对现代无产阶级的产生进行了分析："德国无产阶级只是通过兴起的工业运动才开始形成；因为组成无产阶级的不是自然形成的而是人工制造的贫民，不是在社会的重担下机械地压出来的而是由于社会的急剧解体、特别是由于中间等级的解体而产生的群众，虽然不言而喻，自然形成的贫民和基督教日耳曼的农奴也正在逐渐跨入无产阶级的行列。"②他提出人的解放问题："只有当现实的个人把抽象的公民复归于自身，并且作为个人，在自己的经验生活、自己的个体劳动、自己的个体关系中间，成为类存在物的时候，只有当人认识到自身'固有的力量'是社会力量，并把这种力量组织起来因而不再把社会力量以政治力量的形式同自身分离的

---

① 参见《马克思恩格斯全集》第 1 卷，人民出版社 1956 年版，第 435—443 页。

② 《马克思恩格斯全集》第 3 卷，人民出版社 2002 年版，第 213 页。

时候，只有到了那个时候，人的解放才能完成。"① 追求自己利益的个体如何融会成为社会，人如何结成现实的社会关系，成为马克思思考市民社会问题的重要命题。

（四）人的全面发展的制度路径

批判本身不是目的，批判是为了建构。对现代资产阶级社会的制度批判，就是着眼于未来共产主义社会制度的建构。马克思对现代社会的批判与建构，经历了思想的积淀和升华的过程，对资本主义制度的批判，遵循的是政治经济学路径。恩格斯指出："经济学所研究的不是物，而是人和人之间的关系，归根到底是阶级和阶级之间的关系；可是这些关系总是同物结合着，并且作为物出现。诚然，这个或那个经济学家在个别场合也曾觉察到这种联系，而马克思第一次揭示出它对于整个经济学的意义，从而使最难的问题变得如此简单明了，甚至资产阶级经济学家现在也能理解了。"② 正是在对资产阶级社会即市民社会的政治经济学批判中，马克思提出人的自由而全面发展的理念。按照马克思的构想，共产主义社会将彻底消除阶级之间、城乡之间、脑力劳动和体力劳动之间的对立和差别，实行各尽所能、按需分配，真正实现社会共享、实现每个人自由而全面的发展。在马克思那里，人的自由而全面发展是一场与制度变革相联系的伟大运动，这场运动起源于现代社会的形成，只有通过不断的制度变革才能实现。马克思揭示了实现人的自由而全面发展的现实基础，指出了制度层面变革的必要性。这表明，在生产力充分发展的基础上，马克思力求通过制度变革来促进人的全面发展。因此我们要在经济建设、生产力发展的基础上，通过建立系统完备、运行有效的制度体系，更好统筹社会力量，平衡社会利益，调节社会关系，规范社会行为和秩序，使社会主义价值理想成为"现实的人"的生存状况，实现最广大人民的根本利益，促进人的全面发展。

---

① 《马克思恩格斯全集》第 3 卷，人民出版社 2002 年版，第 189 页。
② 《马克思恩格斯选集》第 2 卷，人民出版社 1995 年版，第 44 页。

坚持以人民为中心，是习近平新时代中国特色社会主义思想的核心内容，是历史唯物主义在当代中国的创新性发展，是中国共产党领导中国革命、建设和改革发展实践的经验总结，是中国共产党人不忘初心和牢记使命的时代要求。习近平总书记指出："人民是我们党执政的最深厚基础和最大底气。为人民谋幸福、为民族谋复兴，这既是我们党领导现代化建设的出发点和落脚点，也是新发展理念的'根'和'魂'。只有坚持以人民为中心的发展思想，坚持发展为了人民、发展依靠人民、发展成果由人民共享，才会有正确的发展观、现代化观。"① 中国人民在中国共产党的领导下，用几十年时间走完了发达国家几百年走过的工业化历程，创造了举世瞩目的发展奇迹，给世界上那些既希望加快发展又希望保持自身独立性的国家和民族提供了全新选择。"马克思主义之所以具有跨越国度、跨越时代的影响力，就是因为它植根人民之中，指明了依靠人民推动历史前进的人间正道。"② 在新时代，践行以人民为中心的发展思想，切实把人的世界和人的关系还给人自己，不断促进人的全面发展，我们就有充分自信为人类对更好的社会制度的探索提供中国智慧、中国方案。

人的全面发展具有宽广深邃的内涵，涉及社会生产力的高度发展、人的社会关系的全面完善、人的各种需要得到充分满足、全体社会成员获得平等的教育、人的各方面素质、能力得到充分发挥和实现，等等。这里最关键的，是在生产力高度发展的基础上，人的社会关系的协调和完善。这样，生产力的高度发展带来了物质财富的极大丰富，和谐有序的社会关系会进一步促进生产力的发展，从而形成良性的互动，人与人之间就不会形成相互掣肘的力量，而是相互激励、帮衬、促进的力量，也只有这样，人的全面发展才得以可能。因此，制度建设是促进人的全面发展的必要条件，我们要着重探讨促进人的全面发展的制度路径。

一是人的利益保障。人的问题是一个根本问题、原则问题。坚持以人民

---

① 习近平：《论把握新发展阶段、贯彻新发展理念、构建新发展格局》，中央文献出版社2021年版，第479页。

② 习近平：《在纪念马克思诞生200周年大会上的讲话》，人民出版社2018年版，第8页。

为中心，就是要把实现、维护、发展最广大人民的根本利益作为发展的出发点和落脚点，这是一切工作的价值取向。人的一切活动的起点在于人的需要，而需要总是与人的利益直接相连的。人的需要的满足与实现，不只是一个生产力发展水平问题，而且是在生产力发展基础上生产关系的协调问题。制度是人的社会关系的规范体系，也是兑现人的现实利益的基本依据。代表什么人的利益，是一个政权性质的试金石。必须始终把人民利益摆在至高无上的地位，以有效方式优化人的利益关系，在大力发展生产力的基础上，加快社会事业改革，突破利益固化藩篱，建立改革发展成果共享的体制机制，保障人民的各种权益，促进人的全面发展。

二是人的能力的发展。马克思说："要使这种个性成为可能，能力的发展就要达到一定的程度和全面性"，而"全面发展的个人——他们的社会关系作为他们自己的共同的关系，也是服从于他们自己的共同的控制的——不是自然的产物，而是历史的产物"。① 人的本质在其现实性上是一切社会关系的总和。发展人的能力，也需要在人的社会关系的协调和优化上下功夫，只有这样，才能促进人的能力的发展。怎样通过优化人的社会关系促进人的能力的发展？在制度建设的实践层面，一是建立保障人民享有均等教育的制度体系，把教育事业放在优先位置，发展素质教育，推进教育公平；二是建立人才社会性流动和集聚的体制机制，实行更加有效、更加开放的人才政策，形成让各类人才的创造力竞相迸发、聪明才智充分涌流的制度优势，促进人的全面发展。

三是人的主体地位确立。坚持人民主体地位，是唯物史观的基本立场和观点。邓小平同志指出："我们党提出的各项重大任务，没有一项不是依靠广大人民的艰苦努力来完成的。"② 习近平总书记强调："新的征程上，我们必须紧紧依靠人民创造历史，坚持全心全意为人民服务的根本宗旨，站稳人民立场，贯彻党的群众路线，尊重人民首创精神，践行以人民为中心的发展

---

① 《马克思恩格斯全集》第 46 卷（上），人民出版社 1979 年版，第 108 页。
② 《邓小平文选》第 3 卷，人民出版社 1993 年版，第 4 页。

思想，发展全过程人民民主，维护社会公平正义，着力解决发展不平衡不充分问题和人民群众急难愁盼问题，推动人的全面发展、全体人民共同富裕取得更为明显的实质性进展！"①坚持人民主体地位，充分调动人民的积极性，始终是我们党立于不败之地的强大根基，需要激发人民群众的无穷创造活力，凝聚亿万人民的智慧和力量，不断推进为人民造福的事业。其一，人是社会的主体，社会现代化本质是人的现代化。要尊重人民主体地位和首创精神，围绕人这个社会的中心进行制度设计安排，充分调动人民的积极性、主动性和创造性。其二，人是市场的主体，为了避免"见物不见人"，就要通过系统完备的制度构建，引导人合理的行为动机和手段选择，打破各种人身依附关系，激发各类市场主体的活力，确证人的主体地位，促进独立人格的形成和人的全面发展。

四是人的自由本性实现。自由是人的本性，人的全面发展也是人的自由本性的实现。要实现人的自由本性，就要不断打破束缚人的自由本性的制度障碍，进行深刻的制度变革，进一步加强制度建设、制度创新和制度优化，加快推进民主化、法治化进程。特别是在市场经济条件下，应以法的形式确定规则和秩序，使自由成为法的基本原则。落实全面依法治国的战略擘画，完善以宪法为核心的法律体系，树立宪法法律至上、法律面前人人平等的理念，坚持法治国家、法治政府、法治社会一体建设。加快民主化、法治化进程，就是加快中国现代化的进程，并为促进人的全面发展提供制度保障。

五是人与自然和谐共生。人与自然是生命共同体，"人靠自然界生活"，良好的生态环境是最普惠的民生福祉。我国的社会主义现代化具有许多重要特征，其中之一就是我国现代化是人与自然和谐共生的现代化。必须把推动经济社会发展建立在资源高效利用和绿色低碳发展的基础之上，必须敬畏自然、尊重自然、顺应自然、保护自然，树立和践行"绿水青山就是金山银山"的理念，用最严格制度最严密法治保护生态环境。自然的"复活"，人与自

---

① 习近平：《在庆祝中国共产党成立 100 周年大会上的讲话》，人民出版社 2021 年版，第 12 页。

然的和谐，仅有认识是不够的（恩格斯语），需要对现存生产方式、生产关系、制度体系实行变革，建立以法治为核心的完整生态文明制度体系，不断增强全民节约意识、环保意识、生态意识，倡导简约适度的生活方式，把建设美丽中国转化为全体人民的自觉行动，推动人与自然和谐发展。人与自然和谐的价值目标，在于人的全面发展。

马克思主义政治经济学从不隐晦自己的价值立场，这就是无产阶级的立场，就是为最广大人民谋福利的价值取向。习近平总书记强调："发展为了人民，这是马克思主义政治经济学的根本立场。马克思、恩格斯指出：'无产阶级的运动是绝大多数人的、为绝大多数人谋利益的独立的运动，在未来社会生产将以所有的人富裕为目的。'邓小平同志指出：'社会主义的本质，是解放生产力，发展生产力，消灭剥削，消除两极分化，最终达到共同富裕。'党的十八届五中全会鲜明提出要坚持以人民为中心的发展思想，把增进人民福祉、促进人的全面发展、朝着共同富裕方向稳步前进作为经济发展的出发点和落脚点。这一点，我们任何时候都不能忘记，部署经济工作、制定经济政策、推动经济发展都要牢牢坚持这个根本立场。""马克思主义政治经济学认为，生产资料所有制是生产关系的核心，决定着社会的基本性质和发展方向。"[1]生产资料所有制关系，就是人与人之间的经济关系，建立在经济关系基础上的社会关系的维系和协调，就是制度建设的基本维度。从这个角度看，制度建设关乎人的经济利益和人的生存状态，关乎人的自由而全面发展。

基于此，本书的落脚点在于新时代促进人的全面发展的制度建构与实践。以人民为中心，是新时代中国特色社会主义的基本方略，彰显了马克思主义的根本立场，反映了共产党执政规律、社会主义建设规律、人类社会发展规律的客观要求。这与建立在"普遍人性"基础上的资本主义制度何止天壤之别！正如恩格斯所指出的，我们的目的是要建立社会主义制度，社会主义制度"将给所有的人提供健康而有益的工作，给所有的人提供充裕的物质

---

① 《十八大以来重要文献选编》（下），中央文献出版社 2018 年版，第 4—5 页。

生活和闲暇时间，给所有的人提供真正的充分的自由。"①党的十九届四中全会对坚持和完善中国特色社会主义制度、推进国家治理体系和治理能力现代化进行系统总结，提出了与时俱进完善和发展的前进方向与工作要求，是坚持以人民为中心发展思想在制度建设方面的重大实践，我们要把贯彻落实党的十九届五中全会精神同贯彻落实党的十九届四中全会精神紧密结合起来，"把坚持党的全面领导的政治优势、坚持中国特色社会主义制度的制度优势同坚持新发展理念的理论优势统一起来"②，把制度建设和治理能力建设摆到更加突出的位置，深化各领域各方面体制机制改革，推动各方面制度更加成熟、更加定型，解决好人民日益增长的美好生活需要和不平衡不充分的发展之间的矛盾，实现好、维护好、发展好最广大人民的根本利益，不断促进人的全面发展、全体人民共同富裕。

---

① 《马克思恩格斯全集》第 21 卷，人民出版社 1965 年版，第 570 页。

② 习近平：《论把握新发展阶段、贯彻新发展理念、构建新发展格局》，中央文献出版社 2021 年版，第 487 页。

第一章
马克思市民社会批判的理论前提

"任何真正的哲学都是自己时代的精神上的精华"①。近代市民社会的形成和发展，构成马克思社会历史理论的时代背景，"我们在谈论政治经济学的同时还要谈论形而上学"②。所以，资本和现代形而上学是资本主义现代性的两重逻辑③，马克思对这两重逻辑的批判，归结起来就是对资本主义现代性的批判。资本主义现代性导致的社会和价值秩序的变革，给人的生存带来巨大后果，尤其是人的自我异化、自我分裂。反思与批判现代社会的矛盾与困境，探求人的自由而全面发展的现实路径，构成马克思的毕生理论主题。

第一节　现代性的生成

在经历中世纪的漫漫长夜之后，文艺复兴开启了现代社会的黎明。现代社会的人们力图通过承诺一个目的论、总体性的"宏大叙事"来获得生活的意义，这就是"理性主义"。也就是说，从传统社会的经验结构中脱域出来的现代社会的理性存在方式，最根本的特征就是理性获得一种自觉性或反思性，这种反思性包含着理性、主体性、自由、自我意识等理性文化精神。而理性文化精神的确立，会必然作为自觉的制度安排而构成社会运行的内在机

---

① 《马克思恩格斯全集》第 1 卷，人民出版社 1995 年版，第 220 页。
② 《马克思恩格斯选集》第 1 卷，人民出版社 1995 年版，第 136 页。
③ 参见吴晓明：《论马克思对现代性的双重批判》，《学术月刊》2006 年第 2 期。

理和图式，即韦伯所指出的由文化合理化向社会合理化的转化。马克思正是由此展开了对现代社会的批判。

一、现代性的核心

现代性的确立有着深刻的社会历史背景。在文艺复兴和宗教改革推动下，西方社会掀起了一场深刻的思想运动，为主体性、理性等现代社会的基本信念清除了思想障碍。人们确认，现代性的核心是主体性，即理性的自我意识。那么，我们该如何体认现代性？有一点是肯定的，对于现代性的把握，不能停留在抽象的无根底的理解，只有从其生长的源头及其过程作系统考察，才能获得真切的认知。因为，"只有在一种特定时间意识，即线性不可逆的、无法阻止地流逝的历史性时间意识的框架中，现代性作为概念才能被构想出来。在一个不需要时间连续型历史概念，并依据神话和重现模式来组织其时间范畴的社会中，现代性作为一个概念将是毫无意义的"①。

西方人精神发源地是古希腊。在古希腊和中世纪，理性的自我意识都不具备独立生长的空间，"在中世纪，人类意识的两方面——内心自省和外界观察都一样——一直是在一层共同的纱幕之下，处于睡眠或者半醒状态。这层纱幕是由信仰、幻想和幼稚的偏见织成的，透过它向外看，世界和历史都罩上了一层奇怪的色彩。人类只是作为一个种族、民族、党派、家族或社团的一员——只是通过某些一般的范畴，而意识到自己"②。

随着"上帝的祛魅"，文艺复兴第一次预示着一个美好日子的来临。与中西欧相比，意大利发生的变化尤为强烈，个人破天荒地从封建社会中解放出来，并斩断了保护其安全而又限制他的那些纽带，人借此发现了一个崭新的世界。在这个意义上说，文艺复兴时期人文主义按其性质来说是属于"个

---

① [美] 马泰·卡林内斯库：《现代性的五副面孔》，顾爱彬、李瑞华译，商务印书馆 2002 年版，第 18 页。

② [瑞士] 雅各布·布克哈特：《意大利文艺复兴时期的文化》，何新译，商务印书馆 1979 年版，第 125 页。

人主义的",它是对人的尊严和价值的积极肯认。文艺复兴对个人自由、价值和尊严的强调,使得人们开始将朝向天国的目光转向尘世生活,转向自然界。因此,这是一个因富于科学、艺术和发明欲的日子,它充满了最尊贵和最高尚的东西。

但是,"文艺复兴只是有权势的富裕上层阶级的文化,他们是新的经济力量风暴激起的浪尖人物。广大民众没有分享统治集团的财富与权力,他们失去了原有的安全感,成为一群乌合之众"①。可见,文艺复兴时期代表的是一种工商业资本主义发展相对较高阶段的文化,它是一种由少数富有权贵统治的社会,他们是哲人和艺术家的社会基础。因此,现代性产生的根基并不在中世纪晚期的意大利文化中,而是植根于路德的宗教改革。"成为宗教改革原则的,是精神深入自身这个环节、自由这个环节、回归于自己这个环节"②,每一个独立个体诉诸精神的内在性直面上帝,一切外在性和奴性都消失了,上帝与人可以合二为一;现实的世界由此又重新成为对基督徒有价值的东西,成为精神关注的对象,有限的、现实的东西得到了精神的尊重,这既是此岸与彼岸的和解,又是自我意识与现实的真正和解。"随着文艺复兴以及宗教改革的到来,宗教认可作为政治、社会行动的基础的效力逐渐丧失。在此之前,教会本身有能力约束世俗统治者的自由判断,然而,由于宗教一统之崩溃以及世俗化的发展,教会失去此种道德性权威。"③从此,鼓舞着、激励着人们的,不再是虚假的功德,而是内在的、自己的精神。"以上这些原则的宣告就是展开了那最近的新旗帜,一般人民围绕着它集合起来——它是自由精神的旗帜,精神独立不依,它只在'真理'中过生活,只在'真理'中享有这种独立。"④

① [美]弗洛姆:《逃避自由》,刘林海译,国际文化出版公司2007年版,第36页。
② [德]黑格尔:《哲学史讲演录》第3卷,贺麟、王太庆译,商务印书馆1959年版,第384页。
③ [美]弗雷德里克·沃特金斯:《西方政治传统》,李丰斌译,新星出版社2006年版,第3页。
④ [德]黑格尔:《历史哲学》,王造时译,上海书店出版社2001年版,第412页。

必须指出的是，这种精神的自由仍然只是在胚胎状态中，近代启蒙运动思想家则将其明确阐发出来，使之成为近代社会内在的文化精神，成为主导社会生活的基本原则。在这一过程中，笛卡尔通过理性的普遍存疑，首先转移了"近代哲学兴趣"，提出了"我思故我在"这一划时代的基本原则。笛卡尔认为，"我"首先是一个思维主体，思维内在地、直接地与我在一起，这个直接的东西就是存在。可见，人就直接等同于"思维的我"，主体性是由思维"内在性确证的"，是存在于"我"内部的一种理性的力量。因此，"我思故我在"明白无误地宣告了近代主体性的诞生。这样，哲学才真正建立在理性自我意识的基础之上，才回到了自己的家园。

二、现代性的生成

康德是德国古典哲学的奠基人，也是 18 世纪欧洲启蒙运动的重要思想家。康德通过对人的理性能力的系统考察和全面批判，颠覆了中世纪宗教信仰的基础，为现代社会理性原则的建立作出了重要贡献。康德围绕着理性，同时又遵循着理性所进行的批判活动，一直延伸到人类生活的诸多领域，包括认知、伦理和美学审美活动以外的政治和宗教等领域，写出了《纯粹理性批判》（1781）、《未来作为科学的形而上学导论》（1783）、《道德形而上学基础》（1785）、《判断力批判》（1788）、《实践理性批判》（1788）等重要著作。尽管康德以认识论为基础建构的批判哲学体系具有明显的先验论特征，然而，内蕴于其中的主体性原则却为后世的哲学提供了极具借鉴意义的指向。"康德哲学的观点首先是这样的：思维通过它的推理作用达到了自己认识到自己本身为绝对的、具体的、为自由的、最高无上的。思维认识到自己是一切的一切。除了思维的权威之外更没有外在的权威；一切权威只有通过思维才有效准。"[①] 在康德看来，理性不仅是自然的立法者，也是道德的立法

---

① ［德］黑格尔：《哲学史讲演录》第 4 卷，贺麟、王太庆译，商务印书馆 1978 年版，第 256 页。

者。这一主体性原则体现了宗教改革、启蒙运动和法国大革命等历史事件的精神意义。康德"以启蒙运动的真正风格，……期待着一种理性生活的乌托邦"①。

康德赞同启蒙思想家的观点，认为启蒙乃是人类走出不成熟状态的一个必经环节，从而将理性于自由原则对于人的存在意义呈现出来。而对于他所处的时代而言，这个环节仍有待完成。那么，如何才能带来人类的启蒙？康德认为，必须永远有公开运用自己理性的自由。这首先意味着理性的自我批判、自我区分，这种批判和区分不仅是理性成熟的标志，更是启蒙的前提。

在康德看来，人不仅要去求知或认识，而且要在社会生活中做一个有道德的人。在此基础上，哲学不仅要为知识而且要为行为寻找基础和根据。于是，康德便对人的理性能力在认识和实践两个领域中的功能作了明确的区分。在认识领域，理性作为"我思"的"纯粹统觉"能力，表现为意识的综合统一能力即以先天的知性范畴综合感性杂多材料，构造认识对象，向自然界颁布规律，在自然领域里建构因果联系的必然王国。这样，在认识领域，康德将知识与对象的关系倒转过来，提出不是知识符合对象，而是对象必须符合知识，认识可能性的最终根据不是在被构成的客体方面，而是在作为"行规定者"的主体，在"我思"的先天统觉能力，毋宁说就是在"自我意识"中。在实践领域，理性以自身具有的先天"道德律令"规范人的行为，告诉人应当怎样求善，这是实践理性为人的意志立法，在实践领域建构起自由王国。而人之所以能为道德立法，是由于他具有自由的意志能力。因此，康德将自由作为他整个系统的"拱顶石"。毫无疑问，"这个原则的建立乃是一个很大的进步，即认为自由为人所赖以旋转的枢纽，并认自由为最高的顶点，再也不能强加任何东西在它上面"②。不过，康德认为，为了追求至善，我们需要悬设灵魂不朽和上帝存在，给人以信念、希望和爱。因此，一个自由的、有道德的人，他会逐渐走向上帝，走向宗教，尽管道德本身可以不需要宗教。

① [英]柯林伍德:《历史的观念》，何兆武、张文杰译，商务印书馆1997年版，第146页。
② [德]黑格尔:《哲学史讲演录》第4卷，贺麟、王太庆译，商务印书馆1978年版，第289页。

康德的上述工作清楚地显明，理性的自我批判是理性走向成熟的标志。康德将理性以及"运用理性的自由"建构为现代性的基本原则，意义深远："当18世纪想用一个词来表达这种力量的特征时，就称之为'理性'。'理性'成了18世纪的汇聚点和中心，它表达了该世纪所追求和奋斗的一切，表达了该世纪所取得的一切成就。……18世纪浸染着一种关于理性的统一性和不变性的信仰。"① 它表明理性不再是专制和独裁的，而是民主的，在不同的领域拥有不同的权限和边界。因此，理性的自我批判意味着理性的自我否定、自我超越和自我区分，理性本身是自足的，它能自我立法，而不再需要外在的权威和监护人。在这个意义上，可以说"康德哲学的主要作用在于曾经唤醒了理性的意识，或思想的绝对内在性。虽说过于抽象，既未能使这种内在性得到充分的规定，也不能从其中推演出一些或关于知识或关于道德的原则；但它绝对拒绝接受或容许任何具有外在性的东西，这却有重大的意义。自此以后，理性独立的原则，理性的绝对自主性，便成为哲学上的普遍原则，也成为当时共信的见解"②。康德的批判哲学阐述了理性为自然立法和为道德立法的必要性和可能性，阐述了"人是目的"这一至上的主体性观念，奠定了其后的主体性哲学的思想基础，从而开启了现代性的致思于建构的基本路向。

三、黑格尔与理性形而上学

黑格尔继承了康德的理性启蒙与实践自由的现代性思想。如果说，康德通过为自然立法和为道德立法，为现代性开辟了一条认识论通道，那么，黑格尔则力求通过哲学与现实的结合，推动现代性摆脱外在规范的束缚，在绝对观念的运动中确证和实现自己。在黑格尔看来，现代性不应回到神学那里求助自身存在的根据，而应该从它所属的那个时代去发掘属于它的时代的精

---

① [法] 福柯：《何为启蒙》，载汪晖、陈燕谷主编：《文化与公共性》，上海三联书店1998年版，第450页。

② [德] 黑格尔：《小逻辑》，贺麟译，商务印书馆1980年版，第150页。

神。也就是说，绝对精神不是神秘的神的意志的体现，而是一种客观的现代性存在。黑格尔"把现在的开始安放在 18 世纪末 19 世纪初这样一个转折时期，对其同代思想家来说，则意味着发生启蒙运动和法国大革命这两件历史大事的那个时刻"，意指"当下从新的视界中把自己看做是现实之中的当代"。① 因此，黑格尔高度肯定了由笛卡尔确立、康德完成的近代自我意识的立场，认为现代社会的原则就是主体性。"说到底，现代世界的原则就是主体性的原则，也就是说，精神总体性中的关键的方方面面都应得到充分的发挥。"② 而精神的本质就是自由，"'精神'的一切都是在追求'自由'和产生'自由'。'自由'是精神的唯一真理，乃是思辨的哲学的一种结论"③。

可是，黑格尔并不满意康德的解决办法。康德尽管意识到主体性造成的一系列的分离，并用宗教、审美、艺术及目的论去填补这一鸿沟，但收效甚微。从根本上说，自律只是形式上的不矛盾律，自由空无内容，"冷冰冰的义务是天启给予理性的胃肠中最后没有消化的硬块"④。而且，这种分离进入人自身，人被自身统治，成为自身的奴隶。"康德并没有意识到理性内部的分化、文化形态的划分以及所有这些领域的分离等就是意味着分裂。所以，康德就不去理会那因主体性原则而产生的种种分离所带来的需求。"⑤

在黑格尔看来，哲学的一项使命，即从思想的高度把握现代，这是"对哲学的要求"，这也就构成了一种新的哲学观："哲学是探究理性的东西"⑥，哲学是理性的事业，只有理性，才能完成现代性自我确证的要求，才能替代宗教作为现代社会一体化的力量之源。作为一种一体化的力量，它的主要任

---

① ［德］哈贝马斯：《现代性的哲学话语》，曹卫东译，译林出版社 2004 年版，第 8 页。
② 转引自［德］哈贝马斯：《现代性的哲学话语》，曹卫东译，译林出版社 2004 年版，第 20 页。
③ ［德］黑格尔：《历史哲学》，王造时译，上海书店出版社 2001 年版，第 17 页。
④ ［德］黑格尔：《哲学史讲演录》第 4 卷，贺麟、王太庆译，商务印书馆 1978 年版，第 291 页。
⑤ ［德］哈贝马斯：《现代性的哲学话语》，曹卫东译，译林出版社 2004 年版，第 24 页。
⑥ ［德］黑格尔：《法哲学原理》，范扬、张企泰译，商务印书馆 1961 年版，第 10 页。

务是在保存自由的理性意识的成就的基础上，扬弃自然和精神、感性和理性、知性和理性、理论理性和实践理想、判断力和想象力、自我和非我、有限和无限、知识和信仰等之间的对立和分裂，恢复伦理总体性的和谐与统一，达到绝对。因此，问题的关键便在于如何面对主体性原则？绝对的统一又如何可能？

黑格尔认为，一切问题的关键在于"不仅把真实的东西或真理理解和表述为实体，而且同样理解和表述为主体"①，因此，绝对精神集"实体"和"主体"于一身，它取代有限的人的自我意识成为绝对的自我意识，成为理性化的上帝，担当起消除分裂和异化的重任。作为"实体"，它是客观独立存在的宇宙精神，是先于宇宙万物的永恒实在，是宇宙万物的本质和基础，万物无非是它的分有形式；而作为"主体"，它能建立自身的运动，自己是自己的中介并最终回归自己。众所周知，绝对精神如此这般的特质是黑格尔通过逻辑思辨的力量构造的，逻辑学作为"精神的货币"渗透在黑格尔整个体系中。从本质上看，一部绝对精神的运动史，其实就是其异化为宇宙万物进而克服异化回归自身的活动史，绝对精神展开自身的逻辑过程与创立外部现实世界是同一个过程的不同方面。

可以看出，黑格尔是极具历史感和现实感的哲学家，他第一次明确强调哲学应该用思想把握它所处的时代。为此，他积极评价了近代哲学确立的自我意识的立场，确立的理性自主性和人的自由，与此同时，他也认识到现代性所带来的人的自我分裂，社会一体化力量的匮乏，并力求用绝对理性、绝对精神完成现代自我确证的要求，去克服主客的对立。在黑格尔看来，精神意味着"我就是我们，我们就是我"，意味着在社会生活中相互承认，意味着互主体性。因此，它不是以单一的自我意识为出发点，而是以"我们"为出发点，这指向的正是对抽象主体性原则的批判。也正因为如此，黑格尔无疑是我们在反思现代性原则时绕不过去的一环，正如伽达默尔指出的："因为黑格尔哲学通过对主观意识观点进行清晰的批判，开辟了一条理解人类社

① 〔德〕黑格尔：《精神现象学》上卷，贺麟等译，商务印书馆1979年版，第10页。

会现实的道路，而我们今天仍然生活在这样的社会现实中。"①

　　但是，黑格尔在基本性质上承袭了近代哲学把主体性拉入人的内心世界的传统，以彻底的逻辑原则勾勒了能够自圆其说的有着自身对象的主体的绝对主体性，可见"黑格尔理论的客观主义在于它的沉思性质，也就是说，在于想把分裂的理性环节重新用理论联合起来，并且坚持哲学是抽象总体性进行和完成调解的场域"②。黑格尔这种哲学诉求并未达到目的，这种打着理性旗号的调和只能是一种虚构。为现代性摆脱"时代的困境"而设计的哲学之路，仍然沿袭了主体哲学的方法，从而使通向真理之路的现代性最终还是陷入"时代的困境"之中。正如哈贝马斯所说："哲学理性所能实现的，最多只是片面的和解，不会包括公共宗教的外在普遍性，而公共宗教应当使民众变得理性，使哲学变得感性。"③ 由此也可以看出，成为整个西方理论哲学传统的"代言人"和近代思辨形而上学集大成者的黑格尔，不仅没有真正克服"断言的天真""反思的天真""概念的天真"，而且将主体性原则发挥到极致，使理性成为整个世界的"造物主"。因此，仅仅停留在近代理性主义内部，想在主体性原则内部来克服主体性，是无论如何也不会成功的。

第二节　青年黑格尔派对黑格尔哲学的批判

　　思想变革的根本力量不是来自外部，而是来自思想体系本身。黑格尔哲学由于其体系内部的矛盾以及与社会现实的脱离，首先遭到来自青年黑格尔派的反叛。表面上看来，黑格尔左派和右派的分歧与论争只是学术问题，但实际上，这里却隐藏着政治和宗教观点上的激烈冲突。如果说，青年黑格尔派在开始还只是通过不太"正统"的学术观点，间接地表现出他们的政治倾

---

① ［德］伽达默尔：《哲学解释学》，夏镇平等译，上海译文出版社2004年版，第113页。
② ［德］哈贝马斯：《交往行动理论》第1卷，洪佩郁、蔺青译，上海人民出版社2004年版，第345页。
③ ［德］哈贝马斯：《现代性的哲学话语》，曹卫东译，译林出版社2004年版，第33页。

向的话，那么，后来他们不仅更加"离经叛道"，而且他们"在反对虔诚派的正统教徒和封建反动派的斗争中一点一点地放弃了在哲学上对当前的紧迫问题所采取的超然态度"①。黑格尔哲学的分裂和青年黑格尔运动的兴起，为马克思的思想发展揭开了序幕。

一、宗教批判

黑格尔的宗教哲学的基本方面是彻底的理性主义。在黑格尔的宗教哲学中，他所提出宗教和哲学只有形式上的差别，本质上是相同的，都是要达到对"神"的认识。宗教是通过表象、通过象征揭示哲学理性的内容，它们的对象是一样的。所以哲学在解释宗教时，实际上是在解释自己，而在解释自己时，也就是在解释宗教。他批评把哲学同"纯朴的宗教和虔诚"对立起来的观点，认为这是"一种很坏的成见"②。绝对精神作为唯一能动的主体在精神发展阶段中依次经历了艺术、宗教、哲学等不同层次，先后采取了直观、表象和概念等不同形式，它们之间的差别只是绝对精神自身的内在差别。哲学和宗教研究的对象是同一的，二者都是客观存在着的永恒理念，即神。于是，哲学与宗教在黑格尔那里最终就是可以调和的。

黑格尔的这一观点招致青年黑格尔派成员的批判，围绕着哲学和宗教的关系的争论也越来越激烈。正如恩格斯所指出的："从人们有思维以来，还从未有过像黑格尔体系那样包罗万象的哲学体系。逻辑学、形而上学、自然哲学、精神哲学、法哲学、宗教哲学、历史哲学，——这一切都结合成为一个体系，归纳成为一个基本原则。看来这个体系从外部是不能攻破的。实际上也是这样。只是由于身为黑格尔派的那些人从内部攻击，这个体系才被打破。"③大卫·弗里德里希·施特劳斯写的《耶稣传》宣称，哲学和宗教并不具有同一性，基督教也并没有什么神圣的意义，从而掀起了对宗教批判的

---

① 《马克思恩格斯选集》第 4 卷，人民出版社 1995 年版，第 220 页。
② ［德］黑格尔：《小逻辑》，贺麟译，商务印书馆 1980 年版，第 5 页。
③ 《马克思恩格斯全集》第 1 卷，人民出版社 1956 年版，第 588—589 页。

"头一个推动力"，青年黑格尔运动也由此兴起。

施特劳斯把黑格尔辩证法的批判精神运用于基督教史的研究，澄清了"耶稣传"这个概念。根据福音书和圣经的研究，施特劳斯断言，福音书中所记载的故事，既不像正统的神学家们所说的那样，是圣灵口授的神史；也不像黑格尔所认为的那样，是哲学概念的象征；而是犹太民族及其宗教团体集体思维的产物。犹太民族在历史活动中形成基督耶稣的神话，反映了他们在动荡不安的生活中寻找救世主的愿望。黑格尔所认为的，上帝作为绝对的东西由"耶稣"这个人的"巨大力量"完美地表现出来，只能是无稽之谈。施特劳斯认为，黑格尔的这种观点也是同他本人关于"绝对观念""实体"要通过整个人类及其一切精神活动的无限发展过程，才能得以实现的思想相矛盾。这样，施特劳斯不仅以泛神论的方式把基督教消融在人类世界的历史之中，而且揭示了黑格尔的宗教哲学观点与他的历史辩证法过程的矛盾。

施特劳斯的《耶稣传》为青年黑格尔运动开辟了宗教批判的道路。受到法国启蒙运动对理性的强调以及法国革命批判一切的勇气的影响，青年黑格尔派的宗教批判表现为对基督教乃至一切宗教的彻底批判，甚至是对一切有着神学倾向的哲学思想的批判。宗教批判成为青年黑格尔运动的主流，从施特劳斯到鲍威尔再到费尔巴哈，批判的水平不断提高，形成了一个从泛神论批判到无神论批判再到唯物主义批判的前进运动。

（一）鲍威尔的自我意识哲学

《耶稣传》所掀起的对宗教批判也使其思想阵营发生了分化和重新组合。在与施特劳斯的争论中，鲍威尔对宗教进行了更为深刻的批判。他反对施特劳斯把福音故事和基督教看作是无意识的结果，用黑格尔哲学的术语来说，就是它直接导源于"实体"。但不以人的有意识的活动为中介的"历史实体"的作用仍旧是一种神秘力量的作用，也就意味着在消灭宗教的斗争中，否认人们的自觉批判活动的意义。所以，施特劳斯的带有泛神论色彩的神话起源说首先遭到鲍威尔的反对和批判。鲍威尔认为，施特劳斯把宗教的起源归结为"实体"，仍然表现了他对神秘的和超自然的东西的爱好，而并没有从根本上否定上帝的存在。

鲍威尔认为，福音故事在其形成过程中，是通过人们的意识，由故事的编造者为了宗教的目的而编造出来的，是"自我意识"的产物。鲍威尔强调自我意识在福音书故事和基督教形成中的作用，把自我意识看成一切宗教观念的基础，把人的自我意识置于宗教的神性之上，从而否定了圣经和基督教的一切神灵的内容。既然基督教不过是人类自我意识在其无限发展中的一个产物、一个环节，而在现实生活中基督教还被人为地抬高为绝对真理，那么，现代自我意识的最高任务就应当是对宗教进行毁灭性的批判，使人类从宗教的束缚和压迫下解放出来。

同时，鲍威尔强调国家也必须摆脱宗教的压迫，按照理性即自我意识的要求而自由地发展，并且能够维护与保障获得自我意识的个人自由。他认为，施特劳斯承认无意识的实体的力量，必然导致忽略人的有意识的创造活动，忽略人的自我意识。鲍威尔说："实体只是体现'自我'的局限性和有限性的转瞬即逝的火焰。运动不是由实体完成的，而是由自我意识完成的，自我意识才是真正的无限，它把实体的普遍性当作自己的本质，包摄于自身。"① 也只有自我意识，才是历史发展的决定力量，历史就是自我意识的发展过程。总之，鲍威尔的"自我意识"哲学就是以这种对社会中一切非理性东西进行毁灭性批判的"批判哲学"。

"异化"是自我意识哲学的重要范畴。鲍威尔用自我意识的异化来解释宗教的起源，把基督教看作是自我意识的自我异化的产物。在自我意识发展的早期阶段，人们还没有认识到自己的本质——自我意识，因此，这时的人们还把自然、家庭和民族精神当作神来崇拜。到了基督教时期，人们已经开始认识到自己的本质，但这种本质还是在一种异化的形式中实现的。"在鲍威尔看来，宗教是意识的一种分裂，在意识中宗教信仰成为一种独立的力量而与意识相对立。自我意识把自己变成一个对象，一个想象的独立的存在，

---

① 转引自［法］科尔纽：《马克思恩格斯传》第 1 卷，刘丕坤等译，商务印书馆 1973 年版，第 296 页。

一个事物……在这种情况下，自我意识丧失了对自己的控制，把自己的一切价值都剥夺掉了，觉得自己在那个对立的力量面前是微不足道的。没有意识的这种分裂，就不可能有宗教意识。"① 也就是说，鲍威尔把宗教看作是自我意识外化出来的或创造出来的对立物。在这里，"自我"把自己的普遍力量、把自己的本质当作一种异己的力量同自己相对立，并把这种对立的本质当作自己的统治者，当作上帝。基督教是最深刻、最严重的异化，是异化的最完全形式，它把所有属于人的自我意识的东西都归之于一种彼岸的本质，因而压制人的自由，把自由变成一种普遍的精神奴役。

这种发展到极端的异化，必然要过渡到它的对立面，即异化的克服。鲍威尔强调，宗教异化只有在全面实现的情况下才有可能被消除，或者说，异化的全面实现是自我意识全面解放的基本前提。实现异化克服的手段就是被鲍威尔在世界历史中广泛使用的——"批判"。自我意识通过批判从对象中认识到自身，从而克服对象的异己性。鲍威尔等人把"批判"当作唯一的"战斗口号"，当作自我意识哲学的本质功能，而批判的任务就在于揭露和根除现存制度中的一切不合理的东西。所以自我意识哲学又被称为"批判哲学"。

（二）费尔巴哈的人本主义宗教批判

鲍威尔的宗教批判直接影响了青年黑格尔派的其他成员，也包括马克思，甚至还一度影响着最初的政治批判。但是，伴随着费尔巴哈人本主义哲学的崛起，伴随着青年黑格尔派其他成员对现实问题的日益关注，以自我意识为中心展开的宗教批判愈发显得封闭保守，最终被人本主义宗教批判所取代。与青年黑格尔派不同的是，费尔巴哈把对宗教的批判和对唯心主义的批判联系起来，并且认识到唯心主义特别是黑格尔哲学乃是宗教的理性支柱，把思维与存在、灵魂与肉体的关系当作揭露和批判宗教与唯心主义的基本问题。

---

① ［英］戴维·麦克莱伦：《青年黑格尔派与马克思》，夏威仪译，商务印书馆1982年版，第65页。

　　早在 1830 年，在用黑格尔的方法研究个人和灵魂死不死的问题时，费尔巴哈就得出了与黑格尔截然不同的结论：个人的灵魂是要死的。其后，他公开宣称基督教是"反宇宙的宗教，一种与自然界、人、生活以及整个世界脱离的宗教"①。在此基础上，费尔巴哈进一步论证了宗教和哲学的根本对立，开始全面地批判黑格尔的哲学体系，指出，类不可能在一个个体身上得到绝对的实现，因此，作为一个特殊的、处于一定历史阶段的宗教的基督教也就不可能具有永恒的意义。费尔巴哈认为，黑格尔的哲学"本身就应当具有一定的、因而是有限的性质"②。黑格尔哲学的根本错误在于颠倒了思维和存在的关系，从抽象的人的理性出发，而不是从人的直接感性出发。

　　费尔巴哈宗教批判的最主要著作是 1841 年的《基督教的本质》，其背景与施特劳斯和鲍威尔的宗教批判大体一致，所针对的都是已经实体化的基督教德意志世界。因此，在宗教批判的领域，费尔巴哈当时就是被人们同施特劳斯和鲍威尔相提并论的。但是，与施特劳斯和鲍威尔不同，费尔巴哈主要把一般宗教作为他的批判对象，他说："鲍威尔将福音书的历史说……将《圣经》神学作为其批判的对象。施特劳斯将基督教的信仰和耶稣的生活，就是说……将教条神学作为其批判的对象。而我，却将一般基督教，就是将基督教的宗教作为批判的对象。"③《基督教的本质》的出版，极大地震动了青年黑格尔派正在进行的宗教批判，甚至直接扭转了宗教批判的理论前提，使得此后的宗教批判更多地立足于"人"而不是原先的自我意识。费尔巴哈的重要性在于，他紧紧抓住了自然和人，把神的本质归结为人的本质，根本性地颠覆了思辨神学的抽象逻辑，对宗教的起源和本质作出了杰出的分析。

　　在《基督教的本质》中，费尔巴哈提出了人本主义的异化理论，把宗教看成人的本质的异化。"《基督教的本质》一书的重要之点是：认为宗教诚然揭示了人的本质，但是如果把这种本质看作是纯属上帝的，那么人就被剥夺

---

① 《费尔巴哈哲学史著作选读》第 1 卷，商务印书馆 1978 年版，第 7 页。
② 《费尔巴哈著作选集》上卷，商务印书馆 1984 年版，第 50 页。
③ 《费尔巴哈著作选集》下卷，商务印书馆 1984 年版，第 21 页。

了这种本质。就把人和他自己分开了，成为异化了的人。上帝愈富有，人就愈贫困。"① 费尔巴哈指出，在宗教中，人把自己、把人的本质神圣化了。"上帝是人之公开的内心，是人之坦白的自我；宗教是人的隐秘的宝藏的庄严的揭幕，是人最内在的思想的自白，是对自己的爱情秘密的公开供认。"② 人们对于上帝的意识和观念，不过是人对自我本质的意识。神和人之间并不存在真正的对立，神和人的关系不过是人的本质和个体之间的关系。费尔巴哈说："宗教——至少是基督教，就是人对自身的关系，或者，说得更确切一些，就是人对自己的本质的关系，不过他是把自己的本质当作一个另外的本质来对待的。""属神的本质之一切规定，都是属人的一切规定。"③ 因此人的本质就是神的本质，确切地说，是清除和摆脱了个人局限性的人的本质。正像莱布尼茨所说的那样，神的完善其实就是我们的灵魂的完善。不过神的完善是全面的，而人的灵魂的完善总带有局限性。所以，神的特性便是高度完善化了的人的特性。

那么，人为什么把自己的本质异化为上帝呢？费尔巴哈从认识和心理两方面进行了讨论。一是从理论根源上解释了宗教产生。在费尔巴哈看来，幻想和想象力是宗教产生的一个根本原因。费尔巴哈说："直接的感性直观反倒比表象和幻想晚出。人的最初的直观——本身只是表象和幻想的直观。"④ 人对自身的本质的自我意识在经历了这一过程后，认识到上帝的本质原来就是他自己的本质。二是从心理学的角度解释了宗教的产生。他认为，由于人是一种依赖于自然界的受动者，所以出于自身的利益，他对那种掌握他命运的自然力就本能地有一种敬畏感。这样，那些自然力首先就成了人们崇拜的对象，这种崇拜造就了自然宗教。当人们逐渐掌握了自然，成了主宰时，人对自身的崇拜的基督教就产生了。在这里，对人的崇拜还处在

---

① ［英］戴维·麦克莱伦：《青年黑格尔派与马克思》，夏威仪译，商务印书馆 1982 年版，第91 页。

② ［德］费尔巴哈：《基督教的本质》，荣震华译，商务印书馆 1984 年版，第 43 页。

③ ［德］费尔巴哈：《基督教的本质》，荣震华译，商务印书馆 1984 年版，第 44 页。

④ 《费尔巴哈著作选集》上卷，商务印书馆 1984 年版，第 174 页。

异化之中。

在批判宗教和黑格尔哲学的同时，费尔巴哈提出了他的人本主义哲学。这一哲学是建立在自然和人的基础之上的。费尔巴哈认为，人是思维和存在统一的基础，是一个具体的感性的现实的存在物，他跟动物的区别就在于他能把自己的类、自己的本质当作自己意识的对象，而动物则只能将个体当作对象。费尔巴哈指出，宗教建立在人与动物的本质区别上，这种区别就是人具有自我意识。费尔巴哈由此引申出了这样一个论断——"人"是唯一一种以"类"为本质的存在物。"只有在一个实体能够以类、自己的本质为对象的情形之下，才有最严格的意义之下的意识。动物以自己的个体为对象——因此它有自我感——却并不以自己的类为对象——因此它缺乏那种由知识而得名的意识。什么地方有意识，什么地方就有研究科学的能力。科学就是对于类的意识。在生活中，我们与个体打交道，在科学中，则与类打交道。但是只有一种以自己的类、自己的本质为对象的实体，能够以其他的事物和实体为对象，研究它们的主要的本性。"① 所以，具有自我意识的"人"就是一种对象性的类存在物。

费尔巴哈强调以感性代替理性作为哲学的出发点，所以，他就是在感性存在的意义上谈论人的类本质。费尔巴哈认为，哲学的开端不应该是抽象的存在概念，而应是人的感性存在。这种感性存在主要是指人作为类的感性存在，或者说抽象直观中的人的存在。在费尔巴哈看来，尽管马克思后来对费尔巴哈的感性直观进行了严厉的批判，但不可否认的是，这种感性概念"人的存在只归功于感性"；"人的本质是感性，而不是虚幻的抽象、'精神'"。② 费尔巴哈也宣称自己的"新哲学是光明正大的感性哲学"③。可见，人的感性在费尔巴哈的哲学中占有至高无上的地位。这也是费尔巴哈的唯物主义之所以"优越"于17、18世纪的感觉经验的唯物主义的原因，在一定程度上也构成了历史唯物主义得以确立的重要入口。

---

① 《西方哲学著作选读》下卷，商务印书馆1982年版，第467页。
② 《费尔巴哈哲学著作选集》上卷，三联书店1959年版，第213页。
③ 《费尔巴哈哲学著作选集》上卷，三联书店1959年版，第169页。

《基督教的本质》之后，费尔巴哈又连续发表了《关于哲学改造的临时纲要》和《未来哲学原理》等著作，继续批判宗教和黑格尔哲学。费尔巴哈的宗教人本主义理论及其对黑格尔唯心主义批判，对青年黑格尔运动产生了很大的影响，他把青年黑格尔运动推进到更高阶段。通过种种努力，费尔巴哈分析了人在宗教中的分裂、人的本质在宗教中的异化，并力图把宗教归之于它的世俗基础，而且还把哲学的重点从自然转移到人本身，使人以及人和人的相互关系成为哲学所关注的中心问题，为历史唯物主义的诞生提供了必要的理论前提。然而，不可否认的是，由于费尔巴哈直观唯物主义的局限性，由于对人的生物学的理解，他终究没有走出意识哲学思维方式的藩篱，对宗教的批判离开了历史的辩证发展，无论自然界和人，在他那里都不过是一句空话，并没有真正揭示出宗教产生的现实根源。

二、政治批判

青年黑格尔派的政治批判同上述的宗教批判一样，最初也是围绕着黑格尔的哲学展开的。对于黑格尔"凡是现实的都是合理的"的论断，黑格尔学派表现出公然的分裂。作为"右派"的老年黑格尔派把黑格尔哲学看作穷尽一切的绝对真理，主张他们维护现存制度，反对任何变革；青年黑格尔派则特别强调黑格尔的辩证法，反对他的体系，并试图用各种各样的方法来改造黑格尔哲学。在政治上，青年黑格尔派反对粉饰现实，反对与现实和解与妥协，因为在他们看来，"凡是合理的都是现实的"，现存的社会秩序和黑格尔所主张的那种理性与实在的统一还相距甚远，因此他们主张彻底地批判和变革这个不合理的现实，强调一切现存事物都应当接受理性的审判，普鲁士的国家制度也不能例外。

与此前的宗教批判大大不同的是，青年黑格尔派并没有在一开始就积极地投入到政治批判中，他们的政治批判也没有像宗教批判那样达成一定的共识，相反还最终导致这个俱乐部从兴起走向分崩离析。不过，宗教问题与政治问题的关系已经注定了宗教批判的彻底化必将带来更切近现实的政治批判。经历了启蒙运动的欧洲各国，先后成功地完成宗教与国家的分离，并建立起真正的政治国家。与之相比，德国仍处于政教合一的状态，近代化的改革也是由国家自上而下进行的，这些都决定了德国知识分子对宗教不满的同时，也暗含着对政治生活的不满。于是，青年黑格尔派在自身发展中终于一发不可收拾地从宗教批判转向政治批判。

在逐步深入的政治批判的代表人物中，布鲁诺·鲍威尔是在固守宗教批判的基础上推进政治批判的，他把政治国家的真正确立看作是解决一切现实问题的根本保障。鲍威尔政治批判的目标并不是所有的国家，而主要是"基督教国家"。在他看来，国家是自我意识的创造物，因而应体现人的"自由"，但教会的存在以及它对国家的控制却处处与此相反。因此，国家必须摆脱宗教的压迫，按照理性即自我意识而自由发展，并且能够维护与保障获得自我意识的个人的自由。鲍威尔的"批判哲学"就是要力求达到对社会中一切非理性的东西进行毁灭性批判。同时，鲍威尔也敏锐地注意到宗教同"原子化"的市民社会之间的关系。他认为，正因为基督教把一切与人相关的世俗关系都变成了一种外在的、次要的关系，所以，个人之间就缺乏一种共同的社会联系，最终使得市民社会从国家中分离出来形成一个利己主义为主导原则的独立领域。鲍威尔从国家和市民社会两个层面展开的政治批判，其本质不过就是宗教批判。

基督教是当时普鲁士专制国家的主要思想支柱，反宗教的斗争就是间接地反对宗教为普鲁士专制国家服务的斗争。这种斗争一旦变得旗帜鲜明，就势必招致普鲁士专制国家更加严厉的制裁。面对普鲁士国家的日益反动，多数青年黑格尔派成员更加坚决走上了激进的批判道路。莫泽斯·赫斯是特别值得一提的重要人物，是最早转向空想共产主义的青年黑格尔派成员，也是跟马克思、恩格斯一起走得最远的青年黑格尔派成员。毫无疑问，要理解马克思早期的思想发展，特别是马克思市民社会批判思想的发展，赫斯是绕不开的重要一环。赫斯对黑格尔政治国家观的批判，跳出了黑格尔哲学及鲍威尔自我意识哲学的理论界限，从而面向更为广阔的实际生活。

赫斯不仅是第一位介绍社会主义思想的理论家，还是马克思所接触到的第一位社会主义者。早在第一部著作《人类的神圣历史》中，赫斯就表述了他对资本主义的批判以及对共产主义的构想。赫斯把资本主义社会理解为一种动物世界，即"有意识的动物"的生存世界，在这个世界中，"不是大家为人人，人人为大家工作，而是人人为自己，像在动物中生活一样"，"每个人拥有自己的利爪和牙齿，为了自己的获得，撕咬和吞噬他的兄弟"。他认为在这样一个动物般弱肉强食的世界中，出现的"不仅道德困境，而且现在开始统治的肉体困境都一方面建立在社会财富的发展，一方面建立在贫困的增长之上"。① 赫斯较为深刻地指出，在资本主义社会，"机械方面的新发明同日益增长的工业成就和贸易，就像我们目前的法律和制度一样，只有助于扩大不平等以及促进一些人的富有和另一些人的贫困"②。

赫斯把共产主义看作是神的和谐的天堂，在共产主义时代，"整个大地将变成一座大花园。那里只居住着幸福勤劳的人们，他们将过着人应享受的那种生活"③。赫斯把人类历史描述为共产主义最终获得实现的过程。在《欧洲的三头政治》中，赫斯试图给他的共产主义学说奠定一个哲学基础。赫斯认为，从前的哲学都缺乏一种积极性，它至多是一种对现实的认识，因此，对现实的丑恶只能"坚决地抗议一番"而已。继切什考夫斯基之后，赫斯把行动当作他的哲学的最高原则。他说，"我在我所是之前首先必须行动"。不是存在本身，而是行动，行动才是第一性的因素，才是最初和最终的因素，个人只有通过行动才能使自己与存在同一。"行动"在赫斯那里仍然是一个抽象的东西，"行动"被归结为社会成员的道德完善化过程。

赫斯进而认为，哲学要成为"行动哲学"，它就必须扬弃以个人自我意

---

① 转引自侯才：《青年黑格尔派和马克思早期思想发展》，中国社会科学出版社1994年版，第180—181页。

② 转引自侯才：《青年黑格尔派和马克思早期思想发展》，中国社会科学出版社1994年版，第181页。

③ 转引自〔法〕科尔纽：《马克思恩格斯传》第1卷，刘丕坤等译，商务印书馆1973年版，第256页。

识为基础的"自由主义"。赫斯在这部著作中表达了渴望哲学能干预现实，竭力摆脱黑格尔哲学的思辨性的愿望。他指出，从前的哲学处于抽象的沉思阶段，它从来不把它的行动看作是现在的行动，它从来没有面对现在，仅仅是面对过去，而只有把行动看作是自在的目的，消除宗教幻想和政治幻想的压迫，才能获得个人的完全解放和独立，从而实现完全的平等和共产主义。这个任务只有通过法国和德国的联合才能实现。在赫斯看来，法国和德国不是一致的，而是分割地追求自由，因此，也只有法国和德国联合起来，才能最终实现自由。赫斯主张一种把黑格尔哲学和法国空想社会主义、德国人的思辨精神和法国的实干精神传统结合起来进行社会革命，使得真理能够"从天国回到人世间来"。赫斯将法德两国改革作比较、强调人的自由和完全平等以及在消除宗教和政治幻想的基础上实现共产主义，无疑在青年黑格尔运动中独树一帜，但他在对历史发展进程和社会革命的具体理解上，的确像其他青年黑格尔派成员一样，仍然是唯心的和空想的，他论证行动哲学的方法和语言都还是抽象的和思辨的。

之后的研究，赫斯已不满足于抽象的议论行动，而试图把行动和生产交换联系起来。在《论货币的本质》中，他首创性地将费尔巴哈的宗教异化思想应用于社会生活和经济生活，将青年黑格尔运动中的宗教和政治批判发展到社会经济批判。在赫斯看来，"生命是生产性的生命活动的交换！"① 人类社会最重要的要素就是这种人们社会生活交往中的"共同活动"，只有在交往中，在类生活中，个体才能实现它的本质，这样，类就应该成为生活的目的。但基督教世界却把这一切给颠倒了，类存在物被贬低为个体生活的手段。与鲍威尔和费尔巴哈不同的是，赫斯不把宗教的扬弃看作一切异化的根源，在他看来，金钱与上帝一样，也是异化的根源。金钱的异化是生活的自然秩序的完全颠倒，金钱统治社会生活就像上帝统治天国一样。"从自由贸易和工业占统治地位以来，金钱就是这个社会的唯一杠杆，并且贸易和工业

---

① ［德］赫斯：《共产主义信条问答》，载《国际共运史资料》第 7 辑，人民出版社 1982 年版，第 178 页。

越进步，金钱就越强大。"① 由于金钱的异化，贫富悬殊越来越大，破坏了原来的平等关系，一方面是毫无结果地浪费自己的力量，另一方面是资本家奢华和卑鄙地贪图享乐。

赫斯认为，在这个货币世界中，"人首先必须学会蔑视人的生命，以便自愿地把它加以出卖"②。由此，赫斯将资产阶级社会经济王国称为社会动物世界，资产阶级社会制度是实际的假象和谎言的世界，在最普遍的自由的假象下面是最普遍的奴隶制，他认为，"金钱的存在本身就是人类的奴隶制度的标志"③。那么，如何才能消除这种奴隶制呢？赫斯认为，在我们的力量和能力发展起来以后，如果我们不向共产主义过渡，我们就会彼此使对方毁灭，这是他的政治结论。因为资产阶级社会出现了以"生产力的过剩"和力量的浪费为特征的自我毁灭的荒唐现象。这一问题的根本解决只有人们真正地"联合起来"，以创造一种"我们的力量的联合或者共同活动"的新生活，这就是共产主义。赫斯认为，伴随着人的本质与能力的现实发展，人类社会中的这种类异化存在阶段必然要过渡到"类生活的全面展开"阶段，即"有组织构成的"共产主义阶段，在那个社会中，"人的本性在所有的人身上都得到发展，而每个人又都能发挥自己的全部能力"④。

可以看出，赫斯不满足于费尔巴哈仅仅停留在理论上对异化的揭露，因而力图寻找出实践上存在着的异化，从而将费尔巴哈的宗教异化批判思想推广到社会经济领域，以展开对市民社会的批判。这是难能可贵的。这意味着赫斯大不同于当时的青年黑格尔派，他们都把希望寄托在理性国家，寄托在抽象思辨，而赫斯已经进入经济利益层面，关注的是具体的社会问

---

① 转引自侯才：《青年黑格尔派和马克思早期思想发展》，中国社会科学出版社 1994 年版，第 181 页。

② ［德］赫斯：《共产主义信条问答》，载《国际共运史资料》第 7 辑，人民出版社 1982 年版，第 189 页。

③ ［德］赫斯：《共产主义信条问答》，载《国际共运史资料》第 7 辑，人民出版社 1982 年版，第 213 页。

④ ［德］赫斯：《共产主义信条问答》，载《国际共运史资料》第 7 辑，人民出版社 1982 年版，第 211 页。

题和普通人的生活，反对为一切不公正的社会现象寻求合乎理性的解释，强调以彻底的、革命的方式来消除这些现象。赫斯对市民社会的批判表明，他在政治立场上远超于当时青年黑格尔派的水平，正如他自己所指认的那样，青年黑格尔派还停留在资产阶级视野之内，但是他已经超越了资产阶级的视野。

第三节　马克思的现代性批判视野

从施特劳斯开始的青年黑格尔派在对黑格尔哲学进行的颠覆活动中，始终没有离开哲学的立足点，这个运动的代表人物没有找到从抽象范畴的王国通向现实世界的道路。马克思揭穿了"现代性方案"通过理性实现人的自由幸福的虚假承诺，证明了关于"理性王国"的价值理想并没有其宣称的那样具有普遍性和必然性，而是在普遍主义背后蕴含着特殊利益和意志，不过是将这种特殊性普遍化、绝对化。经过对黑格尔和费尔巴哈为代表的形而上学的反思之后，马克思对青年黑格尔派运动作了评论：青年黑格尔派强大的理论批判，"据说这一切都是在纯粹的思想领域中发生的"[1]。这些人认为，只要从思想上发动一场"革命"运动，就可以改写历史，并且认为这种词句的、哲学的历史可以取代真实的历史过程。"既然根据青年黑格尔派的设想，人们之间的关系、他们的一切举止行为、他们受到的束缚和限制，都是他们意识的产物，那么青年黑格尔派完全合乎逻辑地向人们提出一种道德要求，要用人的、批判的或利己的意识来代替他们现在的意识……这种改变意识的要求，就是要求用另一种方式来解释存在的东西，也就是说，借助于另外的解释来承认它。"[2] 在这里，马克思意识到，理性、自我意识如果膨胀为一切时，正如哈贝马斯揭示的："哲学则把沉思的生活，即理论生活方式当作拯

---

① 《马克思恩格斯选集》第 1 卷，人民出版社 1995 年版，第 62 页。

② 《马克思恩格斯选集》第 1 卷，人民出版社 1995 年版，第 65—66 页。

救途径"①。因此，意识革命只是一种古代神话的再现，这是一种"想象的革命"，一种"跪着的造反"。

一、对理性形而上学的批判

现代性的理论支撑是理性形而上学。马克思现代性批判首先要对理性形而上学进行批判，而理性形而上学是在黑格尔那里达到其极端形态的，也可以说在黑格尔那里完成了理性形而上学，完成了一种概念的自洽的哲学。正如马克思所说："在黑格尔天才地把 17 世纪的形而上学同后来的一切形而上学及德国的唯心主义结合起来并建立了一个形而上学的包罗万象的王国之后，对思辨的形而上学和一切形而上学的进攻，就像在 18 世纪那样，又跟对神学的进攻再次配合起来。"②

马克思对黑格尔理性形而上学的批判，很明显地受到费尔巴哈影响。正如恩格斯在《路德维希·费尔巴哈和德国古典哲学的终结》中所说的，费尔巴哈的《基督教的本质》一书的出版，直截了当地使唯物主义重新登上了王座，"这部书的解放作用，只有亲身体验过的人才能想象得到。那时大家都很兴奋：我们一时都成为费尔巴哈派了"③。费尔巴哈对黑格尔的思辨哲学的批判主要指向其神秘主义和唯心主义的特征："神学的秘密是人本学，思辨哲学的秘密则是神学——思辨神学。思辨神学和普通神学的不同之点，就在于它将普通神学由于畏惧和无知而远远放到彼岸世界的神圣实体移植到此岸世界中来，就是说：将它现实化了，确定了，实在化了。"④ 在这一路向的影响下，马克思在两个方面展开了对理性形而上学的批判：

其一，马克思批判了这种思辨哲学的体系建构的虚妄性。"因为黑格尔的《哲学全书》以逻辑学，以纯粹的思辨的思想开始，而以绝对知识，以自

---

① ［德］哈贝马斯：《后形而上学思想》，曹卫东译，译林出版社 2001 年版，第 30 页。

② 《马克思恩格斯全集》第 2 卷，人民出版社 1957 年版，第 159 页。

③ 《马克思恩格斯选集》第 4 卷，人民出版社 1995 年版，第 222 页。

④ 《费尔巴哈著作选集》上卷，商务印书馆 1984 年版，第 101 页。

我意识的、理解自身的哲学的或绝对的即超人的抽象精神结束，所以整整一部《哲学全书》不过是哲学精神的展开的本质，是哲学精神的自我对象化；而哲学精神不过是在它的自我异化内部通过思维方式即通过抽象方式来理解自身的、异化的世界精神。"①

尽管费尔巴哈与马克思都在揭露黑格尔思辨哲学唯心主义和神秘主义的特征，但他们的切入点却有着很大的差异。费尔巴哈直接抨击黑格尔的《逻辑学》，而马克思的批判则是从黑格尔的《法哲学》入手。马克思论述道："德国的国家哲学和法哲学在黑格尔的著作中得到了最系统、最丰富和最完整的阐述；对这种哲学的批判不但是对现代国家和对同它联系着的现实的批判性分析，而且也是对到目前为止的德国政治意识和法意识的整个形式的最彻底的否定，而这种意识的最主要、最普遍、升为科学的表现就是思辨的法哲学本身。"② 而且，马克思并没有停留于黑格尔法哲学的框架内。在马克思看来，法哲学只是逻辑学的一种应用，"整个法哲学只不过是对逻辑学的补充"③。这表明，马克思批判的矛头必然会深入思辨哲学的最核心的部分，即逻辑学中去。

马克思精辟地指出："逻辑学是精神的货币，是人和自然界的思辨的思想的价值——人和自然界的同一切现实的规定性毫不相干地生成的因而是非现实的本质，——是外化的因而是从自然界和现实的人抽象出来的思维，即抽象思维。"④ 初看起来，黑格尔十分重视历史的运动，但他的哲学，特别是逻辑学不过是这种运动的抽象的、思辨的表达。马克思通过历史性的考察，对思辨哲学的本质作出进一步的诊断："被法国启蒙运动特别是18世纪的法国唯物主义所击败的17世纪的形而上学，在德国哲学中，特别是在9世纪的德国思辨哲学中，曾有过胜利的和富有内容的复辟。"⑤ 黑格尔就是思辨哲

---

① 《马克思恩格斯文集》第1卷，人民出版社2009年版，第202页。
② 《马克思恩格斯全集》第1卷，人民出版社1956年版，第459—460页。
③ 《马克思恩格斯全集》第1卷，人民出版社1956年版，第264页。
④ 《马克思恩格斯文集》第1卷，人民出版社2009年版，第202页。
⑤ 《马克思恩格斯全集》第2卷，人民出版社1957年版，第159页。

学的集大成者，而思辨哲学则是 17 世纪的形而上学在 19 世纪哲学中的复辟，这是马克思对黑格尔思辨哲学的虚妄性批判所得出的基本结论。

其二，马克思批判了理性形而上学方法论的神秘性。这种方法论的神秘性的表现之一就是主谓语的颠倒："黑格尔不把主观性和人格看做主体的谓语，反而把这些谓语弄成某种独立的东西，然后神秘地把这些谓语变成这些谓语的主体。"① 在《神圣家族》中，马克思以思辨哲学对"苹果"的分析为例，深刻地揭露了理性形而上学主谓颠倒的方法论，对于这种颠倒的神秘的方法，马克思总结道："这种方法，用思辨的话来说，就是把实体了解为主体，了解为内部的过程，了解为绝对的人格。这种了解方式就是黑格尔方法的基本特征。"② 表现之二就是纯粹的概念的抽象，"具体的内容即现实的规定成了形式上的东西，而完全抽象的形式的规定则成了具体的内容。国家的各种规定的实质并不在于这些规定是国家的规定，而在于这些规定在其最抽象的形式中可以被看做逻辑的形而上学的规定"③。"使自在和自为这两个范畴互相分离，使实体和主体互相分离，就是抽象的神秘主义。"④

在此基础上马克思指出："施特劳斯和鲍威尔关于实体和自我意识的争论，是在黑格尔的思辨范围内的争论。"⑤ 他认为，无论是施特劳斯，还是鲍威尔，都只是抓住了黑格尔哲学的一个方面，割裂了思维与存在的统一性，都没有走出黑格尔的立场。

借助对 17 世纪至 18 世纪唯物主义的考察，特别是费尔巴哈唯物主义的考察，马克思对黑格尔哲学作了进一步的批判。这种批判的依据是费尔巴哈哲学。马克思赞赏费尔巴哈对黑格尔哲学实质的批判与揭露，"只有费尔巴哈才是从黑格尔的观点出发而结束和批判了黑格尔的哲学。费尔巴哈把形而

---

① 《马克思恩格斯全集》第 1 卷，人民出版社 1956 年版，第 272 页。
② 《马克思恩格斯全集》第 2 卷，人民出版社 1957 年版，第 75 页。
③ 《马克思恩格斯全集》第 1 卷，人民出版社 1956 年版，第 263 页。
④ 《马克思恩格斯全集》第 1 卷，人民出版社 1956 年版，第 322 页。
⑤ 《马克思恩格斯全集》第 2 卷，人民出版社 1957 年版，第 176—177 页。

上学的绝对精神归结为'以自然为基础的现实的人',从而完成了对宗教的批判。同时也巧妙地拟定了对黑格尔的思辨以及一切形而上学的批判的基本要点"①。但不久后,马克思认识到了费尔巴哈观点的局限性,并在随后的《关于费尔巴哈的提纲》中对他的思想进行了深刻批判。

在《德意志意识形态》中,马克思进一步指出,费尔巴哈的哲学立场未能从根本上超越黑格尔体系的基地,他所说的"人"归根到底仍是抽象的人,不是现实的人。在他看来,唯有以现实的人为出发点的历史唯物主义的新观念才能从根本上扬弃并超越黑格尔思辨哲学的立场。所以,马克思作了这样的论述:"思辨终止的地方,即在现实生活面前,正是描述人们的实践活动和实际发展过程的真正实证的科学开始的地方。"②

可以说,马克思现代性批判思想的发展历程,就是不断脱离并终结以黑格尔、费尔巴哈为代表的形而上学思想的影响,创建崭新的哲学范式的过程。马克思认为,如果不终结旧哲学形态,就不可能创建具有革命性意义的新哲学形态。在马克思看来,德国的实践派要求否定哲学是正当的,问题是他们仅仅提出了这一要求而没有认真实现它。"一句话,你们不在现实中实现哲学,就不能消灭哲学。""它(理论派)的根本缺陷可以归结如下:它认为,不消灭哲学本身,就可以使哲学变成现实。"③ 马克思对传统哲学形态的终结也就是对理性形而上学的终结:"随着这一已经由卡尔·马克思完成了的对形而上学的颠倒,哲学达到了最极端的可能性。哲学进入其终结阶段了。"④ 哲学的终结也就是哲学的实现。马克思终结的是传统的哲学形态即理性形而上学,而不是哲学本身。正是在哲学的批判中,实践哲学范式也由此形成:"而实际上,17世纪的形而上学的衰败可以说是由18世纪唯物主义的理论影响造成的,这正如这种理论运动本身是由当时法国生活的实践性质一

---

① 《马克思恩格斯全集》第2卷,人民出版社1957年版,第177页。
② 《马克思恩格斯全集》第3卷,人民出版社1960年版,第30—31页。
③ 《马克思恩格斯全集》第1卷,人民出版社1956年版,第459页。
④ [德]海德格尔:《面向思的事情》,陈小文、孙周兴译,商务印书馆1996年版,第59—60页。

样。……形而上学在实践上已经威信扫地。"①

二、对市民社会的政治经济学批判

在《德法年鉴》以前，马克思有一种明显的启蒙主义取向，是以现代的自由、民主、平等立场批判落后的德国现实，现代性的自由原则还是他基本的理论支持。为解决面对"现实的物质"和"经济问题"上"苦恼的疑问"，通过黑格尔法哲学的批判性分析，在《德法年鉴》时期的《〈黑格尔法哲学批判〉导言》以及《论犹太人问题》等著作中，马克思得出了"市民社会决定国家"的科学论断，从而走上了历史唯物主义的道路。马克思在1844年对穆勒《政治经济学原理》的摘录中，意识到货币不仅具有价值尺度的职能，还可以在流通中内涵和体现人的社会关系，这也正是市民社会的特性。以此为契机，马克思认识到，要超越政治解放就要回到市民社会。马克思不仅将市民社会理解为"全部历史的发源地和舞台"，而且把它科学地改造为唯物史观的核心范畴，并从"物质交往""社会组织""物质的生活关系的总和"的意义上加以阐释，在批判黑格尔市民社会理论的过程中建立起自己的市民社会概念及其全部理论。

19世纪40年代以后，马克思的现代性批判集中在对市民社会的政治经济学批判。马克思从"历史深处"全面彻底解剖和批判市民社会，从而将现代性的命运与资本的逻辑联系起来，找到扬弃异化与人类解放的道路——共产主义运动。马克思通过对"现代性方案"内在悖论的分析，为揭穿种种虚幻的意识形态迷雾、理解现代社会的真实面貌提供了有力的分析和批判工具。在完成了对资产阶级意识形态批判之后，对现代性的批判就不仅是哲学的任务，而且是要通过政治经济学来揭示资本主义社会矛盾运动的真实规律。对市民社会的政治经济学批判，既是马克思批判理论的总结，也是马克思批判理论的升华，其批判的笔触直指资本主义的现实，直面资本主义社会

① 《马克思恩格斯全集》第2卷，人民出版社1957年版，第161页。

的内在矛盾。

其一，马克思通过市民社会结构的剖析，发现了"资本的力量"。这种力量造就了"商品拜物教"，使意识形态成为"物化意识"，成为现代世俗理性和工具理性的根源。马克思在《资本论》中所揭示的，正是在资本力量的驱动下现代社会和现代性的生成史，是对现代经济结构与现代性的深刻而宏大的理论建构。资本是追求自身增殖的剩余劳动。它所负载的增殖意志，表面上是投资者的主观贪婪欲望，实际上是一种社会关系的强制力量。"但资本不是物，而是一定的、社会的、属于一定历史社会形态的生产关系，它体现在一个物上，并赋予这个物以特有的社会性质。"① 资本的唯一目的是自身的增殖，把剩余价值转化为资本，实现资本的不断积累。人们一旦把社会积累下来的剩余劳动投入市场化的社会过程中，转化为资本，负载在它身上的意志就由市场中的社会关系的客观力量所决定，成为强制性的客观力量。谁占有了货币这种抽象的财富，谁就能支配世界。抽象之所以能够成为统治，就在于它代表的是财富和权力。于是，资本的力量破坏了一切封建的、宗法的、田园诗般的关系，人们不再崇拜神灵，商品拜物教构成了现代性的基本观念。

其二，对物化现象的批判构成马克思的商品拜物教理论的核心。社会关系的物化是市民社会的必然结果。人的社会关系的物化实质上是人的活动的社会性的物化。由于人的社会分工越来越细，交换成为一种普遍的需要，每个生产者，如果想要得到自己生活的必需品，就必须生产满足其他人需要的商品，并完成交换行为。人的这种互相依赖，表现在不断交换的必要性和作为全面媒介的交换价值上。私人劳动向社会劳动的转化，表现为商品的交换价值的实现。在此基础上，人实际关心的不是劳动产品的使用价值，而是交换价值。我们知道，商品之所以能够交换，乃在于它具有使用价值，能够满足人的生存和发展的需要，在于它本质上是劳动产品。因此，使用价值是价值的基础。在简单商品生产中，这个道理还是清楚的，所有商品交换者的目

---

① 《马克思恩格斯全集》第25卷，人民出版社1974年版，第920页。

的都十分明确，就是为了获得自身需要的产品。因此，马克思称简单商品生产的公式是"为买而卖"。可是在资本主义商品生产过程中，情况发生了根本的逆转，交换价值的生产上升到了第一位，而其使用价值不过是其获取交换价值的附属品，马克思称之为"为卖而买"。商品的属人性质被掩盖了，呈现出来的是物和物的关系。

就此马克思论述道："活动的社会性，正如产品的社会形式以及个人对生产的参与，在这里表现为对于个人是异己的东西，表现为物的东西；不是表现为个人互相间的关系，而是表现为他们从属于这样一些关系，这些关系是不以个人为转移而存在的，并且是从毫不相干的个人互相冲突中产生出来的。活动和产品的普遍交换已成为每一单个人的生存条件，这种普遍交换，他们的互相联系，表现为对他们本身来说是异己的、无关的东西，表现为一种物。在交换价值上，人的社会关系转化为一种物的社会关系；人的能力转化为物的能力。"[1] 人的社会性本来是属于人的，是人之为人的根本性质，但是，当这种社会性物化为外在于物的关系时，由于劳动的私人性质，就与人处于对立的地位。本来属于人的关系，现在以物的形式外在于人，并与人相对立。人已经不属于自己，而是属于外在物，人只有依赖于物才能实现自己。人与人的关系体现在物与物的交换中，"单个人本身的交换和他们本身的生产是作为独立于他们之外的物的关系而与他们相对立"[2]。由于人与人关系的消隐，物的关系直接呈现在人们面前。马克思在谈到物的依赖关系时指出，当物的依赖关系普遍化时，就表现为与个人相对立的独立的社会关系，并抽象为一种独立的观念力量。"个人现在受抽象统治，而他们以前是互相依赖的。但是，抽象或观念，无非是那些统治个人的物质关系的理论表现。"[3] 正是看不到这一点，才有了青年黑格尔派认为仅从理性的造反出发就可以解放这个社会的幻想。

其三，在市民社会，人的实践活动具有社会异化性。在市民社会的生产

① 《马克思恩格斯全集》第46卷（上），人民出版社1979年版，第103—104页。
② 《马克思恩格斯全集》第46卷（上），人民出版社1979年版，第108页。
③ 《马克思恩格斯全集》第46卷（上），人民出版社1979年版，第111页。

方式中，人沦为机器的奴隶，人至多不过是时间的体现。商品生产是和机器大生产连在一起的。由于劳动过程的合理化，工人的人的性质和特点被掩盖和抹杀了，他的一切都必须按照可计算的原则来衡量，这样，个人从属于像命运一样存在于他们之外的社会生产；但社会生产并不从属于把这种生产当作共同财富来对待的个人。工人和自己的劳动过程，自己劳动的产品，最终也和自己"疏离"了。在生产劳动中，人的本质力量的外化和占有之间的链条被打断，劳动外化创造的产品为他人占有，并作为社会再生产的物质条件反过来统治劳动者。马克思指出："生产条件自身具有与劳动相对立的异化形式，表现为他人的所有权而与劳动相对立，并作为这样的所有权对劳动进行统治。"① 劳动本来是人的现实活动，但是，在资本主义社会，劳动的现实性同时也是人的现实性的丧失。"这种现实性对于劳动来说是他人的现实性，它构成同劳动相对立的财富"②。资本主义的再生产就是通过不断打断劳动外化和占有之间的链条而连续不断地进行的。因此，异化劳动是资本主义社会赖以存在的基础，是其无法克服的内在矛盾。

其四，资本主义现代性的种种负面价值和消极后果，集中体现为人的全面异化。追求人的自由、解放本来是现代性的最高价值目标，然而，现实的经济事实是："工人生产得越多，他能够消费的越少；他创造的价值越多，他自己越没有价值、越低贱；工人的产品越完美，工人自己越畸形；工人创造的对象越文明，工人自己越野蛮；劳动越有力量，工人越无力；劳动越机巧，工人越愚笨，越成为自然界的奴隶。"③ 资本主义生产方式带给"人的世界"的是严重的摧残和贬值，因而是人的生命和文化价值的双重毁灭过程。由于受到资本、利润的侵蚀和冲击，精神文化创造活动越来越偏离陶冶人的精神、促进人的全面发展的方向。在现实社会结构中，以维护经济基础为目的的精神创造活动，具有掩饰社会矛盾的虚假的意识形态的功能。如果说在过去的时代，这种功能还被宗教的外衣所遮掩，精神生活还带有崇高性、神圣

---

① 《马克思恩格斯全集》第 26 卷 III，人民出版社 1974 年版，第 546 页。
② 《马克思恩格斯全集》第 46 卷（上），人民出版社 1979 年版，第 451 页。
③ 《马克思恩格斯文集》第 1 卷，人民出版社 2009 年版，第 158 页。

性，还能使人们的精神有所寄托，那么，在资本主义时代，大工业"只要可能，它就消灭意识形态、宗教、道德等等，而当它不能做到这一点时，它就把它们变成赤裸裸的谎言"①。这样，资本主义的精神文化就难以为人类提供精神支撑。

三、马克思市民社会批判视野中的人的全面发展

马克思市民社会批判是与人的自由解放、人的全面发展的价值取向完整统一的。在马克思看来，人的现代性是在人类扬弃了前现代社会的传统人之后，走向未来的"完整的人"的一个中介点。在这个中介点上，人的异化、异化的人为未来的人的理想的实现准备着物质技术基础和精神文明的条件，同时，这种异化也给人本身带来苦难。由于现代社会的人的主体性不同于古代社会，后者的人的依赖关系是以血缘关系、狭隘地域范围的宗法关系等自然因素为媒介，因而是狭隘的、片面的个体对群体主体性的拒斥。到了近现代，由于生产力和科技的发展，社会进入以交换价值为全面媒介的商品社会。在利益的驱动下，人的理性、人的主体能动性以空前的程度发展起来。现代性带来了"以物的依赖性为基础的人的独立性"②。

正如马克思所说，在现代社会中，"活动和产品的普遍交换已成为每一单个人的生存条件，这种普遍交换，他们的互相联系，表现为对他们本身来说是异己的、独立的东西，表现为一种物。在交换价值上，人的社会关系转化为物的社会关系；人的能力转化为物的能力。"③ 因为人的独立性是与商品货币关系相联系的，是以这种关系为基础的，所以，他越是发挥主体性，他对于"物"的依赖就越难以摆脱。

马克思关注人的问题，始于对人的自由的思考。在现代社会之前，政治是社会生活的中心和主要形式，人们仅仅从法的领域思考人的自由问题。这

---

① 《马克思恩格斯全集》第 3 卷，人民出版社 1960 年版，第 68 页。
② 《马克思恩格斯全集》第 46 卷（上），人民出版社 1979 年版，第 104 页。
③ 《马克思恩格斯全集》第 46 卷（上），人民出版社 1979 年版，第 103—104 页。

不仅表现在古代的政治国家中，也表现在早期的基督教中。早期的基督教以自由为手段反对了政权的统治者，却使普遍民众屈从于宗教的权威。以市民社会兴起为历史起点和标志的现代社会，打破了政治在国家中的权威性，使经济、财产关系进入了国家，成为国家的有机组成部分，人的自由由此深入到经济之中。这时，自由不再是手段，而是人的目的。马克思由此看到，市民社会不仅是传统社会解体的产物，也是一种新的社会形态的经济基础。市民社会兴起后，一方面创造了个体形成的基础，把个体与共同体分离开来并弘扬个体自由；另一方面是把个体的肉体存在与价值存在分离开来，以个体的肉体存在否定个体的价值存在，从而导致个体人格的丧失。马克思认为，市民社会是以异化的形式表现出来的社会形式，市民社会只有克服了它的异化状态，才能获得它的真正意义。马克思正是在批判市民社会的这一内在矛盾中，发现了人的全面发展的现实基础。

马克思以前的思想家们无不关注市民社会与个体自由的关系问题，马克思本人也同样关注这一问题。所不同的是，这个时期的思想家们只看到财产对于人的自由的意义，看到财产中的个体自由，把人的自由归结于一种契约关系，而没有看到隐藏于财产中的人格对于人的自由的意义。马克思突出了对财产背后人格的重视，强调人格自由才是人获得个体自由的根本所在。在博士论文《德谟克利特的自然哲学和伊壁鸠鲁的自然哲学的差别》中，马克思表现出对自由的向往，但他不满意伊壁鸠鲁所讲的自由，因为这种自由是"脱离定在的自由"，是与外部世界相脱离的自由，是完全抽象的自由。因此，自由意识作为自由的体现者，必须转向外部世界。在《1844年经济学哲学手稿》中，马克思进一步把外部世界归结为经济运动，强调经济运动对于人的自由实现的意义，突出了对财产背后人格的重视，强调人格自由才是人获得个体自由的根本所在。在此基础上，马克思通过资本的生产来分析人的自由问题，特别强调资本的人格化问题，强调资本的关系本质上是人与人之间的价值关系。在马克思看来，人的自由而全面发展是以个体的自由发展为历史基础的，这里的个体不仅是具有经济、交换自由的个体，而且是具有独立人格自由的个体。

在以前的思想家们看来，资产阶级社会是人类社会的最高经济形态，在他们那里，个体的自由是对资本主义的一种肯定。马克思则把资本主义看作一个充满矛盾的辩证否定过程，其中既有利于个体自由的积极因素，特别是相对于封建专制制度对人性的压制，但资本主义也存在人的自由而全面发展的根本障碍，强调在现代社会要以社会的人、全面的人否定以物为中介表现出来的片面的、抽象的人。这种辩证的否定蕴含着抽象的人对于社会的人、全面的人所具有的建构意义，即以异化劳动揭示出人的个体性形成，肯定异化劳动是个体从整体分离出来的前提条件。在此意义上，马克思批判地解构了资本主义虚幻意识，又肯定并发展了其中的人的自由解放观念，并将之提升为人的自由而全面发展这一社会的总目标；批判地解构了其人的抽象性基础，将之转换为"变革世界"的实践主体。由此可以看出，从片面的、抽象的个体到全面发展的个体，是市民社会的形式——资产阶级社会在物质生产中创造出来的，是市民社会自我扬弃的历史运动。这是历史运动的必然要求，也是必然环节。马克思把这个历史运动称之为从资本主义条件下的私有制到共产主义的发展，并由此强调共产主义是"人的解放和复原的一个现实的、对下一段历史发展来说是必然的环节"①。

马克思通过研究市民社会发现，市民社会是人们最基本的经济生活领域，这个领域在近代获得了相对独立的形式，从而成为现代国家的基础，决定着现代国家的性质。马克思主张国家从属于市民社会，强调经济基础、经济关系对于政治国家的决定作用，这一立场的重要目的，还在于把个体自由作为国家的基础和有机部分，其中心点在于论证民主制的合理性。马克思在进行这种探讨时，并没有抛弃他在法哲学批判中对现代国家制度的规定，而是把现代国家制度的构建当作人的自我实现的中介，纳入对人的自由本性的理解和阐释之中。马克思论述道："在君主制中，整体，即人民，从属于他们存在的一种方式，即他们的政治制度。在民主制中，国家

---

① 《马克思恩格斯文集》第 1 卷，人民出版社 2009 年版，第 197 页。

制度本身就是一个规定，即人民的自我规定。在君主制中是国家制度的人民；在民主制中则是人民的国家制度。民主制是国家一切形式的猜破了的哑谜。在这里，国家制度不仅就其本质说来是自在的，而且就其存在、就其现实性说来也日益趋向于自己的现实基础、现实的人、现实的人民，并确定为人民自己的事情。国家制度在这里表现出它的本来面目，即人的自由的产物。"① 在这里，马克思提出了人的自由而全面发展的一个重要思想，即人的自由而全面发展不能光有发达的物质文明，还要有高度发达的制度文明。在马克思那里，现代理性社会的本质，就是以人民为主体的民主制度。制度文明建设既是人的自由而全面发展的外部环境，也是实现人的自由而全面发展的现实基础。没有现代制度文明建设，促进人的自由而全面发展只不过是一句空话。

由此，我们可以得出这样的结论：人的自由而全面发展是一场伟大的历史运动，这场历史运动起源于现代社会的形成，要通过不断的制度变革才能实现。在《1857—1858 年经济学手稿》中，马克思曾概括地揭示了这一历史运动的趋向，他指出，"人的依赖关系（起初完全是自然发生的），是最初的社会形态，在这种形态下，人的生产能力只是在狭窄的范围内和孤立的地点上发展着。以物的依赖性为基础的人的独立性，是第二大形态，在这种形态下，才形成普遍的社会物质变换、全面的关系、多方面的需求以及全面的能力的体系。建立在个人全面发展和他们共同的社会生产能力成为他们的社会财富这一基础上的自由个性，是第三个阶段。第二个阶段为第三个阶段创造条件"②。这就是人的自由而全面发展的最深刻的历史内涵。根据这一历史内涵，我们研究人的自由而全面发展，就不能抽象地谈论创造高度发达的物质文明和精神文明，而应该联系现实的社会运动，联系制度文明的建设，探讨人的自由而全面发展的可能性和现实性。③

---

① 《马克思恩格斯全集》第 1 卷，人民出版社 1956 年版，第 281 页。
② 《马克思恩格斯全集》第 46 卷（上），人民出版社 1979 年版，第 104 页。
③ 参见何萍：《人的全面发展与市民社会》，《武汉大学学报》2002 年第 5 期。

四、以人民为中心是实现人的全面发展的必由之路

马克思对于现代性的批判，始终是围绕人的发展路径展开的。这一路径体现着马克思全部理论的生成和发展逻辑。马克思主义在实践中发展必然要遵循这一逻辑，围绕人的根本利益、人的自由全面发展而展开。社会主义是以实现人的根本利益、促进人的自由全面发展为目的的。社会主义无论发展到哪一个阶段，社会发展水平到了哪一步，只有坚持这一基本指向，人的实践才能沿着正确的历史方向前进。中国社会主义实践无论是革命、建设还是改革时期，我们都遵循这一基本历史方向，在实践中不断创造历史性成就。当前，我们正行进在全面建设社会主义现代化国家新的历史征途上，前行的道路上，既有机遇也有风险挑战，机遇和挑战具有很多新变化、新特点。特别是西方社会当前正遭遇前所未有的矛盾和危机，一些发达国家经济社会发展陷入持续低迷，社会内部严重分裂以致产生对立，甚至出现人道主义灾难，资本主义"病症"正在深刻影响整个世界的格局，各种不确定、不稳定因素不断增加。当今世界正经历百年未有之大变局。如何在危机中育先机，于变局中开新局，最关键的是要坚持以人民为中心的发展思想，始终把人民放在心中最高位置，避免西方国家"物的世界的增值与人的世界的贬值成正比"的扭曲形态，用宽阔的视野和科学的方法把握中国社会的发展走向，并使世界百年未有之大变局朝着有利于实现中华民族伟大复兴的战略全局的方向发展，无疑是极其重要的时代课题。

以人民为中心的发展思想是唯物史观的深刻阐发，是当代中国马克思主义、21世纪马克思主义，体现当代中国共产党人对社会主义本质特征的科学把握，对社会主义建设规律、人类社会发展规律的正确认识。人是社会发展的中心，社会发展本质上是人的发展，而不是物的发展。坚持以人民为中心，是社会主义与资本主义的本质区别，这也是社会主义优于资本主义的根本之点。只要我们坚持以人民为中心的发展思想，我们就能汇聚亿万人民的磅礴伟力，激发无穷无尽的创造潜能，形成众志成城的民族共识，不断创造无愧于时代、让世界刮目相看的人间奇迹，充分彰显中国共产党领导和社会

主义制度的显著优越性，为人类的发展进步贡献中国智慧和中国力量。坚持以人民为中心的发展思想，其一，发展为了人民，把增进人民福祉、促进人的全面发展作为出发点和归宿点；其二，发展依靠人民，历史是人民创造的，人民是真正的英雄，要把人民作为发展的力量源泉，不断从人民群众中汲取智慧和力量；其三，发展成果由人民共享，发展成果惠及全体人民，逐步实现共同富裕。坚持以人民为中心的发展思想，就是要把人民放在最高位置，从人民群众的根本利益出发谋发展、促发展，不断满足人民群众日益增长的美好生活需要，不断实现人民的共同富裕。

坚持以人民为中心的发展思想，是实现人的全面发展的必由之路。促进人的全面发展是具体的、历史的活动，这一价值目标寓于新时代中国特色社会主义的奋斗实践。不坚持以人民为中心的发展思想，人的全面发展就是一个抽象的概念。习近平总书记指出："要着力践行以人民为中心的发展思想。……以人民为中心的发展思想，不是一个抽象的、玄奥的概念，不能只停留在口头上、止步于思想环节，而要体现在经济社会发展各个环节。"[1] 实现人的全面发展，是人类最高的社会理想，建立在社会主义充分、高度发展的基础上。这既是社会发展的客观规律，也是社会发展的客观现实。但这意味着我们不能消极无为地观望等待，而只能在漫漫征途上踏实奋斗。社会主义是干出来的，人的自由全面发展也是干出来的。在奋斗征程上，我们要把共产主义的最高目标和新时代基本目标统一起来，从小事做起，把能够做的事情切实做好，积小胜为大胜，在建设富强民主文明和谐美丽的社会主义现代化强国的实践中，不断促进人的全面发展。

坚持以人民为中心的发展思想，一是发展社会生产力。人类社会发展的历史，首先表现为生产发展的历史。生产力是社会发展最活跃的决定性因素。我国仍处在并将长期处在社会主义初级阶段，是最大的发展中国家，这一基本国情决定了必须大力发展社会生产力。发展是硬道理，是解决我国所有问题的第一要务。只有推动经济持续健康发展，把"蛋糕"做大，才能筑

---

① 《习近平谈治国理政》第 2 卷，外文出版社 2017 年版，第 213—214 页。

牢国家繁荣富强、人民幸福安康、社会和谐稳定的物质基础。因此，我们党特别强调在生产发展和社会财富增长的基础上不断满足人民日益增长的美好生活需要，不断促进人的全面发展和全体人民共同富裕。

二是加强制度文明建设，把"蛋糕"分好，让社会主义制度的优越性得到更充分的体现，让人民群众有更多的获得感、幸福感。人的本质在其现实性上是一切社会关系的总和。促进人的全面发展，根本上是要优化人的社会关系，不断加强制度建设，及时把实践经验转化为制度成果。摆在我们面前的重大历史任务，就是推动中国特色社会主义制度更加成熟、更加定型，为党和国家事业发展、人民幸福安康、社会和谐稳定、国家长治久安提供一整套更完备、更稳定、更管用的制度体系。在新时代，制度的设计、安排、运行应以现实的人为中心，肯定人的价值与尊严，满足和发展个人正当合理的利益，保障与扩展人的自由，为人性的不断丰富和完善提供可能的现实空间，从而为实现人的全面发展不断开辟新的道路。

第二章
马克思市民社会理论的哲学基础

马克思实现的哲学革命，从根本上终结了全部理性形而上学，确立了实践哲学范式，将关注的目光投向现实的进行历史性活动的个人。马克思指出，唯有以现实的进行历史活动的个人为出发点的历史唯物主义的新观念才能从根本上扬弃并超越以黑格尔为代表的近代理性形而上学的立场。因此，对理性形而上学之集大成者——黑格尔哲学的批判，开启了马克思现代性批判视阈，也奠定了马克思市民社会批判的哲学基础。

第一节　自我意识哲学与宗教批判

一、自我意识哲学的分析

"自我意识"是青年黑格尔派借以批判现存世界的最高思想原则。青年黑格尔派力图根据现实的需要对黑格尔的思想加以改造，以自我意识为起点，用以批判宗教与教会，宣扬信仰自由与出版自由，并试图从中推导出革命的结论，以此变革封建制度。马克思加入了"博士俱乐部"，成为青年黑格尔派的成员，从青年黑格尔派所强调的理性的自我意识出发，来批判现实生活，以建立一个体现人类本质的理想社会。

在青年黑格尔派运动的影响下，马克思的最初哲学思想得以形成并系统地表现在题为《德谟克利特的自然哲学和伊壁鸠鲁的自然哲学的差别》的博士论文中，这是表明马克思无神论原则的第一部哲学著作。与青年黑格尔派的其他成员一样，马克思借助于古希腊哲学家伊壁鸠鲁的原子论"偶尔偏斜"，对黑格尔哲学中反复强调的主题——"自我意识"做了深刻的弘扬。马克思不仅充分地肯定了自我意识的独立性和能动性，而且通过对它的批判性考察和分析，把单纯主观主义的自我意识扬弃为具有客观精神、达到主客观统一的自我意识，为当时青年黑格尔派的思想斗争提供了更加扎实的哲学基础。

马克思认为，自我意识哲学是当时德国时代精神的体现，是现时代精神的"精神负荷者"。为此，马克思特别强调伊壁鸠鲁派、斯多葛派和怀疑派哲学的历史重要性，把伊壁鸠鲁哲学确定为博士论文的选题。在博士论文中，马克思论述道："只是现在，伊壁鸠鲁派、斯多葛派和怀疑派体系为人理解的时代才算到来了。他们是自我意识哲学家。"[①] 马克思不同意把亚里士多德以后的哲学看成是希腊哲学的衰亡，而是充分评价了他们对于希腊哲学史和一般希腊精神的重大意义。马克思认为，亚里士多德和黑格尔以后的哲学发展表现了某种历史的共同性，即自我意识（独立自由的个人意识）成了时代精神的体现。如果说，在希腊后期，特别是在自由思想遭到践踏的罗马社会中，自我意识哲学的出现意味着哲学家们不再到自己的内心世界中去寻求自由，而是力求把哲学转化为意志来改变外部现实。由于自我意识哲学反映了争取自由与解放的时代精神，马克思的哲学批判活动最初就是从这些体系的研究开始的。

（一）偶然性与自我意识

和黑格尔一样，马克思相信自然的理性本质，并且用自我意识说明自然的实在性。通过比较德谟克利特的自然哲学和伊壁鸠鲁的自然哲学，马克思指出，德谟克利特和伊壁鸠鲁虽然都是原子论哲学家，但他们在必然性和偶然性的相互关系问题上正好是相互对立的。德谟克利特的原子学说着重探讨

---

① 《马克思恩格斯全集》第 40 卷，人民出版社 1982 年版，第 286 页。

的是自然科学知识的经验知识，坚持外部自然世界的真实性，于是他把必然性和偶然性分离开来，认为只有必然性才是真实的存在，必然性是宇宙的主宰，偶然性只是一种主观假象，是同强有力的思维敌对的，人们虚构出偶然这个幻影，表明他们束手无策。在马克思看来，德谟克利特的原子学说强调"原子"只能做直线运动。具体来看，直线下落中的"原子"实际上就是消逝在直线中的点，这样的点"亦即一个没有独立性的点"，就在"它所刻画的直线中失掉了它自己的个体性"。所以，"原子"作为这样的点实际上就意味着"原子的坚实性还没有"，意味着作为个体性本身的"原子"还没有建立起来。显然，没有独立性和个体性的"原子"，只是关系中的一个环节，一个被决定者。

与之相反，在伊壁鸠鲁哲学中，他坚持感性生活世界的真实性，认为"原子"不是物质世界的模型，而是个别自我意识的象征。因此他否认必然性，强调偶然性，认为只有偶然性才是真实的存在。正如马克思所说，"在伊壁鸠鲁那里，原子论及其所有矛盾，作为自我意识的自然科学业已实现和完成，而这个在抽象的个别性形式下的自我意识对其自身来说是绝对的原则，是原子论的取消和普遍的东西的有意识的对立物。反之，对于德谟克利特，原子只是对整个自然进行经验研究的一般客观的表现。因此对他说来原子仍然是纯粹的和抽象的范畴，是表示经验的结果的一种假设，而不是经验的推动原则；这种假设因此也仍然没有得到实现，正如真正的自然研究的进一步发展并没有受到它的规定那样"①。

两种哲学反映出对现实的两种不同的态度。德谟克利特哲学以自然为中心，把人放在属于必然性的位置上，把必然性看作万物的主宰和世界的创造者。一切事物所从产生的那个原子旋涡支配了一切。他表示，宁肯找到一个因果联系的说明，也不愿获得波斯国的王位。与之不同的是，伊壁鸠鲁从自我意识哲学的根本原则出发，认为承认了必然性就等于把人的独立和自由完全交给了命运。命运是最冷酷无情的必然性。人不是物理学家所说的命运的

---

① 《马克思恩格斯全集》第 40 卷，人民出版社 1982 年版，第 242—243 页。

奴隶，人是自由的。"通向自由的道路到处都开放着"，"因此谢天谢地，在生活中谁也不会被束缚住，而对必然性本身加以制约倒是许可的"①。

对于两种哲学的对立作更进一步的考察，可以看出，德谟克利特重视的是实在的可能性，因为必然性是以存在着的一系列条件、原因、根据为中介，通过实在的可能性推演出来的；而伊壁鸠鲁则强调作为可能性反面的抽象可能性，因为实在可能性力求证明的是客体的必然性和现实性，而抽象可能性感兴趣的不是被说明的客体，而是作出说明的主体。它只要求说明这对象是可能的，是可以想象的。凡是抽象可能的亦即可以想象的东西，它就不会妨碍思维着的主体，不会成为这个主体的界限。至于这个可能性是否要成为现实，是无关紧要的，因为这里感兴趣的不是对象本身、不是自然知识，而在于求得"自我意识的宁静"。

在这两种对立中，马克思更倾向于伊壁鸠鲁对偶然性的看法，充分肯定了他克服德谟克利特的机械决定论而阐发的人对现实世界的能动关系。在命运面前无所作为和消极适应，是和马克思"改变世界"的一贯积极立场背道而驰的，也是和他当时对自我意识的重视相矛盾的。在马克思看来，哲学所要解决的不是精确地描述世界的问题，而是以人的自由为研究对象，所要解决的问题是创造世界的问题。马克思通过对伊壁鸠鲁的评价，强调了哲学的任务。他说："对于伊壁鸠鲁宇宙观的方法来说，具有代表性的是创造世界的问题，——这是一个永远可以用来搞清哲学观点的问题，因为它表明，在这种哲学中精神是如何创造世界的，这种哲学与世界的关系是怎样的，哲学的精神即创造潜力是怎样的。"②

马克思并不否认必然性。无论是德谟克利特还是伊壁鸠鲁都没有正确解决必然性和偶然性的关系问题。马克思虽然同情伊壁鸠鲁对德谟克利特的机械论的否定，但根据黑格尔对自由问题的辩证理解，他显然不能同意伊壁鸠鲁把自由绝对化的抽象观点。他认为自我意识的自由不应该是和自然界的合

---

① 《马克思恩格斯全集》第 40 卷，人民出版社 1982 年版，第 204 页。
② 《马克思恩格斯全集》第 40 卷，人民出版社 1982 年版，第 53 页。

理性相对立的，而应该是和它一致的。马克思认为，只要我们承认自然界是合理的，我们对自然界的依赖性就终止了。自然界不再是我们意识的界限，而伊壁鸠鲁正是把直接的意识形式，即自为的存在，变成自然界的形式。只有当自然界被认为是不受自觉理性约束而完全自由的，而自然界本身被看成是理性的，自然界才成为理性的完全的所有物。对伊壁鸠鲁哲学的这种批判，表明了马克思不同意鲍威尔等人把自我意识绝对化的主观唯心主义观点，也表现出试图正确解决必然与自由关系的思想萌芽。

（二）偏离直线就是自由意志

德谟克利特和伊壁鸠鲁这两位哲学家对必然性和偶然性的不同认识，导致他们在自然哲学的某些方面特别是原子运动问题上的差别。在德谟克利特所描述的世界中，由于忽视了目的因和心灵的作用，因此原子的运动受因果必然性的机械决定，世界受铁一般不可更改的必然性制约。伊壁鸠鲁持有不同主张。在他看来，原子的运动有三种形式，除了在下落过程中的直线运动和原子之间相互排斥之外，原子还存在一种偏离直线的运动。原子偏斜运动是贯穿整个伊壁鸠鲁哲学的特点，也是它同德谟克利特自然哲学的一个根本区别。在马克思看来，直线运动和偏斜运动是伊壁鸠鲁的原子概念中所包含的内在矛盾，德谟克利特的原子学说是机械论的，他用盲目的必然性来解释原子运动。马克思这样解释说："但是和原子相对立的相对的存在，即原子应该给予否定的定在，就是直线。这运动的直接否定乃是另外一种运动，因此，这一运动本身如果被想象为空间性的话，就是偏离直线的运动。"①

马克思认为，"偏离直线"就是"自由意志"，是特殊的实体，原子的真正的质。②伊壁鸠鲁用直线运动表述原子的物质性、被制约性，用离开直线的偏斜运动表述原子的形式规定性（能动性）。在马克思看来，如果原子只

---

① 《马克思恩格斯全集》第40卷，人民出版社1982年版，第212页。
② 《马克思恩格斯全集》第40卷，人民出版社1982年版，第121页。

有直线运动，那就把原子看作空间的一个点，只有空间的规定性，缺乏自我运动的原则。而伊壁鸠鲁在承认直线运动的同时，还提出偏离直线的运动，通过偏离，原子就成为独立的、脱离了直线的点，或者说，原子就成为脱离了定在的、能够自我决定的自由存在。而且，原子作偏斜运动的直接后果就在于"原子的概念实现了"。因为在伊壁鸠鲁这里，原子偏离直线就意味着原子"排斥"和否定一切他物，只与它自身发生关系。马克思认为，"排斥"是人达到真正自由的条件，是"自我意识的最初形式"，因此"排斥"和否定是自由的一个环节。只有当原子不仅与他物发生关系，而且这个他物又是它自身时，原子的概念才算是实现了，也只有偏斜运动才表述了原子的真实的灵魂，即自我意识的绝对性和自由。

　　虽然马克思重视伊壁鸠鲁原子偏斜学说所包含的追求自由的象征，但不同意把自由看成是脱离外界的"自我意识的宁静"。伊壁鸠鲁是自我意识哲学家，他强调遵循个别性的原则，把心灵的宁静视为最高目的。自由被当成了不受任何外在对象牵连的任意性，内心的恬静就是一切。无所适从，没有任何追求是其根本特点。这实际上是逃避了现实生活，完全遁入了内心空虚的精神世界。马克思是不赞成这种自由的。马克思对原子偏斜学说作了进一步的发挥。他认为，人和原子一样，一个人只有与他人发生关系，这个人才不再是自然的产物。要使自己成为作为人的人，就必须打破自身的"定在"，即自我封闭状态。这里的"定在"，就是人的物质性存在。根据这一定义，自由就是自我意识的内在矛盾分离，就是对人自身的物质性存在的超越。"马克思也强调自我意识，但和鲍威尔不同，他不是回到费希特的主观主义，不是局限于自我意识自身，而是着重自我意识与外界的统一。自我意识作为一种精神力量，它必然表现为意志，转向外界。"[1] 所以马克思说："要使作为人的人成为他自己的唯一现实的客体，他就必须在他自身中打破他相对的定在，即欲望的力量和纯粹自然的力量。"[2] 孤立主体的内心自由，"是脱离定

---

[1]　陈先达：《走向历史的深处——马克思历史观研究》，上海人民出版社 1987 年版，第 36 页。

[2]　《马克思恩格斯全集》第 40 卷，人民出版社 1982 年版，第 216 页。

在的自由，而不是在定在中的自由。它不能在定在之光中发亮"①。真正的自由在于人与人的交往之中。

（三）自我意识转化为实践的力量

正如把伊壁鸠鲁哲学视为自我意识哲学一样，马克思也把青年黑格尔派看成自我意识的哲学。所以青年黑格尔派同黑格尔哲学的关系，无非是被实现的哲学体系同体现着它的进展的精神承担者，同个别的自我意识的关系。青年黑格尔派反对黑格尔体系，实际上只是实现了这个环节的个别环节，即自我意识。和青年黑格尔派一样，马克思也强调自我意识。所不同的是，马克思不是局限于自我意识自身，而是着重于自我意识与外界的统一，从自我意识出发展开对现存世界的批判。

马克思把研究自我意识作为博士论文的主题，这是接着鲍威尔的哲学问题来讲的。在鲍威尔那里，自我意识是哲学的最高原则，这一原则对哲学本身而言，是指人的精神的创造和发展；对于宗教和现存世界而言，是批判。鲍威尔的自我意识哲学突破了黑格尔绝对精神的哲学体系，把人的自我意识的创造、人的精神自由推到了一个至高无上的地位，但是，鲍威尔的自我意识学说有一个致命的弱点，即他的自我意识是已经脱离了物质世界的存在。鲍威尔在反对施特劳斯缺少生命力的"实体"的同时，却既要"攻击存在于人之外的自然，也攻击作为自然存在物的人本身"②，这样，自己同自我意识就混为一谈。"这种自我意识的本质不是人，而是理念"，是"人化了的理念"。自我意识已经不再是人所具有的属性，相反，"人的一切属性就这样神秘地变成了想象的'无限的自我意识'的属性"③。

马克思认为，自我意识作为一种精神力量，它必然要与外在世界发生关系，变成实践的力量。在马克思看来，一个本身自由的理论精神变成实践的力量，并且作为一种意志转而面向存在于精神之外的世俗的现实，固然是一

---

① 《马克思恩格斯全集》第 40 卷，人民出版社 1982 年版，第 228 页。
② 《马克思恩格斯全集》第 2 卷，人民出版社 1957 年版，第 180 页。
③ 《马克思恩格斯全集》第 2 卷，人民出版社 1957 年版，第 176 页。

条心理学的规律，但对哲学来说更为重要的是，要从这一转变中把握哲学和世界历史自我否定、自我扬弃和自我发展的矛盾运动的性质。这时，马克思对实践的理解还是客观唯心主义的，把实践看成是理论的、是以观念为根据批判地衡量个别存在和特殊的现实。哲学从其内在本质来说是充满矛盾的：当哲学作为意志反对现象世界的时候，哲学体系的整体性就不再是真正的整体性了，因为它变成了世界的一个方面而与世界的其他方面相对立。这时，哲学体系内在的自满自足和自我封闭的状态被打破。于是，就产生了这样的结果：世界的哲学化的同时也就是哲学的世界化，"哲学的实现同时也就是它的丧失，哲学在其外部所反对的东西就是它自己内在的缺陷，正是在斗争中它本身陷入了它所反对的错误，而且只有当它陷入这些错误时，它才消除掉这些错误。凡是反对它的东西、凡是它所反对的东西，总是跟它相同的东西，只不过具有相反的因素罢了"①。因为哲学所批判所克服的外部的客观实在性正是它自己所缺少的，而它只有投身于、转化为它所缺少的这个外部现实，它才能够改造这个外部现实，使外部现实具有原来缺少的普遍理性。

通过对自我意识的考察，马克思深化了关于哲学与现实、思维与存在对立统一关系的认识，明确了能够实现这一统一的自我意识不能只是主观封闭的，而必须是批判开放、客观普遍的。而认识的深化是一个过程。尽管马克思限于唯心主义立场和民主主义态度，未能把握作为主体的人的感性物质活动，但是，马克思对于自我意识的阐述以及其转化为实践的路径，相较于在摆脱黑格尔的客观唯心主义之后又退回到费希特的主观"自我"那里去的青年黑格尔派成员，无疑显示出马克思已经超越了自我意识的限制，走向了人的活动领域、走向了人类历史本身。哲学正是在世界化即转化为人的活动的过程中，才能消除自己体系的内在的缺陷和错误，也正因为实践范畴的引入，才遏制了把自我意识导向唯意志论的方向，为正确理解主观能动作用开辟了道路。

---

① 《马克思恩格斯全集》第 40 卷，人民出版社 1982 年版，第 258 页。

二、自我意识是人的最高神性

（一）概念的异化与自然的异化

"异化"是青年黑格尔派广泛使用的范畴。马克思在《关于伊壁鸠鲁哲学笔记》和博士论文中，都曾经运用异化这个范畴来分析伊壁鸠鲁和德谟克利特自然哲学的差别，特别是分析伊壁鸠鲁反宗教的无神论思想。

在分析伊壁鸠鲁的原子论时，马克思提出了概念的异化问题。他认为，伊壁鸠鲁的自我意识哲学是建立在个别性原则之上的。原子的抽象个别性使它不能承认标志原子真实存在的特性，原子是没有特性的，而且原子是永恒不变的。如果说原子有特性，那就是同原子的概念相矛盾的。因为特性都是在变化的，特性就意味着变化。可是在逻辑上却必须把原子看成有特性的。由于偏斜运动而互相排斥的众多原子彼此之间不是完全同它们的概念直接符合的，而是各不相同的，它们具有质的差异性。正是"由于有了质，原子就获得同它的概念相矛盾的存在，就被设定为外在化了的、同它自己的本质不同的定在"①。

马克思赞扬伊壁鸠鲁把原子中所包含的本质与存在的矛盾客观化。具有质的规定的个别原子，集中反映了原子概念中所包含的存在与本质、物质与形式之间的矛盾。一方面，原子和它的概念相背离；另一方面，它的本性又在它自己的结构中获得完成。现象世界正是从完成了的并且同自己的概念异化了的原子中产生的。如果没有存在与本质矛盾的客观化，现象世界就无从产生。这样，原子从本质世界进入现象世界，成为具有多种关系的现象世界的负荷者，而现象世界则成为原子概念的外在形式。正因为这样，伊壁鸠鲁把现象世界和本质世界结合在一起，而德谟克利特没有看到原子概念中包含本质与现象的矛盾。他或者把它们混为一谈，看不到这两者的差别；或者把它们割裂开来，现象被降低为主观的假象。所以马克思强调："只有在伊壁

---

① 《马克思恩格斯全集》第 40 卷，人民出版社 1982 年版，第 218 页。

鸠鲁那里现象才被理解为现象，即理解为本质的异化，这种异化本身是在它的现实性里作为异化表现出来的。"① 在从本质世界到现象世界的过渡中，原子概念所包含的矛盾达到了自己最尖锐的实现。

在《关于伊壁鸠鲁哲学的笔记》中，马克思还提出了自然的异化问题。在生产力极其低下的情况下，自然成为人们崇拜的对象，人们往往设想在自然现象背后有一种超自然的力量。人对自然的这种依附关系，就是一种异化，对自然的任何关系本身同时也就是自然的异化。

在自然的异化中，马克思特别注重伊壁鸠鲁关于人与天的关系，反对天体崇拜的思想。伊壁鸠鲁认为，人心最大的不安，起源于人们相信天体是有福祉的和不可毁灭的，他反对天体现象的神学、目的论的解释。伊壁鸠鲁认为，只要排除宗教的解释，对天体的任何解释都是可以接受的，关键在于排除人们对于天体现象的恐惧，并使自己从恐惧中解放出来。在马克思看来，要排除自然的异化、排除人对自然的恐惧和依赖，必须承认自然是有理性的，"当我们承认自然是有理性的时候，我们对它的依附关系就不复存在。自然对我们的意识来说，不再是恐惧的来源，而正是伊壁鸠鲁使直接的意识形态、自为存在成为一种自然的形态"②。但是理性有两种：一种是所谓自觉的理性，即神；一种是黑格尔的理性，即宇宙精神。马克思当时是站在黑格尔的立场上，并力图从黑格尔哲学中作出无神论的结论：只有当自然被完全摆脱了自觉的理性，本身被看作理性的体现，当然是唯心主义的，但包含合理的因素——自然的发展是一个必然的、有规律的过程。只要承认并理解自然的理性，就可以摆脱对自然的恐惧和崇拜，从而消除自然的异化。

（二）宗教是自我意识的异化

同其他的青年黑格尔派分子一样，马克思也不同意黑格尔在对待哲学与宗教关系问题上的暧昧态度，即认为哲学与宗教是同一的，差别仅仅在于对

① 《马克思恩格斯全集》第40卷，人民出版社1982年版，第231页。
② 《马克思恩格斯全集》第40卷，人民出版社1982年版，第173页。

同一实体的不同表述方式。博士论文代表了学生时期马克思的宗教思想。在这篇哲学论文中，他以理性为武器，歌颂了人的主体性和理性，批判了充斥于现实中的非理性和丑恶。在博士论文序言中有一段文字明确地表达了他的这样一种态度："哲学，只要它还有一滴血在它那个要征服世界的、绝对自由的心脏里跳动着，它就将永远用伊壁鸠鲁的话向它的反对者宣称：'渎神的并不是那抛弃众人所崇拜的众神的人，而是同意众人关于众神的意见的人'。"①

马克思对黑格尔宗教观的批判，并没有真正超出黑格尔哲学，而只是站在黑格尔哲学之内进行的。与黑格尔哲学一样，马克思也是在自我意识的层面上展开宗教批判的。马克思以自我意识为标准来阐述他的无神论思想，进而说明哲学与宗教的关系。他认为自我意识是理性的体现，它高于神性，无论在哪里，都"不应该有任何神同人的自我意识相并列"②。自我意识是《精神现象学》的核心范畴。黑格尔是以自我意识的历程统一哲学与宗教，而马克思坚决反对调和哲学与宗教，他把两者对立起来，利用自我意识达到哲学高于宗教、人高于神、理性高于信仰的目的。当时正处于黑格尔思想影响下的马克思，倾向于鲍威尔的观点，把宗教看成自我意识的异化，并用以驳斥各种关于上帝存在的证明。

马克思在博士论文的附录《批评普鲁塔克对伊壁鸠鲁神学的论战》中，这样谈了自己对"神"的"哲学意识"：每个国家、每个民族都有自己的神，当你把你信仰的神带到另一个神的国度里去，你就会发现这个神不存在。人们就会向你证明，你是受幻想和抽象概念的支配。因为"一定的国家对于外来的特定的神来说，同理性的国家对于一般的神来说一样，就是神停止其存在的地方"③。马克思批判了神的存在的"本体论证明"以及黑格尔通过将这一证明颠倒过来而维护神的存在的方法，他借助伊壁鸠鲁哲学的反神学的性质，即伊壁鸠鲁的原子论把原子看作世界本原的思想，排除了

---

① 《马克思恩格斯全集》第 40 卷，人民出版社 1982 年版，第 189 页。
② 《马克思恩格斯全集》第 40 卷，人民出版社 1982 年版，第 190 页。
③ 《马克思恩格斯全集》第 40 卷，人民出版社 1982 年版，第 285 页。

本体论上的神学观念；通过对伊壁鸠鲁原子偏斜运动中保护着辩证法因素的分析，表达了他以人的自我意识的能动性反对神的至高无上的权威性的原则。马克思指出："对神的存在的证明不外是对人的本质的自我意识存在的证明，对自我意识存在的逻辑说明。"[①] 自我意识是最直接的存在，而神是自我意识的异化。在这个意义上，对神的存在的一切证明，都是对神不存在的证明，都是对一切关于神的观念的驳斥。而这一点恰好证明的是自我意识的分裂。

　　马克思没有把扬弃宗教问题局限于自我意识的范围，而是进一步从世界、自然和人自身考察了宗教产生的原因。马克思指出，真正上帝存在的证明必须倒过来说："因为自然安排得不好，所以神才存在"；"因为无理性的世界存在，所以神才存在"；"因为思想不存在，所以神才存在"。[②] 在这里，马克思不仅指出了神是人的非理性的自我意识的产物，从而把神归结为人，而且实际上指出了"神"的意识的产生不仅有人的观念上的原因，还有客观现实的根据，这就是充满世界的无理性和丑恶性。从这些思想中必然合乎逻辑地得出如下结论，要破除宗教就必须改造这个无理性的世界、铲除宗教赖以存在的社会土壤，而不能仅仅诉诸单纯的理论批判。马克思说，哲学为实现自己的冲动所鼓舞，当它作为意志反对现象世界的时候，它就"成为世界的一个方面"，"那本来是内在之光的东西，就变成为转向外部的吞噬性的火焰"。现实才是永恒的对象。"自我意识永远具有一个双刃的要求：其中一面针对着世界，另一面针对着哲学本身。"[③] 在马克思看来，非理性的现实产生非理性的理论，而理性的现实需要理性的理论；要改造非理性的现实，首先要认清现实的非理性和破除非理性现实的理论表现。马克思强调自我意识，把宗教看成自我意识的异化，已经显露出他超出青年黑格尔派的思想意向。

---

① 《马克思恩格斯全集》第40卷，人民出版社1982年版，第285页。
② 《马克思恩格斯全集》第40卷，人民出版社1982年版，第285页。
③ 《马克思恩格斯全集》第40卷，人民出版社1982年版，第258、259页。

第二节 对青年黑格尔派和费尔巴哈哲学的批判

马克思在黑格尔哲学的影响下，主张人的自我意识和现实生活辩证统一。尽管开始是在唯心主义基础上理解两者的统一的，但是，这种思维方法促使马克思对哲学问题的思考采取较为现实的态度，并逐步转向唯物主义。马克思感到，德国哲学的致命弱点是脱离实际，陷入抽象思辨之中。哲学要想对世界发生实际的作用，完成自己的使命，就必须从纯思辨的天国降到现实的尘世。马克思在题为《德谟克利特的自然哲学和伊壁鸠鲁的自然哲学的差别》的博士论文中提出的"哲学世界化"的主张因此成为他从书斋生活转向社会实践的动力。马克思指出："哲学家的成长并不像雨后的春笋，他们是自己的时代、自己的人民的产物，人民最精致、最珍贵和看不见的精髓都集中在哲学思想里。"而"哲学不是世界之外的遐想"①，"所以，必然会出现这样的时代：那时哲学不仅从内部即就其内容来说，而且从外部即就其表现来说，和自己时代的现实世界接触并相互作用"②。这是他对博士论文中关于自我意识与现实世界辩证统一思想的进一步发挥。这样，从宗教批判转向更为现实的政治批判就成为马克思的必然选择。

一、自由是全部精神存在的类的本质

如前所述，马克思曾积极参加青年黑格尔派运动，与布鲁诺·鲍威尔等人交往甚密，但在哲学、宗教和政治观点上他们之间的分歧已经非常明显。马克思对脱离现实生活的纯思想批判，即以鲍威尔为代表的青年黑格尔派所谓的批判是极其反感的："一方面是群众，他们是消极的、精神空虚的、非历史的、物质的历史因素；另一方面是精神、批判、布鲁诺先

---

① 《马克思恩格斯全集》第 1 卷，人民出版社 1956 年版，第 121 页。
② 《马克思恩格斯全集》第 1 卷，人民出版社 1956 年版，第 121 页。

生及其伙伴，他们是积极的因素，一切历史行动都是由这种因素产生的。改造社会的事业被归结为批判的大脑活动。"① 随着马克思深入实际生活，这种分歧不断扩大和深化，致使他们终于分道扬镳，走上完全不同的发展道路。马克思沿着主体与客体、意识与现实辩证统一的方向，一步步走向唯物主义。与此相反，青年黑格尔派坚持应有和现有、主体与客体对立的观点，逃避现实矛盾和斗争，试图通过"纯批判"来改变现存事物。"自由人"的成立，反映了青年黑格尔派运动蜕化的趋势，就是从一个曾经进步的政治力量，沦落为脱离实际、醉心于抽象的哲学批判的庸人团体。

在宗教问题上，"自由人"仍然持激进的批判态度。在他们看来，要在国家生活中确立自由的原则，主要是通过宗教批判。这样一来，他们就把一切现实生活问题，都变成神学问题。马克思对此持批判态度。马克思认为，对宗教的批判应服从于迫切的政治斗争。针对"自由人"的观点，马克思强调，要"如果真要讨论共产主义，那就要用另一种完全不同的方式，更切实地加以讨论"，要"更多地联系着对政治状况的批判来批判宗教，而不是联系着对宗教的批判来批判政治状况"。② 他提出一个深刻的见解："宗教本身是没有内容的，它的根源不是在天上，而是在人间，随着以宗教为理论的被歪曲了的现实的消灭，宗教也将自行消灭。"③ 这不仅反映了马克思的宗教观，而且可以看出他的哲学思想在逐步深化。

（一）自由是合乎理性的本质

马克思把目光从"天上"转到"人间"，遇到的第一个问题，就是关于出版自由问题。这也是他从在学理上研究法哲学直接走向面对法问题的现实开端。出版自由问题是当时德国政治生活中一个迫切的现实的问题，争取出版自由成为争取一切自由的前提。"新闻出版自由本身就是思想的体现、自

① 《马克思恩格斯全集》第 2 卷，人民出版社 1957 年版，第 109 页。
② 《马克思恩格斯全集》第 27 卷，人民出版社 1972 年版，第 436 页。
③ 《马克思恩格斯全集》第 27 卷，人民出版社 1972 年版，第 436 页。

由的体现"，"出版物在任何情况下都是人类自由的实现"。① 争取出版自由是争取其他一切自由的前提。为了缓和矛盾，威廉四世打出了自由主义的旗号。针对普鲁士王室内阁颁布新的书报检查令，马克思在《评普鲁士最近的书报检查令》中，对其自由主义的伪善面具和普鲁士封建文化专制制度进行了批判，表明了他的民主主义立场。在文章中，马克思仍然把精神、理性看作历史发展的决定力量，把出版自由问题归结为精神自由的问题。但是，与鲍威尔等人不同的是，马克思不是把历史发展的力量仅仅归之于主观精神，而是像黑格尔那样归之于客观精神。马克思对"精神自由"的论述，既强调理性是独立于任何个人而存在的客观真理，又强调理性的太阳照耀下的个人思想应该享有最充分的自由。

马克思认为，人是"精神存在物"，是"具有理性的生物"。在这里，马克思着重强调人与动物的根本区别在于，动物的行为是受盲目的本能支配的，而人却是有理性的生物。把有无理性作为人与动物唯一的、决定性区别，显然停留在理性的范围。马克思强调，人的一般本性就是自由，"自由是全部精神存在的类的本质"②。对人的本性的这种看法，是以理性作为区分人与动物标准的必然结果，因为理性的根本属性就是自由，自由是"合乎理性的本质"③。马克思对"精神自由"的阐述，正是从客观精神和理性出发的。在他看来，书报检查所扼杀的不仅是个人行为的自由，而且是社会精神行为的自由，这就是违背了公民的最高利益。因此，出版自由所捍卫的是真理的利益，而不是任何个别人的利益。精神自由绝不意味着只是主体或个人的自由，而是意味着人们对客观真理的自由的探讨。只有当这种探讨合乎对象本身的性质，并且能够引出合乎真理的结果时，它才真正体现了精神的自由。

然而，书报检查强调的不是真理，而是严肃和谦逊。在马克思看来，理性、客观精神是普遍的，是代表整个人类的。因此，马克思反对用个别人物的愿望和党派的利益来解释争取出版自由的斗争。在《关于出版自由和公布

---

① 《马克思恩格斯全集》第 1 卷，人民出版社 1956 年版，第 62 页。
② 《马克思恩格斯全集》第 1 卷，人民出版社 1956 年版，第 67 页。
③ 《马克思恩格斯全集》第 1 卷，人民出版社 1956 年版，第 101 页。

等级会议记录的辩论》一文中，马克思站在民主主义的立场上批驳了反对出版自由的辩论人的辩词以及支持出版自由的辩护人的辩词。在马克思看来，在关于出版自由的辩论中，等级精神表现得无比明确而完整。无论是反对出版自由的诸侯等级、贵族等级和城市等级，还是支持出版自由的等级，都没能从普遍性的角度来理解自由、法和国家。"在关于出版的辩论中，特殊等级精神表现得无比明确而完备，出版自由的反对派更是如此。通常，一般自由的反对派的情况也是这样，某个集团的精神、一定等级的个体利益、先天的片面性都表现得极其强烈、凶狠，露出一副狰狞的面孔。"[①] 那些反对出版自由的特殊等级，"把私人特权、违背人民和政府的个别自由妄称为普遍权利"，从而使得代表着公意的国家、议会和法律等沦落为特殊等级满足私欲的工具。马克思认为，要真正为检查制度辩护，辩护人就应当证明检查制度是出版自由的产物，并把理性具体化为"人民精神"。他指出，出版物是人民精神的英勇喉舌和公开表露，每个国家的人民都在自己的出版物中表现自己的精神。他说，"自由是全部精神存在的类的本质，因而也就是出版的类的本质"[②]。出版自由不应该只是个别人物的特权，而应当成为人类精神的特权。马克思指出，书报检查令拒绝倾听人民的呐喊，压制真理的探寻，而将宗教信条作为国家的精神支柱，这样的国家不是自律的伦理国家，而是他律的基督教国家。

（二）现代国家是合乎理性的社会存在

马克思起初的政治批判并没有把矛头对准黑格尔的法哲学，相反，在其诸多的政治评论中，基本上是以黑格尔法哲学为论战的主要依据。不过，就是在这个时候，马克思也还是赞同黑格尔法哲学的立场，把国家看成普遍理性的最终实现。所不同的是，黑格尔从"凡是现实的都是合理的"出发为现行的国家制度作辩护，马克思作为一名青年黑格尔派分子，却从强调"凡是

---

① 《马克思恩格斯全集》第 1 卷，人民出版社 1956 年版，第 42 页。

② 《马克思恩格斯全集》第 1 卷，人民出版社 1956 年版，第 67 页。

合理的都是现实的"出发，力图以理性的国家概念来评判现行的国家制度的合理性。

在 1841—1842 年间，马克思开始为一些激进的报纸撰稿，这决定了马克思前所未有地接触到一系列的现实问题，也使他写下了一系列文辞犀利的政论文章，如《评普鲁士最近的书报检查令》《关于出版自由和公布等级会议记录的辩论》《第 179 号〈科伦日报〉社论》《关于林木盗窃法的辩论》《论离婚法草案》以及《摩泽尔记者的辩护》等。在这些文章中，马克思认为，构成国家基础的东西不应该是宗教，而应该是哲学的理性。在他看来，新的检查令体现出来的是道地的宗教原则，"因为每一种宗教都认为，它同其他一切（特殊的和虚构的）宗教的区别，正在于它的特殊本质，正是由于它有这种确定性，它才是真正的宗教"①。在他看来，对宗教做特殊性的理解才是符合宗教本质的理解，而这就意味着，宗教的本性与国家的本性是直接相悖的。因此，马克思得出的结论是，一个国家的政治原则不应当同基督教的宗教原则相混淆，而"政治原则和基督教原则的混淆已成了官方的信仰标志"②。正像哥白尼发现了太阳系的运动规律一样，近代的哲学家们也发现了国家的引力定律：国家的重心不在国家之外的宗教之中，而在它自己本身之中。所以，"不应该把国家建立在宗教的基础上，而应该建立在自由理性的基础上"③。

与宗教格格不入的是，哲学以普遍理性为自己的对象。哲学就其特性来说，也从来没有打算把禁欲主义神父外衣换成报纸的轻便时装。哲学作为现世的智慧，比宗教作为来世的智慧更有权关心这个世界的王国——国家，而"哲学所要求的国家是符合人性的国家"④。在论述了哲学与宗教的尖锐对立之后，马克思明确指明他关于理性是国家和法的本质的见解来源于黑格尔。他特别强调精神、理性的作用，认为这种精神"无所不及，无处不在，无所

---

① 《马克思恩格斯全集》第 1 卷，人民出版社 1956 年版，第 12 页。
② 《马克思恩格斯全集》第 1 卷，人民出版社 1956 年版，第 14 页。
③ 《马克思恩格斯全集》第 1 卷，人民出版社 1956 年版，第 127 页。
④ 《马克思恩格斯全集》第 1 卷，人民出版社 1956 年版，第 126 页。

不知。它是从真正的现实中不断涌出而又以累增的精神财富汹涌澎湃地流回现实去的思想世界"①。由此出发，他认为，从前的国家、法的哲学家或者是根据本能，或者是虽然根据理性，但并不是根据公共的而是个人的理想来看待国家的。只有"最新哲学持有更加理想和更加深刻的观点，它是根据整体的思想而构成自己对国家的看法。它认为国家是一个庞大的机构，在这个机构里，必须实现法律的、伦理的、政治的自由，同时，个别公民服从国家的法律也就是服从自己本身理性的即人类理性的自然规律。"②

总之，马克思从黑格尔的普遍理性的立场出发，把国家和法律看作至高无上的。在马克思看来，国家的普遍性只是一种观念的和形式的普遍性，这种普遍性实际上已经淹没在各个特殊等级的分裂中，或者说，每个人在实际的生活中都在争取自己的特殊利益而无视那种普遍的和整体的利益。实际上，普鲁士国家的支柱不是"自由的理性"，而是"信仰"；国家不是代表普遍利益，而是堕落为私人利益的"耳目手足"；法律也不是"人民意志的自觉表现"，而是少数私有者把自己"狂妄的欲求"变成"合法"要求的结果。这一系列的矛盾也带来了诸多的问题，原来认为具有至高无上的"理性"的国家，为什么在现实中却为私人利益所左右？私有者为什么能够"任意"地把自己的意志体现为普遍必然的法律形式？对于这些问题的思索把马克思引向物质的社会关系领域，把研究的出发点从理性、精神的领域转向社会现实的物质领域，也由此动摇了他的理性主义国家信念，促使他逐渐向唯物主义转变。

（三）国家理性与私人利益的冲突

轻视物质利益，重视思想观念，是黑格尔主义者的共同特征。仅仅局限于思想范围，对现实利益采取漠然的态度，就会像恩格斯指出的那样，"使德国人在政治上毫无建树"③。在评关于出版自由的辩论的论文里，马克思还

---

① 《马克思恩格斯全集》第 1 卷，人民出版社 1956 年版，第 75 页。
② 《马克思恩格斯全集》第 1 卷，人民出版社 1956 年版，第 129 页。
③ 《马克思恩格斯全集》第 3 卷，人民出版社 2002 年版，第 493 页。

只是间接地触及物质利益问题，而在《关于林木盗窃法的辩论》的论文中，他已直接探讨了物质利益及其与等级和国家、法的关系，并且公开捍卫备受压迫的劳苦群众的利益。马克思认为，国家应当保护穷人的利益，而不应当沦为某些阶级保护私有财产的工具。在调查莱茵省林木盗窃问题以及摩塞尔地区农民的生活现状的过程中，马克思再次遭遇一种理性的国家观及法的观念与实际生活之间的对立。马克思开始意识到真正的立法过程并非由理性自由的规律所支配，而是为物质利益所决定的。

马克思严厉指责立法者不应当站在林木所有者的单方面的立场上，混淆"捡枯枝"与"盗窃林木"之间的差别，把"捡枯枝"也列入"林木盗窃"的范围，予以法律制裁。林木占有者占有的是林木，林木是他们的私有财产，谁盗伐林木，谁就是盗窃私有财产。但捡枯枝的决不能视为盗窃，因为从树木上落下来的枯枝已经不属于树木，也就不属于私有财产。法律应当真实揭示事物的法的本质。马克思谴责这种不道德的、残酷的法律，因为它剥夺了历史上形成的人民的习惯权利，是对国家习惯法的践踏，而且是在逼迫那些还在走正道的人去犯罪。与此相反，贵族的习惯权利则是与普遍的法律形式相抵触的，实际上是一种"习惯的不法行为"①。在马克思看来，法律应当真实地揭示事物的法的本质，区分不同的情况。如果撇开各种行为之间的差别而只给它们一个共同的定义，这样的法律，"就是撒谎，而穷人就会成为合法谎言的牺牲品了"②。立法者代表的是地主资产阶级自身的利益，他们完全是从自己的利益出发判断事物的好与坏，而不是从法律的原则出发；某项法律如果与其自身的利益相违背，他们则认为是多余的、不实际的，是纯粹从法律的幻想出发。

通过林木盗窃法的辩论，马克思看到，物质利益的巨大差别将整个社会分化为不同的等级，利益原则已经在社会生活和国家领域发挥基础性的作用，从而支配人的思想、动机和行为。特权者是不会放弃自己利益的，为了

---

① 《马克思恩格斯选集》第 1 卷，人民出版社 1995 年版，第 249 页。

② 《马克思恩格斯选集》第 1 卷，人民出版社 1995 年版，第 244 页。

一己之利，会运用法律对穷人进行严酷的制裁。普鲁士国家维护的是林木占有者的利益，是为少数特权者服务的，"国家权威变成林木所有者的奴仆"，林木占有者的利益"成为左右整个机构的灵魂"①。私人利益以自己狡诈的手段，把自己最有限的和最空虚的状态宣布为国家活动的范围和准则，这样的国家是有悖于国家本质的。马克思站在理性和法的基础上，对私人利益侵害国家与法的理性原则进行了谴责，要求国家根据理性和伦理原则来干预实际立法，但实际上他已经深刻洞察到私人利益对国家和法不可抗拒的决定作用，私人利益占了法的上风，"省议会不仅打断了法的手脚，而且还刺穿了它的心"②。这样，省议会的立场不仅把立法权变成了保护私人利益的工具，而且把国家的一切都降低到私人利益的水平。这使得马克思产生了"苦恼的疑问"：被看作"道德理念的实现"和理性规律的最高体现的国家，何以成为私人利益的维护者，成为林木占有者的工具？因此，关于林木盗窃法的辩论使马克思看到了国家理性与经济事实的对抗，认识到理性主义国家观的缺陷。为了解决这个疑难问题，马克思开始了对黑格尔法哲学即国家学说的批判。

在随后的《摩泽尔记者的辩护》一文中，马克思通过对摩泽尔地区酒农的贫困状况考察，揭示了政府管理原则同客观现实之间的矛盾。马克思认为，这种矛盾不是由个人意志决定的，而是由客观因素决定的。在这里，马克思触摸到由社会利益形成的客观社会关系对国家和法的活动起着制约作用，相较于此前的私人利益对国家和法的制约不符合国家的本质的观点，无疑是朝着历史唯物主义迈进了一步。在这里，马克思开始认识到国家和社会之间存在的密切联系。尽管马克思仍是从国家中寻找社会问题的原因，但正是看到了这种关系，当政治研究解决不了社会问题的产生"苦恼疑问"时，马克思从社会本身、从经济学的角度研究社会问题，已是一种必然，正如恩格斯所说："正是他对林木盗窃法和摩泽尔河沿岸地区农民状况的研究，推动他由纯政治转向经济关系，并从而走向社会主义。"③

① 《马克思恩格斯选集》第 1 卷，人民出版社 1995 年版，第 267 页。
② 《马克思恩格斯选集》第 1 卷，人民出版社 1995 年版，第 287—288 页。
③ 《马克思恩格斯文集》第 10 卷，人民出版社 2009 年版，第 701 页。

二、人的存在是国家的基础

《莱茵报》期间的工作，使马克思感受到现实世界的矛盾，心中充满思想的困惑，也促使马克思在更广的范围和更深的层次上进行哲学的反思与批判。现实世界与观念世界的这种相互作用，加速了马克思在政治上由革命民主主义转向共产主义。这种转变主要受费尔巴哈人本主义哲学的影响，但是，这种影响和启发已经是对费尔巴哈哲学的引申和发展，而不是停留在费尔巴哈哲学。囿于已有的思想成果而裹足不前，从来都不是马克思的思想品格。事实上，就思想的实质而言，马克思这时已经大大地超越了费尔巴哈的人本学唯物主义。而这一思想理论上超越的过程，又是以马克思运用费尔巴哈的唯物主义原则和方法，分析、批判黑格尔关于国家和法的哲学观点作为开端的。

（一）费尔巴哈人本主义的启示

马克思认为，施特劳斯和鲍威尔一类的青年黑格尔派哲学家，固然也在批判"旧世界的内容"，但实际上却"完全拘泥于所批判的材料，以致对批判的方法采取完全非批判的态度"[1]。青年黑格尔批判的"旧世界"，主要是指宗教神学以及这副"圣景"背后的封建专制，可是他们却陷在自己所批判的颠倒的世界中。他们虽然以黑格尔哲学中的"自我意识"环节作为理论出发点，但在方法上没有超出黑格尔，在其论著中至多是换了一种方式"逐字逐句重述黑格尔的观点"，"这种唯心主义甚至一点也没想到现在已经到了同自己的母亲即黑格尔辩证法批判地划清界限的时候"。[2]

接下来，马克思进一步指出，自己在批判方法逻辑上的过渡环节，就是费尔巴哈。在当时的马克思看来："费尔巴哈是唯一对黑格尔辩证法采取严肃的、批判的态度的人；只有他在这个领域内作出了真正的发现，他真正克

---

[1] 《马克思恩格斯文集》第 1 卷，人民出版社 2009 年版，第 197 页。
[2] 《马克思恩格斯文集》第 1 卷，人民出版社 2009 年版，第 198—199 页。

服了旧哲学。"① 正是费尔巴哈从根本上跳出了黑格尔的逻辑（方法），以感性的人的现实生活取代了抽象的神（绝对观念）。如果说，青年黑格尔是给予马克思反宗教神学的第一个批判武器，那么，费尔巴哈则是一个更为彻底和激烈地反神学、反黑格尔哲学的思想家，正是他给予马克思启蒙以来现代性所能走到的最高处。马克思肯定了费尔巴哈的人本学以抽象普遍的类为本性的、大写的人为基础，"对宗教的批判最后归结为人是人的最高本质这样一个学说"。马克思以人本学原则批判德国，以人本标准来衡量德国的落后状况，认为德国低于历史水平和"现代政治水平"，德国革命就是"要达到的人的高度的革命"，因为"人的根本就是人本身"，所以，"对宗教的批判最后归结为人是人的最高本质这样一个学说"②，"德国唯一实际可能的解放是以宣布人是人的最高本质这个理论为立足点的解放"③。在此基础上，人本、异化、异化的扬弃和人性的复归等框架性话语，就构成马克思现代性视域的基本框架。

从发表揭露基督教教义虚伪的著作《论死与不死》开始，费尔巴哈的哲学思想就与黑格尔哲学决裂，由唯心主义转向唯物主义。作为唯物主义者，费尔巴哈又发表了在德国思想史上具有划时代意义的名著《基督教的本质》，系统阐述了他的唯物主义无神论思想，提出了"神是人的本质的异化"的重要命题，从而完成了近代德国进步思想界批判宗教的历史任务。费尔巴哈还把对宗教的批判推广到世俗的政治批判上，认为只有废除政治异化，废除君主制，异化的扬弃才能完成。为此，费尔巴哈倡导创立一种新的哲学。在《关于哲学改造的临时纲要》和《未来哲学原理》这两部著作中，费尔巴哈深刻阐述了他的唯物主义信条。费尔巴哈的唯物主义思想代表了进步青年黑格尔派的新理论，并给处于"信仰危机"、歧路彷徨中的青年马克思以深刻的启发。

费尔巴哈的启发，尤其是费尔巴哈的人本学立场和对人的感性对象性的

---

① 《马克思恩格斯文集》第 1 卷，人民出版社 2009 年版，第 199 页。
② 《马克思恩格斯选集》第 1 卷，人民出版社 1995 年版，第 9—10 页。
③ 《马克思恩格斯选集》第 1 卷，人民出版社 1995 年版，第 16 页。

重视，对马克思产生了很大的影响，马克思得以站在人的感性存在的立场上来批判黑格尔理性哲学。通过对大量迫切的社会实际生活问题的接触、了解和评论，马克思形成了关于"人"的下述看法：存在着这样一些关系，这些关系决定私人和个别政权代表者的行动，而且就像呼吸一样地不以他们为转移。只要我们一开始就站在客观的立场上，我们就不会忽此忽彼地去寻找善意或恶意，而会在初看起来似乎只有人在活动的地方看到客观关系的作用。在这里，人的"善"意、"恶"意不再被抽象地理解或被作为解释人的行为的绝对前提，人与自然和人与人的现实的"关系"在这里具有更为直接的决定作用。"既然已经证明，一定的现象必然由当时存在的关系所引起，那就不难确定，在何种外在条件下这种现象会真正产生，在何种外在条件下即使需要它，它也不能产生。这几乎同化学家能够确定在何种外在条件下具有亲和力的物质化合成化合物一样，是可以确确实实地确定下来的。"①

这里所表达的，是马克思思考问题的现实性和具体性。这种思维方式必然导致对抽象的哲学形而上学的批判，必然导致哲学中的"人"作为"绝对实体"的消解和作为具体的"人"的生成。他认为："我们的全部任务只能是赋予宗教问题和哲学问题以适合于自觉的人的形态，像费尔巴哈在批判宗教时所做的那样。"② 在这里，马克思不再拿国家的普遍性作为评判实际生活的标准，而是以人的生活作为评判国家以及世界的标准。在马克思看来，哲学的确具有高度抽象的形式，如果因此而认为它"脱离现实"，那对哲学来说是不公道的。如果哲学因此而有意识地脱离人民，沉溺于这种抽象本身，认为任何与日常现实的接触都是对它的亵渎——那就是它的真正问题所在了。哲学必须从这种状态中超脱出来。在给卢格的信中，马克思说，德国思想"虽然对于'从何处来'这个问题没有什么疑问，但是对于'往何处去'这个问题却很糊涂"③。他认为，新思潮的优点恰恰在于不想教条式地预料未来，而只是希望在批判旧世界中发现新世界。因此，最新哲学的任务就是要

---

① 《马克思恩格斯全集》第 1 卷，人民出版社 1956 年版，第 216 页。
② 《马克思恩格斯全集》第 1 卷，人民出版社 1956 年版，第 418 页。
③ 《马克思恩格斯全集》第 1 卷，人民出版社 1956 年版，第 415 页。

对现存的一切进行无情的批判。

　　要发现新世界，就要通过对旧世界的批判分析，"从现存的现实本身的形式中引出作为它的应有的和最终目的的真正现实"①。马克思看到，在各种形式的资产阶级国家中，一方面"包含着理性的要求"，甚至"意味着理性已经实现"；另一方面，"它又到处陷入理想的使命和各种现实的前提矛盾中"。马克思确信从政治国家的冲突中到处都可以引出社会的真理，认为政治斗争实际上反映了政治斗争。要对现存的一切进行批判，只能把批判与实际斗争结合起来，并把实际斗争看作同一件事情，而不是以"空论家"的姿态向世界提出一套现成的新原理，以便通过"意识的改革""使世界认清本身的意识，使它从迷梦中惊醒过来"②。

　　总之，现实问题引发的困惑，费尔巴哈哲学带来的"新鲜空气"，都在促使着马克思转变自身的立场，开始探索与人密切相关的实际社会问题。这时，马克思没有抛弃理性主义的出发点，而是要从现存的非理性的现实中引出理性的东西作为"理想的使命"和"最终目的"，这种理性已经不是抽象的自我意识，而是自觉的人类意识。这说明，马克思在历史观方面基本上还是唯心主义的。但是，在批判黑格尔法哲学的过程中，马克思站在费尔巴哈人本主义相似的立场上对政治问题和社会问题所作的批判，在多处得出了近似唯物主义的结论，而且大大地超出了费尔巴哈。

　　（二）政治国家与市民社会的关系

　　从《莱茵报》返回"书房"，马克思开始认识到以普遍理性为中介不仅无法实现普遍的自由，反而还会导致普遍利益的全面丧失。马克思不再认同通过法和国家来实现自由的"德国道路"，并转向寻找人实现自由的现实可能。马克思开始对黑格尔法哲学进行批判性分析。在《黑格尔法哲学批判》中，马克思集中对黑格尔《法哲学原理》第三篇（"伦理"）第三章（"国家"）

----

① 《马克思恩格斯全集》第 1 卷，人民出版社 1956 年版，第 417 页。
② 《马克思恩格斯全集》第 1 卷，人民出版社 1956 年版，第 418 页。

的主要部分进行了全面的批判。这个主要部分的中心问题是关于"私人利益体系"即家庭、市民社会和"普遍利益体系"即国家的关系问题。在黑格尔看来，家庭是"直接的或自然的伦理精神和狭隘的普遍性的领域"；市民社会是"伦理普遍性的丧失"或"特殊的领域"；国家是"普遍性的统一"①，是"客观精神"发展的顶点和最高体现，因此，国家是社会生活的决定力量，家庭和市民社会缺乏独立性。马克思抓住这个被黑格尔神秘化的关系问题，运用唯物主义的方法破除其神秘主义，在这个社会历史观的重大问题上，不仅取得了类似费尔巴哈批判宗教时将彼岸的上帝归结为此岸的人的成绩，而且显示出新的思想趋向。

1. 清除黑格尔的神秘主义

黑格尔把理念视为独立的主体，市民社会、家庭则成为"理性的客观要素"。在他看来，现实的主体之所以合乎理性，是由来自它之外的理性在背后决定的，是理念发展链条上的一个环节。黑格尔所关注的，正是所谓作为世界因而也是作为国家"本质"的理念及其逻辑，而不是作为经验事实的家庭、市民社会在内的社会生活现象本身以及它们的逻辑"不是事物本身的逻辑，而是逻辑本身的事物"②。在这里，理念是抽象的逻辑范畴，是脱离人和人类的抽象思维，把这种抽象的逻辑范畴当作独立的主体，是哲学神秘主义的典型表现。

马克思批判了黑格尔手足倒置的"逻辑泛神论的神秘主义"，从唯物主义立场对黑格尔的神秘主义进行了剖析，认为黑格尔法哲学只是一种"逻辑的幻想"，根本不是法哲学，而是逻辑学，他不是"用逻辑来论证国家，而是用国家来论证逻辑"。马克思指出，国家"理念变成了独立的主体，而家庭和市民社会对国家的现实关系变成了理念所具有的想象的内部活动。实际上，家庭和市民社会是国家的前提，它们才是真正的活动者；而思辨的思维却把这一切头足倒置"③。马克思认为，在黑格尔的法哲学中，作为现实的

① ［德］黑格尔：《法哲学原理》，范扬、张企泰译，商务印书馆 1956 年版，第 253 页。
② 《马克思恩格斯全集》第 1 卷，人民出版社 1956 年版，第 263 页。
③ 《马克思恩格斯全集》第 1 卷，人民出版社 1956 年版，第 251—252 页。

最高理性本质的国家，"把自己分为自己概念的两个理想性的领域，分为家庭和市民社会，即分为自己的有限性的两个领域，目的是要超出这两个领域的理想性而成为自为的无限的现实精神"①。马克思反对这种看法，并区分了政治国家和非政治国家。所谓非政治国家，马克思也称之为物质国家，实际上是指市民社会。并且进一步论证了市民社会和政治国家的关系。马克思指出，"国家的理性对国家材料在家庭和市民社会中间的分配没有任何关系。国家是从家庭和市民社会之中无意识地偶然地产生出来的。家庭和市民社会仿佛是黑暗的天然的基础，从这一基础上燃起国家的火炬"②。这样，市民社会被看成基础，政治国家的产生并不是理念的神秘力量的作用，而是一种无意识的即客观的过程，从而实现了国家和市民社会关系的唯物主义"颠倒"。

2. 对现实的社会关系的考察

在《法哲学原理》中，黑格尔系统阐述了国家、家庭与市民社会的关系，提出了"国家高于市民社会"的基本框架。他的这种阐释是颠倒的、抽象的。既然国家高于市民社会，这个"大厦"的根基在哪里？国家只能是虚幻的、抽象的国家。马克思把国家视作人的社会本质的外化形式，从而将抽象的国家现实化。他说："黑格尔之所以发这些谬论，是因为他抽象地、单独地考察国家的职能和活动，而把特殊的个体性看做它们的对立物；但是他忘记了特殊个体性的人的个体性，国家的职能和活动是人的职能；他忘记了'特殊的人格'的本质不是人的胡子、血液、抽象的肉体的本性，而是人的社会特质，而国家的职能等等只不过是人的社会特质的存在和活动方式。"③马克思把国家当作人的社会本质的实现，意味着剥夺了国家至高无上的地位。"家庭和市民社会是国家的前提，它们才是真正的活动者；而思辨的思维却把这一切头足倒置。"④

---

① 《马克思恩格斯全集》第 1 卷，人民出版社 1956 年版，第 249 页。
② 《马克思恩格斯全集》第 1 卷，人民出版社 1956 年版，第 249 页。
③ 《马克思恩格斯全集》第 1 卷，人民出版社 1956 年版，第 270 页。
④ 《马克思恩格斯全集》第 1 卷，人民出版社 1956 年版，第 250—251 页。

在马克思看来，国家与市民社会一样，都只是人的社会本质的实现。对于市民社会的理解，马克思说："如果在考察家庭、市民社会、国家等等时把人的存在的这些社会形式看做人的本质的实现，看做人的本质的客体化，那末家庭等等就是主体内部所固有的质。人永远是这一切社会组织的本质，但是这些组织也表现为人的现实的普遍性，因而也就是一切人所共有的。"① 正因为马克思把市民社会看作"人的本质的实现"或"人的本质的客体化"，因此，说市民社会决定国家也就意味着国家是由人的本质所决定的。他批评黑格尔不去表明国家是人格的最高的社会现实，反而把单一的经验的人、经验的人格推崇为国家的最高现实。

社会组织是人的类即人的普遍性实现的领域，从这一观点出发，在谈到民主制国家的实质时，马克思认为，人民的主权不是从国王的主权中派生出来的，相反地，国王的主权倒是以人民的主权为基础的；民主制是君主制的真理，君主制却不是民主制的真理。在君主制中，整个国家制度都不得不去迎合固定不动的那一点，而人民则从属于这种外在的国家制度，民主制则是作为类概念的国家制度，即人民自我规定或自由的产物。他说："黑格尔从国家出发，把人变成主体化的国家。民主制从人出发，把国家变成客体化的人。正如同不是宗教创造人而是人创造宗教一样，不是国家制度创造人民，而是人民创造国家制度。"② 在费尔巴哈人本主义立场的基础上，被黑格尔颠倒了的国家与市民社会的关系，又被马克思颠倒过来了。

（三）政治解放与人类解放

对黑格尔国家观的批判，预示着马克思不再寄希望于建立完备的政治国家，不再把政治解放（近代政治革命的最终目标）当作人的解放的最终尺度。马克思在《德法年鉴》上发表的《论犹太人问题》和《〈黑格尔法哲学批判〉导言》，是"对当代的斗争和愿望作出当代的自我阐明"，是对《黑格尔法哲

---

① 《马克思恩格斯全集》第 1 卷，人民出版社 1956 年版，第 293 页。
② 《马克思恩格斯全集》第 1 卷，人民出版社 1956 年版，第 281 页。

学批判》中提出的市民社会决定国家观点的深化和发展。马克思由此明确了分析市民社会的要义，只有深入分析市民社会，才能更加深刻地认识国家，才能真正找到政治解放和人类解放的可能路径。

《论犹太人问题》是马克思批判鲍威尔的《犹太人问题》和《现代犹太人和基督教徒获得自由的能力》的力作，其中蕴含着马克思重要的革命性观点。鲍威尔的这两篇文章，都是从抽象的宗教观点来谈犹太人的解放问题的，把犹太人的解放问题看成了宗教层面的问题。鲍威尔认为，德国犹太人要从基督教国家中解放出来，就必须首先放弃犹太教，把自己解放为"人"，然后才能从基督教的压迫下解放出来，获得平等的权利。这样，犹太人解放的问题就归结为宗教批判的问题了。而且在鲍威尔看来，基督教徒比犹太人更接近于彻底的解放。因为基督教代表了人类精神发展的更高阶段，它作为具有世界意义的普遍宗教超越了犹太教的民族狭隘性。但无论是基督教徒还是犹太人，为了获得解放就必须摆脱宗教。

站在费尔巴哈人本主义立场上，针对鲍威尔政治解放"要犹太人放弃犹太教""要求一切人放弃宗教"的观点，马克思认为，鲍威尔的"问题在于：完成了的政治解放是怎样对待宗教的？既然我们看到，就在政治解放已经完成了的国家，宗教不仅存在，而且表现了生命力和力量，这就证明，宗教的存在和国家的完备并不矛盾"[1]。因此，科学的任务在于揭示宗教存在的社会政治根源，认识政治解放的局限性，而不是把社会政治问题变成神学宗教问题。从把神学问题化为世俗问题入手，马克思揭示了宗教的世俗根源，他指出："宗教已经不是世俗狭隘性的原因，而只是它的表现。因此，我们用自由公民的世俗桎梏来说明他们的宗教桎梏。我们并不认为：公民要消灭他们的世俗桎梏，必须首先克服他们的宗教狭隘性。我们认为：他们只要消灭了世俗桎梏，才能克服宗教狭隘性。"[2]既然宗教问题被归结为世俗问题，那么，国家与宗教的关系不是哲学和神学的抽象，而是组成国家的人同宗教的

---

① 《马克思恩格斯全集》第 1 卷，人民出版社 1956 年版，第 425 页。
② 《马克思恩格斯全集》第 1 卷，人民出版社 1956 年版，第 425 页。

具体关系，而国家与宗教的对立更深刻的根源在于国家与世俗因素（市民社会）之间的对立。在马克思看来，市民社会与国家最根本的区别就在于，在市民社会中，人是"尘世存在物"，是作为私欲的、现实的、单个人而存在的，而在国家中，人是作为"类存在物"以及"想象的主权中虚构的成员"而存在的。这样，相比较国家从宗教中解放出来的问题而言，解决国家与市民社会之间关系的问题，就成为更为根本的问题。这一问题已经超出了政治解放的限度，开始涉及"人类解放"的任务。

在这里，"只有利己主义的个人才是现实的人，只有抽象的 citoyen［公民］才是真正的人"①。马克思通过对黑格尔法哲学的批判，揭示了现代资产阶级国家制度中不可调和的矛盾：政治国家与市民社会的彻底分离。在这样的国家中，人必然被两重化即必然作为政治国家和市民社会的双重角色的人，过表面上平等的因而也是作为抽象的人存在的政治生活，与实际上不平等的因而是作为感性具体的存在的物质生活。也就是说，作为政治国家的人是抽象的人，作为市民社会的人是现实的人，人的这种双重生活使人在政治国家和市民社会这两个领域都失去了真实性。在马克思看来，"政治解放"相对于人们处在封建的宗教的关系下的状况而言，仍然是人类解放的一种形式，但它并非人类解放的最后形式。"政治解放"所实现的只是一部分人解放自己，而绝非社会全体成员的解放。所以，决不能满足于政治解放，而应该在政治解放的基础上实现人类解放。而人类解放不同于政治解放的地方，就在于它不仅在抽象的政治生活中，不在"天上的迷蒙的云兴雾聚之处"，而在"地上的粗糙的物质生产"② 中，在现实的社会生活中。

总之，在《德法年鉴》时期的文章中，马克思的批判是从费尔巴哈出发的。他以费尔巴哈对宗教的批判为前提，超过费尔巴哈而继续前进，展开了对资产阶级的政治和法的批判。马克思的基本哲学观点是费尔巴哈人本主

---

① 《马克思恩格斯全集》第 1 卷，人民出版社 1956 年版，第 443 页。
② 《马克思恩格斯文集》第 1 卷，人民出版社 2009 年版，第 351 页。

义，虽然在对人的本质的理解上已经远远地超过费尔巴哈，但他毕竟还是符合人的普遍本质的所谓"真正的人"的观点来观察宗教、政治和国家问题的，这也为马克思进一步深化对市民社会的剖析打开了通道。

三、对费尔巴哈唯物主义的批判

费尔巴哈对马克思的影响是毋庸置疑的。直到 1844 年，马克思还没有完全摆脱这种影响。在给费尔巴哈的一封信中，马克思赞扬他的《未来哲学的基本原理》和《路德所说的信仰的本质。对〈基督教的本质〉的补充》，说"在这些著作中"，"您给社会主义提供了哲学基础，而共产主义者也就立刻这样理解了您的著作"①。在《神圣家族》中，马克思和恩格斯对费尔巴哈还作了过高的评价。而从《关于费尔巴哈提纲》开始，马克思明确地展开对费尔巴哈的批判，这种批判在《德意志意识形态》中更进了一步。马克思认为，与其他青年黑格尔派成员一样，费尔巴哈仍然停留在黑格尔哲学的基地上，只是黑格尔的思辨范畴被他用一些世俗的名称（如"人"和"类"）所代替。最重要的是，在历史领域中费尔巴哈仍然是一个玩弄抽象的唯心主义者。

从马克思哲学的来源之一黑格尔哲学来看，黑格尔哲学活动的领域是一个由纯粹先验的范畴所构成的抽象王国，自然界和人类历史不过是这个纯逻辑的世界的外化，这种外化是主体、主词逻辑地演绎出客体、宾词。费尔巴哈"新哲学"的建立是从他对黑格尔思辨哲学的批判开始的。他在《未来哲学的基本原理》中明确地指出："黑格尔哲学是近代哲学的完成。因此新哲学的历史必然性及其存在理由，主要是与对黑格尔批判有联系的。"②费尔巴哈要求把自然界和人作为哲学的对象与出发点，但是，由于理论与方法的限制，他最终没有找到一条从抽象王国通向活生生的现实世界的道路。因为在

---

① 《马克思恩格斯全集》第 27 卷，人民出版社 1972 年版，第 450 页。
② 《费尔巴哈哲学著作选集》上卷，商务印书馆 1984 年版，第 147 页。

他那里，除了一些抽象空泛的哲学词句如"类""人的本质"等外，他丝毫不了解这个世俗世界的经验的物质的内容。表面上看，这种哲学直接地向人自身和人的现实生活敞开，但凭借直接的"感性直观"，人们所看到的却只能是一种现成地摆在那里的自在的存在，它看不到被人的活动所建构的"属人"的存在，也不可能了解"感性"自身的属人性质。正因为人及其世界的"属人"性进入不了这种感性哲学的视阈，虽然表面上看"形而上学"和感性哲学是互相反对的，前者的视界是超验的，而后者的视界是经验的，所以，这种哲学和"形而上学"一样的"抽象"。

马克思评价说，费尔巴哈始终是一个"理论家"和"哲学家"，尽管他对现存事实即人与人之间的现实关系进行哲学推论的时候，达到了一个哲学家一般所能达到的地步。但是，费尔巴哈对现实世界的研究和看法，与他的同时代的青年黑格尔派哲学家相比，可以说是殊途同归，没有超出当时"德国的哲学的历史观"。因为在他那里，除了爱与友情，而且是理想化的爱与友情以外，他不知道人与人之间还有什么其他的"人的关系"。他没有批判现在的生活关系。因此，他从来没有把感性世界理解为构成注意世界的个人的全部活生生的感性活动，比如说，当他看到的是大批积劳成疾的和患肺痨的贫民而不是健康的人的时候，就不得不求助于"最高的直观"和理想的"类的平等化"。这就是说，正是在共产主义的唯物主义者看到改造工业和社会结构的必要性和条件的地方，他却重新陷入唯心主义。思辨的观念、抽象的观点同样被看作统治和支配现实世界的力量，于是对现实世界的改造就同样被归结为对人的思想和观念的改造，并且相信仅仅通过他的理论的批判活动就能使现存的东西遭到毁灭。

要克服旧哲学的缺陷，唯一的途径就是使哲学向现实的人的回归。以往的唯物主义乃至一切理论哲学的矛盾，在于对人的生活状态的遮蔽。马克思改变了旧哲学的思维方式，开创了探讨一切哲学问题的思维方式——实践论的哲学思维方式，即从实践的观点出发去解决人与世界的关系问题，找到了"现实的人"生成以及返回生活世界的现实基础和道路——实践，从而展开了对人的现实生活世界的阐述。

在谈到自己哲学的出发点时，马克思指出："德国哲学从天国降到人间；和它完全相反，这里我们是从人间升到天国。"① 马克思把自己的哲学与传统理论哲学——"德国哲学"作了对比，并予以具体阐释。马克思这样论述道："我们不是从人们所说的、所设想的、所想象的东西出发，也不是从口头说的、思考出来的、设想出来的、想象出来的人出发，去理解有血有肉的人。我们的出发点是从事实际活动的人，而且从他们的现实生活过程中还可以描绘出这一生活过程在意识形态上的反射和反响的发展。""意识在任何时候都只能是被意识到了的存在，而人们的存在就是他们的现实生活过程。"② 在他看来，对生活世界的理解，既不能像旧唯物主义那样只是从客体的或直观的形式去理解，也不能像唯心主义那样只是从抽象的精神活动去理解，而应把它当作人的实践去理解。"天国"乃是人们"所设想的""思考出来的""东西"或"人"，无疑是思想性、观念性的存在，都是"超感性"的思想世界中的存在；与之完全相反的"人间"则不然，它不再是任何意义上的概念范畴，而是"从事实际活动的人"。马克思指出："这里所说的个人不是他们自己或别人想象中的那种个人，而是现实中的个人，也就是说，这些个人是从事活动的，进行物质生产的，因而是在一定的物质的、不受他们任意支配的界限、前提和条件下活动着的。"③ 可见，所谓"从事实际活动的人"，亦即"现实中的个人"，也就是从事实践活动的人，人就是人的实践活动。因此，从"人间"出发也就是从实践出发，从"现实的人"出发，"人不是抽象的蛰居于世界之外的存在物"④。

《神圣家族》是马克思由费尔巴哈的抽象的人转向现实的、具体的、在历史中行动的人，由德国哲学的抽象思辨王国转向生动具体的现实生活世界的转折点。在《神圣家族》中，马克思正式提出"现实的人"的概念，并从人对物质生活资料的依赖关系进一步深化了对人的社会本质的探索。真正对

① 《马克思恩格斯选集》第1卷，人民出版社1995年版，第73页。
② 《马克思恩格斯选集》第1卷，人民出版社1995年版，第73、72页。
③ 《马克思恩格斯选集》第1卷，人民出版社1995年版，第71—72页。
④ 《马克思恩格斯选集》第1卷，人民出版社1995年版，第1页。

费尔巴哈"抽象的人"进行批判和清理，是从《关于费尔巴哈的提纲》开始的。《德意志意识形态》对《关于费尔巴哈提纲》进行了详尽的发挥。马克思对费尔巴哈的批判，奠定了其新哲学的实践根基。

首先，马克思突出了新哲学区别于一切旧哲学的实践性特征。在《关于费尔巴哈提纲》中，马克思开门见山地指出："哲学家们只是用不同的方式解释世界，而问题在于改变世界。"① 他论述道，从前的一切唯物主义（包括费尔巴哈的唯物主义）的主要缺点是不懂得人的社会实践活动的深刻的革命意义，只是将事物、现实、感性当作直观的对象来理解；同样，费尔巴哈虽承认人是最高意义的感性存在和感性对象，这是他优越于其他旧唯物主义的地方，但他的致命弱点就在于，他把人仅仅看作"感性的存在"，而不是"感性的活动"，即他并未从人的感性进一步深入人的感性活动或感性活动的对象化，所以，从感性存在的人出发，所达到的只是对感性世界的"单纯直观"和"单纯的感觉"，而单纯的"直观"和"感觉"只能直接地反映对象，而不能现实地主动地改造对象。与它们不同，马克思明确指出，新哲学"是把它们当作人的感性活动，当作实践去理解"，"从主体方面去理解"②。这里所谓"当作实践去理解"，就是把实践的观点提升为一种思维方式，凭借这种方式，"凡是把理论导致神秘主义的神秘东西，都能在人的实践中以及对这个实践的理解中得到合理的解决"③。所以，马克思不是从思维与存在的抽象的对立的意义上去总结自己的新世界旧哲学的对立，而是从实践的观点出发来总结这种对立："它不是在每个时代中寻找某种范畴，而是始终站在现实历史的基础上，不是从观念出发来解释实践，而是从物质实践出发来解释观念的形成。"④ 可见，作为一种思维方式，实践的观点为马克思观照世界提供了一种全新的视界。

诚然，费尔巴哈也在讲实践，但他所谓的实践主要指一种功利性的、商

---

① 《马克思恩格斯选集》第 1 卷，人民出版社 1995 年版，第 61 页。
② 《马克思恩格斯选集》第 1 卷，人民出版社 1995 年版，第 58 页。
③ 《马克思恩格斯选集》第 1 卷，人民出版社 1995 年版，第 60 页。
④ 《马克思恩格斯选集》第 1 卷，人民出版社 1995 年版，第 92 页。

贩式的活动。他极力推崇的是理论的、艺术的、审美的直观，而贬低"功利性"的实践的立场。正是由于马克思"感性的活动"原则即实践原则的确立，引导出马克思批判费尔巴哈的基本理由：凡在费尔巴哈所涉及的主体"人自身"的地方，马克思则把它理解为"现实的、历史的人"；在费尔巴哈仅只看到单纯的直观和感觉的地方，马克思则诉诸工业和社会状况；在费尔巴哈把思维和存在统一于"感性的对象"的地方，马克思则使之统一于"感性的活动"，这种"活动"不是别的，就是实践。

其次，马克思哲学视野中的"世界"，不同于唯心主义哲学的"精神世界"或"理念世界"，是以人的实践活动为基础和纽带联结而成的自然、社会和人相统一的"现实生活世界"。在马克思哲学视野中，实践构成了"整个现存的感性世界的基础"，也就是说，只有建立在实践基础之上的世界，才是"现实世界"。"在人类历史中即在人类社会的产生过程中生成的自然界，是人的现实的自然界；因此，通过工业——尽管以异化的形式——形成的自然界，是真正的、人本学的自然界。"[1] 这样，马克思走上了用实践尤其是人的生产活动去说明、理解人的存在和发展的道路。他认为，人的活动不同于动物的本能活动，"动物只是按照它所属的那个种的尺度和需要来建造，而人却懂得按照任何一个种的尺度来进行生产，并且懂得处处都把固有的尺度运用于对象"。[2] 与动物不同的是，人可以按照任何物种的尺度作用于"物"，从而把"物"作为"类"，并通过对类本性的认识再造"物"。所以，人的活动是创造性的活动，在这一过程中，人把自己的需要、目的和理想（内在尺度）融入进去，使"物"向人生成，转化为"为我之物"，使人的本质力量得到确证和体现，从而实现人本身。马克思认为，人不仅具有内在能动性，而且还具有外在的现实性，也就是说，这些个人是从事活动的，是进行物质生产的，是在一定的物质前提和条件下能动地表现自己的。"个人怎样表现自己的生活，他们自己就是怎样。因此，他们是什么样的，这同他们的生产

---

① 《马克思恩格斯文集》第 1 卷，人民出版社 2009 年版，第 193 页。

② 《马克思恩格斯文集》第 1 卷，人民出版社 2009 年版，第 163 页。

是一致的——既和他们生产什么一致，又和他们怎样生产一致。"①

针对旧唯物主义把人看作环境和教育的产物的观点，马克思批评道，这种学说忘记了"环境正是由人来改变的，而教育者本人一定是受教育的。因此，这种学说必然会把社会分成两部分，其中一部分凌驾于社会之上"②。就是说，这种旧唯物主义其实并未脱出旧形而上学即理论哲学的道路，仍把理论的活动看作人的真正活动，可称得上是一种"思辨唯物主义"。"在理论家们这样看待他们的任务时，其特点是没有意识到，他们在如何理解他们自己与如何理解那些作为他们研究对象的人们之间作出了严格的区分。他们用自己的理论去解释那些人的活动经验，将其理解为完全受环境和教育决定的产物。他们那生物学的和社会的继承物，独立于和优先于他们自己的理性的意志，造就了他们只能是这种继承的产物。"③

那么，怎样解决这一难题呢？马克思认为，人创造环境，环境也创造人，环境的改变和人的活动的一致，只能被看作是并合理地理解为实践。这表明，马克思是立足于人的实践活动尤其是人的生产实践来说明人、理解人。实践活动作为人有意识有目的的感性活动，是人的自我发展和自我完善的创造性活动，是自然向人生成和人向自然生成的双向运动。通过实践，自在的自然和抽象的主体（人）都获得了现实性。这样，人生存和发展于其中的现实生活世界就是"现实的自然"和"现实的人"相统一的世界。

再次，马克思把人类历史看作人的实践活动的过程和结果。人之外的事物是没有历史的，而唯有人才有历史。那么，人的历史究竟意味着什么？历史又何以可能？马克思指出："人们之所以有历史，是因为他们必须生产自己的生活，而且必须用一定的方式进行。"在这里，马克思所揭示的正是历史的根据，即历史的本质规定与何以可能的问题。马克思的历史观区别于以往一切历史观的根本之点在于，它把人类历史就在于它不是"遵照它之外的

---

① 《马克思恩格斯选集》第 1 卷，人民出版社 1995 年版，第 67—68 页。
② 《马克思恩格斯选集》第 1 卷，人民出版社 1995 年版，第 59 页。
③ [美] 麦金太尔：《马克思的〈关于费尔巴哈的提纲〉——一条未走之路》，乔法容译，《国外社会科学》1995 年第 6 期。

某种尺度来编写"历史，不是把历史"看成某种脱离日常生活的东西，某种处于世界之外和超乎世界之上的东西"，从而"把人对自然界的关系从历史中排除出去了，因而造成了自然界和历史之间的对立"。① 而是如实地把历史看作人们的实际生活过程，它"不是在每个时代中寻找某种范畴，而是始终站在现实历史的基础上，不是从观念出发来解释实践，而是从物质实践出发来解释观念的形成"②，并把实践看作全部社会生活的基础和本质，社会历史是追求着自己目的的人的活动，"整个所谓世界历史不外是人通过人的劳动而诞生的过程，是自然界对人来说的生成过程"③。

　　因此，马克思的哲学变革是以变革非历史的"历史观"起步，又以确立以现实为前提的历史观完成的。马克思"确认并批判了两种占主导地位的哲学传统。从霍布斯到费尔巴哈的唯物主义是有缺陷的，这是因为它的非反应的和超历史的特性，因而不能理解人们在创造他们见到的那个世界中起作用，但在理解人与自然界的连续性上唯物主义又是值得赞扬的。唯心主义，其最终形式是黑格尔主义，懂得历史发展的重要性，但他又将这一发展限制在思想发展中"④。旧唯物主义的"世界观"没有"历史"，唯心主义的"世界观"的"历史"是想象的"历史"而不是现实的"历史"，这两种"世界观"都因为缺乏对"历史"的真实与现实的理解而导致神秘主义，其结果只能导致抽象地"解释世界"而不能真实地"改变世界"。而马克思视野中的"社会"或"历史"，不是与人和人的实践活动无关的抽象的外在实体，而是人的活动过程及其结果。与那种离开人的实践活动抽象地考察社会关系和社会结构，并把社会发展的历史必然性理解为似乎与人的活动无关的纯粹自然过程的误解相反，在马克思看来，"社会关系的含义在这里是指许多个人的共同活动"，至于社会结构，它"总是从一定的个人的生活过程中产生的"，所谓

---

① 《马克思恩格斯选集》第 1 卷，人民出版社 1995 年版，第 93 页。
② 《马克思恩格斯选集》第 1 卷，人民出版社 1995 年版，第 92 页。
③ 《马克思恩格斯文集》第 1 卷，人民出版社 2009 年版，第 196 页。
④ ［英］乔纳森·沃尔夫：《当今为什么还要研读马克思》，段忠桥译，高等教育出版社 2006年版，第 20—21 页。

"社会存在"，不过就是人们的"现实生活过程"①。所谓历史规律，不是什么外在于人的活动的规律，它就是"人们自己的社会行动的规律"。正如马克思所指出的："当费尔巴哈是一个唯物主义者的时候，历史在他的视野之外；当他去探讨历史的时候，他不是一个唯物主义者。在他那里，唯物主义和历史是彼此完全脱离的。"②

总之，马克思对费尔巴哈旧唯物主义的批判，不再满足对世界的抽象解释，也不再把"世界"当作与人和人的实践活动相互分离、彼此外在的"实体"去追求，而是从它与人所处的对象性关系去理解，把它当作感性的人的活动，当作实践去理解。正因为成功地找到了回归生活世界的道路和理解生活世界的现实基础，马克思完成了对传统哲学的超越。也正是在实践的基础上，马克思更多地关注人的现实生存状况，并对现实生活世界展开反思和批判，对私有制条件下人的生活的片面化和生活世界的物化状态进行了深刻的揭露和批判，对通过实践活动来克服异化的"自由人的联合体"以及"全面丰富的人"的理想状态进行了生动描绘，从而激发人们在"积极地反对和改变现存状况"的实践活动中，不断地向"全面的人"趋近。

第三节　对黑格尔辩证法和整个哲学的批判

作为近代理性形而上学的综合者和完成者，黑格尔认为，现实的人在现实的自然中所形成的抽象的纯主观性的东西，如"思想""观念""理念""精神""意识"等，是辩证的逻辑主体，而现实的人、现实的自然和现实人的感性活动却成了它的"宾语""象征"，所以"主语和谓语之间的关系被绝对地相互颠倒了"③。既然是颠倒，那么人的"自我对象化的内容丰富的、活生生的、感性的、具体的活动"，则干脆被想象为活动，这种被抽象掉具体现

---

① 《马克思恩格斯选集》第 1 卷，人民出版社 1995 年版，第 80 页。
② 《马克思恩格斯选集》第 1 卷，人民出版社 1995 年版，第 78 页。
③ 《马克思恩格斯文集》第 1 卷，人民出版社 2009 年版，第 218 页。

实内容的纯粹形式的活动，也就是"脱离现实精神和现实自然界的抽象形式、思维形式、逻辑范畴"①。所以，黑格尔哲学体系，是"以纯粹的思辨的思想开始，而以绝对知识、以自我意识的、理解自身的哲学的或绝对的即超人的抽象精神结束"②。马克思从根本上颠覆了自笛卡尔以来根深蒂固的形而上学哲学传统，把哲学置于全新的——现实的人、现实的人的感性对象性的活动基础上，使理性从天国返回尘世，从而实现了哲学史上的伟大变革。

一、青年黑格尔派与黑格尔哲学基地

从一开始，青年黑格尔派就强烈地批判了宗教观念，认为应当把历史归结为人本身的活动，而不是归结为上帝或绝对精神之类的神秘的东西。在整个青年黑格尔运动中，每一个代表人物都自称已经结束和埋葬了黑格尔哲学，并且也彻底战胜和超越了自己的对手，但实际上却全都没有脱离旧哲学的基地，因而依然停留在思辨哲学的范围之内。正如马克思、恩格斯指出的："德国的批判，直到它的最后的挣扎，都没有离开过哲学的基地。这个批判虽然没有研究过它的一般哲学前提，但是它谈到的全部问题终究是在一定的哲学体系，即黑格尔体系的基地上产生的。不仅是它的回答，而且连它所提出的问题本身，都包含着神秘主义。""起初他们还是抓住纯粹的、未加伪造的黑格尔的范畴，如实体和自我意识，但是后来却亵渎了这些范畴，用一些世俗的名称称呼它们，如'类'、'唯一者'、'人'，等等。"③ 所以，这些哲学家们只不过是抓住了黑格尔哲学的某些方面，并以此制造出各式各样的抽象理论。而这种批判就变成了一种抽象对另一种抽象的批判，他们只是反对"这个世界的词句"，而绝不反对这个"现实的现存世界"④。

从施特劳斯的《耶稣传》开始到施蒂纳的《唯一者及其所有物》为止，

---

① 《马克思恩格斯文集》第 1 卷，人民出版社 2009 年版，第 218 页。
② 《马克思恩格斯文集》第 1 卷，人民出版社 2009 年版，第 202 页。
③ 《马克思恩格斯全集》第 3 卷，人民出版社 1960 年版，第 21 页。
④ 《马克思恩格斯选集》第 1 卷，人民出版社 1995 年版，第 66 页。

其全部批判始终都是在宗教观念的基础上进行的。他们批判了宗教，但在哲学观点上继续受黑格尔哲学的支配，所不同的是，他们把黑格尔哲学加以肢解和庸俗化。他们满足于从其中抽出个别的要素，把它当作自己学说的基础。

施特劳斯把黑格尔体系中作为抽象的自然界的"实体"当作自己哲学的基础。而鲍威尔则把抽象的人的"自我意识"作为自己哲学的出发点。他把黑格尔作为主体与客体的统一的"绝对理念"偷换为和外在世界处于对立状态中的抽象的"自我意识"，从而把黑格尔哲学和他的辩证法主观化了。在黑格尔那里，辩证法是在客观精神所固有的矛盾的作用下发生的，而在鲍威尔那里则成为自我意识同世界的不断的对立和斗争。马克思在指出这种批判运动的缺陷时说："现代德国的批判着意研究旧世界的内容，而且批判的发展完全拘泥于所批判的材料，以致对批判的方法采取完全非批判的态度，同时，对于我们如何对待黑格尔的辩证法这一表面上看来是形式的问题，而实际上是本质的问题，则完全缺乏认识。"[1]

马克思认为，只有费尔巴哈才在克服黑格尔哲学方面带来真正的进步。他指出，只有费尔巴哈才是从黑格尔的观点出发而结束和批判了黑格尔的哲学。费尔巴哈把形而上学的绝对精神归结为"以自然为基础的现实的人"，从而完成了对宗教的批判。同时，费尔巴哈也巧妙地拟定了对黑格尔的思辨以及一切形而上学的批判的基本要点。与青年黑格尔派相比，费尔巴哈的批判虽然也是从宗教开始的，但要彻底和深刻得多。和其他青年黑格尔派不同的地方，就在于他抛弃了黑格尔的唯心主义体系而返回到唯物主义立场，揭露了宗教世界是世俗世界的幻想，从而在德国理论家面前指出了一条通向彻底的唯物主义世界观的道路。费尔巴哈正是通过对宗教神学的批判，重新恢复人的自然本质，并确立了从人的感性来理解人的立场。他认为，宗教不过是人的本质的异化，只有排除了上帝在宗教中的统治，才能揭示出宗教所具有的属人的内容。因此，必须恢复被异化的人的属性，恢复曾经表征人类历

---

① 《马克思恩格斯文集》第1卷，人民出版社2009年版，第197页。

史开端的人与上帝的统一。由此出发，费尔巴哈展开了对黑格尔思辨哲学的批判，使哲学重新建立在人的感觉的基础之上，恢复了人的自然本质。

但是，费尔巴哈本人却没有沿着这条道路继续前进，来说明人们的世俗生活在他们的头脑中导致宗教幻想是怎样产生的。对于费尔巴哈来说，除了一些抽象空泛的哲学词句如"人""人的本质""类"等而外，他丝毫不了解这个世俗世界的经验的、物质的内容。他把宗教世界归结为世俗世界，又把世俗世界归结为哲学词句，始终在宗教和哲学之间摇来摇去，没有从根本上脱离哲学的立足地而转到现实的基础上来。在他那里，思辨的观念、抽象的观点同样被看作支配现实世界的动力，而迄今为止的历史似乎不过是人类在自己的宗教观念的统治下痛苦呻吟的历史。这样，对现实的改造就同样归结为改造人们的观念，并且相信仅仅他的批判的思想活动就能使现存的东西遭到毁灭。

正因为如此，马克思特别提到"费尔巴哈和我们的对手的共同之点"——"既承认存在的东西又不了解存在的东西"，并且批评他仍然是一位"理论家"和"哲学家"①。这里的"共同之点"正是形而上学的基地，就像"理论家"和"哲学家"显而易见指的就是"形而上学家"一样。所以，马克思和恩格斯在阐述自己的唯物主义的观点并批判德国哲学的一般唯心主义特征的时候，首先针对的就是费尔巴哈。他们说："在我们对这个运动的个别代表人物进行专门批判之前，首先提出一些较能阐明他们的共同思想前提的一般意见。这些意见足以表明我们在进行批判时所持的论点，……我们这些意见是针对费尔巴哈的，因为只有他才多少向前迈进了几步，只有他的著作才可以 de bonne foi［认真地］加以分析。"②

这样，马克思完全正当地把费尔巴哈哲学的结果理解为黑格尔哲学的性质。马克思对全部旧哲学的批判可以归结为对黑格尔的批判，而且是对理性形而上学的批判——在这里，"黑格尔哲学"所意指的不是形而上学的一种，

---

① 《马克思恩格斯选集》第 1 卷，人民出版社 1995 年版，第 97 页。
② 《马克思恩格斯全集》第 3 卷，人民出版社 1960 年版，第 20 页。

而是形而上学的一切。可以说，黑格尔哲学作为形而上学集大成的最终成果，是柏拉图主义的完成，任何一种形而上学不过是黑格尔哲学的一个"片段"。在这个意义上，马克思对黑格尔哲学的批判是对全部理性形而上学的批判，这一批判所得到的成果，理所当然地就是马克思对全部形而上学的扬弃和超越，意味着马克思与近代哲学关系的自我解决。所以，《1844年经济学哲学手稿》的最后一部分鲜明地表达了"对黑格尔的辩证法和整个哲学的批判"①。这里的"整个哲学"实质上就是指整个形而上学。

二、人的类本质和异化劳动

那么，黑格尔的理性形而上学问题到底出在哪里？我们还是来看看，黑格尔在《精神现象学》中是如何表达自己的哲学生长点的。

在黑格尔看来，当我们面对世界时，如果我们想认识这个世界，就必然以理性为前提。他举例说，当我们在一个地方看到一座房子，换了一个地方时，我们又说这有一棵树，这时，具体的东西改变了，但只有"这个"没有改变。"这个"当然不是一个具体的存在物，"这个"就已经是一个观念，如果没有"这个"这一观念，我们就根本无法认识这个世界。因此，具体的存在物是现象，而这个现象背后的概念才是事物的本质规定。由此出发，黑格尔开始了自己的哲学思考——一种理性形而上学的逻辑建构。

马克思对理性形而上学的颠覆，在于他意识到任何理性、观念并不是现象背后的本质。从人的实际生活出发，马克思发现，"形而上学"不过是人的现实生活的投影和折光。例如，黑格尔哲学体系中的"实体"，其实是形而上学地改了装的脱离人的自然；"自我意识"则是形而上学地改了装的脱离自然的人；"绝对精神"则不过是形而上学地改了装的上述二者的必然的"统一"，即现实的人和现实的人类。在黑格尔哲学中，这种"统一"是虚假的，就像"实体"和"自我意识"作为空洞范畴的虚假性一样，因为它们是

---

① 《马克思恩格斯文集》第1卷，人民出版社2009年版，第197页。

"脱离现实的精神和现实的自然界的抽象形式、思维形式、逻辑范畴"。在马克思看来，"现实的人和现实的人类"并不能游离于人的具体的感性生活，"我的普遍意识不过是以现实共同体、社会存在物为生动形态的那个东西的理论形态，而在今天，普遍意识是现实生活的抽象，并且作为这样的抽象是与现实生活相敌对的。"① 黑格尔之所以能够达成这种"统一"，是因为他"把人的自我产生看做一个过程，把对象化看做非对象化，看做外化和这种外化的扬弃；可见，他抓住了劳动的本质，把对象性的人、现实的因而是真正的人理解为人自己的劳动的结果。"② 当然，这个结论并不是产生在黑格尔哲学中，而是马克思对黑格尔哲学创造性解读的产物。

马克思实现哲学变革的标志，是他在《1844 年经济学哲学手稿》《关于费尔巴哈的提纲》和《德意志意识形态》等著作中所表述的实践哲学和异化理论。以我们的分析来看，在《1844 年经济学哲学手稿》中，马克思所论述的异化劳动实际上是他在还不很熟悉政治经济学的情况下用以表示资本主义社会经济结构的人本主义哲学概念。随着对经济学研究的深入，马克思首先在社会历史观的视阈中解构了人本主义的异化劳动理论，从而通过清算以费尔巴哈的人本学为代表的德国意识形态哲学，创立了以劳动的社会分工为理论线索的唯物史观。他已经意识到，采取"异化"概念来进行历史分析事实上只能涉及社会经济关系的现象层面。用《德意志意识形态》的话来说："把一切现实的关系和现实的个人都预先宣布为异化的"，只能把"这些关系和个人都变成关于异化的完全抽象的词句"③。

与任何其他理论一样，马克思的异化理论同样来自对前人思想的改造。首先是对黑格尔历史辩证法中异化劳动理论的深刻解读。马克思结合自己的经济学研究切实地领悟道："黑格尔站在现代国民经济学家的立场上。他把劳动看作人的本质，人的自我确证的本质。"马克思认识到黑格尔是站在了与国民经济学相同的立场上为资本主义进行着哲学辩护，对异化劳动作了完

---

① 《马克思恩格斯文集》第 1 卷，人民出版社 2009 年版，第 188 页。
② 《马克思恩格斯文集》第 1 卷，人民出版社 2009 年版，第 205 页。
③ 《马克思恩格斯全集》第 3 卷，人民出版社 1960 年版，第 316—317 页。

全肯定的解读，把异化和对象化混为一谈。其次是对费尔巴哈人本异化史观的吸收。马克思把费尔巴哈的宗教异化史观扩大到政治领域，以人的类本质为最高价值尺度对市民社会进行政治异化批判。这在他《德法年鉴》时期的著作中表现明显。再次，马克思在赫斯、青年恩格斯和蒲鲁东的影响下，把研究视角指向经济学。从 1843 年 10 月至 1845 年 1 月，他共写下了 9 个笔记本（《巴黎笔记》），其中 5 个于 1844 年 8 月前完成，是《手稿》的主要思想资料。在《巴黎笔记》的最后，马克思已经明确表现出与社会主义的接近。在写作《手稿》时，马克思重述了资产阶级经济学家们的一些思想观点，并得出了新的结论，提出了系统的异化劳动理论。

与以往所有的哲学家不同，马克思发现了实践这一揭开人类社会生活奥秘的钥匙，解开了什么是"人本身"的千古之谜，从人的实践本性出发来把握人的本质的。马克思是这样对自己的批判理论进行定位的："它从现实的前提出发，它一刻也不离开这种前提。它的前提是人，但不是处在某种虚幻的离群索居和固定不变状态中的人，而是处在现实的、可以通过经验观察到的、在一定条件下进行的发展过程中的人。"[①] 可见，马克思哲学视野中的"人"，实际上就是现实的关系的总体，也就是现实的生活实践，而且，人的本质是通过人的现实的实践活动不断生成的。

在《1844 年经济学哲学手稿》中，马克思明确指出，"我们从当前的经济事实出发吧"，"我们不像国民经济学那样，当他想说什么的时候，总是让自己处于虚构的原始状态"[②]。这也是马克思劳动异化逻辑全面展开的起点。

马克思表达的是这样一种观点：劳动或更广泛意义上的感性活动、对象性活动，是人证明自身为一种类存在物的基本方式，或者说，这些活动使得人的类本质获得实现。"通过实践创造对象世界，改造无机界，人证明自己是有意识的类存在物，就是说是这样一种存在物，它把类看作自己的本质，

---

① 《马克思恩格斯选集》第 1 卷，人民出版社 1995 年版，第 73 页。
② 《马克思恩格斯全集》第 42 卷，人民出版社 1979 年版，第 90 页。

或者说把自身看作类存在物。"① 我们可以看出，马克思实际上是在劳动与人的类本质之间建立了一种内在的关系，这种关系可以表述为劳动是人的类本质的对象化或外化。在马克思那里，劳动既是人的类本质，同时也是人的类本质的实现，也就是说，劳动作为人的本质的存在方式，其主要的作用是在对象性的活动中将人的本质外化、对象化于人的劳动产品之中，从而使人的本质在对象中显现出来。

那么，类本质的外化和真正实现，或者说，真正意义上的劳动，对于人的存在意味着什么？

第一，真正意义上的劳动必然是一种对象化的活动，或者说，必然是以对象为中介的生命活动。在马克思看来，作为自然存在物的人虽然表现为一种直接性的存在，然而，人之为人的特殊之处在于，人必须要通过对象、通过与对象发生能动关系确认自身的本质。也就是说，对象化活动主要是指人的本质的对象化。因此，"随着对象性的现实在社会中对人来说到处成为人的本质力量的现实，成为人的现实，因而成为人自己的本质力量的现实，一切对象对他来说也就成为他自身的对象化，成为确证和实现他的个性的对象，成为他的对象，这就是说，对象成为他自身。"② 但是，作为人的本质显现的对象性的存在是外在于人的，表现为对象性的人的存在，而非人本身的自在。因此，必须扬弃对象性，才能实现人的对象性本质与人自身的统一，即"对象性本身被认为是人的异化了的、同人的本质即自我意识不相适应的关系。因此，重新占有在异化规定内作为异己的东西产生的人的对象性本质，不仅具有扬弃异化的意义，而且具有扬弃对象性的意义"③。这种对象化的活动是通过人与自然之间的相互作用完成的。

第二，真正意义上的劳动必然是人的自由自觉的活动，是人在对象中实现自身价值、目标和意愿的自主活动。马克思同费尔巴哈一样都承认人的生活具有双重性，认为人既是一种受动的自然存在物，又是一种能动的

① 《马克思恩格斯文集》第 1 卷，人民出版社 2009 年版，第 162 页。
② 《马克思恩格斯文集》第 1 卷，人民出版社 2009 年版，第 190—191 页。
③ 《马克思恩格斯文集》第 1 卷，人民出版社 2009 年版，第 206 页。

自由存在物。尽管人和其他自然物一样是有限的存在者，但人的这种劳动、这种获取生活资料的活动是有意识、有目的的活动，与动物的本能的生命活动是有本质的区别的。动物与它的生命活动是直接同一的，并不能把自己同自己的生命活动区别开来。然而，作为类的存在物，人的存在却具有一种超越个体、超越有限性的根本特征，那就是人在劳动中所显示出的类尺度。在马克思看来，正是因为这样一种类尺度，人的劳动才超出了自身的需要特别是肉体上的需要，而能够以自由的尺度和美的规律进行生产。因此，只有在劳动中，人才是一种真正自由的存在者，人才是自在自为的存在者。①

第三，真正的劳动必然是一种社会性的活动，必然具有普遍形式的活动。在马克思看来，人是一个特殊的个体，这个个体总是体现为一个单个的社会存在物，人既是个体也是总体，一个人即便在进行一种单个人的劳动，这种劳动也依然是社会性的劳动，他也依然是一种社会存在物。一般地说，人同自身的任何关系，只有通过人同其他人的关系才能得到实现和表现。在马克思看来，每一个人在自己的生产过程中都双重地肯定了自己和另一个人的存在，即在生产中每一个人使自己的个性和个性的特点对象化了，因此我既在活动中享受了个人生命的表现，每一个人都在自己和他人的活动中感受到自己人的存在，每一个人都是他人与类之间的媒介，是对他人的人的本质的补充和不可分割的一部分。因而在每个人的生命表现中都直接创造了他人的生命的表现，同时也直接证实了自己的真正的本质，即他人的人的本质和社会的本质。

在这里，马克思对劳动作了肯定方面的回答，而肯定方面从根本上构成了劳动的否定方面或异化劳动的前提和坐标。换言之，所谓异化劳动，恰恰就是劳动的自我否定，就是真正意义上的劳动的反面，因此，只有理解了什么是真正意义上的劳动，才能理解什么是异化劳动。正是由于马克思把肯定意义上的劳动当作人的本质的外化和实现，所以，否定意义上的劳动对于人

---

① 《马克思恩格斯文集》第 1 卷，人民出版社 2009 年版，第 163 页。

的存在来说，就是本质的自我异化和自我背离，就是存在与本质的背离。马克思从劳动与人的本质的互为规定出发来规定人的存在，这一点将同样体现在对异化劳动的分析中。

在马克思看来，国民经济学家以及黑格尔只注意劳动的概念或抽象意义上的劳动，却忽视了实际的劳动者的实际生存状况。因此，国民经济学只能非批判地描述市民社会的经济事实，只能把市民社会条件下具有必然性的经济事实归结为完全偶然的原因，"贪欲以及贪欲者之间的战争即竞争，是国民经济学家所推动的仅有的车轮"①。与之相反，马克思坚持实践的立场，十分强调在实际的劳动过程中"劳动"所表现出的具体规定性以及劳动者所处的生存状态。正是由于站在这样一个立场上，马克思才注意到商品生产中工人对劳动的憎恶和恐惧，才注意到劳动不再是人的本质的体现，而是成为与人的存在相对立的异化劳动。马克思从以下四个方面具体规定了异化劳动的根本特征，其中，第四个规定是在总结前三个规定的基础上得出的，因此也最为重要，并在事实上构成了马克思揭示私有财产和市民社会之异化本质的着力点和突破口。

其一，物的异化，即劳动产品同劳动者（工人）之间的分离。国民经济学揭示了这样一个矛盾事实：从理论上说，劳动产品是劳动的结晶，工人创造的全部劳动产品应当属于工人，但事实上，工人只得到了生存所必需的极少的部分，只得到了为了繁衍后代所必要的部分。马克思这样来描述资本主义社会的反常现象："工人生产的财富越多，他的生产影响和规模越大，他就越贫穷。工人创造的商品越多，他就越变成廉价的商品。物的世界的增值同人的世界的贬值成正比。"②劳动产品是物化的劳动，是劳动的对象化和现实化，这是一切社会劳动产品的共同特征。但是，在国民经济学以之为前提的状况下，对象化不仅创造出一个外部存在物，而且创造出的是一个异己的敌对的外部存在物，这就是异化，对象化和异化是同一过程的两个方面。"劳

---

① 《马克思恩格斯文集》第 1 卷，人民出版社 2009 年版，第 155—156 页。

② 《马克思恩格斯文集》第 1 卷，人民出版社 2009 年版，第 156 页。

动的这种现实化表现为工人的非现实化，对象化表现为对象的丧失和被对象奴役，占有表现为异化、外化。"① 从这一经济事实只能得出一个结论：工人和自己的劳动产品的关系是和一个与他相敌对的、异己的对象关系。由于这种劳动表现为对象的丧失，劳动就不再表现为人的本质的外化和对象化，而是表现为异化和非对象化了。

其二，自我异化，即工人同自己的劳动活动相异化。由劳动和劳动产品、和作为劳动对象的整个自然界发生的异化关系，马克思进一步揭示了劳动活动本身的异化："异化不仅表现在结果上，而且表现在生产行为中，表现在生产活动本身中。如果工人不是在生产行为本身中使自身异化，那么工人活动的产品怎么会作为相异的东西同工人对立呢？……在劳动对象的异化中不过总结了劳动活动本身的异化、外化。"② 劳动的"自我异化"就是自我否定。真正意义上的劳动应当是人的类本质，是人的类本质和自由本性的实现，或者说，真正意义上的劳动就是人之为人的生存方式和生存目的，人应该在劳动中肯定自己，通过改造自然界承认自己存在的价值。但是，在商品生产中，劳动对劳动者来说成为外在的东西，即不属于他的本质的东西，他在劳动中不是自由地发挥自己的体力和智力，而是使自己的肉体受折磨、精神遭摧残。因此，这种劳动对工人来说不是自愿的，而是被迫的强制劳动，只要肉体的强制或其他强制一停止，人们就会像逃避鼠疫那样逃避劳动。结果，人与自己的本质，因而也是与自身相异化了。

其三，类与人相异化，即劳动"从人那里夺去了他的类生活"③。在马克思看来，动物和自己的生命活动直接同一，而人则能够意识到自己的生命活动，因而是类的存在物，人的类本质就是自由的有意识的活动。也就是说，人能够通过劳动不断地把这个自然界当作自己的对象，正是在对象世界的不断扩大中，人才得以不断实现自身的普遍性和类本质。但是，异化劳动却使人的类生活与人相分离。一方面，因为生产生活本来就是类生活，而人类的

---

① 《马克思恩格斯文集》第 1 卷，人民出版社 2009 年版，第 157 页。
② 《马克思恩格斯文集》第 1 卷，人民出版社 2009 年版，第 159 页。
③ 《马克思恩格斯文集》第 1 卷，人民出版社 2009 年版，第 163 页。

生产生活是以整个自然界为对象的普遍性因而也是自由的生产生活，但工人的生产生活却仅仅成为维持肉体生存需要的手段；另一方面，工人个人的生产生活不仅同类生活相离异，而且必然体现为个人生产生活也因此而有了抽象的异化的形式。这就意味着，人的类生活成为维持个人生活的手段，类本质不再通过劳动被实现，个人的生活开始由纯粹的利己性和肉体的需要来支配。总之，在异化劳动中，"人的类本质，无论是自然界，还是人的精神的类能力，都变成对人来说是异己的本质，变成维持他的个人生存的手段。"①

其四，人同人相异化。马克思指出："人同自己的劳动产品、自己的生命活动、自己的类本质相异化的直接结果就是人同人相异化"②。马克思得出这个结论的原因在于，当每个人都从自己的本质异化出去的时候，当每个人只有通过他人的关系才能够实现与自身的关系的时候，自己与他人的关系也就是异化的关系。马克思说："当人同自身相对立的时候，他也同他人相对立。凡是适用于人对自己的劳动、对自己的劳动产品和对自身的关系的东西，也都适用于人对他人、对他人的劳动和劳动对象的关系。"③ 而且，马克思还说："只有人自身才能成为统治人的异己力量。"④ 这个人是不同于工人的人，是工人之外的另一个人，具体地说就是资本家。资本家凭借资本无偿占有了本来属于工人的东西，因而工人与资本家处于对立状态。所以，马克思说："通过异化劳动，人不仅生产出他对作为异己的、敌对的力量的生产对象和生产行为的关系，而且还生产出他人对他的生产和他的产品的关系，以及他对这些他人的关系。"⑤

在这里，马克思把与工人及其劳动相对立的另一个人——资本家及其私有财产合乎逻辑地引申出来了："工人对劳动的关系，生产出资本家——

① 《马克思恩格斯文集》第1卷，人民出版社2009年版，第163页。
② 《马克思恩格斯文集》第1卷，人民出版社2009年版，第163页。
③ 《马克思恩格斯文集》第1卷，人民出版社2009年版，第163—164页。
④ 《马克思恩格斯文集》第1卷，人民出版社2009年版，第164页。
⑤ 《马克思恩格斯文集》第1卷，人民出版社2009年版，第165页。

或者不管人们给劳动的主宰起个什么别的名字——对这个劳动的关系。因此，私有财产是外化劳动即工人对自然界和对自身的外在关系的产物、结果和必然后果。"① 就是这样，马克思从异化劳动这一概念得出"私有财产"这一概念，从根本上揭示了私有财产的"秘密"：私有财产既是异化劳动的产物，又是劳动借以优化的手段和条件，是这一异化的实现。异化劳动和私有财产构成互为因果、相互作用的发生和发展。因此，只有克服了劳动的异化性质，才能使劳动成为劳动者的直接的生活来源，同时也是个人存在的积极实现。

三、"对象性的活动"与人的生成

在对黑格尔哲学展开的全面清算中，马克思是以费尔巴哈的感性存在的理论基调反对黑格尔的人的抽象性的。马克思实现了"活动"原则和"感性—对象性"原则的创造性整合。马克思指出，黑格尔的自我意识的纯粹活动对对象的占有"不仅具有扬弃异化的意义，而且具有扬弃对象性的意义"，"甚至主要地具有扬弃对象性本身的意义"，即自我意识要加以扬弃的不是"对象的特定的性质"，而是对象的"对象性质本身"。这是因为，自我意识的概念就意味着对象是一种否定的东西，是一种"虚无"，意味着对象本身就是"障碍和异化"，"它不是把异化了的对象性，而是把对象性本身看成是自己的障碍"。所以，"纯粹的活动"在要求取消对象性本身的同时，使意识的对象实际地消失，从而使对象成为"无"，其结果便是使自我意识成为非对象的主体，即"非对象的、唯灵论的存在物"。这样，黑格尔的自我意识的纯粹活动就成为完全非对象的，因而是纯粹抽象的、思辨唯灵论的活动。马克思通过揭示这些现象和过程的虚假性，崭露出整个形而上学的隐秘根基，开始一场具有世界历史意义的、旨在终结作为超感性领域的形而上学世界的批判历程。

---

① 《马克思恩格斯文集》第 1 卷，人民出版社 2009 年版，第 166 页。

（一）黑格尔"异化"理论的实质

在批判了青年黑格尔派对黑格尔哲学的虚假否定之后，马克思将笔触直接对准黑格尔。这是他继《黑格尔法哲学批判》之后再次对黑格尔哲学的总体批判。外在地看，马克思关注的主要线索是黑格尔的辩证法，而实际针对的是黑格尔哲学中的"异化"理论。

在《1844 年经济学哲学手稿》中，马克思区分了费尔巴哈与黑格尔这两种批判哲学本质上的不同。对于费尔巴哈把黑格尔精神的异化扬弃为人的感性对象性关系，马克思给予了高度评价。费尔巴哈是要从宗教神学的彼岸世界回到现实的此岸世界，这也是从抽象的东西回到具体的感性实体（直观中自然和实体的人）的过程。费尔巴哈是从感性直观的现实世界出发的，他的批判是从人的颠倒的虚假本质（上帝）回到人的真实本质（类关系），而黑格尔由观念本质出发，把抽象的具体理解为"真正的和唯一的肯定的东西"。马克思认为，黑格尔是将这种观念本质的超越本身看成"一切存在的唯一真正的活动和自我实现的活动，所以他只是为历史的运动找到抽象的、逻辑的、思辨的表达，这种历史还不是作为既定的主体的人的现实历史，而只是人的产生的活动、人的形成的历史"①。马克思显然要肯定费尔巴哈的实体的人的生活，而否定黑格尔的那种离开现实的人的被颠倒了的抽象历史活动。

在表明对两种批判现象学的立场之后，马克思对黑格尔的辩证法进行了全面的批判。与马克思第一次批判黑格尔从《法哲学》入手不同，这一次是围绕着"黑格尔哲学的真正诞生地和秘密开始"处《精神现象学》进行的。在概述了作为黑格尔哲学的真正"诞生地和秘密"的《精神现象学》一书的纲目之后，马克思点明了"纯粹的思辨的思想"构成了黑格尔《哲学全书》第一部分《逻辑学》的起点。马克思指出，在黑格尔的体系中，"逻辑学是精神的货币，是人和自然界的思辨的、思想的价值——人和自然的同一切现

---

① 《马克思恩格斯文集》第 1 卷，人民出版社 2009 年版，第 201 页。

实的规定性毫不相干地生成的因而是非现实的本质，——是外化的因而是从自然界和现实的人抽象出来的思维，即抽象思维"①。这种抽象本质的外化和异化就是现实自然界和人类社会。这就是说，黑格尔哲学的逻辑范畴，如同货币只是商品普遍的抽象的价值符号一样，也是自然、社会和现实的人相脱离，不管它怎样异化或对象化为具有现实规定性的自然或社会现象，也是与自然、社会和现实的人相脱离，即与一切现实规定相脱离的"纯思维"。这个观念的"货币"穿透感性现实的一切物质存在，"回到自己的诞生地"②——绝对精神，"它的现实的存在是抽象"③。

马克思认为，黑格尔把财富、国家权力等看成同人的本质相异化的本质，这只是就它们的思想形式而言。马克思认为，在黑格尔哲学中，人是自我意识的变体。"《现象学》坚持人的异化，——尽管人只是以精神的形式出现……而人仅仅表现为自我意识。因此，在《现象学》中出现的各种不同形式，不过是意识和自我意识的不同形式。"黑格尔的"异化"不过是在意识和自我意识、抽象思维和感性现实、"在思想本身范围内的对立"。这就是说，黑格尔没有发现，现实中的异化实际上是人的本质的异化，他所发现的仅仅是这种现实异化之反映的观念的异化。"因此，全部外化历史和外化的全部消除，不过是抽象的、绝对的思维的生产史，即逻辑的思辨的思维的生产史。"④马克思进而认为，黑格尔没有意识到，他的观念异化之复归的真实本质是"要求把对象世界归还给人"⑤。在马克思看来，黑格尔否定的感性意识并不是人之外的抽象观念的感性意识，而只能是人的感性意识。比如"自然界的人性和历史所创造的自然界——人的产品——的人性"，绝不是抽象精神的产物。宗教、财富一类东西也不是观念的异化而只能是"人的对象化的异化的现实，是客体化的人的本质力量的异化的现实"。所以，"宗教、财

① 《马克思恩格斯文集》第1卷，人民出版社2009年版，第202页。
② 《马克思恩格斯文集》第1卷，人民出版社2009年版，第203页。
③ 《马克思恩格斯文集》第1卷，人民出版社2009年版，第203页。
④ 《马克思恩格斯文集》第1卷，人民出版社2009年版，第203页。
⑤ 《马克思恩格斯文集》第1卷，人民出版社2009年版，第204页。

富等等不过是通向真正人的现实的道路"，而不是通向绝对观念的消失的扬弃环节。

　　尽管如此，马克思还是很深刻地看出了黑格尔现象学所内含着革命性的批判因素："黑格尔的《现象学》及其最后成果——辩证法，作为推动原则和创造原则的否定性——的伟大之处首先在于，黑格尔把人的自我产生看作一个过程，把对象化看做非对象化，看做外化和这种外化的扬弃；可见，他抓住了劳动的本质，把对象性的人、现实的因而是真正的人理解为他自己的劳动的结果"①。在这里，黑格尔实际上理解到人自身的否定的积极意义：人的自我异化或者说人的本质的外化、人失去对象和现实性，是人的本质自我确证自我现实化的形式，并且，只有如此，人才能够达到自我肯定自我发展。因此，马克思不仅没有完全否定黑格尔的精神异化说，反而肯定了他"在抽象的范围内——把劳动理解为人的自我产生的行动，把人对自身的关系理解为对异己存在物的关系，把作为异己存在物的自身的实现理解为生成着的类意识和类生活"②。人与自身的类存在物发生现实的能动关系，只有通过人类本身的全部活动并且作为历史的结果，才能使这种"类的力量"实现出来，但它只能当作对象这样一种现实的能动的活动关系，现实的人只有通过劳动走向自然的对象化（异化），才能真实地实现自己。

（二）"对象性的活动"与人的生成

　　在对黑格尔关于国家和市民社会关系的颠倒中，马克思就已经触及了黑格尔唯心主义辩证法的"根本缺陷"：把理念变为独立的主体，头足倒置地以"思维的样式来制造对象"，以纯逻辑的演绎来代替事物真实联系的泛逻辑主义。所以，在黑格尔那里，自我意识的自我否定的超越运动根本来说是非批判的，它对现实世界没有丝毫的触动，而只是幽灵般的自身运动。也就是说，黑格尔哲学对世界的解释都是在意识之中完成的，哲学提出的要求只

---

① 《马克思恩格斯文集》第 1 卷，人民出版社 2009 年版，第 205 页。
② 《马克思恩格斯文集》第 1 卷，人民出版社 2009 年版，第 217 页。

是"改变意识的要求，归根到底就是要求用另一种方式来解释现存的东西，也就是说，通过另外的解释来承认现存的东西"①。这些要求归根到底都是用"词句"反对"词句"，都是在精神范围"希望达到对现存事实的正确理解"。

马克思实现哲学变革的指向是现实世界，这就必然要求"跳出哲学的圈子并作为一个普通的人去研究现实"②。只有研究现实，才能批判现实；只有批判现实，才能改变现实；只有改变现实，才能改造世界。"理论的对立本身的解决，只有通过实践的方式，只有借助于人的实践力量，才是可能的；……而哲学未能解决这个任务，正是因为哲学把这仅仅看作理论的任务。"③ 对黑格尔哲学的批判，马克思是在"对象性的活动"原则基础上进行的，是"从感性人的感性活动出发"去"改变世界"、从"历史"向"世界历史"转变中建立起来的实践观。马克思认为，历史向世界历史的转变，不是"自我意识"、宇宙精神或者某个形而上学怪影的纯粹的抽象行动，而完全是物质的、可以通过经验证明的行动，不仅坚决否弃作为传统社会精神的旧形而上学，而且否定人的抽象性、先验性和"类聚合"的基础，将其视为在变革世界的历史行动中、在"社会关系总和"中的存在者，一个在交往实践中成其为人的人。只有把人的活动本身理解为对象性活动，黑格尔唯心主义辩证法体系才可能真正瓦解，真正意义上的现实的人才得以生成。

对于作为《手稿》的基本哲学原则的"对象性的（gegenständiche）活动"，马克思作了阐述："当现实的、肉体的、站在坚实的呈圆形的地球上呼出和吸入一切自然力的人通过自己的外化而把自己现实的、对象性的本质力量设定为异己的对象时，设定并不是主体；它是对象性的本质力量的主体性，因此这些本质力量的活动也必须是对象性的活动。对象性的存在物进行对象性活动，如果它的本质规定中不包含对象性的东西，它就不进行对象性活动。……因此，并不是它在设定这一行动中从自己的'纯粹的活动'转而创造对象，而是它的对象性的产物仅仅证实了它的对象性活动，证实了它的

---

① 《马克思恩格斯全集》第 3 卷，人民出版社 1960 年版，第 22 页。
② 《马克思恩格斯全集》第 3 卷，人民出版社 1960 年版，第 262 页。
③ 《马克思恩格斯文集》第 1 卷，人民出版社 2009 年版，第 192 页。

活动是对象性的自然存在物的活动。"① 这表明，人的活动之所以构成人类真实历史的开端及其内容，就在于有着对象性力量的人总是要面对外在的对象、他者，并为其规定、制约；人变更这规定，打破这制约的活动也只能是在自己和外部对象之间展开的双向对象化活动。

在马克思看来，现实的创立活动不是"主体"（纯粹的活动），而是"对象性的本质力量的主体性"（对象性的活动）。对象性的活动作为人的实际活动，只能是渗透了人的理性的精神的感性对象性活动，这种感性对象性活动，就是人们实际地变革对象的实践活动。只有人的实践和实践的人才是真正的唯一的主体。这里包含两个方面的内容：

其一，人是受动性存在物。人本身作为一种有生命力的、现实的、感性的、有意识的存在物，有物质和精神的生活的需要，而这些需要的满足依赖于自然界，依赖于他之外的对象，这些对象是人为了充实自己、表现自己的本质所不可缺少的。马克思说："人直接地是自然存在物。人作为自然存在物，而且作为有生命的自然存在物，……人作为自然的、肉体的、感性的、对象性的存在物，同动植物一样，是受动的、受制约的和受限制的存在物，就是说，他的欲望的对象是作为不依赖于他的对象而存在于他之外的；但是，这些对象是他需要的对象；是表现和确证他的本质力量所不可缺少的、重要的对象。"②"人靠自然界生活。这就是说，自然界是人为了不致死亡而必须与处于持续不断的交互作用的。"③ 总之，人是感性的肉体存在物，就已经意味着人并不是自我圆满的存在物，而是一个需要并依赖感性对象才能存在下去的存在物；而既然人需要、依赖对象，这说明人必然受对象制约，即意味着人之受动性。

其二，人是对象化活动中能动地表现自己的存在物。与动物对自然界的依赖所根本不同的是，人对自然界的依赖是通过他的对象性活动来实现的。人是一个有激情的存在物。激情、热情是人强烈追求自己的对象的本质力

---

① 《马克思恩格斯文集》第 1 卷，人民出版社 2009 年版，第 209 页。
② 《马克思恩格斯文集》第 1 卷，人民出版社 2009 年版，第 209 页。
③ 《马克思恩格斯文集》第 1 卷，人民出版社 2009 年版，第 164 页。

量，是"具有自然力、生命力，是能动的自然存在物；这些力量作为天赋和才能、作为欲望存在于人身上"①，并且使人"能动地""客观地"将自己的本质力量"对象性地"施展在自己"需要的对象"上，从而改造、占有并享受对象。人能动地客观地将自己的本质力量给予对象性地展开，正是人异于物的"对象性的活动"——实践活动。

对象性活动（实践活动）是人的存在方式。人创造世界的对象性的活动，也是人的本质对象化或人向对象的生成过程，它包含着人作为实践活动主体同作为活动的对象的客体之间的双向转化过程，即主体客体化（对象化）和客体主体化（非对象化）的过程。一方面，作为活动主体的人，在指向一定活动对象的过程中，将自己的能力、需要、尺度、素质等人的本质力量贯注、沉淀到对象中，在对"自身生活有用"的意义上作用于自在自然，依照自身"内在尺度"扬弃自然界的自在形态，赋予自然界作为人的"身体"的形式。马克思把这种新形成的自然称之为人的"作品"，这个"作品"是观照人的本质力量的一面镜子。另一方面，人通过对象性活动创造对象使自己的需要得到满足，这就要通过不同的形式的享用和消化，把对象化转为人自己的存在的一部分，使之成为充实、丰富、强化人自己的生命、规定性和本质力量的因素，这就是对象性活动中客体主体化即非对象化的表现。正是在这种双向转化过程中，现实的人才得以生成。

综上所述，人的对象性的活动是人的对象化和扬弃对象化的活动，是一种主体性和创造性的活动，源于人又超越人，依赖对象而又改造对象，是人的现实存在状态和历史发展过程的根据。所以，人与对象的感性对象性关系既不是一种静态的关系，也不是一种直接的或直线的关系，而是呈现为一种动态的活动的过程。纵观人类发展史，正是在人的对象性活动中，人的活动样式越来越多，不仅有围绕衣食住行而进行的物质生产及其相应的力量活动，而且有不以生存为直接目的的诸如文学、艺术、宗教等纯精神性活动。随之而来的当然是，人的活动能力的不断增强，人的活动产品的日趋丰富，

① 《马克思恩格斯文集》第1卷，人民出版社2009年版，第209页。

所有这些变化都意味着现实的人的生成、发展和完善。

（三）实践哲学范式的形成

在《1844 年经济学哲学手稿》和《神圣家族》中，马克思虽然通过对异化及其理论表现进行深入地分析批判，提出了异化劳动、劳动、实践、社会历史等具有重大哲学意义的范畴，一种新的哲学形态的轮廓已经形成。但是，由于受到费尔巴哈人本主义思想的影响，这些范畴间的关系以及这些范畴的关系与费尔巴哈等人所看重的诸如人、感性、类本质等范畴的关系，以至新的哲学与费尔巴哈等人的哲学关系，还未得到明确的厘定。针对青年黑格尔派只讲"震撼世界"的词句而反对现实的现存世界，针对以往的哲学家如费尔巴哈只是用不同的方式解释世界，马克思强调要理解"革命的""实践批判的"活动的意义。他指出："哲学家们只是用不同的方式解释世界，问题在于改变世界。"[①] 也正因为如此，"包含着新世界观的天才萌芽的第一个文件"的思想的整体性提出，特别是新世界观"改变世界"任务的提出，标志着新世界观与旧的"世界观"的根本断裂，具体的、历史的、现实的和作为社会物质发展基础的实践，也构成了马克思新世界观的逻辑起点。

以费尔巴哈、施特劳斯、鲍威尔、施蒂纳为代表的"现代德国革命哲学家们"，他们所理解的"世界"或者是具有自然的本原意义上的纯粹物质世界，或者是在精神本原上的纯粹意识世界，前者将"世界"看作与人无关的、没有任何生成的自然对象，后者理解的"世界"虽然有生成的特征，但其生成则是在精神的意识领域里实现的。前者如像从前的一切旧唯物主义那样"对对象、现实、感性，只是从客体的或者直观的形式去理解"[②]，而没有从感性的人的感性活动，没有从"实践"方面，没有从"主体"方面，没有从"历史"方面去理解"世界"；与这种理解相反，后者对"世界"的理解的精神

---

① 《马克思恩格斯选集》第 1 卷，人民出版社 1995 年版，第 57 页。
② 《马克思恩格斯选集》第 1 卷，人民出版社 1995 年版，第 54 页。

能动方面在唯心主义那里被抽象地发展了，而唯心主义是不知道现实的感性的活动本身的。从客体的或者直观的形式去理解的"世界"，只能是与人的活动无关的、纯粹静止的、没有生成的自然世界，这样的"世界"就构成本体论意义上的逻辑"本体"；从抽象的能动方面去理解"世界"，这样理解的"世界"只能是"精神""理念"的某种图式，这一图式或者体现为"知识论"的抽象原则，或者是人类历史过程背后的绝对逻辑。这表明基于以上理解方式所确立的"世界"本质上又是相同的，即在它们看来，这一世界观所建构的图景都是在意识内部完成的。

新世界观所理解的"世界"是在人的实践活动中，在历史的发展过程中所生成的世界，是现实的历史的实践活动中人与世界的相互生成，即人与环境的相互改变是同一过程。现实的世界本质上是实践的、物质的，只有用实践的物质的力量才能对它进行实际地改造。要解构抽象理性，彻底破除形而上学的魔咒，必须从实践出发理解理性的发生和本质。马克思强调："人的思维是否具有客观的［gegenständliche］真理性，这不是一个理论的问题，而是一个实践的问题。人应该在实践中证明自己思维的真理性，即自己思维的现实性和力量，自己思维的此岸性。关于离开实践的思维的现实性或非现实性的争论，是一个纯粹经院哲学的问题。"① 为了揭露包括费尔巴哈哲学思想在内的意识形态的虚幻性，承接《关于费尔巴哈的提纲》的实践规定，马克思从感性现实的人的物质实践出发来解释观念的东西，而不是从观念出发来解释人类实践及其历史。这也构成了贯穿《德意志意识形态》的最基本的实践唯物主义原则。

马克思和恩格斯批判了青年黑格尔派远离现实生活、醉心于抽象的哲学批判之思辨倾向，鲜明指出，"到目前为止的'批判'"，特别是青年黑格尔派运动，它是一种虚构的"解放"活动，青年黑格尔派的"哲学家没有一个想到要提出关于德国哲学和德国现实之间的联系问题，关于他们所作的批判和他们自身的物质环境之间的联系问题"。就是说，青年黑格尔派哲学家脱

---

① 《马克思恩格斯选集》第 1 卷，人民出版社 1995 年版，第 58—59 页。

离实际，不关心德国现实，仅仅在书斋里搞形而上学的抽象思辨，这种批判没有任何价值和意义。这样的哲学需要终结了："在思辨终止的地方，在现实生活面前，正是描述人们实践活动和实际发展过程的真正的实证科学开始的地方。……对现实的描述会使独立的哲学失去生存环境，能够取之的充其量不过是从对人类历史发展的考察中抽象出来的最一般的结果的概括。这些抽象本身离开了现实的历史就没有任何价值。"① 因此，"德国哲学从天国降到人间；和她完全相反，这里我们是从人间升到天国。这就是说……我们的出发点是实际活动的人。"我们的历史观的前提"是一些现实的个人，是他们的活动和他们的物质生活条件……这些前提可以用纯粹经验的方法来确认"②。就是说，马克思的理论视界，面向的是人的生活世界，他所注重的，是对现实的个人、现实个人的活动和他们的物质生活条件。正如马克思指出的："德国哲学在太空飞翔，而他只求深入全面地领悟在现实生活中遇到的日常事物。"③

将哲学的视野从"彼岸"拉回到"现实"，从"天上"拉回到"人间"，马克思是从人的存在与他的世界的现实关系中来看待宗教、国家、法以及市民社会的，其目的和宗旨是要揭示人的自我异化的根源，为人类自我解放指明道路，即把人的世界和人的关系还给自己。基于一切观念的东西都应当与现实世界接触并相互作用的思想，在《1844年经济学哲学手稿》中，马克思以实践为基础检验、扬弃了貌似"科学"和"人道"的"国民经济学"，检验、扬弃了黑格尔哲学和费尔巴哈哲学，指出"宗教、家庭、国家、法、道德、科学、艺术等等，都不过是生产的一些特殊的方式，并且受生产的普遍规律的支配"④。因此，"理论的对立本身的解决，只有通过实践方式，只有借助于人的实践力量，才是可能的；因此，这种对立的解决绝对不只是认识的任务，而是现实生活的任务，而哲学未能解决这个任务，正是因为哲学

---

① 《马克思恩格斯选集》第 1 卷，人民出版社 1995 年版，第 73—74 页。
② 《马克思恩格斯选集》第 1 卷，人民出版社 1995 年版，第 67 页。
③ 《马克思恩格斯全集》第 40 卷，人民出版社 1982 年版，第 651—652 页。
④ 《马克思恩格斯文集》第 1 卷，人民出版社 2009 年版，第 186 页。

把这仅仅看做理论的任务。"① 并充分论证了实践的本质和各种特性,并且显示出实践与唯物主义相结合的倾向。

到了《德意志意识形态》,实现这一结合,形成实践的唯物主义的哲学观就是势在必然了。马克思特别强调客观事物不依赖人的意识而存在,任何情况下,"外部自然界的优先地位仍然会保持着,而整个这一点当然不适用于原始的、通过自然发生的途径产生的人们。但是,这种区别只有在人被看作是某种与自然界不同的东西时才有意义"②。但是,马克思反对直观唯物主义的"见物不见人"和"人只对物直观"的观点,而以实践的观点看待外部世界,因而他在《德意志意识形态》中响亮地提出:实践"这种活动、这种连续不断的感性劳动和创造、这种生产,正是整个现存的感性世界的基础"③。这两种观点的结合,就形成了马克思的实践唯物主义哲学,关于这一新形态的哲学宗旨,马克思提出:"对实践的唯物主义者即共产主义者来说,全部问题都在于使现存世界革命化,实际地反对并改变现存的事物。"④ 建立在实践基础之上的实践唯物主义哲学,其根本目的在于"反对和改变事物的现状",从中显示的,是马克思最初形成的"哲学与现实相互作用"的逻辑框架的具体化。

这里讲的实践,不再是抽象的历史活动,而是特定历史条件下的历史主体的自我解放活动。这一活动一方面是由"历史的关系,是由工业状况、商业状况、农业状况、交往状况促成的"一种历史活动,也就是马克思所指的"物质活动"或"物质实践"⑤;另一方面是根据物质活动的不同发展阶段,"清除实体、主体、自我意识和纯粹批判等无稽之谈"。作为马克思的历史观的前提的物质生产,由于它是"整个现存的感性世界的基础",离开了它,"不仅在自然界将发生巨大的变化,而且整个人类世界以及他自己的直观能力,

---

① 《马克思恩格斯文集》第 1 卷,人民出版社 2009 年版,第 192 页。
② 《马克思恩格斯选集》第 1 卷,人民出版社 1995 年版,第 77 页。
③ 《马克思恩格斯选集》第 1 卷,人民出版社 1995 年版,第 77 页。
④ 《马克思恩格斯选集》第 1 卷,人民出版社 1995 年版,第 75 页。
⑤ 《马克思恩格斯选集》第 1 卷,人民出版社 1995 年版,第 74—75 页。

甚至他本身的存在也会很快就没有了"①。因此，这是作为个体和历史存在方式的实践的基本规定。基于这一认识，马克思认为青年黑格尔派运动所进行的"批判"，是一种虚构的"解放"活动。因此，他借用费尔巴哈的话语指出：对于无产阶级的"实践"来说，它只不过是通过革命使自己的"存在"同自己的"本质"协调一致。

　　通过实践，马克思找到了分析资本主义现代性的切入点。近代哲学从知识论的理性主义出发，用理性的尺度宣告了资本主义的永恒性和普遍性，构建了关于资本主义现代性的诸种神话模式。对于资本主义这一"事件"，马克思不是凭借着抽象的理论原则，而是从"感性的人的感性活动""历史的客观性""历史发展的有条件性"来理解的。马克思认为，工业生产力是人的实践能力历史发展的结果，人们的生产力的历史联系就构成了人们在历史中的联系，就形成了人类的历史，这个历史随着人们的生产力以及人们的交往实践的发展而愈益成为"世界历史"。同时，"每一个单个人的解放的程度是与历史完全转变为世界历史的程度一致的"②，现代社会必然要打破封闭的区域和民族界限，挖掉工业的民族基础，使历史从"民族历史"转变为"世界历史"。因此，社会现代性的基础，不是抽象的人和抽象的理性，而是实践的力量，是生产力和交往关系的矛盾运动，不是从抽象观念、范畴出发，而是从现实的历史出发。这是历史唯物主义和历史唯心主义之间两种现代性理论对立的哲学基础。马克思从实践历史出发，得出从传统封建社会向资本主义现代性转变完全是一个历史的必然过程的结论；但同时，这一社会绝不是人类社会发展的顶端；相反，资本主义的"历史将会带来这种共产主义行动"③。

---

① 《马克思恩格斯选集》第 1 卷，人民出版社 1995 年版，第 77 页。
② 《马克思恩格斯选集》第 1 卷，人民出版社 1995 年版，第 89 页。
③ 《马克思恩格斯文集》第 1 卷，人民出版社 2009 年版，第 232 页。

第三章
对市民社会的政治经济学批判

    从思辨太空回到现实大地，是马克思理论批判的基本路径。这也是马克思区别过去思想家的显著标识。只有立足现实，才能真切把握传统社会向现代社会的转型，并由此对现代社会进行透辟解剖，而"这个市民社会是全部历史的真正发源地和舞台"①。马克思对市民社会的研究，是他建构历史唯物主义的思想起点，遵循的是政治经济学的理论逻辑。马克思认为，市民社会绝不能仅看作一种单纯的"伦理性实体"抽象概念，而是具有历史内涵的概念。当马克思强调18世纪同资产阶级社会一起发展起来的近代市民社会时，实际上就是表明将资产阶级社会界定为市民社会。② 基于这一判断，市民社会建立在市场经济为基础之上，是资产阶级占主导地位的社会，是资产阶级法权占统治地位的社会，同以农村居民为主体，以自然经济为基础、以封建专制占统治地位的农业社会相比，市民社会是一种新的、更高类型的社会形态。正是在这一意义上，马克思从"现代的历史是乡村城市化"的角度充分肯定了市民社会的必然性和进步性。

    将市民社会研究置于现实的土壤之上，马克思对市民社会作了这样的定义："在过去一切历史阶段受生产力影响同时又制约生产力的交往形式，就是市民社会。""市民社会这一名称始终标志着直接从生产和交往中发展起来的社会组织，这种社会组织在一切时代都构成国家的基础以及任何其他观念

---

① 《马克思恩格斯选集》第1卷，人民出版社1995年版，第88页。

② 参见欧阳英：《马克思政治哲学思想探析》，中国社会科学出版社2018年版，第81页。

的上层建筑的基础"①。正是通过对市民社会的研究，马克思找到了整个历史的基础。马克思、恩格斯说："这种历史观就在于：从直接生活的物质生产出发阐述现实的生产过程，把同这种生产方式相联系的、它所产生的交往形式即各个不同阶段上的市民社会理解为整个历史的基础，从市民社会作为国家的活动描述市民社会，同时从市民社会出发阐明意识的所有各种不同理论的产物和形式，如宗教、哲学、道德等等，而且追溯他们产生的过程。"② 后来，在《〈政治经济学批判〉序言》中，马克思在对黑格尔法哲学的批判性分析基础上，对市民社会作了总结性的规定："我的研究得出这样一个结果：法的关系正像国家的形式一样，既不能从它们本身来理解，也不能从所谓人类精神的一般发展来理解，相反，他们根源于物质的生活关系，这种物质的生活关系的总和，黑格尔按照 18 世纪的英国人和法国人的先例，概括为'市民社会'，而对市民社会的解剖应该到政治经济学中去寻求。"③ 在此，马克思清楚地勾勒出其思想发展的主要线索：由黑格尔法哲学研究转向市民社会研究（以政治经济学批判为路径），达到唯物史观。市民社会是"物质的生活关系总和"，是马克思在历史唯物主义视域中得出的基本结论。正如马克思所言，我所得到的，"充其量不过是对人类历史发展的考察中抽象出来的最一般的结果的概括"④。

第一节　黑格尔市民社会理论及其批判

青年黑格尔派的出现，是因为黑格尔哲学体系的封闭性导致它无法面向现实和未来，如果要让哲学指明通向现实和未来的道路，那就要将客观意志

---

① ［苏］大卫·梁赞诺夫主编：《梁赞诺夫版〈德意志意识形态·费尔巴哈〉》，夏凡译，南京大学出版社 2008 年版，第 51 页。

② 《马克思恩格斯选集》第 1 卷，人民出版社 1995 年版，第 92 页。

③ 《马克思恩格斯选集》第 2 卷，人民出版社 1995 年版，第 32 页。

④ 《马克思恩格斯选集》第 2 卷，人民出版社 1995 年版，第 73—74 页。

主观化，变成积极主动的意志。这是青年黑格尔派的理论取向和思想路径。因此，青年黑格尔派在黑格尔哲学内部进行颠覆活动，求助的不是本质而是存在。与这种纯粹精神活动不同，马克思强调的是社会历史活动的前提性。在他看来，物质生产活动和生产关系是一切精神活动和社会意识的基础。马克思认为，市民社会的内容就是人们的经济活动，"包括各个个人在生产力发展的一定阶段上的一切物质交往"和"该阶段上的整个商业生活和工业生活"①。市民社会最根本的特点在于：它处于国家与个人之间，一方面，它是保护工业和商业活动及个人利益的私人机构，有别于国家的组织；另一方面它又不能取代国家，而只能成为社会的一部分。这表明，市民社会的形式是社会的一种特殊结构，并且是对社会的性质和人们的活动方式起着决定性作用的社会组织结构，这种特殊的社会组织结构是伴随着资本主义的发展而产生的，所以，马克思称之为"资产阶级社会"。②

一、黑格尔的市民社会理论

黑格尔的市民社会理论直接来源于苏格兰的启蒙思想家，"这门科学使思想感到荣幸，因为它替一大堆的偶然性找到了规律"③。"在亚当·斯密和大卫·李嘉图那里，形成了这样一种政治经济学，它把市民社会理解为一个由匿名的规则性所支配的商品交换和社会劳动的领域。"④ 这些思想家不仅开启了英国古典经济学派，也萌芽出现代社会的思想。黑格尔对资本主义社会态度的转变是同他研究英国政治经济学直接关联的。正是通过对政治经济学的深入研究，黑格尔才真正认识到现代社会的进步意义，真切体会到主体性原则所具有的价值，并由此把握了现代社会的矛盾，把握了现代社会是商品

---

① 《马克思恩格斯全集》第 3 卷，人民出版社 1960 年版，第 41 页。

② 《马克思恩格斯全集》第 3 卷，人民出版社 1960 年版，第 41 页。

③ ［德］黑格尔：《法哲学原理》，范扬、张企泰译，商务印书馆 1982 年版，第 205 页。

④ ［德］哈贝马斯：《在事实与规则之间：关于法律和民主法治国的商谈理论》，童世骏译，三联书店 2003 年版，第 56 页。

经济社会的实质，并以分工、劳动和私有财产等范畴深入市民社会的内部，而不是停留在基于社会契约论的社会表层的理论建构。这集中体现在黑格尔对市民社会与伦理国家关系的思考中。

"市民社会"是欧洲特有的文化传统和历史条件下的产物，在不同的历史时期和生产条件下，市民社会可能表现为不同的形态。① 市民社会最早含义可追溯到古希腊的亚里士多德，它指的是"城邦"（polis）："我们见到每一个城邦（城市）各是某一种类的社会团体，一切社会团体的建立，其目的总是为了完成某些善业，——所有人类的每一种作为，在他们看来，其本意总是在求取某一善果。既然一切社会团体都以善业为目的，那么我们可以说社会团体的最高而包含最广的：这种至高而广涵的社会团体就是所谓'城邦'，即政治社团（城市社团）"②。这里的城邦，更代表一种政治生活和政治概念，政治生活构成城邦的主要内容。

经西塞罗于公元 1 世纪将其转译为拉丁文，市民社会不仅指"单一的国家，而且也指业已出现的城市的文明政治共同体的生活状况。这些共同体有自己的法典（民法），有一定程度的礼仪与都市特性，（野蛮人与前城市文化不属于'sociatas civils'），城市市民合作并依据民法生活并受其调整，以及城市生活和商业艺术当代优雅情致"③。这一翻译奠定了拉丁文中对市民社会的理解。这种含义的"市民社会"后为 14 世纪的欧洲人广为采纳，并将之译为我们今日通用的英文"civil society"。真正广泛开始使用"市民社会"一词是英法启蒙思想家，市民社会理论成为他们反对专制王权和封建特权的有力武器，他们诉诸"市民社会"旨在争取个人的政治权利和自由，其含义是指与自然状态相对的政治社会或国家，而不是指与国家相对的实体社会。在他们那里，市民社会与政治国家是同义词，与此相对应的则是自然状态，

---

① 王代月：《回归历史：给予马克思市民社会批判视角》，中国社会科学出版社 2016 年版，第 26 页。

② ［古希腊］亚里士多德：《政治学》，吴寿彭译，商务印书馆 1965 年版，第 3 页。

③ ［英］米勒：《布莱克威尔政治学百科全书》，邓正来主编，中国政法大学出版社 1992 年版，第 125—126 页。

这是一种无政府状态，这种状态必然要过渡到市民社会。

在黑格尔以前，有一点是共同的，那就是把"市民社会"与"国家"视为同一东西。古希腊的亚里士多德虽然提出过国家是社会的最高组织，国家的目的在于使人类过上最优美的生活，但是他没有对国家与社会作出明确的区分。市民社会概念与政治社会、公民社会、文明社会等是同义词。在他们的理论中，"市民社会的一般等级和政治意义上的等级是同一的，因为市民社会就是政治社会，因为市民社会的有机原则就是国家的原则"①。在 14 世纪，欧洲人开始采用"市民社会"一词，但在市民社会和政治社会合而为一的背景没有改变的情况下，其含义依旧与文明社会等同。17 世纪至 18 世纪，在反对专制王权的斗争中，一些契约思想家，如格劳秀斯、斯宾诺莎、洛克、卢梭、孟德斯鸠等，再度拾起市民社会的概念。他们一般都将社会与市民社会作同义词使用，而且这个社会一般是指社会的政治活动即政治社会，虽然他们已经在理念上把国家与社会分离了，认为社会先于国家，社会高于国家，但是从概念上、理论上把二者区分开来，则是由黑格尔完成的。当下学术界所关注的"市民社会"问题"并不是那个使用了数个世纪的、与'政治社会'具有相同含义的古老概念，而是体现在黑格尔哲学之中的一个比较性概念。此一意义上的市民社会与国家相对，并部分独立于国家。它包括了那些不能与国家相混淆或者不能为国家所淹没的社会生活领域"②。

黑格尔依照 17、18 世纪英国人和法国人的先例，沿用了市民社会一词并赋予它以新的含义："市民社会，这是各个成员作为独立的单个人的联合，因而也是形式上普遍性的联合，这种联合是通过成员的需要，通过保障人身和财产的法律制度，和通过维护他们特殊利益和公共利益的外部秩序而建立起来的。"③可见，黑格尔将关注的重心转向了经济活动，转向关注特殊利益的非政治化私人领域，把握了现代社会是商品经济社会的实质，并以分

---

① 《马克思恩格斯全集》第 1 卷，人民出版社 1956 年版，第 334 页。
② [加拿大] 查尔斯·泰勒：《现代市民社会的模式》，载邓正来主编：《国家与市民社会》，中央编译出版社 2002 年版，第 3 页。
③ [德] 黑格尔：《法哲学原理》，范扬、张企泰译，商务印书馆 1961 年版，第 174 页。

工、劳动和私有财产等范畴深入市民社会内部，高度评价了研究市民社会的政治经济学，指出"这是在现代世界基础上所产生的若干门科学的一门"①。不过，黑格尔对市民社会并不是纯粹从经济方面加以界定的。正如泰勒所指出的，黑格尔在他的市民社会概念里，不仅受到洛克学派的影响，也受到孟德斯鸠学派的影响，以至于他的市民社会观念中融入了那些能自觉进行自我管理并按自己的方式整合进国家的实体，即"同业公会或社团法人"（the Corporations）。

黑格尔反对传统哲学的政治国家与市民社会的等同公式，特别是对社会契约论者把国家与市民社会混为一谈提出了批评。他说："如果把国家同市民社会混淆起来，而把它的使命规定为保证和保护所有权和个人自由，那么单个人本身的利益就成为这些人结合的最后目的。由此产生的结果是，成为国家成员是任意的事。"这表明，黑格尔已认识到市民社会与政治国家相等同所带来的问题。为了不至于重蹈以往国家等同于市民社会的覆辙，黑格尔把"市民社会"又叫作"外部的国家，即需要和理智的国家"②，以别于他所说的真正意义上的国家或政治国家。这里所谓的"需要"即指人们的物质生活、物质利益的需要，它是市民社会中众多个体彼此相互联系的纽带。黑格尔这样论述道：市民社会"是在现代世界中形成的"，是以各自独立而又彼此相互依赖的"原子式"的个人为单位所组成的联合体，是"各个成员作为独立的单个人的联合"③。它通过相互依赖的生产劳动取得财富，来满足其物质生活和精神生活的需要，并以"司法"维护所有权，通过"警察和同业公会"预防社会危险和保护个人的生命财产。

黑格尔认为市民社会有两个主要原则。其一，"作为特殊个体"，市民社会的成员本身都是互相独立的，"在市民社会中，每个人都以自身为目的，其他一切在他看来都是虚无"④。这个原则也是近代国家的原则，近代国家的

① ［德］黑格尔：《法哲学原理》，范扬、张企泰译，商务印书馆1961年版，第204页。
② ［德］黑格尔：《法哲学原理》，范扬、张企泰译，商务印书馆1961年版，第198页。
③ ［德］黑格尔：《法哲学原理》，范扬、张企泰译，商务印书馆1961年版，第174页。
④ ［德］黑格尔：《法哲学原理》，范扬、张企泰译，商务印书馆1961年版，第197页。

方方面面都体现了这个原则。黑格尔将私有财产等同于特殊性，认为它与代表共同体的爱相对立。"随着伦常和生活方式的改变，各人都更多地从私人的事情，应付自己的急需了"①。这种特殊性表现为：在市民社会中，每个人都以自己为目的，其他一切在他看来都是虚无。……市民社会取代家庭共同体，是独立个体追求物质利益的王国。② 这一点，现代社会与古代国家特点迥异。在古代国家，主观目的同国家的意志是完全一致，特殊性还没有解除普遍性的束缚而获得自由。在柏拉图的理想国中，主观的自由还没有被承认，柏拉图将这个原则毫不犹豫地从实体性的国家中清除出去，而在亚洲君主的统治下，个人在自身中"没有内心生活也没有权能"。

其二，"作为普遍的形式"。由于市民社会的成员的相关性，个体以自身为目的，其他人作为"中介"，用以达到自己的目的和满足其需要。市民社会是由无数点状特殊利益在复杂的经济关系中构成的体系，在这个体系中每个成员既是各自独立，又是相互依赖的，"我既从别人那里取得满足的手段，我就得接受别人的意见，而同时我也不得不生产满足别人的手段"③。黑格尔指出："特殊的人在本质上是同另一些这种特殊性相关的，所以每个特殊的人都是通过他人的直接，同时也无条件地通过普遍性的形式的中介，而肯定自己并得到满足。这一普遍性的形式是市民社会的另一原则。"④ 正是这两个原则，"使一切癖性、一切秉赋、一切有关出生和幸运的偶然性都自由的活跃着"。在此基础上，"市民社会是个人私利的战场，是一切人反对一切人的战场，同样，市民社会也是私人利益跟特殊公共事务冲突的舞台，并且是它们二者跟国家最高观点和制度冲突的舞台"。⑤

可以说，市民社会是黑格尔"伦理观念"发展链条中的重要一环。在黑格尔哲学体系中，理性、普遍性、绝对观念是第一性的，由它产生和决定个

---

① 《黑格尔政治著作选》，薛华译，商务印书馆 1981 年版，第 75 页。

② ［德］黑格尔：《法哲学原理》，范扬、张企泰译，商务印书馆 1961 年版，第 197 页。

③ ［德］黑格尔：《法哲学原理》，范扬、张企泰译，商务印书馆 1961 年版，第 207 页。

④ ［德］黑格尔：《法哲学原理》，范扬、张企泰译，商务印书馆 1961 年版，第 207 页。

⑤ ［德］黑格尔：《法哲学原理》，范扬、张企泰译，商务印书馆 1961 年版，第 309 页。

别、特殊和现实世界，现实世界是从属于绝对理念的。由此出发，黑格尔把家庭、市民社会和国家看作伦理发展的三个阶段，是一个由个别、特殊与普遍所构成的正、反、合的过程。黑格尔认为，家庭是"直接的或自然的伦理精神"，其原则是"爱"。在这个以婚姻、家庭财产及子女教育为基础的共同体中，个人从属于家庭，分享着生命、生活的快乐，但它的缺陷是压抑、淹没了个人的特性，因而必然被较高的阶段——市民社会所取代。

市民社会是家庭的反面，但反面也具有相通性。市民社会可以用"利己"的原则去弥补"爱"之不足，使个人的目的、任性得到充分的展示与发挥。但是，市民社会在克服"爱"之缺陷的同时，又走向了以自我为中心、只顾追求自己的欲望满足，仅着眼于私人权益的极端，这就远远偏离了伦理生活的理想和真正意义。结果，伦理观念似乎丧失了，而个人与社会的矛盾突出了，随着这个"特殊性领域"弊端的日益暴露，也就决定了它必然要被更高的发展阶段——体现普遍性与特殊性相统一的国家所取代："国家是伦理理念的现实"①，它代表着最兴盛、最完满和壮观的伦理生活，它把家庭和市民社会涵摄其中，同时又超越并提升了家庭和市民社会。黑格尔对市民社会与国家所作的区分和分析，萨拜因给予了高度的评价："在政治思想史、社会思想史上，黑格尔第一次把国家与市民社会作出明确区分，正是这一区分，黑格尔给了近代社会政治理论以一个全新的转折。"② 黑格尔正是将市民社会从政治国家中剥离出来，从学理上完成了市民社会与政治国家由重合到分野的历史过程。这一思想对马克思唯物史观的形成产生了重要的积极影响。

在如何看待伦理观念所经历的三个发展阶段（即家庭—市民社会—国家）的关系问题上，黑格尔认为，家庭、市民社会先于国家，国家是前两者的综合。绝对观念、理性等是和普遍性、整体性等紧密联系在一起的，所以国家是普遍利益的代表。国家这一理念是前两者的真实基础，家庭和市民社会仅是达到国家的中介，是被扬弃了的有限领域和私人利益体系。因而，市

---

① ［德］黑格尔：《法哲学原理》，范扬、张企泰译，商务印书馆 1961 年版，第 173 页。

② ［美］乔治·霍兰·萨拜因：《政治学说史》（下），盛葵阳等译，商务印书馆 1986 年版，第 718 页。

民社会只能依属于国家，成为"国家"概念发展的一个必然环节和历史前提，不仅如此，克服这种分离的力量恰恰就在市民社会自身之中。通过教育、司法、警察和同业公会等环节的发展，伦理性的东西作为内在的东西就回到了市民社会中，市民社会的领域也就过渡到了国家。在国家中，伦理实体的自由——通过失而复得——达到了它的最高、最后的实现形式。此外，由于普遍性是特殊性的条件，所以，代表特殊性领域的市民社会必须以代表普遍性领域的国家为存在条件。这样一来，"国家高于社会、决定社会"，这既是黑格尔研究市民社会与政治国家相互关系后得出的最终结论，同时也是其家庭（正）、市民社会（反）、国家（合）的逻辑发展的必然结果。可见，黑格尔的国家观主要是从伦理、法律、逻辑的角度来说明问题的，而不是从社会、经济、历史的视角出发解释真实的国家，这样难免用主观臆想的联系（在黑格尔这里以客观理念的形式出现）来代替客观真实的历史联系。

黑格尔的市民社会理论具有自身的弱点还在于，黑格尔在把市民社会与政治国家进行了二元区分的同时，仍将司法制度和警察组织等属于政治国家的机构也纳入市民社会的范围，明显地暴露出他在分离市民社会与政治国家过程中的不彻底性，黑格尔把政治国家凌驾于市民社会之上，将政治国家视为决定市民社会的东西，这种"倒因为果，把决定性的因素变为被决定的因素，把被决定的因素变为决定性的因素"的观点，使他无法越出历史唯心论；再者，黑格尔高扬政治国家、贬抑市民社会，在他那里，政治国家与市民社会似乎体现了"善"与"恶"的两极，前者是体现善，后者则被贬为"个人私利的战场"，它"依靠从国家得到睿智的领导和道德的旨意"①，并声称"国家是神的意志""神自身在地上的行进，这就是国家"②，号召"人们必须崇敬国家，把它看作地上的神物"③，从中折射出一种国家权威无上、国家至上主义的思想倾向。

---

① [美]乔治·霍兰·萨拜因：《政治学说史》（下），盛葵阳等译，商务印书馆1986年版，第729页。
② [德]黑格尔：《法哲学原理》，范扬、张企泰译，商务印书馆1961年版，第259页。
③ [德]黑格尔：《法哲学原理》，范扬、张企泰译，商务印书馆1961年版，第285页。

　　作为黑格尔哲学的一个重要组成部分，市民社会学说的历史地位是不容忽视的。黑格尔首次在近代将市民社会从政治国家中独立出来，辩证地把市民社会和政治国家分别归结为"特殊性"和"普遍性"两个不同的矛盾范畴，进而论述了两者的关系。黑格尔对市民社会问题的批判，在市民社会理论传统中具有重要意义。亚当·塞利格曼认为，黑格尔是市民社会理论发展史的重要"路标"。黑格尔点明了市民社会的矛盾性，在黑格尔之后，市民社会原先固有的充满道德感和自然同情心的"天真人类学"禀性荡然无存。[1]"黑格尔哲学的历史继承物并没有被那些'黑格尔派哲学家'（既不是左派也不是右派）所承袭……黑格尔哲学的批判倾向被马克思的社会理论所采纳并继承发展下去。"[2]

　　对于黑格尔这一重要理论贡献，马克思作出高度评价："德国的法哲学和国家哲学是唯一与正式的与当代现实保持在同等水平上的德国历史"，而"德国的国家哲学和法哲学在黑格尔的著作中得到了最系统、最丰富和最终的表述"。[3] 马克思认为，黑格尔正确地指出了资本主义发展阶段国家的特点："黑格尔把市民社会和政治社会的分离看做一种矛盾，这是他较深刻的地方"[4]。黑格尔对市民社会性质与特征的分析把握以及他对社会历史的解释，"向我们暗中指出了唯物主义的历史观"[5]，从而为马克思对市民社会的研究奠定了一定的理论基础，黑格尔"国家的唯心主义的完成同时也是市民社会的唯物主义的完成"[6]。可以说，马克思的整个历史唯物主义理论体系的建立首先就是从批判改造黑格尔的市民社会和政治国家的相互关系开始的，黑格尔的"历史观是新的唯物主义观点的直接的理论前提"[7]。

[1]　Adan Seligman，*The Idea of Civil Society*，New York，Free Press，1992，p.59.
[2]　[美] 马尔库塞：《理性和革命：黑格尔和社会理论的兴起》，程志民译，重庆出版社1993年版，第230页。
[3]　《马克思恩格斯选集》第1卷，人民出版社1995年版，第8页。
[4]　《马克思恩格斯全集》第1卷，人民出版社1956年版，第338页。
[5]　《普列汉诺夫选集》第1卷，商务印书馆1959年版，第482页。
[6]　《马克思恩格斯全集》第1卷，人民出版社1956年版，第442页。
[7]　《马克思恩格斯选集》第2卷，人民出版社1995年版，第42页。

二、对黑格尔市民社会理论的批判

从黑格尔的问题出发，马克思以政治国家和市民社会的关系为关注点，通过批判黑格尔理性国家观，否定了理性国家对市民社会的本质超越性，在对市民社会的政治经济学解剖中奠定了历史唯物主义基础，打开了对市民社会的批判视野，由此开始了他的"市民社会解剖"史。

马克思认为，对黑格尔哲学进行批判，就是要改变这种思辨的法哲学的"现实仍然是彼岸世界"的状况，把德国莱茵河彼岸的现代各国的"正式水准"，"提高到这些国家最近的将来要达到的人的高度的革命"①。在此基础上，马克思得出这一结论：法的关系和政治制度不能通过自身或在所谓的一般人类理智的发展的基础上得到理解，而是相反，它们只能在物质生活实践中找到根源，黑格尔和 18 世纪英国和法国思想家称之为市民社会的问题，也只能在经济中得到解释。恩格斯在《卡尔·马克思》一文中，论及市民社会是理解人类历史的钥匙："关于市民社会的科学，也就是政治经济学，而当时要切实研究这门科学，在德国是不可能的，只有在英国或法国才有可能。"② 这一论述也为我们理解市民社会确定了前提：对市民社会的理解，不能只在思辨的理性王国兜圈子，务必从政治经济学的视角来透视。因此，马克思开始了批判的第二个阶段——经济学批判阶段，这一阶段是第一阶段的深入和发展——正是在经济学批判阶段，马克思创立了历史唯物主义，并运用这一崭新的理论武器，对资产阶级意识形态展开批判。

马克思的政治批判始于对德国当时的现状（以封建主义为主的政治社会）的批判。1843 年夏天以前，作为青年黑格尔派的一员，马克思仍然是黑格尔哲学的信奉者。马克思和其他青年黑格尔派的人物一样，希望在德国的思辨哲学和以法国为代表的启蒙精神之间建立明确的联系，以获得批判德国专制主义的思想理论基础。在《莱茵报》时期，马克思虽然发现了"原则"同

---

① 《马克思恩格斯选集》第 1 卷，人民出版社 1995 年版，第 9 页。
② 《马克思恩格斯全集》第 16 卷，人民出版社 1964 年版，第 409 页。

第三章 对市民社会的政治经济学批判

利益的冲突，但仍然在理性的法和理性国家的基础上批判"私人利益"的非法，批判林木盗窃法是"下流的唯物主义"，是"违反各族人民和人类的神圣精神的罪恶"，批判的立场还是启蒙的"理性"和"人性"的原则。但是，此时的马克思已经面临着"物质问题的苦恼"，与他过去一向崇奉的普遍理性、国家利益和私人利益、民众困苦生活之间形成巨大反差。既然理性和人道的原则面临"物质利益"已经摇摇欲坠了，那么是以理性的"应当"来批判"现实"的利益关系，还是从现实的、具体的物质利益关系来阐释理性的原则呢？具体到马克思遇到的问题，是现实的物质利益关系决定了法和国家，还是理性的法和理性的国家是现实物质利益关系的原则和本质？马克思由此重新检视自己的基本立场。从专制的德国走向现代社会不再是马克思的思想诉求，而如何揭示现代社会解放的实质和内在限度，从现代社会本身的困境中获得解放，构成马克思现代性批判的新的视域。

马克思的思想开始了从理性和精神领域向现实的物质利益的过渡，一种类似于费尔巴哈把宗教世界归结为世俗基础的思想转换：就社会而言，这就是把国家对市民社会的主导变成对市民社会的服从；就人而言，这就是把黑格尔的"无人身的理性"重新安置于感性活动之中。在《莱茵报》期间，马克思看到，莱茵省议会的立法过程不是像黑格尔所说的，国家、法律都应受到理性规律的支配。在整个立法过程中，是土地所有者、森林所有者的利益占了上风。立法者根本不是从理性出发去立法，而是从地主、资本家的利益出发去立法。这一矛盾的发生，对青年马克思的冲击是巨大的，也是根本性的。然而，要摆脱当时占统治地位的黑格尔哲学这股巨大的精神力量谈何容易，特别是当它已成为支配他思想的基本信念时，要与之决裂，就更加困难了。对此，马克思说："至于掌握着我们的意识、支配着我们的信仰的那种思想（理性把我们的良心牢附在它的身上），则是一种不撕裂自己的心就不能从其中摆脱出来的枷锁。"① 很显然，《莱茵报》时期的马克思还没有找到打开黑格尔哲学枷锁的钥匙。1843 年 3 月，《莱茵报》被查封，马克思"从

---

① 《马克思恩格斯全集》第 1 卷，人民出版社 1956 年版，第 134 页。

社会舞台退回书房"。这样，原有的黑格尔哲学立场已不敷用，他急需弄清的是国家的本质与社会的关系问题。这一"书房"劳作的结果，就是《黑格尔法哲学批判》这一手稿和发表在《德法年鉴》上的文章。

《黑格尔法哲学批判》是马克思批判黑格尔哲学的第一部著作，是马克思离开黑格尔唯心主义，实现哲学世界观第一次转变的开始。青年马克思走上批判黑格尔哲学的道路，如奥古斯特·科尔纽所说的："到1848年为止，马克思和恩格斯的思想发展……是由他们评说的、摆在他们面前的政治和社会问题决定的。"[①] 通过《黑格尔法哲学批判》，马克思阐明了这一基本立场，市民社会是政治国家的基础，现代社会的解放只是抽象意义上的政治解放，理性国家和理性的法并不构成对市民社会内部对立和冲突的克服，而是确立了市民社会的利己主义和个人主义原则。因此，黑格尔试图以理性的国家来克服这种分裂，以君主立宪制来构思市民社会和国家之间的同一，这是一种虚构。

在《黑格尔法哲学批判》中，马克思从市民社会出发来探究国家及其起源，并提出"政治国家没有家庭的天然基础和市民社会的人为基础就不可能存在。它们是国家的必要条件"。[②] 马克思认为，黑格尔为法国大革命兴奋是对的。这是因为法国已是一个发展的市民社会。而德国却还是市民生活和政治生活重合的封建社会。由于法国市民社会的发展，因而"法国贵族和法国僧侣的普遍消极意义决定了和他们最接近却又截然对立的阶级即资产阶级的普遍积极意义"[③]。而德国资产阶级还带着一条庸人的辫子，他们"还不敢按自己的观念来表述解放思想"。工业以至于整个经济界和政治界的关系是现代主要问题之一，但德国资产阶级发生兴趣不是对工业本身的关心，而是关心保护关税制、贸易限制制度等。但是，"德国无产阶级是随着刚刚着手为自己开辟道路的工业的发展而形成起来的"[④]。因而，工业生活的充分发

---

① 《马克思哲学思想研究译文集》，人民出版社1983年版，第249页。
② 《马克思恩格斯全集》第1卷，人民出版社1956年版，第252页。
③ 《马克思恩格斯全集》第1卷，人民出版社1956年版，第464页。
④ 《马克思恩格斯全集》第1卷，人民出版社1956年版，第464页。

展，出现了成熟的市民社会。市民社会工业生活发展形成了资产阶级。在资产阶级形成的同时，也诞生宣告现存制度解体的无产阶级。无产阶级是"非市民社会阶级的市民社会阶级"。他说，市民阶级的革命的胜利仅仅是完成了"政治解放"，它还完不成彻底的"人类解放"，只有无产阶级才是人类解放的实际承担者。这些都标志着，马克思已开始触及资本主义社会的意识形态问题。

马克思通过对黑格尔绝对理性国家的批判，肯定了市民社会是政治国家的基础。"理性"——不管是"想象的理性""形式的理性"，还是作为绝对理性的国家和法——都不再被看作现代社会的本质规定和克服现代性的基本出路。相反，现代的理性国家和理性精神建立在现代市民社会的基础之上。以此为出发点，马克思将政治上层建筑、意识形态的批判奠定在对社会历史的现实分析之上，从而获得了批判思辨哲学的基础。马克思指出，德国的自我意识哲学只不过是法国政治平等的哲学表达，而政治的平等自由不过是资本主义自由经济的政治表达。同样，既然市民社会是现代政治国家、精神原则的基础，就应该深入对市民社会的物质关系的批判。

从 1845 年开始，马克思就在自己所建立的历史唯物主义的基础上，对资本主义的政治社会进行科学的批判。这集中体现在四个方面。第一，马克思揭露了资产阶级国家的社会性质，指出资产阶级国家是资产者用于保护自己财产关系、剥削劳动人民的工具。他说，现代资本主义国家，只不过是"资产者为了在国内外相互保障各自的财产和利益所必然要采取的一种组织形式"，"一切共同的规章都是以国家为中介的，都获得了政治形式。由此便产生了一种错觉，好像法律是以意志为基础的，而且是以脱离其现实基础的意志即自由意志为基础的"。① 第二，马克思对资产阶级国家的政治社会制度及其意识形态所产生的经济根源进行了揭露和批判。结合自己在哲学和经济学领域的批判所获得的成果，马克思指出，资产阶级的政治统治来自被经济学家宣布为必然规律和永恒规律的现代生产关系。第三，马克思对资产阶

---

① 《马克思恩格斯选集》第 1 卷，人民出版社 1995 年版，第 132 页。

级国家形式进行了分析。在他看来，资产阶级社会政治制度虽然相对于历史上的封建主义政治制度来说，是一种历史的进步，但它所宣扬的民主和共和却只是一种伪善的、奴役人民的政治工具。所谓共和、自由、平等和博爱都只不过是资产阶级的政治面纱，其实质就是资本对劳动的剥削。第四，在结合经济学批判的基础上，马克思对以法国启蒙政治思想为代表的资产阶级法律意识进行了深入的批判。他指出，资产阶级法学家最普遍的理论错误就在于：不是把法律看作物质生产关系的产物，而是相反，把生产关系看作法律的产物。

马克思揭露了法国启蒙政治思想的资产阶级意识形态本性，但并不是持完全否定的态度，而是公正地肯定了他们的主观动机和意图，因为他们的确想努力地做社会全体利益的代言人，的确想积极地为真理而奋斗，但从客观的理论结果来看，他们自觉不自觉地充当了资产阶级的"辩护士"，只是资产阶级特殊利益的代表，只是追求着资产阶级的"真理"。马克思在写于1859年的著名的《〈政治经济学批判〉序言》中说："1842—1843年间，我作为《莱茵报》的编辑，第一次遇到要对所谓物质利益发表意见的难事。……为了解决使我苦恼的疑问，我写的第一部著作是对黑格尔法哲学的批判性的分析，这部著作的导言曾发表在1844年巴黎出版的《德法年鉴》上。"[①] 在这段话中，"苦恼的疑问"实际上就是市民社会与国家的关系问题。马克思市民社会决定国家的理论，是在《黑格尔法哲学批判》中得出的。

"苦恼的疑问"是马克思探索国家与市民社会真实关系的开端。在对黑格尔法哲学进行批判之前，马克思还只是依据黑格尔的发展学说，认识到普鲁士王国并非绝对理性的体现，而是有待于发展和完善的。在《莱茵报》工作期间，他逐步看清黑格尔哲学的唯心主义体系与现实之间的深刻矛盾，看到经济利益、等级地位在现实生活中的作用，并从这里出发转向了历史唯物主义。这期间，在关于书报检查制度的辩论中，马克思分析了莱茵省议会诸侯等级、贵族等级、城市等级和农民等级的代表对待出版自由的不同态

---

① 《马克思恩格斯选集》第2卷，人民出版社1995年版，第31—32页。

度，对妨碍人民言论和出版自由的专制国家制度的反对本质进行了无情的批判。这说明马克思已经意识到人们在思想观点、政治态度上的对立是同等级地位的对立分不开的。在就林木盗伐案和摩泽尔河地区农民生活状况同官方进行辩论的过程中，马克思进一步把等级地位的对立与不同的社会集团和阶级在物质利益上的对立联系起来，说明他已经开始用物质利益关系解释社会生活。

这是一个重大的转折。用马克思自己的话来说，这是从市民社会本身解释社会历史，而这正是他整个历史唯物主义基本原则的最初确立。在《黑格尔法哲学批判》中，马克思利用费尔巴哈把被思辨哲学颠倒的主客体关系重新颠倒过来的方法，对黑格尔理性国家观的哲学理论前提即理念决定现实进行了批判。马克思明确这样论述道："黑格尔在任何地方都把理念当做主体，而把真正的现实的主体，……变成了谓语。而事实上发展却总是在谓语方面完成的。"① 在黑格尔看来，理念、绝对精神是世界的本原，是历史发展的动力，绝对精神正是由于自身发展才产生出自然界和人类社会。马克思认为这是黑格尔思想进程的"根本缺陷"。实际上，观念、理念并不是主体，它们是思维的产物，是现实的、真正的主体的属性、谓语、宾词，它们的产生和发展都依赖于现实的主体，而不是相反。正是在对黑格尔唯心主义的批判中，马克思确立起了其理论的唯物主义世界观前提，肯定存在决定思维，而不是思维决定存在，将黑格尔颠倒了的思维与存在的关系重新颠倒过来。马克思说："实际上，家庭和市民社会是国家的前提，它们才是真正的活动者；而思辨的思维却把这一切头足倒置。"即是说，"家庭和市民社会本身把自己变成国家，它们才是原动力。可是在黑格尔看来却刚好相反，它们是由现实的理念产生的"②。

黑格尔之前的思想家，如洛克、孟德斯鸠、斯密等人从抽象的人性论出发，认为社会是独立于国家的，其论证方法也是非历史的、抽象的。黑格尔

---

① 《马克思恩格斯全集》第 1 卷，人民出版社 1956 年版，第 255 页。
② 《马克思恩格斯全集》第 1 卷，人民出版社 1956 年版，第 250—251 页。

批判了这种非历史的和抽象的方法论基础，从历史本身出发说明历史的发展，说明国家与市民社会的关系。不过，马克思并没有像黑格尔那样将历史的发展归于精神的自我运动，而是从社会关系，特别是经济关系中寻求对市民社会的说明。马克思说："市民社会包括各个个人在生产力发展的一定阶段上的一切物质交往。它包括该阶段上的整个商业生活和工业生活。"市民社会"这一名称始终标志着直接从生产和交往中发展起来的社会组织"①。这样一来，马克思就不仅将黑格尔的"伦理关系"转换为"社会物质关系"，摒弃了他的神秘主义，而且将黑格尔对"社会关系"的认识深化为"经济关系"，从社会关系的本质（经济关系）说明社会关系。在此基础上，马克思确立了自己的市民社会观念。在他看来，市民社会是指在生产力发展的一定阶段上，以直接从生产和生活交往中发展起来的社会组织（如同业工会等）为形式，以整个的商业生活和工业生活为内容，体现着人们特定的物质交往关系，独立于并决定着建立在其上的政治国家及其附属物的社会生活的领域，特别是经济活动的领域。

恩格斯在《路德维希·费尔巴哈和德国古典哲学的终结》中，专门将那种主张国家、政治制度决定市民社会、经济关系的传统观点规定为唯心史观，在谈到马克思通过分析和批判黑格尔的观点所做出的结论时，他写道："马克思从黑格尔的法哲学出发，得出这样一种见解：要获得理解人类历史发展过程的钥匙，不应当到被黑格尔描绘成'大厦之顶'的国家中去寻找，而应到黑格尔所蔑视的'市民社会'中去寻找。"②与黑格尔的市民社会理论相比，马克思对市民社会本质有更为深刻的把握。第一，由于马克思是从现实的历史运动出发，而不是从理念的自我运动出发考察市民社会与国家及其附属物的关系，因而，在黑格尔那里被看作自我完善的精神运动，在马克思这里是人们自己活动的过程，因此，良好社会秩序的形成（在马克思那里是指国家的消亡和未来的"自由人的联合"）只是历史发展的结果，是人自己

---

① 《马克思恩格斯全集》第 3 卷，人民出版社 1960 年版，第 41 页。
② 《马克思恩格斯全集》第 16 卷，人民出版社 1964 年版，第 409 页。

不断活动的结果。第二，马克思把市民社会规定为"物质交往"的关系（其本质是经济交往关系），"在过去一切历史阶段上受生产力制约，同时也制约生产力的交往形式，就是市民社会"，"市民社会包括各个个人在生产力发展的一定阶段上的一切物质交往"。[①] 这不仅比黑格尔将其规定为"需要的体系"更为深刻，也更为全面。一方面，"物质交往"关系概念，不仅把握了"需要的体系"的本质，而且也揭示了人们在"需要的体系"中实现需要的方式——即通过物质的交往实现需要；另一方面，"物质交往"关系概念，更为全面地把握市民社会中发生的人与人之间的关系，它指明，人与人之间的关系不仅包含了那些直接由物质需要决定的关系，也包含了那些不是直接由物质需要决定的关系，从而避免将市民社会看作仅仅由经济交往的"需要的体系"而构成的弊端。

马克思从经济的角度看待市民社会，把它规定为市场经济条件下人们的经济交换关系及其所构成的经济交往领域。这无疑抓住了市民社会的本质。同时，马克思又把市民社会看作是由这种交往关系所构成的社会生活领域。在这里，市民社会是指整个市场经济社会中的私人生活，而"生产关系"或"经济基础"只是这一私人生活的本质形式。马克思认为，作为"一切物质交往"的私人生活及其领域是与公共权力及其领域相对的，前者是市民社会，后者是政治国家；经济基础或生产关系所构成的领域，只是指私人生活中的市场交往活动及其所构成的经济领域，尽管它是全部物质交往关系的基础性领域。但是，私人生活的本质和基础并不是它的全部，经济交往关系并不是全部的物质交往关系。市民社会作为一个私人生活的领域，固然以经济交往活动为基本内容，但同时也包含着丰富多彩的其他社会交往活动；政治国家作为公共权力的行使者，固然是统治阶级对被统治阶级压迫和剥削的工具，当然同样也是维护社会全体成员的公共利益的活动领域。全面地理解市民社会这一私人生活领域及其与政治国家的关系，才能避免将马克思的社会历史学说解释为纯粹的经济决定论。

---

① 《马克思恩格斯全集》第 3 卷，人民出版社 1960 年版，第 41 页。

虽然马克思把黑格尔多元化的市民社会化约为经济领域，但是，从对市民社会的规定性上看，马克思认为市民社会乃是"私人利益的体系"或特殊的私人利益关系的总和，这包括了处在政治国家之外的社会生活一切领域（实质上是一种"非政治性的社会"）。马克思的"私人利益的体系"中包括了经济关系的领域、社会关系的领域以及文化——意识形态关系的领域。因此，单纯的、不受制约的经济交往领域，是建立在私人财产权之上的"孤立"的商品交换领域，是绝对原子化的市场关系。这一领域的确是整个市民社会的基础。可是，从市场经济发展的历史来看，它的纯粹形态只存在于普遍的民主和个人平等极为缺乏的特定历史时期。在那种特定的历史条件下，市民社会的私人自律单纯以私有财产权为基础，私人自律的市民社会仅仅由有产的资产阶级来代表。这种市民社会已经不可能再出现，即使是对在现代社会中刚刚开始建立市场经济的社会来说，已不再可能。换言之，那种纯粹的"经济市民社会"，只能存在于最初形成的市场经济社会。因为在这一时期，国家对经济的渗透能力尚未形成；它也只存在于民主制度尚未充分确立的时期，因为只有在这一时期，自由的经济交往才由对私人财产进行保护的私法而不是由民主而获得保障。所以，市民社会是社会的一种存在样态，它源于每个人对利己需要满足的追求，是在思维领域的彼岸现实生成的。物质交往关系是市民社会的实体。社会既不是实体，也不是孤立单子的总和，而是物质交往关系的组织和形式。

第二节　国民经济学家的市民社会观批判

"国民经济学"即英国的古典政治经济学，是资产阶级从封建主义转向资本主义时期政治和经济要求的理论表现。与法德式的观念上的抽象的"人"所不同的是，国民经济学家们把人看作形式上的抽象的"人"，而对人的形式抽象本身，实际上是把人作为"物"来研究的。他们从私有财产的前提出发，提出了关于劳动的作用和资本生产过程的客观条件等富有价值的观点，探讨了关于商品交换的合乎规律的关系，考察了劳动、分工、生产力等重要的经济学范畴。但是，"国民经济学从私有财产的事实出发。它没有给我们说明这个事实。它把私有财产在现实中所经历的物质过程，放进一般的、抽象的公式，然后把这些公式当做规律。它不理解这些规律，就是说，它没有指明这些规律是怎样从私有财产的本质中产生出来的。国民经济学没有向我们说明劳动和资本分离以及资本和土地分离的原因"。①"国民经济学虽然从劳动是生产的真正灵魂这一点出发，但是它没有给劳动提供任何东西，而是给私有财产提供了一切"②。这就是说，国民经济学无法提出私有财产的本质问题，它所描绘的私有财产的关系实际上是一个非自洽的系统，因为这个系统的基础不是和谐而是包含对抗与冲突：一方面，劳动的属人性质必须被承认为财富的生命；另一方面，财富的现代私有财产形式又不得不把这种生命当作自己始终加以对付和克服的敌人。

所以，一部古典经济学说史，正是一部对人与人物化关系的抽象的历史。从商品到货币再到资本，正是这一物化的必然王国的完成。马克思对市民社会的批判，就是对资本及其理论表达的批判，具体来说，就是对国民经济学之形而上学前提的批判，对国民经济学之抽象性和非历史性的批判，根本上是对资产阶级意识形态的批判，在承认市民社会生产方式历史合理性的前提下，探讨它的非人性和局限性。通过对市民社会的意识形态批判回归历史本身，构成马克思市民社会批判的思想路途。

一、斯密的市民社会理论分析

在近代，市民社会是指随着货币经济、商品交换发展起来的城市工商业生活状况。所以在洛克等契约政治思想家那里，市民社会与父系权威相对照："其含义是指由货币经济、给开化而聪颖的人带来舒适和体面的技术发

---

① 《马克思恩格斯文集》第 1 卷，人民出版社 2009 年版，第 155 页。

② 《马克思恩格斯文集》第 1 卷，人民出版社 2009 年版，第 166 页。

展以及尊重法律的政治秩序等要素构成的一种臻于完善和日益进步的人类事务的状况"。① 真正从经济学角度来研究市民社会的，是亚当·斯密。斯密第一个奠定了市民社会政治经济学的理论基础，从而突破了重商主义和重农主义的局限，创造性地实现了劳动价值论的飞跃。斯密理论的现实基础是市民社会早期手工业生产这一特定时期。在这个时期，市民社会经济体系还处于早期市场交换的建构进程，人与人的社会关系尚没有完全表现出彻底的社会化和物化形态。而人与人的关系只有通过市场中物与物的关系中介才能实现出来，市民社会正是这样一个社会。斯密从分工入手，将社会从政治的纠缠中清理出来，回答了自利的个人如何生成现代社会的问题，对市民社会进行了理论分析。

（一）社会分工

市民社会的社会分工。分工是英国古典经济学家和其他资产阶级经济学家早就给予关注和探讨的概念。它的基本含义是，原来统一的生产劳动分成若干种各不相同而又不乏联系的部门或同一种生产活动，分成若干相互区别又互相补充的工序。关于分工，斯密这样论述道："不论是谁，如果他要与旁人做买卖，他首先就要这样提议：请给我以我所需要的东西吧，同时，你也可以获得你所要的东西：这句话是交易的通义。我们所需的相互帮忙，大部分是依照这个方法取得的。我们每天所需要的食料和饮料，不是出自屠户、酿酒家或烙面师的恩惠，而是出自他们自利的打算。我们不说唤起他们利他心的话，而说唤起他们利己心的话。"②

斯密认为，交换和分工乃人之天性，交换中伴随利己与利他的关系问题是势所必然。处理这一关系的办法有两种，仅仅鼓动人们利他，结果利己和利他两个目的都不能达到；唤起人们的利己心，让其激发出聪明才智和创造

---

① ［英］米勒：《布莱克维尔政治学百科全书》，邓正来主编，中国政法大学出版社1992年版，第152页。

② ［英］亚当·斯密：《国富论》上卷，郭大力、王亚南译，商务印书馆1972年版，第72—73页。

性，利己和利他两个目的都能达到。相对于经济行为主体而言，利己当然是目的，然而，在把利己目的变为现实的过程中，事情的性质发生了变化，达到了利他的目的，相对于经济行为客体而言，利己成了手段。

斯密认为，分工是物物交换和互通有无这种倾向逐步发展的结果，依交换、市场的规模大小而发展或受到限制；分工使人的劳动生产能力得到极大提高，因为它可以使人们根据对象的不同从事不同的职业，从而发展出特殊的才能。"分工的程度，因此总要受交换能力大小的限制，换言之，要受市场广狭的限制。市场要是过小，那就不能鼓励人们终身专务一业。"[①] 随着交通的便捷与市场的扩大，人们的交换能力不断扩大和增长，形成了现代社会分工制度。

斯密也认为，分工是劳动生产力改良的原因。"劳动生产力上最大的增进，以及运用劳动时所表现的更大的熟练、技巧和判断力，似乎都是分工的结果。"[②] 人们的各种不同的才能交相为用，比没有分工的人们和生产劳动有更高的效率和效益。分工以后，人们在各行各业和部门之间可以随意流动，逐渐导致整个社会的和谐，从而为整个社会生产最大量的财富，如果人为地阻碍这种流动，在斯密看来，就会阻碍效率和效益最大化的实现。基于这种认识，斯密主张经济自由主义和自由竞争。斯密的理论为当时正处于上升时期的资产阶级提供了理论支援。

（二）看不见的手

在市民社会的经济活动中，"看不见的手"发挥着引导作用。人们在从事经济活动中，追求的是个人利益，通常并没有促进社会利益的动机，然而，在一切听其自然发展的社会里，这种自利的经济活动会带来这个社会的丰裕，人们受着一只"看不见的手"所引导，政府只是充当"守夜人"的职能。

---

① ［英］亚当·斯密：《国富论》上卷，郭大力、王亚南译，商务印书馆 1972 年版，第 16 页。
② ［英］亚当·斯密：《国富论》上卷，郭大力、王亚南译，商务印书馆 1972 年版，第 5 页。

无疑，斯密是把"看不见的手"的作用作为一个前提接受的，这主要是受重农主义自然秩序思想的影响。在资产阶级经济学家眼里，封建经济（包括重商主义）人为地干预经济过程，违反了自然秩序、不符合人的本性。重农主义反对人为经济，提出自然秩序。这就确立了一种观念：资产阶级社会经济是最符合人性的，因为它是建立在个人经济活动的自由放任之上，这种社会经济生活中的法则是在自由竞争中自发实现的。

在这一观念的基础上，斯密则反对一切妨碍劳动力和资本自由流动的东西。① 斯密说："由于每个人都把他的资本尽可能用来支持国内产业，都努力管理国内产业，使其生产物的价值能达到最高程度，他就必然竭力使社会的年收入尽量增大起来。确实，他通常既不打算促进公共的利益，也不知道他自己是什么程度上促进那种利益。由于宁愿投资支持国内产业而不支持国外产业，他只是盘算他自己的安全；由于他管理产业的方式目的在于使其生产物的价值能达到最大限度，他所盘算的也只是他自己的利益。在这种场合，像在其他许多场合一样，他接受一只看不见的手的引导，去尽力达到一个并非他本意想要达到的目的。也并不因为事非出于本意，就对社会有害。他追求自己的利益，往往使他能比在真正出于本意的情况下更有效地促进社会的利益。"② "他所考虑的不是社会的利益，而是他自身的利益，但他对自身利益的研究自然会或者毋宁说必然会引导他选定最有利于社会的用途。"③ 在自由贸易的条件下，每个人在追求他自己的个人利益时，不知不觉地为社会作了贡献，"利己"的动机达到了"利他"的效果。正是对"看不见的手"的乐观态度和笃定信念，斯密等人反对政府的干涉，认为在自由放任的自然状态下，应该用自由的、合法的竞争代替私下的个体斗争，从而使社会达到和谐状态，给每个人都会带来利益，对个人的经济行为指手画脚是"再危险也没有了"④。

---

① ［英］亚当·斯密：《国富论》上卷，郭大力、王亚南译，商务印书馆 1972 年版，第 129 页。

② ［英］亚当·斯密：《国富论》下卷，郭大力、王亚南译，商务印书馆 1974 年版，第 27 页。

③ ［英］亚当·斯密：《国富论》下卷，郭大力、王亚南译，商务印书馆 1974 年版，第 25 页。

④ ［英］亚当·斯密：《国富论》下卷，郭大力、王亚南译，商务印书馆 1974 年版，第 25 页。

（三）经济人

在斯密的理论架构中，利己主义的自由经济人是市民社会的起点。这里有休谟人性观的重要影响。斯密肯定休谟的观点，认为人的本性就是利己性，换言之，人天生就有一种生存的欲望，为此，他才在财源稀少的情况下进行劳动生产。

首先，经济人的本质是利己的物欲。与中世纪禁欲的"道德人"不同，斯密主张肯定人的自然物欲性，并让其放任自由地发展。以斯密的看法，在自由的经济活动中，个人"考虑的不是社会的利益，而是他自己的利益，但他对自身利益的研究自然会或者毋宁说必然会引导他选定最有利于社会的用途"①。所以在资产阶级社会中，我们有东西吃有衣服穿，要感谢的不是面包师和裁缝的利他心，而是他们的利己主义物欲冲动。这是因为，每个人自己的劳动都只能创造为数不多的物品，但他的需要却是多方面的，这就有了社会的分工和市场的交换，从而在市场需求的调节下，自发地形成市民社会的总体需要。市民社会中的经济人，"在这场合，像在其他许多场合一样，他受着一只看不见的手的指导，去尽力达到一个并非他本意想要达到的目的。也并不因为事非出于本意，就对社会有害。他追求自己的利益，往往使他能比在真正出于本意的情况下更有效地促进社会的利益"②。

其次，经济人是有理性的。古典经济学家们对于抽象经济人的思考，与17、18世纪的理性主义运动有着密切的关系，对神的论证让位于对人的思考。在斯密看来，人的理性在于，在各项利益的比较中自觉选择自我的最大利益。经济人是利益最大化的追求者。经济人总是试图以最小的牺牲和代价来满足自己最大的需要。就生产者来说，力图通过最小的成本投入产出最多的商品，带来最大的利润；就消费者来说，力图通过最小的花费带来最大的效应和需求的满足。科尔内指出："从严格理性出发处理其各种事情的'经

---

① ［英］亚当·斯密:《国富论》下卷，郭大力、王亚南译，商务印书馆 1974 年版，第 252 页。
② ［英］亚当·斯密:《国富论》下卷，郭大力、王亚南译，商务印书馆 1974 年版，第 27 页。

济人’存在是英国古典学派的基本的心理假定。"① 这并不是说现实中的经济行为主体没有情感、意志、信念、偏好，也不是说这些非理性的因素在每一个具体的经济行为中不会影响行为主体的决定，恰好相反，某些经济行为受非理性的因素的决定性的影响。但是，在古典经济学家看来，非理性的因素只是一些枝节性的不重要的因素，是合法的理论抽象中应当舍弃的因素，经济行为的理想化状态是经济人的理性行为。

其三，经济人追求的是市民社会的和谐和富裕。斯密的经济人自利原则与社会丰裕原则也明显地受到霍布斯的道德理性原则的影响。霍布斯追求把个人主义哲学与社会利益和价值二者结合起来。霍布斯认为，人性具有两项原则，即欲望和理性。两者相比较而言，他更推崇的是人性中的道德理性的作用，因为它既可以满足个人自利的欲望，又可以使社会达到平和的环境。受霍布斯思想的影响，斯密把人的本性也视为利己的欲望和互利的道德理性。只不过，在斯密那里，利己的欲望不再表现为霍布斯的"争斗"的现状，而是有着互通有无，"物物交换，互相交易"的倾向。斯密认为，在物物交换过程中需要接受另一种人的本性禀赋——道德理性的指导。他认为，商人所具有的节省、谨慎、勤奋和爱秩序等道德品质，是由于他们具有充分的奖励机制，这一点是和古人不同的，也就是说，只有在承认私利和允许自由贸易的条件下，商人才具有这样的道德品质。他说："商人和乡绅不同。乡绅是一向奢侈惯了的，他只会花钱，从来不会想到赚钱。商人却常用钱来经营有利的事业，他用一个钱，就希望在这个钱回来的时候，带回一些利润。他们这种不同的习惯，必然会影响他们在一切事业上的性情和脾气。"②

更重要的是，斯密把道德理性解释为"是非的意识"，这种意识是人的本性里生来就有的，是一切情操的总和，它的特殊的例子是同情、反感、良心和责任感这些感觉，并以"生动的想象"来影响每个人的行为。不言而喻，斯密的自利与互利原则，正是通过合乎理性的力量加以沟通的：理性通

---

① 转引自余源培、荆忠：《寻找新的学苑》，上海社会科学出版社 2001 年版，第 8 页。
② [英]亚当·斯密：《国富论》上卷，郭大力、王亚南译，商务印书馆 1972 年版，第 371 页。

过"理解和语言的能力"使人性中互通有无，物物交换，互相交易的倾向成为可能；理性通过"是非的意识"又使得人的交换倾向不断具有历史进化和社会道德进步的意义。在古典政治经济学的自由主义者看来，由于"看不见的手"的作用，在自由竞争的自然状态，财富就会增长，新的道德也会建立，平等的理想也能够实现，他们坚信资本主义自由竞争状态不会带来很大的财富与收入的不平等，同时，经济人的自利行为必然导致社会的和谐和富裕。

理性经济人是古典政治经济学的理论支点。经济理性被赋予一种神一般的理性光环，以致达到如此程度——经济人知道自己可以选用的一切备选方案，能确定其中每个备选方案可能产生的一切后果，然后在比较和评价这些后果的基础上选择出能给他带来最大利益的那个可行方案。理性经济人乃是最大化利益的追求者。对理性的崇拜鲜明地反映在这样的价值取舍中：追求最大化原则是一切经济行为者的唯一心理坐标。古典政治经济学的经济人前提假设如此根深蒂固，以至于许多批判古典经济学的人物都陷落在这里。蒲鲁东就是其中之一。马克思批判蒲鲁东，实质上就是批判他与国民经济学家的同质性。也就是说，他与国民经济学家站在同样的基础上，接受了国民经济学范畴的非历史性。

二、蒲鲁东之"贫困"根源

在国民经济学家看来，经济学范畴不是历史的产物，而是"无人身的理性"、普遍理性的产物，因而是不变的、永恒的。这种对经济学范畴的非历史的态度的根本不足在于，它掩盖了经济学范畴产生的真实根源，达到为资本主义生产方式辩护的目的。蒲鲁东在马克思政治经济学的形成中起到了重要的中介作用。作为法国小资产阶级的思想家，蒲鲁东"由于本身所处的地位，必然是一方面成为社会主义者，另一方面又成为经济学家，就是说，他既迷恋于大资产阶级的豪华，又同情人民的苦难"[1]。同时，在思维方式上，

---

[1]　《马克思恩格斯〈资本论〉书信集》，人民出版社1976年版，第25页。

他作为法国的思想家，又介入英国实证的经验主义和德国思辨的理性主义之间，这使得蒲鲁东在一定程度上成了从法国空想社会主义与德国古典哲学到英国古典政治经济学的过渡人物。

在《什么是所有权》一书中，蒲鲁东对经济学中"最神圣的东西"——所有权进行抨击，提出"财产就是盗窃"的论断。而在《贫困的哲学》中，蒲鲁东对他在《什么是所有权》中提出的问题进行了政治经济学的论证和阐明。如果说在《什么是所有权》中，蒲鲁东的理论基础是法哲学兼有一些经过中介的政治经济学的观点（主要是不准确的劳动价值论），那么，《贫困的哲学》则是他的第一部经济学理论著作。蒲鲁东将自己的著作称作在哲学和政治经济学方面作出的史无前例的贡献，实际上，他既不懂得黑格尔的哲学方法，又不懂得英国的古典政治经济学理论。他从唯心主义、形而上学和庸俗政治经济学的观点出发，提出了一种改良主义和无政府主义的社会改革方案，在法、德工人中有很大影响。鉴于此，马克思对蒲鲁东的批判就成为不可避免的了。尤其是，当马克思恩格斯通过对费尔巴哈的批判已经确立了全新的历史观的时候，任何离开现实的观点而面向思辨哲学的倒退，都必然要遭到他们无情的痛击。"为了给只想阐明社会生产的真实历史发展的、批判的、唯物主义的社会主义扫清道路，必须断然同唯心主义的经济学决裂，这个唯心主义经济学的最新体现者，就是自己并没有意识到这一点的蒲鲁东。"①写于1846年5月上半年的《哲学的贫困》，是马克思对蒲鲁东主义进行的集中批判。

应该说，早在《莱茵报》工作期间，马克思就开始关注经济问题了。现实的困境和打击，特别是无产阶级的革命斗争屡遭挫折，使马克思看到了自己政治经济学知识及研究的不足，也使他认识到，解剖市民社会的钥匙恰恰存在于政治经济学之中。如果说，《1844年经济学哲学手稿》对政治经济学的研究促进了历史唯物主义的诞生，那么，《哲学的贫困》则是运用唯物史观通过对政治经济学的研究，促进马克思政治经济学的诞生。马克思政治经

---

① 《马克思恩格斯全集》第25卷，人民出版社2001年版，第425—426页。

济学研究从此获得了一个新的起点，从而为政治经济学的发展史揭开了新的一页。马克思在《哲学的贫困》中，着力批判蒲鲁东的小资产阶级政治经济学思想，确立了政治经济学的研究对象。马克思对蒲鲁东政治经济学思想的批判，不仅为科学的劳动价值论的创立开辟了新的道路，而且孕育着剩余价值论的思想，也标志着马克思在政治经济学领域的革命变革已经开始。马克思从以下方面批判蒲鲁东政治经济学的错误：

其一，"经济范畴只不过是生产的社会关系的理论表现，即其抽象"①。

任何经济学理论都是由一系列范畴组成的体系。如何看待这些范畴的实质，对于确立政治经济学的对象有着重要的意义。蒲鲁东不是把政治经济学的范畴看作实在的、暂时的、历史的、社会关系的抽象，而是"神秘地颠倒黑白，把实在的关系只看作这些抽象的体现"。把经济学范畴看成"不依赖实际关系而自生的思想"，看成先验的观念和思想的产物。他从黑格尔那里找到了一种"绝对方法"，这就是把一切存在物都经过抽象而归结为逻辑范畴，把"整个现实世界都淹没在抽象世界之中，即淹没在逻辑范畴的世界之中"②。也就是说，如果把每一物体的一切"偶性"都抽去，在抽象的最后阶段，作为"实体"的终将是一些逻辑范畴。蒲鲁东的方法也正是把商品生产的最高阶段——资本主义社会进行抽象化，也就是把发达的商品生产抽象化，结果他得到"平等观念"，然后又把它变成"实体"，把现实存在的一切看成它的"样态"，他所说的运动不过是"抽象形态的运动，纯粹形式上的运动，运动的纯粹逻辑公式"③。而政治经济学的范畴，则是一切现实的经济运动的本原或实体。

马克思论述道："经济学家们向我们解释了生产怎样在上述关系［即分工、信用、货币等经济关系——引者注］下进行，但是没有说明这些关系是怎样产生的，也就是说，没有说明产生这些关系的历史运动。由于蒲鲁东先生把这些关系看成原理、范畴和抽象的思想，所以他们只要把这些思想（它

① 《马克思恩格斯选集》第 1 卷，人民出版社 1995 年版，第 141 页。
② 《马克思恩格斯选集》第 1 卷，人民出版社 1995 年版，第 139 页。
③ 《马克思恩格斯选集》第 1 卷，人民出版社 1995 年版，第 139 页。

们在每一篇政治经济学论文末尾已经按字母表排好）编一下次序就行了。经济学家的材料是人的生动活泼的生活；蒲鲁东先生的材料则是经济学家的教条。……既然我们只想把这些范畴看作是观念、不依赖现实关系而自生的思想，那么，我们就只能到纯理性的运动中去找寻这些思想的来历了。"①在马克思看来，蒲鲁东把经济范畴和生产关系完全割裂开来，因而也就无法探索出历史的真实进程。蒲鲁东探讨的并不是社会经济关系的历史，也不是世俗的人类的历史，而是神圣的观念的历史，是一种普遍理性的自我表现，人不过是观念或永恒理性为了自身的发展而使用的工具。因而"蒲鲁东先生所说的进化，是在绝对观念的神秘怀抱中发生的进化"②。这样，历史就成了一部无人身的"理性"的演变史。

因此，蒲鲁东的政治经济学并不是在研究现实的社会经济关系，而是脱离这些现实的经济关系来主观地排列范畴的次序。正如他自己所说的，"经济理论有它自己的逻辑顺序和理性中的一定系列，经济理论的这种次序，如所预期的那样，已被我们发现了"。他认为自己的经济学范畴的排列顺序正是"适应观念顺序的历史"，只要"发现"和认识了这些范畴的历史，现实的经济运动史就会自然而然地被把握了。所以，蒲鲁东认为政治经济学的研究对象不是现实的经济关系及其运动规律，而是理性本身。

马克思对蒲鲁东唯心主义观点的批判，也表现在社会存在与社会意识的相互关系上。马克思认为，在两者的关系问题上，只能是前者决定后者，而不能是相反。"手推磨产生的是封建主的社会，蒸汽磨产生的是工业资本家的社会。"③在历史唯物主义看来，"人们按照自己的物质生产率建立相应的社会关系，正是这些人又按照自己的社会关系创造了相应的原理、观念和范畴"④。在这里，马克思一方面指出，由一系列范畴组成的政治经济学体系只不过是对现实事物的一种理性上的反映，经济范畴从属于现实，服从于现

① 《马克思恩格斯选集》第1卷，人民出版社1995年版，第137—138页。
② 《马克思恩格斯全集》第27卷，人民出版社1972年版，第479页。
③ 《马克思恩格斯选集》第1卷，人民出版社1995年版，第142页。
④ 《马克思恩格斯选集》第1卷，人民出版社1995年版，第142页。

实，它只是人们对现实的经济关系的一种认识成果；另一方面他也指出，政治经济学的范畴在理论上反映和表现的是"生产方面的社会关系"，即生产关系，经济范畴是这一关系在理论上的表现。"经济学家蒲鲁东先生非常明白，人们是在一定的生产关系中制造呢绒、麻布和丝织品的。但是他不明白，这些一定的社会关系同麻布、亚麻等一样，也是人们生产出来的。社会关系和生产力密切相连。随着新生产力的获得，人们改变自己的生产方式，随着生产方式即谋生的方式的改变，人们也就会改变自己的一切社会关系。"① 马克思这些建立在历史唯物主义基础上的论述，科学地阐明了经济范畴与经济关系的真正关系，政治经济学研究和关注的对象既不是观念，也不是表面的物物关系，政治经济学必须透过现象去揭示物与物的关系背后的人与人的社会关系。

其二，以辩证的历史方法把握历史过程，而不是纯粹理性思辨的方式。

在《贫困的哲学》中，蒲鲁东的确想把黑格尔的纯粹理性思辨方式应用于对社会经济现象的分析。但是蒲鲁东歪曲地运用了黑格尔的辩证方法，只是从黑格尔那里借用了辩证法的"用语"。

与黑格尔一样，蒲鲁东把现实世界看成由观念世界中产生出来的，把经济范畴当作历史运动的原始原因，而人不过是充当了永恒理性自我发展的无意识的工具。与黑格尔不同，蒲鲁东否认观念、范畴的自己运动和辩证发展。在他那里，这些范畴好像都是从上帝的心里流出来的东西，它们既无起源又无发展。然而从这些孤独的思想中何以又能产生出历史的运动？蒲鲁东认为是一连串的对抗存在。在蒲鲁东看来，对于矛盾存在解决的方法就是使它们彼此综合，而综合的结果就会使这两个孤独的思想的好的方面表露出来，坏的方面得到克服。事实上，黑格尔并不认为矛盾的肯定方面和否定方面有"好""坏"之分，似乎消除了"坏的方面"，事物就完善起来。矛盾的两个方面是相辅相成的，它们对于事物的存在和发展都具有不可或缺的作用。

---

① 《马克思恩格斯选集》第 1 卷，人民出版社 1995 年版，第 141—142 页。

按照蒲鲁东的理解，既然每一个经济范畴都被分为好的方面和坏的方面，而且好的方面肯定平等，坏的方面否定平等，为了消灭坏的方面和保存好的方面，就要在两个相邻的范畴之间寻找合题。蒲鲁东把辩证法的发展过程理解为好的方面和坏的方面的单纯对立，这就妄图人为地扼杀事物内部的矛盾及其生命过程。因为"一旦把辩证运动的过程归结为这样一个简单过程，即把好的方面和坏的方面加以对比，提出消除坏的方面的问题，并且把一个范畴用作另一个范畴的消毒剂，那么范畴就不再有自发的运动，观念就'不再发生作用'，不再有内在的生命"①。马克思认为，没有好的方面也就没有坏的方面，机械地取消了所谓好的方面和坏的方面的对立和斗争，事物的矛盾运动就停止了，因而任何历史的进步都是不可能的。按照辩证法理解，在历史中真正具有进步意义的，往往是那些被人们视为"坏"的东西。因为在事物发展进程中，肯定因素和否定因素两方面是相互角力的，新旧事物的更替取决于否定因素的力量占据主导地位。马克思说："封建的生产也有两个对抗的因素，人们称为封建主义的好的方面和坏的方面，可是，却没有想到结果总是坏的方面压倒好的方面。正是坏的方面引起斗争，产生形成历史的运动。"②蒲鲁东虽然也看到资本主义社会中的种种矛盾，包括"好"的方面和"坏"的方面，但是他不能理解这些矛盾，只好希望找到一种公式，以便保存好的方面而消除其坏的方面。和蒲鲁东不同，马克思继承了黑格尔辩证法的精神遗产，把事物内部的对立、斗争以及两者的辩证统一描述为事物运动的实质。他说："两个相互矛盾方面的共存、斗争以及融合成一个新范畴，就是辩证运动。谁要给自己提出消除坏的方面的问题，就是立即切断了辩证运动。"③

马克思由此指出，政治经济学的"这些观念、范畴也同它们所表现的关系一样，不是永恒的。它们是历史的、暂时的产物"④。这就是说，各种社会

---

① 《马克思恩格斯选集》第 1 卷，人民出版社 1995 年版，第 145 页。
② 《马克思恩格斯选集》第 1 卷，人民出版社 1995 年版，第 152 页。
③ 《马克思恩格斯选集》第 1 卷，人民出版社 1995 年版，第 144 页。
④ 《马克思恩格斯选集》第 1 卷，人民出版社 1995 年版，第 142 页。

形态的生产关系是历史的产物，同样，政治经济学的各种形态和学派也不是永恒的。政治经济学是一种开放的理论体系，随着现实历史的发展，反映这种历史发展的政治经济学体系也就必然要不断地充实新内容、发展新范畴。那些不再反映现实的经济学范畴，将会被新的概念和原理所代替，历史和现实在发展，政治经济学的理论也不能停步不前。

在古典政治经济学批判中，马克思指出了它的实质：真实地但却片面地从资产阶级的视角、在资产阶级的局限中考察经济生活。马克思称古典经济学家们为"科学"的资产阶级的经济学家，首先，古典经济学家研究的是社会关系，而不像黑格尔和其他哲学家那样研究抽象的观念和概念；其次，哲学经济学家不像庸俗的经济学家那样只沉醉于社会的表象，而是力图深入研究社会的最核心的部分，他们这样做，反映了他们"诚实的""无偏见的"和"公正的"追求科学知识的态度。尽管如此，古典经济学家们还是资产阶级性质的，因为他们"受资本家立场的囚禁"，从"资产阶级的观点出发"，因而"完全被局限在资产阶级的视线之中"，并从不掩盖自己的"资产阶级的皮肤"，也不试图超越自己的资产阶级式的"断言"。与黑格尔将自己生活的时代当作历史的终结一样，古典经济学家认为资本主义代表了"最终的生产和历史的最终的发展"[①]；与黑格尔将自己生活的时代看作最好的生活时代一样，古典政治经济学家们也把资本主义生产方式视为有史以来最好的生产方式。因此，"他们掩盖了所有的历史差异性，将资本主义生产关系看做一切社会的生产形式"[②]。在马克思看来，他们像黑格尔那样抛弃了过去、关闭了将来，将现在永恒化，再次将现在非历史化并终结了历史。实际上，古典经济学就是在充当资本主义辩护士。那么，真正科学的政治经济学应该是什么样的呢？就是历史唯物主义视角中的经济学。

总之，蒲鲁东的"贫困"根源在于，他"借用"黑格尔的辩证法虚构了国民经济学的形而上学，而且还是不正确的借用。他不是把经济学范畴看作

---

① 《马克思恩格斯选集》第 1 卷，人民出版社 1995 年版，第 151 页。

② Bhikhu Parekh, *Theory of Ideolody*, Crom Helm London，1982，p.101.

暂时的历史性的经济关系的理论表现，而是神化经济学范畴，把范畴看作不朽的、不变的、固定的，从范畴出发说明经济现象。马克思批评蒲鲁东是"政治经济学的形而上学方面的魁奈"①。通过马克思对蒲鲁东的批判，马克思真正实现了对国民经济学的哲学基础之批判和超越。他通过对蒲鲁东的原则性批判，进一步阐明了在经济学方面的历史唯物主义立场。对于经济现象的深入分析和科学建构，是在后来工作中完成的。

第三节　对市民社会的政治经济学批判

进入历史唯物主义的研究领域，马克思不仅扭转了黑格尔的国家与市民社会的颠倒的关系，破除了种种意识形态产生的内在根源，而且把对市民社会的关注重心从多元性的视野里抽回到经济领域，或者是物质的生活关系中。这样，他的任务是从政治经济学视角来解剖市民社会并从而寻找全部历史的基础。对现代性的批判，不是从抽象观念、范畴和抽象理性出发，而是从现实的历史出发。现代性批判武器不是抽象哲学，而是政治经济学。而且，资本是市民社会的"中轴"，只有深入和彻底研究资本，才能把握市民社会的本质。资本主义社会是一个颠倒的社会，"这是一个着了魔的、颠倒的、倒立着的世界。在这个世界里，资本先生和土地太太，作为社会的人物，同时又直接作为单纯的物，在兴妖作怪。"② 由此，马克思真正进入对整个市民社会的经济社会形态的分析和批判，并从经济学层面找到了市民社会的全部结构。于是，一个世俗化的现代性世界，一个自我分裂、自我矛盾的现实世界在政治经济学批判和资本分析中出场了。

马克思是以辩证态度看待资本主义的。马克思从历史视角展开现代性批判，认为现代化是人类文明的一种历史必然，把资本主义看作现代性的积极

---

① 《马克思恩格斯选集》第 1 卷，人民出版社 1995 年版，第 137 页。
② 《马克思恩格斯文选》第 7 卷，人民出版社 2009 年版，第 940 页。

结果。马克思把资本主义促成的人们从地域性存在向世界历史性存在的转变，视为资产阶级在历史上起过"非常革命的作用"的重要内容，"资产阶级除非对生产工具，从而对生产关系从而对全部社会关系不断地进行革命，否则就不能生存下去。反之，原封不动地保持旧的生产方式，却是过去的一切工业阶级生存的首要条件。生产的不断变革，一切社会状况不停的动荡，永远的不安定和变动，这就是资产阶级时代不同于过去一切时代的地方。一切固定的僵化的关系以及与之相适应的素被尊崇的观念和见解都被消除了，一切新形成的关系等不到固定下来就陈旧了。一切等级的和固定的东西都烟消云散了，一切神圣的东西都被亵渎了"①。资本主义作为一个新的历史阶段，以新的生产方式创造了新的世界，"资产阶级在它不到一百年的阶级统治中所创造的生产力，比过去一切时代创造的全部生产力还要多，还要大"②。

与此同时，马克思强调了资产阶级社会和以往社会的连续性，认为现代资产阶级本身是一个长期发展的产物，是生产方式和交换方式的一系列变革的产物。在马克思看来，资本主义社会是生产和交往转化出来的社会，工业生产力是人们实践能力历史发展的结果，是一种既得的力量，是以往世世代代活动的产物。其中，人们的物质关系是形成一切关系的基础。这些物质关系不过是他们的物质的和个体的活动所借以实现的必然形式而已③。这样，人们的生产力的历史联系就构成人们在历史中的联系，就形成了人类的历史，这个历史随着人们的生产力以及人们的交往实践的发展而愈益成为世界历史。因此，马克思认为，现代社会的存在和发展的基础，不是抽象的人和抽象的理性，而是实践的力量，是生产力和交往关系的矛盾运动；不是从抽象观念、范畴、抽象理性出发，而是从现实的历史出发。从实践历史出发认识从传统封建社会向资本主义社会结构转变，是一个历史的必然过程的结论。这样理解的资产阶级和资本主义，显然就是社会历

① 《马克思恩格斯选集》第 1 卷，人民出版社 1995 年版，第 275 页。
② 《马克思恩格斯选集》第 1 卷，人民出版社 1995 年版，第 277 页。
③ 《马克思恩格斯选集》第 1 卷，人民出版社 1995 年版，第 321 页。

史进程中的一个自然而然的环节。对于这个自然而然的环节，马克思在做出肯定性指认的同时，也看到这一阶段并非一种永恒的人类社会存在形态，对于现代性导致的社会裂变以及各种异化现象，马克思给予无情的批判。在这里，现代性状况和现代性原则受到哲学式的总体性反思，这在《资本论》中得到充分的体现。

一、社会关系的物化

马克思在《资本论》德文版第一版的序言中写道："我要在本书研究的，是资本主义生产方式以及和它相适应的生产关系和交换关系。"以寻求"在其整个内在本质上表现出来的特有性质"如何把握住资本主义社会的特有性质？《资本论》的副标题"政治经济学批判"给出了方法论，也就是，马克思力图通过系统的政治经济学研究，揭示市民社会内部固有的矛盾。

科学真理的探寻道路何其艰辛，在复杂社会现象深处把握内在本质是多么艰难。在《〈政治经济学批判〉序言》中，马克思写道："在科学的入口处，正象在地狱的入口处一样，必须提出这样的要求：'这里必须根绝一切犹豫；这里任何怯懦都无济于事。'"① 马克思在给友人的信中谈到，为了《资本论》的写作，"我一直在坟墓的边缘徘徊。因此，我不得不利用我还能工作的每时每刻来完成我的著作"②。1867年《资本论》第1卷出版问世。在这部被称为"工人阶级圣经"的最厚重著作里，在批判以亚当·斯密、大卫·李嘉图为代表的古典经济学基础上，马克思建立了一个庞大的理论体系来解释市民社会的现实经济活动及其运行规律。

在《资本论》中，商品是马克思研究市民社会政治经济学的逻辑起点。商品之所以具有使用价值和价值的矛盾二重性，首先在于它是人类特定的历史发展阶段的"劳动的产物"。使用价值意味着一切劳动产品之间是各不相

---

① 《马克思恩格斯选集》第 2 卷，人民出版社 1995 年版，第 85 页。

② 《马克思恩格斯全集》第 31 卷，人民出版社 1971 年版，第 543 页。

同的，价值却意味着这些产品之间具有本质上的同一性。在马克思看来，商品的二重性从根本上反映了劳动的二重性，更明确地说，使用价值是有用劳动或具体劳动的物化形式，价值则是抽象劳动或一般人类劳动的物化形式。"可见，使用价值或财物具有价值，只是因为有抽象人类劳动体现或物化在里面。"①在马克思看来，商品是劳动的现象形态、物化形式，而劳动则是商品的泉源和本质。因此，劳动是资本主义政治经济学的真正基础，是整个政治经济学的"立足点"和"出发点"。就历史自身的逻辑而言，只能是先有劳动以及劳动的二重性，然后才有商品以及商品二重性，这个因果关系正是理论逻辑分析所要揭示的。

（一）劳动二重性

如前所述，在马克思之前，国民经济学的代表人物亚当·斯密已经认识到了商品的二重性，提出了劳动创造价值的观点。大卫·李嘉图甚至认识到决定商品价值量的是社会必要劳动量，而不是生产商品实际消耗的劳动量。但是由于他们没有区分劳动二重性，所以不能回答什么劳动创造价值；不能明确区分价值与交换价值，不是从生产商品中所耗费的劳动来解释价值，而是从该商品所换来的另一种商品包含的劳动量来解释商品的价值；不理解社会必要劳动量是如何决定的。结果，他们在价值的形式、本质、源泉和价值量等理论问题上出现了严重的混乱。马克思在继承古典政治经济学劳动创造价值的理论的同时，创立了劳动二重性理论，阐明了商品价值形成过程，从而揭示剩余价值的真正来源，为创立剩余价值理论奠定了基础。与此同时，马克思政治经济学一系列理论的创立也都与劳动二重性有关。因此，劳动二重性理论成为"理解政治经济学的枢纽"，也为现代性的分裂找到了源头。马克思是从两个方面来理解劳动的：

其一是劳动的具体性。马克思认为，一切劳动都必然是有着具体形式的劳动，都必然是客观化为一个具体形式的劳动。生产商品的具体劳动或有用

① ［德］马克思：《资本论》第1卷，人民出版社1975年版，第51页。

劳动平淡无奇，并且与一切社会形式无关，而就劳动的具体性来说，任何一种劳动都是某一种具体形式的劳动，任何一个劳动产品都是某一种具体劳动的物化和实现。劳动的具体形式与劳动产品的具体形式之间是直接相匹配的，有什么样的劳动就会生产出什么样的产品。因此，劳动的具体性的物化是直接的和感性的。

其二是劳动的抽象性。与具体劳动不同的是，抽象劳动则与具体的物质形态无涉，因为它只体现人类互相交换劳动的社会关系。这种社会关系，一方面体现交换双方的平等互利关系；另一方面个人劳动抽象为人类劳动一般即还原为社会总劳动一部分才能够进行比较。马克思论述道："如果我们把劳动产品的使用价值抽去，那末也就是把那些使劳动产品成为使用价值的物质组成部分和形式抽去。它们不再是桌子、房屋、纱或别的什么有用物。它们的一切可以感觉到的属性都消失了。它们也不再是木匠劳动、瓦匠劳动、纺纱劳动，或其他某种一定的生产劳动的产品了。随着劳动产品的有用性质消失，体现在劳动产品中的各种劳动的有用性质也消失了。因而这些劳动的各种具体形式也消失了。各种劳动不再有什么差别，全都化为相同的人类劳动，抽象人类劳动。"[1] 这就是说，劳动的抽象性就是指劳动的本质规定性，意味着一切个人的劳动都是为他人、为人人的劳动，也就是说，劳动体现的是超出个人之上的普遍性和社会性。显然，如果劳动的这种规定性要彻底地在物中得到实现，那么，与之相匹配的"物"就必然不是一种具体的劳动产品，而只能是抽象的"物"。同时，当抽象劳动物化在商品中时，它的物化形式——价值同时也就是个人之社会关系的一种物化形式。并且，价值所承载的社会关系主要表现为一种交换关系。正如马克思所说："我们实际上也是从商品的交换价值或交换关系出发，才探索到隐藏在其中的商品价值。"[2] 因此，只有返回到交换活动中，才能更清楚地理解交换关系在何种情况下转变为一种"物"。

---

[1] ［德］马克思：《资本论》第 1 卷，人民出版社 1975 年版，第 50—51 页。
[2] ［德］马克思：《资本论》第 1 卷，人民出版社 1975 年版，第 61 页。

（二）商品与价值

商品首先是劳动产品。劳动产品是人们社会劳动的成果，体现着人的社会性商品作为劳动产品，本质上也是社会的产品。但是，商品又不同于劳动产品，劳动产品采取的是直接的共同劳动形式，直截了当地表现人的社会性，而商品生产则采取的私人劳动形式，因此，它的社会性不能直截了当地表现出来，必须通过交换，才能获得社会形式。交换把劳动产品抽象为人类社会劳动本身，抽象为价值，把劳动产品之间的关系转化为价值与价值的关系，这时，人类劳动的社会性就取得了价值的表现形式，即物的形式。

商品是可感觉而又超感觉的物。资本主义生产方式占统治地位的社会的财富，表现为"庞大的商品堆积"，单个的商品表现为这种商品的元素形式。这是我们直观到的一个基本事实。正是商品这种简单而又神秘的东西隐藏着资本主义的一切秘密。"最初一看，商品好像是一种很简单很平凡的东西。对商品的分析表明，它却是一种很古怪的东西，充满形而上学的微妙和神学的怪诞。"① 商品的神秘性不是来自商品的使用价值，而是由于劳动产品采取商品形式这一点，是从这种形式本身来的。说到底，商品形式的奥秘在于：商品形式在人们面前把人们本身劳动的社会性质反映成劳动产品本身的物的性质，从而把生产者同总劳动的社会关系反映成存在于生产者之外的物与物之间的社会关系。

对于物的关系的产生，正如前文所述，活动的社会性，表现为对于个人是异己的东西，表现为物的东西；个人互相间的关系，表现为对他们本身来说是异己的、无关的东西，表现为一种物，人的社会关系转化为物的社会关系；人的能力转化为物的能力。每个生产者，如果想要得到自己的生活必需品，就必须生产满足其他人需要的产品，并完成交换行为。生产者彼此之间是互相依赖的关系，这种互相依赖，是通过生产者的产品来表达的。马克思说："这种互相依赖，表现在不断交换的必要性上和作为全面媒介的交换价

---

① ［德］马克思：《资本论》第 1 卷，人民出版社 1975 年版，第 87 页。

值上。"① 如果生产者的私人劳动没有实现和其他生产者的劳动产品的交换，没有实现产品的交换价值，那么，私人劳动就不能转化为社会劳动。

从私人劳动向社会劳动的转化，表现为商品的交换价值的实现。商品之所以能够交换，在于商品具有价值。价值的根本特征是不同商品间质的差别和量上的可比较性。"价值不仅是商品的一般交换能力，而且是它的特有的可交换性。价值同时是一种商品交换其他商品的比例的指数，是这种商品在生产中已经换到其他商品（物化劳动时间）的比例的指数；价值是量上一定的可交换性。""作为价值，一切商品在质上等同而只在量上不同，因此可以互相计量，可以按一定的量的比例相替换（相交换，可以互相兑换）。"② 就交换活动而言，商品之间能够进行交换，意味着存在一个评价所有商品的统一标准，这就是劳动时间。马克思指出："价值建立在这样的基础之上，即人们互相把他们的劳动当作相同的、一般的劳动，在这个形式上就是社会的劳动。如同所有的人的思维一样，这是一种抽象，而只有在人们思维着，并且对可感觉的细节和偶然性具有这种抽象能力的情况下，才可能有人与人之间的社会关系。"③

马克思对于商品交换的机制和本质作了这样的总结："过程简单地说是这样：产品成为商品，也就是说，成为单纯的交换要素。商品转化为交换价值。为了使商品同作为交换价值的自身相等，商品换成一个符号，这个符号代表作为交换价值本身的商品。然后，作为这种象征化的交换价值，商品又能够按一定的比例同任何其他商品相交换。由于产品成为商品，商品成为交换价值，产品开始在头脑中取得了二重存在。这种观念上的二重化造成（并且必然造成）的结果是，商品在实际交换中二重性地出现：一方面作为自然的产品，另一方面作为交换价值。也就是说，商品的交换价值取得了一个在物质上和商品分离的存在。"④ 而产品作为交换价值的规定，必然造成这样的

---

① ［德］马克思：《资本论》第 1 卷，人民出版社 1975 年版，第 102 页。
② ［德］马克思：《资本论》第 1 卷，人民出版社 1975 年版，第 84 页。
③ 《马克思恩格斯全集》第 47 卷，人民出版社 1980 年版，第 255 页。
④ 《马克思恩格斯全集》第 46 卷（上），人民出版社 1979 年版，第 89 页。

结果：交换价值取得一个和产品分离即脱离的存在。同商品界本身相分离即脱离而自身作为一个商品又同商品界并存的交换价值，就是货币。

货币是国民经济学的重要概念。但在马克思这里，货币不仅具有国民经济学的意义，同时也具有哲学的意义。国民经济学只看到货币的现象形式，哲学却处处揭示出货币的本质存在。在马克思看来，货币是社会关系物化的产物，是商品的价值形式。在交换中，货币作为抵押品从一个人手里转移到另一个人手里。国民经济学看到了这个现象，并准确地指出，"人们信赖的是物（货币），而不是作为人的自身"，但是，他们没有看到这种物是"人们互相间的物化的关系，是物化的交换价值，而交换价值无非是人们互相间生产活动的关系"①。而且，他们更没有看到，货币之所以能够作为社会抵押品拥有社会属性，原因在于个人的社会关系的物化并同自身相对立。根据马克思的分析，货币本质上是一种价值形式，或者说，货币与任何具体形式的劳动、与使用价值无关，它纯粹是抽象的人类劳动的物化形式。同商品的价值相比，货币才是社会关系的真正物化形式。这一方面是因为货币是一种独立的"物"，价值则只是附着在劳动产品之上的一种内在规定性，还不具有独立的存在形式，还不能完成社会关系的物化过程；另一方面是因为，货币是一种纯粹的物化形式，不具有任何具体的内容，不与任何个人及其具体劳动相关。因此，以货币为中介建立起来的交换关系，就是一种纯粹的物与物、商品与商品之间的关系。

社会关系的物化实质上是人的活动的社会性的物化。人的社会性本来是属于人的，为了人的，是人之为人的根本性质，但是，当这种社会性物化为外在于人的物的关系时，由于劳动的私人性质，就与人处于对立地位。所表现出来的，就是人受这种外在的物的控制，并且，这种神秘的物是不以个人的意志为转移的。人与人的关系体现在物与物的交换中，"单个人本身的交换和他们本身的生产是作为独立于他们之外的物的关系而与他们相对立"②。

---

① 《马克思恩格斯全集》第 46 卷（上），人民出版社 1979 年版，第 107 页。

② 《马克思恩格斯全集》第 46 卷（上），人民出版社 1979 年版，第 108 页。

对于这种颠倒的人与物的关系，马克思认为，"毫无疑问，这种物的联系比单个人之间没有联系要好，或者比只是以自然血缘关系和统治服从关系为基础的地方性联系要好。同样毫无疑问，在个人创造出他们自己的社会联系之前，他们不可能把这种联系置于自己的支配之下"①。对于卢梭式的对自然状态的浪漫主义赞美，对原始的丰富的留恋，马克思认为是"可笑的"，原因在于这种原始的丰富是被迫的，它的进一步发展必然导致独立于人的社会权力和社会关系以及与人的对立。对这种颠倒的物化的社会关系的扬弃，必然导致个人的全面发展，即"个人关系和个人能力的普遍性和全面性"。在物化的关系中，也就是在货币关系中，人与人的关系不再是具有规定性的身份关系，人的依赖纽带、血统差别、教育差别等事实都被打破了、被粉碎了，人与人之间是抽象的平等关系。

社会关系的物化和颠倒表现为人对物的依赖和物对人的统治的关系。马克思论述道："这种与人的依赖关系相对立的物的依赖关系也表现出这样的情形（物的依赖关系无非是与外表上独立的个人相对立的独立的社会关系，也就是与这些个人本身相对立而独立化的、他们互相间的生产关系）：个人现在受抽象统治，而他们以前是互相依赖的。但是，抽象或观念，无非是那些统治个人的物质关系的理论表现。"②这表明，物的关系反映的是人与人的生产关系，"物"对人的普遍统治，实质上是人的物质关系对个人的统治，是不以个人的意志为转移的生产条件对人的统治。人与人的物质关系表现为价值的一般形态，即货币。因此，所谓抽象的统治，就是价值和交换价值对人的统治。价值作为无差别的一般劳动，本来是人的活动的媒介和手段，却作为目的本身和人发生了关系，成为支配人的活动的社会权力。

（三）商品拜物教与价值意识

在社会关系发生物化的同时，这些物化的社会关系还以意识形态和观念

---

① 《马克思恩格斯全集》第 46 卷（上），人民出版社 1979 年版，第 108 页。
② 《马克思恩格斯全集》第 46 卷（上），人民出版社 1979 年版，第 111 页。

的形式出现。在远古时代，人们只有结成以血缘或地域为纽带的各种共同体才能生存，把个体生活联为一体的是一个部落的图腾，图腾是一个部落的象征。此时，笼罩在人们头上的是神秘的崇拜物，也就是虚幻共同体（意识共同体）的象征。而在现代社会，市民社会中，人们以往对图腾的崇拜一变而为对交换价值的无止境的追求，交换价值成为笼罩在现代人头上的灵光，这就是现代人的"拜物教现象"。

马克思用"拜物教"来说明市民社会"物神秘化"现象。在《1857—1858 年经济学手稿》中，马克思指出了"拜物教"产生的现实根源和理论根源："经济学家们把人们的社会生产关系和受这些关系支配的物所获得的规定性看作物的自然属性，这种粗俗的唯物主义，是一种同样粗俗的唯心主义，甚至是一种拜物教，它把社会生产关系作为物的内在规定归之于物，从而使物神秘化。"① 在《1861—1863 年经济学手稿》中，马克思进一步指出了拜物教的实质。马克思认为："社会劳动的生产力和社会劳动的特殊形式，表现为资本的生产力和形式，即物化劳动的，劳动的物的条件（它们作为这种独立的要素，人格化为资本家，同活劳动相对立）的生产力和形式。这里，我们又遇到关系的颠倒，我们在考察货币时，已经把这种关系颠倒的表现称为拜物教。"②

马克思认为，人类劳动的等同性，取得了劳动产品的价值形式；用劳动时间来计量的个人劳动，取得了劳动产品的价值量的形式，生产者之间劳动的社会关系取得了劳动产品的社会关系的形式。这样，商品就成为具有普遍意义的劳动产品。谁占有了商品就等于谁能够占有他人的劳动，没有商品的人更是产生无限的遐想、渴望乃至崇拜。实际上，这"只是人与人之间的一定的社会关系，但它在人们面前采取了物与物之间的社会关系的虚幻形式。我们只有在宗教世界的幻境中才能找到这个现象的一个比喻。在那里，人脑的产物表现为具有特殊躯体的、同人发生关系并彼此发生关系的独立存在的

---

① 《马克思恩格斯全集》第 46 卷（下），人民出版社 1980 年版，第 202 页。
② 《马克思恩格斯全集》第 48 卷，人民出版社 1985 年版，第 36 页。

东西。在商品世界里，人手的产物也是这样，这可以叫做拜物教"①。这里的"拜物教"特指对商品、货币以及资本的崇拜，也就是指社会关系的物化形式。由于这些物代表着一种超越人的普遍力量，仿佛拥有了这些物就可以交换到世间的一切，于是这些物就成为个人顶礼膜拜的偶像。

如前文所述，现代性主要表现为人的自我意识或主体自由，那么，它的基础是什么呢？可以说，自我意识正是立基于商品拜物教的普遍意识。只有在商品交换的过程中，在商品拜物教的同一性运作机制中才有这种普遍的自我意识的生成。因为"资产阶级社会普遍从属于交换规律，'等量换等量'的平衡计算的规律，确确实实达到无一例外的程度"②。因此，商品拜物教概念是马克思对商品所作的最明显、最突出的形而上学反思。在分析商品拜物教的开篇，马克思就明确地指出了商品的形而上学的微妙和神学的怪诞，这是马克思阐述商品拜物教的逻辑起点。

在这里，人类劳动的社会性是以物与物的关系呈现在人们面前的。人类劳动的社会性以物与物的关系为外观，是人类劳动社会性物化的结果，它使人类劳动的性质脱离了人自身的存在，并且成为独立于人、制约人的活动的存在物。这种存在物本身就是人类劳动社会性的异化物，而且，对物与物的关系采取了价值的形式。这就意味着，物与物的关系已经从它们的自然形式中异化出来，成为掩盖人的劳动社会性的物质外壳。于是，人的感觉也随之异化了，商品的价值给予人们感觉的，不是人自身的社会性，而是与人的社会性相对立的物的形式。这种感觉的异化最终导致了商品拜物教。

可见，商品拜物教来源于商品内在的社会性与其表现的物的外观的矛盾和不一致性。正是在这个意义上，马克思强调："商品形式的奥秘不过在于：商品形式在人们面前把人们本身劳动的社会性质反映成劳动产品本身的物的性质，反映成这些物的天然的社会属性，从而把生产者同总劳动的社会关系反映成存在于生产者之外的物与物之间的社会关系。由于这种转换，劳动产

---

① ［德］马克思：《资本论》第 1 卷，人民出版社 1975 年版，第 52 页。

② 刘小枫：《现代性理论绪论》，上海三联书店 1998 年版，第 46 页。

品成了商品，成了可感觉而又超感觉的物或社会的物。正如一物在视神经中留下的光的印象，不是表现为视神经本身的主观兴奋，而是表现为眼睛外面的物的客观形式。但是在视觉活动中，光确实从一物射到另一物，即从外界对象射入眼睛。这是物理的物之间的物理关系。相反，商品形式和它借以得到表现的劳动产品的价值关系，是同劳动产品的物理性质以及由此产生的物的关系完全无关的。这只是人们自己的一定的社会关系，但它在人们面前采取了物与物的关系的虚幻形式。因此，要找一个比喻，我们就得逃到宗教世界的幻境中去。在那里，人脑的产物表现为赋有生命的、彼此发生关系并同人发生关系的独立存在的东西。在商品世界里，人手的产物也是这样。我们把这叫作拜物教。劳动产品一旦作为商品来生产，就带上拜物教性质，因此拜物教是同商品生产分不开的。"[1]

商品拜物教与宗教一样，是异化的意识。但是，同为异化的意识，商品拜物教与宗教又有区别。宗教的异化产生于人与自然之间的狭隘性，而商品拜物教的异化则产生于人与自己创造的生产方式的狭隘性，明确地说，它是私有制的产物。由于这一区别，宗教的异化意识表现为对上帝的崇拜，而商品拜物教的异化意识则表现为对价值的崇拜，本质上是异化的价值意识。在这里，价值意识的本质通过商品拜物教被揭示出来：价值意识不产生于人们的认识活动，而是产生于人们的交换活动，所以，价值意识不是对价值的反映，它不存在于人类的理智中，而是存在于人们的现实活动中。

进一步地说，随着商品交换量的增加和规模的扩大，人们需要一种作为交换尺度的等价物，这种"等价物就是人类的劳动"——交换中必然出现的劳动（价值关系）。在交换的历史发展中，特殊的等价物（具体的物品）逐渐发展为一般等价物。在这个一般等价物身上，物品的价值现在成了"一切人类劳动的可以看得见的化身，一般的社会的蛹化"。最终，便出现了代表一般社会财富的货币。在市民社会里，"一切东西，不论是不是商品，都可以变成货币。一切东西都可以买卖。流通成了巨大的社会蒸馏器，一切东西

---

[1] ［德］马克思：《资本论》第1卷，人民出版社1975年版，第88—89页。

抛到里面去再出来时都成为货币的结晶"①。交换价值即货币作为中介成为目的，货币拜物教由此在市民社会中产生。

货币作为体现人们交换关系的一种特殊的永久的商品，它的所有属性，即作为交换尺度、交换手段、商品代表等，并非是脱离人与人的关系的，相反，随着生产的社会性发展，货币的权利也在不同程度上发展。马克思指出，货币"具有购买一切东西的特性"②，这一特性显示出货币具有改变人的自然特性的能力，即它能使没有头脑的人变得有实际的头脑，使一个跛子获得二十四只脚。马克思这里所说的改变人的自然特性，并不是人自然而然地改变，而是人的社会能力的形成，也就是说，货币能够创造人的社会能力，从而使人克服他的自然能力的缺陷。不仅如此，货币还以自身具有的"分离剂"和"黏合剂"的功能，把人与自然界、人与社会、个体与整体的类的生活联结起来，建立它们之间的特定的社会关系。正是在这个意义上，马克思把货币称为"社会的……化合力"③，具有使人获得他想得到一切的能力，具有把人的任何需要转化为现实的本领，也就使他具有"把观念变成现实而把现实变成纯观念的普遍手段和能力，它把人的和自然界的现实的本质力量变成纯抽象的观念，并因而变成不完善性和充满痛苦的幻象；另一方面，同样地把现实的不完善性和幻象，个人的实际上无力的、只在个人想象中存在的本质力量，变成现实的本质力量和能力"④。由于这一功能，货币才能进入人的物质活动，参与人类历史运动。

而且，货币就其本质而言，是以颠倒和混淆的方式创造人的社会存在。颠倒和混淆一切人的和自然的性质是货币的神力。"货币的神力包含在它的本质中，即包含在人的异化的、外化的和外在化的类本质中。它是人类的外化的能力。"反过来，也可以说，人的异化就是货币的人格化，或货币的人性的表现。货币的这一特性使货币成为历史运动的现实力量，货币及其关系

① ［德］马克思：《资本论》第 1 卷，人民出版社 1975 年版，第 151 页。
② 《马克思恩格斯文集》第 1 卷，人民出版社 2009 年版，第 242 页。
③ 《马克思恩格斯文集》第 1 卷，人民出版社 2009 年版，第 245 页。
④ 《马克思恩格斯文集》第 1 卷，人民出版社 2009 年版，第 246—247 页。

极力造成这样的趋势，即"交换关系固定为一种对生产者来说是外在的、不依赖生产者的权力。最初作为促进生产的手段出现的东西，成了一种对生产者来说是异己的关系"①。在市民社会，商品生产者必须把握货币这个"物的神经"，这个"社会的抵押品"②，"每个个人行使支配别人的活动或支配社会财富的权力，就在于他是交换价值或货币的所有者。他在衣袋里装着自己的社会权力和自己同社会的联系"③。

　　比起商品拜物教来，货币拜物教显得更为抽象。因为拥有某种商品只意味着拥有某种使用价值，而拥有作为"一般等价物"的货币却潜在地拥有一切商品的使用价值。所以，人们习惯于把货币作为万能的神来崇拜。在一定的社会关系中，货币成为一切使用价值的化身而受到人们的普遍崇拜。由此可见，货币拜物教不过是商品拜物教的更为显眼的表现形式。货币拜物教的谜，就是商品拜物教的谜，不过它已经变得显著，迷惑着人们的眼睛。而这个谜的谜底就是通过物与物之间的社会关系掩盖了资本主义生产方式的剥削实质。马克思说："一种社会生产关系采取了一种物的形式，以致人和人在他们的劳动中的关系倒表现为物与物彼此之间的和物与人的关系，这种现象只是由于在日常生活中看惯了，才认为是平凡的、不言自明的事情。"④

　　货币既是价值的起点，又是价值的终点。马克思说："商品和货币这二者仅仅是价值本身的不同存在方式：货币是它的一般存在方式，商品是它的特殊的也可以说只是化了装的存在方式。价值不断从一种形式转化为另一种形式，在这个运动中永不消失，从而变成一个自动的主体。"⑤价值的转化意味着价值既是它自身同时又不是它自身，不断变换自己的形式，必须来回在商品和货币之间跳舞。所以，"价值时而采取时而抛弃货币形式和商品形式，同时又在这种变换中一直保存自己和扩大自己；价值作为这一过程的扩张着

① 《马克思恩格斯文集》第 1 卷，人民出版社 2009 年版，第 195 页。
② 《马克思恩格斯全集》第 23 卷，人民出版社 1972 年版，第 151 页。
③ 《马克思恩格斯全集》第 46 卷（上），人民出版社 1979 年版，第 103 页。
④ 《马克思恩格斯全集》第 13 卷，人民出版社 1962 年版，第 23 页。
⑤ ［德］马克思：《资本论》第 1 卷，人民出版社 1975 年版，第 175 页。

的主体，首先需要一个独立的形式，把自己的同一性确定下来。它只有在货币上才具有这种形式。因此，货币是每个价值增殖过程的起点和终点。"① 起点和终点的同一，是包含自身否定、扩展了自己的量的同一，同时也是与商品的实在形式保持对立的同一。

二、市民社会的资本逻辑

这样，我们可以理解到市民社会拜物教的发生及其状况，这就是马克思在分析了资本主义经济生活中人与人的关系颠倒为物与物的关系之后所论述的："个人现在受抽象统治，而他们以前是互相依赖的。"② 在这里，抽象指的正是那些统治个人的物质关系的理论表现，这也正是商品、货币和资本作为一种价值的抽象形式内嵌着人们之间的社会历史关系。在资本主义社会的经济生活中，还有一种绝大多数人无法直接面对的拜物教——资本拜物教。

资本是市民社会得以运行的灵魂，而关于资本的缜密分析则构成了对市民社会研究的逻辑前提。马克思对资本的看法是辩证的，资本的特性决定着也体现着市民社会的特性："资本的文明面之一是，它榨取剩余劳动的方式和条件，同以前的奴隶制、农奴制等形式相比，都更有利于生产力的发展，有利于社会关系的发展，有利于更高级的新形态的各种要素的创造。因此，资本一方面会导致这样一个阶段，在这个阶段上，社会上的一部分人靠牺牲另一部分人来强制和垄断社会发展（包括这种发展的物质方面和精神方面的利益）的现象将会消灭；另一方面，这个阶段又会为这样一些关系创造出物质手段和萌芽，这些关系在一个更高级的社会形态内，使这种剩余劳动能够同一般物质劳动所占有的时间的较显著的缩短结合在一起。"③

现代性说到底是在现代生产基础上资本运动的产物，是随资本运动兴起和发展起来的，而货币作为交换和流通的产物，正是"资本的最初的表现形

① ［德］马克思：《资本论》第 1 卷，人民出版社 1975 年版，第 176 页。
② 《马克思恩格斯全集》第 46 卷（上），人民出版社 1979 年版，第 111 页。
③ 《马克思恩格斯全集》第 25 卷，人民出版社 1979 年版，第 925—926 页。

式"①。资本总是出现在货币的形态上，它作为商业资本和高利贷资本与土地
所有权的对立面。资本首先表现为一种物的形态，即货币。但是，资本不同
于始终具有同一形式和基质的货币，即始终是物的形态的货币，具体地说，
资本还会以商品的形式出现。当资本被理解为物一类的静止的东西时，资本
作为生产关系的本质就无法理解，"那就是只看到了资本的物质，而忽视了
使资本成为资本的形式规定"②。正是在货币和商品的交替表现形式中，劳动
过程成为价值增殖过程，资本实现了自我增殖。马克思通过剩余价值理论揭
示了资本的真正本质。

　　资本积累过程对人来说绝不是一个积累财富的、愉快的、幸福的过程。
毋宁说，它是使大量善良的弱势者失去生产资料和生活资料，从而走向苦
难的历程。"而对他们的这种剥夺的历史是用血和火的文字载入人类编年史
的"③。马克思从分析商品入手，指出商品生产发展到一定阶段，货币就必然
转化为资本。马克思认为，在市民社会中存在着两个不同的流通过程：一是
为买而卖的商品——货币——商品（W—G—W）；另一个是为卖而买的货
币——商品——货币（G—W—G）。前一个过程中的货币"是当作货币的货
币"，而后一个过程中的货币则是"当作资本的货币"。在前者，货币真的是
付出了；而后者，人们"购买商品，把货币投入流通，是为了通过出卖这同
一商品，从流通中再取回货币。他拿出货币时，就蓄意要重新得到它。因
此，货币只是被预付出去"④。在这里，前者为的是使用价值，后者为的则是
交换价值。更为重要的是，在前一个过程中，交换中的商品与商品是等值
的，而在后一个过程中，最终从流通中取出的货币，会比原来投入的货币更
多。G—W—G 成了 G—W—G′，货币由此成为了资本。也因此，马克思
把这个 G—W—G 称为"流通领域中出现的资本的总公式"。这个公式再简
化一下，就出现了"最富有拜物教性质的形式"，即"G—G′"。这也就是

①　[德] 马克思：《资本论》第 1 卷，人民出版社 1975 年版，第 167 页。

②　《马克思恩格斯全集》第 46 卷（上），人民出版社 1979 年版，第 211 页。

③　[德] 马克思：《资本论》第 1 卷，人民出版社 1975 年版，第 783 页。

④　[德] 马克思：《资本论》第 1 卷，人民出版社 1975 年版，第 170 页。

生息资本——生出货币的货币。资本在这里终于彻底地抛弃了它自身的社会关系及其社会历史属性，成了一种纯粹的形式存在。因此马克思说，在这个G—G′中，资本主义生产方式所特有的"变体和拜物教在这里彻底完成了"，即资本变成自动的拜物教，不仅它形成的任何痕迹消失了，而且它要求整个世界成为献给它的"祭品"。

这样，资本拜物教表现为资本幽灵般地支配着人类生活世界，从而以"成熟完美"的形式展示着现代性的"形而上学性"。正是资本产生的这个秘密，使资本家从工人那里掠夺过来的剩余价值暴露无遗。为了获得剩余价值，货币所有者就必须在市场上发现这样一种商品，它的使用价值的形成过程同时也是价值的创造过程。这种特殊的商品就是工人的劳动力。它的使用是劳动，劳动创造价值。货币拥有者按劳动力的价值购买劳动力，而劳动力的价值和任何商品一样，是由生产劳动力所需要的社会必要劳动时间（即工人及其家属的生活费用的价值）决定的。资本家从市场流通领域中以一定量的货币购买回一定量的劳动时，实际上他购买到的不是与工人所交换的劳动量，而是对劳动力的支配权的这种质上的占有，而工人只能从资本家那里得到一定量的货币（所谓的工资）。在这里，等价交换的面纱被揭开了，露出了经济生活中赤裸裸的剥削与掠夺。马克思论述道："因此，让我们同货币所有者和劳动力所有者一道，离开这个嘈杂的、表面的、有目共睹的领域，跟随他们两人进入门上挂着'非公莫入'牌子的隐蔽的生产场所吧！在那里，不仅可以看到资本是怎样进行生产的，还可以看到资本本身是怎样被生产出来的。赚钱的秘密最后一定会暴露出来。"[1]

可见，资本是追求自身增殖的剩余劳动。它所负载的增殖意志，表面上是投资者的主观贪婪欲望，实质上是一种社会关系的强制力量。马克思论述道："资本不是物，而是一定的、社会的、属于一定历史社会形态的生产关系，它体现在一个物上，并赋予这个物以特有的社会性质。"[2] 早在《1844

---

[1] ［德］马克思：《资本论》第 1 卷，人民出版社 1975 年版，第 199 页。

[2] 《马克思恩格斯全集》第 25 卷，人民出版社 1974 年版，第 920 页。

年经济学哲学手稿》中，马克思就已经看到了资本和生产资料私有制之间的关系，认为资本就是"对他人劳动产品的私有权"，是"对劳动及其产品的支配权力"。后来马克思又直接指出："资本显然是关系，而且只能是生产关系。"① 资本拜物教的出现，就其根源而言，乃是人与物的关系颠倒的结果。由此导致的结果是，人们不是以人的方式对待人，而是以物的方式对待人。资本好像具有独立的生命，控制和驾驭着人们的思想和行为。

资本对人的控制和支配，也包含了资本家自己。人们一旦把社会积累下来的剩余劳动，投入到市场化的社会生产过程中而转化为资本，人们负载在它身上的意志就由市场中社会关系的客观力量所决定，从而成为强制性的客观力量，迫使投资者必须追求增殖。马克思论述道："在资本的概念中包含着这样一点：劳动的客观条件（而这种客观条件是劳动本身的产物）对劳动来说人格化了，或者同样可以说，客观条件表现为对工人来说是异己的人格的财产。资本的概念中包含着资本家。"② 在马克思看来，资本不仅仅支配着工人，也支配着资本家。资本家的权力就是资本的支配权力。马克思认为，资本家拥有这种权力并不是由于他个人的或人的特性，而只是由于他是资本的所有者。他的权力就是他的资本的那种不可抗拒的购买的权力。"作为资本家，他只是人格化的资本。他的灵魂就是资本的灵魂。而资本只有一种生活本能，这就是增殖自身，获取剩余价值，用自己的不变部分即生产资料吮吸尽可能多的剩余劳动。"③ 这样，"有产阶级和无产阶级同是人的自我异化"④，因为资本以其非人的、神奇的力量支配着一切，当然也支配着资产阶级。

三、资本与人的劳动异化

马克思早在《1844 年经济学哲学手稿》中就揭示了市民社会条件下的

---

① 《马克思恩格斯全集》第 46 卷（上），人民出版社 1979 年版，第 518 页。

② 《马克思恩格斯全集》第 46 卷（上），人民出版社 1979 年版，第 517 页。

③ ［德］马克思：《资本论》第 1 卷，人民出版社 1975 年版，第 260 页。

④ 《马克思恩格斯全集》第 2 卷，人民出版社 1957 年版，第 44 页。

异化劳动，并分析了它的四种表现：劳动过程对劳动者的异化、劳动产品对劳动者的异化、人的本质的异化、人对人的异化。在他看来，异化劳动就是劳动者生产的财富越多，他自己越失去人的价值和尊严；他创造的东西越完美，他自己就越畸形；他亲手创造的外部世界越丰富，他自己的内部世界越贫乏；这个世界越强大，穷人变得越弱小；社会越是文明，下层民众越愚钝困惑；自然越被人征服，人越变为自由的奴隶；等等。这看上去就像劳动者的产品、他的劳动本身乃至他的整个生活，变成了一种异己的、与他相对立的独立力量，掉过头来反对他自身。马克思从黑格尔辩证法那里获得灵感，恰当地把这种社会现象称为"劳动的异化"。

马克思早期的异化理论虽然也是从资本主义制度下劳动产品、劳动本身、劳动者和非劳动者之间的异化事实出发，但却把它们归结为人的理想本质的自我异化，主体的自我分裂，实质上是人的理想本质同私有制现实的外在冲突。在《资本论》中，马克思对劳动异化的分析是与对资本的批判联系在一起的。如果说，马克思对于现代性问题的解答是在异化劳动的意义上进行的，或者说，是在哲学人类学意义上进行的，而不是在经济学意义上展开的话，那么，在《资本论》中，马克思则通过对于经济学意义上的劳动的分析，来揭示资本主义的矛盾，通过对于资本主义经济关系的分析来揭示隐藏在资本主义的经济关系背后的矛盾——现代性的矛盾，更具体地说，现代性的问题仍然发生在人的实践活动领域。可以说，经济学上的劳动成为马克思分析资本主义现代性矛盾的重要领域。在这里，"死劳动"和"活劳动"的关系的分析理所当然的是马克思揭示资本主义社会剥削的秘密的重要方法之一。而所谓的死劳动，在马克思那里是指物化的劳动。在这里，我们仍然可以看到，马克思对于资本主义矛盾的分析，对于现代性问题的解剖在某种程度上仍然坚持了黑格尔的辩证法思想。可以说，马克思对于现代性问题的理解是对于黑格尔辩证法的唯物主义的运用，也是对于黑格尔现代性问题的理解的一种唯物主义的改造。

私有制是市民社会现实的存在，当然也是历史的产物。前资本主义私有制条件下的小生产恰恰构成劳动者发展其自由个性的必要条件，尽管那只是原始水平的发展；私有制只有到了资本主义阶段，才能达到它最纯粹也最抽象的形式，因为资本主义私有制是以异化劳动为基础的。在资本的原则下，原本的生命的活动成为异在于人的活动。资本通过工人的劳动实现自己和发展自己。作为资本主义的生产关系，资本内在地蕴含着不可消除的矛盾，这种矛盾就是私人劳动和社会劳动的矛盾，即生产的私人性和产品实现自身价值的社会性之间的矛盾。随着生产力的发展，资本的内在矛盾不可避免地将会导致自身的破裂和毁灭，从而产生超越资本原则的新型的生产关系。马克思指出："资本的限制就在于：这一切发展都是对立地进行的，生产力，一般财富等等，知识等等的创造，表现为从事劳动的个人本身的异化；他不是把他自己创造出来的东西当作他自己的财富的条件，而是当作他人财富和自己贫困的条件。但是这种对立的形式本身是暂时的，它产生出消灭它自身的现实条件。"① 个人在劳动中发挥了主体的作用，但是，在资本主义经济关系中却进一步丧失了主体的力量。人的活动仿佛是物的自我活动，在主体性发挥中，人失去了主体性。

资本的原则意味着劳动力和劳动产品的分离。在市民社会，劳动是被看作物、看作商品、看作是用价格进行交易的产品。马克思形象地把现实的从事产品生产的"活劳动"比喻为"酵母"。马克思说："资本家购买了劳动力，就把劳动本身当作活的酵母，并入同样属于他的各种形成产品的死的要素。"② 这种活的酵母和死的要素的结合便生产出各种商品。马克思接着说："当他（指资本家——引注）把活的劳动力同这些商品的死的物质合并在一起时，他就把价值，把过去的、物化的、死的劳动变为资本，变为自行增殖的价值，变成一个有灵性的怪物，它用'好象害了相思病'的劲头开始去'劳动'。"③ 资本家购买劳动力，并把劳动并入生产要素中，生产商品的过程显示了资本主义的生产关系的性质，活劳动变成了死劳动，

① 《马克思恩格斯全集》第46卷（下），人民出版社1980年版，第36页。
② ［德］马克思：《资本论》第1卷，人民出版社1975年版，第210页。
③ ［德］马克思：《资本论》第1卷，人民出版社1975年版，第221页。

而死劳动又转化为进一步奴役活劳动的工具。这样，劳动力和劳动资料的相互分离，劳动不再是劳动者的目的，而是劳动者的生活手段，人的本质力量的外化和占有之间的链条被打断，劳动外化创造的产品与劳动者相分离，为他人所占有，并作为社会再生产的物质条件反过来统治劳动者。马克思指出："生产条件自身具有与劳动相对立的异化形式，表现为他人的所有权而与劳动相对立，并作为这样的所有权对劳动进行统治。"① 劳动本来是人的现实活动，但是，在资本主义社会，劳动的现实性同时也是人的现实的丧失。"但这种现实性对于劳动来说是他人的现实性，它构成同劳动相对立的财富。"② 资本主义的再生产就是通过不断打断劳动外化和占有之间的链条而持续不断地进行的，异化劳动也构成了资本主义社会赖以存在的基础。

扬弃异化劳动的动力来自劳动本身。考察人类的劳动史发现，劳动的异化只是人类社会生产力发展到一定历史阶段的产物，它是在一定的社会经济结构中客观地发生和存在的。一方面是劳动的非人性不断加深、异化不断强化的过程，另一方面则是劳动自身不断创造和积累解决自身矛盾的条件和力量的过程，它也必须是在这种经济结构本身创造出客观的物质条件以后才能得以消除。因此，马克思指出，只有到了雇佣劳动阶段，异化劳动转变为自主活动才具有直接的历史必然性和现实可能性，"只有完全失去了整个自主活动的现代无产者，才能够实现自己的充分的、不再受限制的自主活动"③。这样，具有极端异化形式的雇佣劳动只是"一个必然的过渡点"，"它已经自在地、但还只是以歪曲的头脚倒置的形式，包含着一切狭隘的生产前提的解体，而且它还创造和建立无条件的生产前提，从而为个人生产力的全面的、普遍的发展创造和建立充分的物质条件"④。

---

① 《马克思恩格斯全集》第 26 卷Ⅲ，人民出版社 1974 年版，第 546 页。
② 《马克思恩格斯全集》第 46 卷（上），人民出版社 1979 年版，第 451 页。
③ 《马克思恩格斯选集》第 1 卷，人民出版社 1995 年版，第 129 页。
④ 《马克思恩格斯全集》第 46 卷（上），人民出版社 1979 年版，第 520 页。

第四节 共产主义与市民社会的解放

马克思揭示人在资本主义制度下的处境，是为了把人从异化状态中解放出来，找到通向自由王国的现实路径。所谓解放，就是从不自由的状态进入自由状态。马克思认为，人的自由解放与否的标志就是劳动。显然，雇佣劳动是不自由的标志，与之相对的是自由自主的劳动。雇佣劳动之所以不自由是由于被异化了。在马克思看来，由于劳动变成异化劳动，由于劳动不再是实现人的类本质的活动，所以，劳动者通过劳动就丧失了其本质，成为一种异己的和"非人"。并且，由于劳动变成异化劳动，劳动产品就不再属于劳动者，而是作为一种异己的力量同劳动者相对立，也就是说，劳动产品属于不劳动的资本家，所以，劳动者与资本家的对立就呈现为有产与无产的对立。而在这种对立中，相比于有产者来说，无产者个人会全面地否定自身，全面地成为"非人"。因此，只有无产者获得解放，这些对立和异化才能从根本上得到消除。

一、市民社会与人类解放

人的解放理论，最初是马克思在宗教批判中得到阐述的。这一理论渊源也显示出宗教的解放和人的解放内在的关联性，但是宗教的解放并不具有现实性。青年黑格尔派的重要人物鲍威尔认为，社会压迫的根源在于宗教，所以，犹太人的解放就像基督徒的解放一样，只有通过克服自己的宗教才能获得，从而把历史过程和社会不平等现象归结于宗教。马克思深刻揭示了社会压迫的根源在于世俗世界："在我们看来，宗教已经不是世俗狭隘性的原因，而只是它的表现。因此，我们用自由公民的世俗桎梏来说明他们的宗教桎梏。我们并不认为：公民要消灭他们的世俗桎梏，必须首先克服他们的宗教狭隘性。我们认为：他们只有消灭了世俗桎梏，才能克服宗教的狭隘性。我们不把世俗问题化为神学问题。我们要把神学问题化为世俗问题。"所以,"政治解放和宗教的关系问题已经成了政治解放和人类解放的关系问题"①。人类解放理论在这一批判逻辑中得以孕育和发展。

"对宗教的批判是其他一切批判的前提"②。经过宗教批判的过渡和推动,马克思表现出对人的物质利益问题的莫大关注,物质利益问题就是尘世的问题,就是现实的问题,就是政治问题,就是深层的社会问题。马克思指出了这一逻辑的内在联系:"真理的彼岸世界消逝以后,历史的任务就是确立此岸世界的真理。人的自我异化的神圣形象被揭穿以后,揭露具有非神圣形象的自我异化,就成了为历史服务的哲学的迫切任务。于是,对天国的批判变成对尘世的批判,对宗教的批判变成对法的批判,对神学的批判变成对政治的批判。"③由此,马克思提出了通过无产阶级革命实现人的解放的任务,并且提出了实现人的解放的手段和途径。

马克思对人的解放问题的关注,源于对现实生活的切身感受。大学毕业后,马克思接触社会生活时间虽然不长,但其间所亲历的书报检查制度、关于林木盗窃法的辩论、对摩泽尔河地区农民状况的研究等,使他痛感普鲁士国家制度对人性的压制,深切同情劳动者的悲惨处境,激发了他对人的解放的意识追求。他早期的一系列文章,抨击了专制政府对思想和言论自由的限制,强调了人类精神的多样性,揭露了普鲁士国家的反人民性。在《摘自"德法年鉴"的书信》中对专制制度进行了严厉的批判,他认为,专制制度的唯一原则是轻视人类,使人不成其为人,使世界不成其为人的世界,专制制度必然具有"兽性",并且与人性是不相容的。有鉴于此,马克思提出要对现存的一切进行无情批判。这一阶段,马克思对人的关注主要是政治层面的,尚未正面阐释人的解放的内容,但就其批判的尺度和目标看,则已蕴含着人的解放的诉求。

马克思明确肯定:"政治解放当然是一大进步。"其一,政治解放使"国

---

① 《马克思恩格斯全集》第 1 卷,人民出版社 1956 年版,第 425 页。
② 《马克思恩格斯选集》第 1 卷,人民出版社 1995 年版,第 1 页。
③ 《马克思恩格斯选集》第 1 卷,人民出版社 1995 年版,第 2 页。

家摆脱犹太教、基督教和一切宗教而得到解放"，国家"不再维护任何宗教，
而去维护国家自身"。^① 其二，"政治解放同时也是市民社会从政治中获得解
放"^②，政治解放"使市民社会的等级差别完全变成了社会差别，即没有政治
意义的私人生活的差别。这样就完成了政治生活同市民社会分离的过程"^③。
马克思比青年黑格尔更深刻的地方在于，他清醒地认识到政治解放"并不是
彻底的没有矛盾的解放"；相反，政治解放在完成对宗教和封建特权的批判
之时，在完成对"人的自我异化的神圣形象"即宗教异化的克服之时，也形
成了"非神圣形象中的自我异化"——它导致了人在市民社会中和国家生活
中的同时异化，即所谓"双重异化"。

　　与黑格尔把君主立宪制国家的建立看作是"历史的终结"不同，马克思
认为："从政治上废除私有财产不仅没有废除私有财产，反而以私有财产为
前提。……国家还是任凭私有财产、文化程度、职业按其固有的方式发挥作
用，作为私有财产、文化程度、职业来表现其特殊的本质。国家远远没有废
除所有这些实际差别，相反地，只有在这些差别存在的条件下，它才能存
在，只有同它这些因素处于对立的状态，它才会感到自己是政治国家，才
会实现自己的普遍性。"^④ 马克思通过考察法国 1791 年、1793 年、1795 年宪
法、美国《宾夕法尼亚宪法》《新罕普什尔宪法》，特别是考察法国最激进的
1793 年宪法后指出，通过政治解放而确立的"所谓人权无非是市民社会的
成员的权利，即脱离了人的本质和共同体的利己主义的人的权利"。具体地
说，"自由是作为孤立的、封闭在自身的单子里的那种人的自由"，"自由这
一人权的实际应用就是私有财产这一人权"，"平等无非是上述自由的平等，
即每个人都同样被看做孤独的单子"，安全是"利己主义的保障"。可见，"任
何一种所谓人权都没有超出利己主义的人，没有超出作为市民社会的成员的
人，即作为封闭于自身、私人利益、私人任性、同时脱离社会整体的个人的

① 《马克思恩格斯全集》第 1 卷，人民出版社 1956 年版，第 426 页。
② 《马克思恩格斯全集》第 1 卷，人民出版社 1956 年版，第 442 页。
③ 《马克思恩格斯全集》第 1 卷，人民出版社 1956 年版，第 344 页。
④ 《马克思恩格斯全集》第 1 卷，人民出版社 1956 年版，第 427 页。

人"①。因此，在马克思看来，以确立所谓人权为标志的政治解放并没有克服市民社会，它不过是完成了市民社会从政治中解放而已。

在市民社会虽然消灭了以血统、政治身份为主要标准的封建等级差别，却形成了以"金钱和教养"为主要标准的市民社会阶级差别。因而通过政治解放确立的"所谓人权无非是市民社会的成员的权利，即脱离了人的本质和共同体的利己主义的人的权利"②，人在市民社会中是异化的人，市民社会对人来说则成为异化了的"社会"。在这个社会里，"人决不是类存在物，相反地，类生活本身即社会却是个人的外部局限，却是他们原有的独立性的限制。把人和社会连接起来的唯一纽带是天然的必然性，是需要和私人利益，是他们财产和利己主义个人保护。"市民社会不是人类生活的场所，反而是私利冲突的战场，它"把人的世界变成互相隔绝互相敌对的个人的世界"③。这充分说明，政治国家没有因为自己是普遍利益的代表而运用"共同体"[Gemeinwesen]的原则来克服市民社会的自利性。恰恰相反，"在国家中，即在人是类存在物的地方，……充满了非实在的普遍性"④。就是说，无论是在政治国家还是市民社会，人无法过上类生活，发展自己的独立个性和丰富人性，实现自己的类本质。

任何解放都是使人的世界和人的关系回归于人自身。政治解放在马克思那里并不是真正的解放，因为政治的解放把人抽象为公民，过滤掉了感性的东西，不再是直接存在的人、丰富的人，而是干瘪的、呆板的，所以马克思说："政治解放一方面把人变成市民社会的成员，变成利己的、独立的个人；另一方面把人变成公民，变成法人。"⑤ 在区分了政治解放和人类解放之后，马克思明确了人类解放的意蕴："只有当现实的个人同时也是抽象的公民，并且作为个人，在自己的经验生活、自己的个人劳动、自己的个人关系

---

① 《马克思恩格斯全集》第 1 卷，人民出版社 1956 年版，第 437—439 页。
② 《马克思恩格斯全集》第 1 卷，人民出版社 1956 年版，第 437 页。
③ 《马克思恩格斯全集》第 1 卷，人民出版社 1956 年版，第 450 页。
④ 《马克思恩格斯全集》第 1 卷，人民出版社 1956 年版，第 428 页。
⑤ 《马克思恩格斯全集》第 1 卷，人民出版社 2002 年版，第 443 页。

中间，成为类存在物的时候，只有当人认识到自己的'原有力量'并把这种力量组织成为社会力量因而不再把社会力量当做政治力量跟自己分开的时候，只有到了那个时候，人类解放才能完成。"①在《1844年经济学哲学手稿》中，马克思还以复归人性、全面占有人的本质为尺度，剖析了市民社会中劳动异化的成因，阐释了扬弃异化的途径和目标，认为共产主义是私有财产即人的自我异化的积极扬弃，因而是通过人并且为了人而对人的本质的真正占有，是人向自身、向社会的即合乎人性的人的复归。

马克思看到，异化不仅表现为政治力量的异化（和社会力量的对立），也表现为经济力量的异化，而后者是更深刻的社会异化。在马克思看来，资本主义私有制是异化和异化力量的来源，是"迄今为止历史发展的主要因素之一"②。因此，消除资本主义私有制，"在协作和对土地及靠劳动本身生产的生产资料的共同占有的基础上，重新建立个人所有制"③，是人类解放的最基本要求。随着私有制的消灭，生产力不再被作为盲目的力量来统治生产者，"人们对于自己产品的异己关系"将被消灭，"人们将使交换、生产及他们发生相互关系的方式重新受自己的支配"④。因此，"建立共产主义实质上具有经济的性质"。从此，"个体生存斗争停止了。于是，人在一定意义上才最终地脱离了动物界，从动物的生存条件进入真正人的生存条件"⑤。"劳动阶级在发展进程中将创造一个消除阶级和阶级对立的联合体来代替旧的市民社会"⑥。

马克思认为，生产力和生产关系的矛盾运动，是推动社会自身通过异化的形式创造并积累着消除异化的力量，只有资本主义的大工业和它所创造的发达的生产力，才使共产主义成为现实的运动。这一矛盾消除的根本途径是

---

① 《马克思恩格斯全集》第1卷，人民出版社1956年版，第443页。
② 《马克思恩格斯选集》第1卷，人民出版社1995年版，第86页。
③ 《马克思恩格斯选集》第2卷，人民出版社1995年版，第269页。
④ 《马克思恩格斯选集》第1卷，人民出版社1995年版，第87页。
⑤ 《马克思恩格斯选集》第3卷，人民出版社1995年版，第633页。
⑥ 《马克思恩格斯选集》第1卷，人民出版社1995年版，第194页。

消灭财富集中于少数人而大多数人一无所有的两极分化，使个人从纯粹利己的市民状态中解放出来，使每个人都具有保障自己生存、活动、享受和发展的物质基础，从而联合起来进行创造性的活动，就是"在生产者自由平等的联合体的基础上按新方式来组织生产的社会，将把全部国家机器放到它应该去的地方，即放到古物陈列馆去，同纺车和青铜斧陈列在一起"①。

由此出发，马克思发现了市民社会辩证法的体现者，即无产阶级。马克思指出："一个并非市民社会阶级的市民社会阶级，形成一个表明一切等级解体的等级，形成一个由于自己遭受普遍苦难而具有普遍性质的领域，这个领域并不要求享有任何特殊的权利，因为威胁着这个领域的不是特殊的不公正，而是一般的不公正，它不能再求助于历史的权利，而只能求助于人的权利，……在于形成一个若不从其他一切社会领域解放出来从而解放其他一切社会领域就不能解放自己的领域，总之，形成这样一个领域，它表明人的完全丧失，并因而只有通过人的完全回复才能回复自己本身。社会解体的这个结果，就是无产阶级这个特殊等级。"② 在 1847 年《关于保护关税主义、自由贸易和工人阶级的演说》中，马克思论述了自由贸易、世界普遍交往与无产阶级解放的关系："我们赞成自由贸易，因为在实行自由贸易以后，政治经济学的全部规律及其最惊人的矛盾将在更大的范围内，在更大的区域里，在全世界的土地上发生作用；因为所有这些矛盾一旦拧在一起，互相冲突，就会引起一场斗争，而这场斗争的结局将是无产阶级的解放。"③ 只有作为自为的阶级的无产阶级，在其政党的领导下，才能承担起人类解放的历史使命。可见，人类解放是指社会最后一个等级即无产阶级所推动的社会解放，由于这一等级是"一个被彻底的锁链束缚的阶级"，所以它所从事的社会解放必将打破所有束缚人类发展的锁链，创造人类存在的一切条件，实现全人类的解放。

---

① 《马克思恩格斯选集》第 4 卷，人民出版社 1995 年版，第 174 页。
② 《马克思恩格斯选集》第 1 卷，人民出版社 1995 年版，第 14—15 页。
③ 《马克思恩格斯全集》第 4 卷，人民出版社 1958 年版，第 295—296 页。

二、共产主义与人的自由的真正实现

马克思进而指出，人的自由并不是人先天的自然权利，而是一定历史阶段的人与人的社会关系，并且在不同的历史时代具有不同的历史形态。古代的自由、平等是狭隘的，既不包括奴隶、妇女等，又受到地域性的局限。这种自由、平等虽然同古代商品交换的一定发展阶段相关，但它在本质上是排斥商品交换的。因此，它必然随着商品交换的进一步发展而消失。资本主义的自由不仅在以交换价值为基础的交换中受到尊重，而且交换价值的交换是一切自由和平等的基础。但这种自由只是流通领域形式上的人的自由，它掩盖了人们在财产占有和利益上的对立。马克思说："在过去的种种冒充的共同体中，如在国家等等中，个人自由只是对那些统治阶级范围内发展的个人来说是存在的，他们之所以有个人自由，只是因为他们是这一阶级的个人。从前各个人联合而成的虚假的共同体，总是相对于各个人而独立的；由于这种共同体是一个阶级反对另一个阶级的联合，因此对于被统治的阶级来说，它不仅是完全虚幻的共同体，而且是新的桎梏。在真正的共同体的条件下，各个人在自己的联合中并通过这种联合获得自己的自由。"[①]

可以说，人的自由问题是随着人类的产生而产生的。人类从自然界分化出来，其生存和发展面临着怎样处理与这个世界包括社会的关系问题。在自然界、社会的客观规律和必然性面前，人们能不能达到自己本性和本质力量的自我实现，就是所谓的自由问题。在马克思看来，任何一种现实的自由都不是自由的、绝对的、最终的形式，任何一种理想的自由都不是绝对的、最终的目标，自由的实现是从现实向未来不断发展的，既连续又有飞跃的前进过程。自由既是现实的、具体的、历史的，又是属于未来的、有更高境界的无止境发展的。

在马克思以前的 17—19 世纪，对自由的理解有着两种对立的观点，一是以洛克和霍布斯为代表，他们把自由理解为不依赖外部力量的人的最高积

[①] 《马克思恩格斯选集》第 1 卷，人民出版社 1995 年版，第 119 页。

极性，并且从主体方面客观地分析了自由问题的本质矛盾。他们认为，人是自然的一部分，因此，人的自由应该作为自然规律而有其客观的必然性基础。从这种自然主义和机械决定论的观点出发，认为自由不是与必然性相对立，而只是与强制性相对立，"没有外在的强制"，强调自由是主体和外界的关系，承认外在必然性，认为自由在必然性之外，但又不能与必然性发生冲突，自由是必然性所容许的，"这种在一定条件下无阻碍地享用偶然性的权利，迄今一直称为个人自由"①。

另一种观点是康德、费希特等把自由理解为"意志的自律"、主体的自我实现，强调自由是一种主体与自身的关系，否认外在必然性，只承认内在必然性（理性、伦理原则），由此引出了积极肯定的"族类意识"自由观，认为自由是内在必然性的实现，个人必须按照整个人类普遍理性的"绝对命令"去行动。在这里，康德提出了一个"二律背反"：一方面，在经验的世界中一切都是严格地被决定的；另一方面，作为自发始因的自由是不依赖大自然规律的。因此，二者势不两立。他用二元论的方式解决这个矛盾：在感性的、被决定着的世界里，只有自然的必然性，没有自由；自由"仅仅发生在理智的东西（作为原因）对现象（作为结果）之间的关系上"②，即自由仅仅是超感性的理性活动所具有的能力；二者互不妨碍。虽然康德的用意在于为实践自由找到理性自由的根据，但由于他在自然的必然性与理性的自由、现象与自在之物之间画上了一道鸿沟，他所说的超感觉的抽象的理性自由也就成了一种缺少客观根据的东西。

黑格尔在辩证法的基础上将上述对立的自由观进行了统一。他用绝对观念既是"实体"又是"主体"的思辨哲学把外在必然性与内在必然性统一起来，提出了"必然性的真理即是自由"的命题，认为自由既是"自己决定自己"，"同时又是必然的"。从自由是历史主体活动的必然结果的角度，黑格尔认为历史的必然性和主体的自由是统一的，正是人们的自由活动构成了不可避免

---

① 《马克思恩格斯全集》第 40 卷，人民出版社 1982 年版，第 212 页。

② ［德］康德：《未来形而上学导论》，李秋零译，商务印书馆 1978 年版，第 129 页。

事件的各个环节，而这些环节又是不以人们的意志和意识为转移的、客观必然的。在历史中，人们活动的目的在于满足自己的欲望和利益，因此他们是自由的，活动的结果是"他们满足了自己的利益；但是还有潜伏在这些行动中的某种东西，虽然它们没有呈现在他们的意识中，而且也并不包括在他们的企图中，却也一起完成了"①。这就是历史的必然性。因此，自由就在于通过认识和行动揭示必然性，按照必然性改造世界。但是，由于黑格尔哲学的唯心主义性质，他的辩证综合实际上是虚假的。

与上述思想家不同，马克思认为，自由是人们争取的结果而非天赋的权利，只有摆脱各种束缚和限制，争取自己的独立和解放，做自己的主人，人才有自由。马克思对未来社会的构想是以争取政治自由为基础的。他在《评普鲁士最近的书报检查令》一文中明确指出："自由是人类的精神特权，只有自由的出版物才能真正代表人民的精神，只有实现了言论出版自由，才能实现其他方面的自由。"② 这是马克思论述言论自由和表达政治自由理念的最初方式。在《论犹太人问题》一文中，他区分了"公民的权利"（rights of citizen）和"人的权利"（rights of man）。自由权是每个公民应该具有，然而在现实中往往不具有的基本自由，因此需要在现实的经济和阶级斗争中实现和确立公民的政治自由。同时，在马克思看来，政治自由是免除压迫的自由，为了免除压迫和奴役，必须从根本上消除产生压迫和奴役的原因。

由此，马克思明确提出自由的基础在于劳动实践，并对自由作了明确的论述。马克思认为，人类起源于自然界的过程，是同人类劳动的形成和发展过程分不开的。因此，自由首先是劳动的产物，自由的发展首先表现为人类物质生产劳动的发展，人由于受到不以自己意志为转移的客观需求的驱使，不能不行动，不能不劳动。从这点看，劳动意味着人的不自由。但是，自由不是凭空产生的，而恰恰是以不能自由为前提，通过把一定的不自由转化为

---

① ［德］黑格尔：《历史哲学》，王造时译，商务印书馆 1956 年版，第 57 页。
② 《马克思恩格斯全集》第 1 卷，人民出版社 1956 年版，第 29—31 页。

具体的自由才产生的。马克思指出："有意识的生命活动把人同动物的生命活动直接区别开来。正是由于这一点，人才是类存在物。或者说，正因为人是类存在物，他才是有意识的存在物，就是说，他自己的生活对他来说是对象。仅仅由于这一点，他的活动才是自由的活动。"① 这也就是说，人的活动的自由就在于他能把自己的活动作为自己的意识和意志的对象，从而能够控制自己的活动、按照自己的意志行事。人只有积极地改造环境，从而控制自己的生存条件，才能真正获得自由。马克思还说："亚当·斯密正是把劳动看作诅咒。在他看来，'安逸'是适当的状态，是与'自由'和'幸福'等同的东西。一个人'在通常的健康、体力、精神、技能、技巧的状况下'，也有从事一份正常的劳动和停止安逸的需求，这在斯密看来是完全不能理解的。诚然，劳动尺度本身在这里是由外面提供的，是由必须达到的目的和为达到这个目的而必须由劳动来克服的那个障碍所提供的。但是克服这种障碍本身，就是自由的实现，而且进一步说，外在目的失掉了单纯外在必然性的外观，被看作个人自己自我提出的目的，因而被看作自我实现，主体的物化，也就是实在的自由，——而这种自由见之于活动恰恰就是劳动。"② 在这里，马克思把自由理解为人的活动的一种特定状态，即人的活动的自主状态，是通过劳动对外在必然性的扬弃而达到的自我实现。

自由是以人的劳动实践为基础的，而实践又是社会历史的实践，作为"自由自觉的活动"，劳动集中地体现了人作为"类"的社会性。因而，人只有在一定的社会关系中才有自由。现实中的个人只是依据一定的生存条件而生存，"而这些生存条件当然只是现存的生产力和交往形式"。从某种意义上说，"生产力与交往形式的关系是交往形式与个人的行动或活动的关系"③。在不同的生存条件下，人的自由在性质、范围和程度上是不同的。在市民社会，物化的世界对于人的压抑和控制，直接地通过劳动的异化表现出来。在一般的意义上，劳动应当是人的本性和第一需要，是人的"自由的生命表

---

① 《马克思恩格斯文集》第 1 卷，人民出版社 2009 年版，第 162 页。
② 《马克思恩格斯全集》第 46 卷（下），人民出版社 1980 年版，第 112 页。
③ 《马克思恩格斯全集》第 3 卷，人民出版社 1956 年版，第 80 页。

现"，是"生活的乐趣"。但在资本主义条件下，劳动却发生了极大的异化，变成了一种仅仅是维持生计的手段，变成了对于人性的扭曲。马克思指出："异化劳动把自主活动、自由活动贬低为手段，也就是把人的类生活变成维持人的肉体生存的手段"，工人在劳动中不是肯定自己，而是否定自己，人在劳动中不是感到自由，而是感到不自由。劳动成为一种"外在的劳动，人在其中使自己外化的劳动，是一种自我牺牲、自我折磨的劳动"①。在这样的条件下，劳动者的个性被体系化和自动化的生产线所取代和磨灭。劳动的异化，表达着社会中贫困与财富、劳动者与资本家、无产阶级与资产阶级的两极分化。

马克思同时也指出，处在奴役状态的资产阶级本身也是不自由的，也处于异化状态之中。马克思指出："有产阶级和无产阶级同是人的异化。但有产阶级在这种异化中感到自己是被满足的和巩固的，它把这种异化看做自身强大的证明，并在这种异化中获得人的生存的外观。而无产阶级在这种异化中感到自己是被毁灭的，并在其中看到自己的无力和非人的生存现实。"② 压迫者看来是自由的，但本质上也没有真正的自由。

17—19 世纪的思想家们之所以只是从经济层面上界定个体的自由，就在于他们以资本主义为最高经济形态，他们的全部使命就是为这一经济形态的普遍性、合理性立法。所以，个体的自由是对资本主义的一种肯定。针对其自由主义的主张，马克思指出，要"从自由主义与它所由产生的并赖以确立存在的现实利益的联系上去理解自由主义"③。自由主义把它所代表的资产阶级的特殊利益说成普遍利益，这具有一定的虚假性。马克思认为，自由主义的词句是资产阶级的现实利益的唯心的表达，不要认为资产者的最终目的是要成为完善的自由主义者，成为国家的公民。在马克思看来，真正的自由必然是不同于这些虚假的、抽象的和有差别的自由，必然表现为真实的、具体的和平等的自由。相应地，具有这种自由的人就是摆脱了一切阶级关系和

---

① 《马克思恩格斯文集》第 1 卷，人民出版社 2009 年版，第 159—160 页。
② 《马克思恩格斯全集》第 2 卷，人民出版社 1957 年版，第 44 页。
③ 《马克思恩格斯全集》第 3 卷，人民出版社 1960 年版，第 216 页。

阶级差别的人，就是真正独立和有个性的存在者。也就是说，个人成为"自由的个人"的前提之一，就在于摆脱一切限制，摆脱一切局限性，在普遍的世界历史中彻底实现自身。唯其如此，个人才能真正地占有社会关系，个人才能在任何一种与他人的社会交往中实现自身；唯其如此，个人的自由才能在现实的层面上真正建立起来；唯其如此，人类社会才会进入到"自由人的联合体"，才会进入到"共产主义"的状态中。"因此，无产阶级只有在世界历史意义上才能存在，就像共产主义——它的事业——只有作为'世界历史性的'存在才有可能实现一样。而各个人的世界历史性的存在，也就是与世界历史直接相联系的各个人的存在。"① 不仅如此，共产主义意味着个人作为一种真正的世界历史性的存在，所以，在那里，每个人的自由都同其他个人的自由直接相关，"代替那存在着阶级和阶级对立的资产阶级旧社会的，将是这样一个联合体，在那里，每个人的自由发展是一切人的自由发展的条件"②。

　　马克思论述道，资本家"狂热地追求价值的增殖，肆无忌惮地迫使人类去为生产而生产，从而去发展社会生产力，去创造生产的物质条件；而只有这样的条件，才能为一个更高级的、以每个人的全面而自由的发展为基本原则的社会形式创造现实基础"③。这段话清楚地表明，马克思并不否认资本主义对于人类物质文明发展的积极意义，而是否定它使人的自由人格异化的消极意义，这就揭示了共产主义与资本主义的本质区别：共产主义是以人性的发展和完善为目的的，而资本主义是以经济增长为目的。马克思正是从这种区别出发，把个体自由的形成和发展看作是一个充满着内在否定性的过程，资本主义只是这个过程的历史起点，绝不是它的全部内容，因为，资本主义只给予了个体以经济的自由，而这种经济的自由只是一种虚幻的个体自由，人只有通过否定这种虚幻的自由，扬弃个体自由的假象，才能获得个体人格的自由，达到人性的复归。这种人性的复归就是

---

① 《马克思恩格斯选集》第 1 卷，人民出版社 1995 年版，第 87 页。
② 《马克思恩格斯选集》第 1 卷，人民出版社 1995 年版，第 294 页。
③ ［德］马克思：《资本论》第 1 卷，人民出版社 1975 年版，第 649 页。

共产主义。

正是在这个意义上，以个体自由为基础的人的自由而全面发展，是在现代社会基础上形成的一个不断建构人性的过程；它不是一个静态的过程，而是一个动态的概念；它不像 17—19 世纪的思想家们所理解的那样，只是一个面对过去和现在的概念，而是一个立足现在面向未来的概念；它不是对现存社会的证明，而是现代社会发展的否定性力量。马克思把资产阶级的平等、自由看作是历史的产物，把资产阶级平等和自由的限度看作是资产阶级制度的固有产物，从而为克服市民社会与政治国家的二元分裂而提出的超政治、超经济之社会理想，提供了充分的论证。即使在资本主义发达的西欧，无产阶级在爆发共产主义革命之后，也并不会"一下子"进入自由王国。资本主义社会在它所容纳的全部生产力发挥出来以前是不会消灭的，新社会的到来需要一个孕育和准备条件的过程，人类争取自由解放的斗争是长期的、曲折的。即使建立了社会主义制度以后，也还会存在资产阶级法权等旧社会的遗迹，也还需要经历许多的发展阶段。"我们在思想中已经认识到的那个正在进行自我扬弃的运动，在现实中将经历一个极其艰难而漫长的过程。"①

---

① 《马克思恩格斯文集》第 1 卷，人民出版社 2009 年版，第 232 页。

第四章
市民社会批判与人的全面发展

第一节　马克思市民社会批判视域中的
人的全面发展

　　立足于德国现实，在内外各种因素的影响下，马克思深入到经济学去考察市民社会。马克思通过对市民社会的解剖，揭露了劳动者异化的真相，揭示了实现人的自由而全面发展的现实基础，发展完善了他的社会历史理论。在马克思看来，人的自由而全面发展起源于现代社会的形成，只有通过不断的制度变革才能实现。因此可以说，一部市民社会史，就是人类追求自己的自由本质、主体价值，从而自觉实现自己的社会解放，最终求得人的自由而全面发展的历史。所以，不联系马克思市民社会批判理论而理解马克思关于人的论述，就不可能真正揭示和把握人的自由而全面发展的深刻内涵。

　　博士论文时期，马克思就鲜明地表现了马克思对人的问题的关心，为人的自由作了自然基础的论证，并逐步深化了对人的问题的研究。马克思通过对伊壁鸠鲁哲学的评价，阐述了人具有对世界改造和创造的能力，以及人的意识应该怎样自由。写于1844年上半年的《詹姆斯·穆勒〈政治经济学原理〉一书摘要》中，马克思通过对政治经济学的研究认识到，分工一方面提高了生产力，另一方面在劳动中人也导致片面、畸形的发展，人活着只是为了谋取生活资料，这种劳动使人痛苦，而且感受不到生活的乐趣。在未来的社会里，由于消灭了分工，人就能在劳动中找到乐趣。正如他所言，假定我们作为人进行生产，在这种情况下，我们每个人在自己的生产过程中就双重地肯定了自己和另一个人：我在我的生产中使我的个性和我的个性的特点对象化，因此我既在活动时享受了个人的生命表现，又在对产品的直观中由于认识到我的个性是对象性的，可以感性的直观的因而是毫无疑问的权力而感受到个人的乐趣。在这里，马克思关于私有制和分工使人片面而畸形的发展的理解，对于后来人的全面发展思想的形成起着重要作用。马克思真正展开对人的全面发展的研究，是从《1844年经济学哲学手稿》开始的。

一、异化劳动批判与人的全面发展

异化是市民社会的最深刻表现。马克思对异化劳动的批判是马克思市民社会批判的核心，这一批判既洞察了资本主义社会的本质，同时也为现代性批判开启了新的维度。《1844年经济学哲学手稿》是马克思考察异化劳动理论的重要文本，也是马克思批判市民社会的重要文献。马克思的人的全面发展思想第一次系统表述是在《手稿》之中。在这部早期著作中，马克思超越了自我意识领域，从人的历史活动，尤其是工业活动本身去探讨人性的发展、人的自由以及人的全面发展问题。

马克思是以批判宗教异化现象和政治异化现象开始对资本主义社会展开批判的。而且，马克思始终把异化现象的根源及其异化的消除作为自己理论的重点。在分析"人的自我异化的神圣形象"即宗教异化时，马克思要求的是探究宗教异化的缘由与出路。马克思指出，应当用自由公民的"世俗桎梏"来说明他们的"宗教桎梏"，只有消灭世俗桎梏才能克服宗教的狭隘性，揭示人的自我异化的"非神圣现象"。在马克思看来，宗教矛盾是"一般世俗矛盾即政治国家和市民社会矛盾的一部分"，宗教异化应当被归结为人们世俗生活中的政治异化。但是，马克思进一步认识到，把宗教异化归结为人们世俗生活中的政治异化，还没有真正揭露异化现象的秘密。在马克思看来，在市民社会范围内对政治异化的批判，实际上"并不是针对原本，而是针对副本"，必须对产生"副本"的"原本"进行分析和批判。在马克思看来，这个"原本"就是市民社会本身，市民社会中存在的"劳动异化"才是资本主义社会中的异化现象的真正根源。

马克思在批判异化劳动时，与一般形而上学的思维方式截然相反，并没有反对劳动本身。恰恰相反，马克思认为，劳动是人的本质力量的展示、实现和确证，是人的本质力量对象化的集中表现，它是社会赖以形成和发展的前提和基础。没有劳动，人就不能生存。在《手稿》中，马克思把人的类本质规定为"自由的自觉的活动"。这里的类特性，指的是"一个种的整体特性、种的类特性"①。马克思认为，一个种的整体类特性是由生命活动的性质决定的。人的活动是"使自己生命活动本身变成自己意志的和自己意识对象"的活动，并以此来区分人的生命活动与动物的生命活动。在这种自由自觉的活动中，作为主体的人将实现其类本质。马克思指出，人的五官感觉的形成是以往全部历史的产物；工业是认识人的本质力量的打开的书本，世界历史不外是人通过人的劳动而诞生的过程。马克思把劳动看作"人的能动的类生活"，一种社会性活动，认为即使人不采取共同劳动的直接形式，也是社会生活的表现和确证。

人的生产、劳动是否只是人的积极的自我确证、自我肯定而不会导致人的自我否定？不是。在认识到劳动是人的自我确证、自我肯定的同时，马克思也意识到，正是人的对象性活动，蕴含着导致人的异化即人与自然、人与他人和人与自身分裂、对抗的可能性。因为劳动、生产既是人的生命的积极表现，又确实具有维持人的肉体生存手段的性质。只要人的生命活动仅仅成为维持自己生存的手段，即生命活动的目的性与手段性分离开来，并使自然、他人或自身只是作为手段被利用、被役使，人的异化的可能性就会变成现实性，人身上的"动物的"东西与"人的"东西就会相互颠倒。

正是出于对劳动现实困境的考量，马克思对异化劳动和对象化劳动进行了分析。所谓对象化劳动，是指人类对自然界的改造和占有，是人类生存和发展的永恒的自然基础；而"异化劳动把自主活动、自由活动贬低为手

---

① 《马克思恩格斯文集》第 1 卷，人民出版社 2009 年版，第 162 页。

段，也就把人的类生活变成维持人的肉体生存的手段"①。从思想实质上看，马克思对异化劳动和对象化劳动的分析，也就是提出了劳动的二重性的问题，即：对象化劳动和异化劳动是现实劳动的正反两个方面。其中，对象化劳动是劳动的肯定方面，是人类劳动的一般形式；异化劳动则是劳动的否定方面，是劳动的特殊社会形式，主要是资本主义社会的形式。劳动的对象化就是物质生产活动，是人类为了生存必然进行的首要的基本活动，它只是在受生产力发展程度制约的非人化制度下，才会发生异化。

马克思在详细分析了异化劳动的四个方面的表现之后，阐述了异化劳动对工人所造成的严重后果。这一严重后果集中表现为异化劳动导致工人与资本家在物质生活上的两极分化：一方面是需要和满足需要的资料的精致化，另一方面是需要的畜类般的简单化。马克思形象地指出：异化劳动为富人制造了珍品，但为工人生产了赤贫；劳动创造了宫殿，却给工人造成了贫民窟；劳动生产了智慧，而给工人生产了愚昧和痴呆。异化劳动甚至造成了如此严重的恶果：它使工人从现实中被排斥出去，直至饿死。对于产生这种现象的原因，马克思这样分析道："不是神也不是自然界，只有人自身才能成为统治人的异己力量。"② 在马克思看来，资本家之所以拥有对劳动产品的支配权，只是因为他是资本的所有者。在资本主义私有制条件下，劳动者越是用自己的劳动占有自然界，他就越是严重地丧失生产资料。马克思进而通过异化劳动与私有制的关系得出这样的结论："社会从私有财产等等解放出来、从奴役制解放出来，是通过工人解放这种政治形式来表现的，这并不是因为这里涉及的仅仅是工人的解放，而是因为工人的解放还包括普遍的人的解放；其所以如此，是因为整个的人类奴役制就包含在工人对生产的关系中，而一切奴役关系只不过是这种关系的变形和后果罢了。"③ 这个结论指明，工人解放是整个社会摆脱私有制、奴役制的必由之路，也表明马克思要把彻底消灭资本主义私有制视为无产阶级革命斗争的实际内容和基本任务。

---

① 《马克思恩格斯文集》第 1 卷，人民出版社 2009 年版，第 163 页。
② 《马克思恩格斯文集》第 1 卷，人民出版社 2009 年版，第 165 页。
③ 《马克思恩格斯文集》第 1 卷，人民出版社 2009 年版，第 167 页。

马克思进而认为："从私有财产对真正人的和社会的财产的关系来规定作为异化劳动的结果的私有财产的普遍本质。"① 这里的"真正人的和社会的财产关系"，是指消灭私有制之后建立起来的公有制。那种取代私有制的、未来社会的所有制是符合人性的。人的全面发展，人作为一个完整的人，是直接地实现于扬弃了异化的自主劳动之中的。马克思借助于异化劳动理论的思辨传统，立足于资本主义的经济事实，运用异化概念揭露了资本主义异化劳动的突出表现形式，从而揭示了资本主义社会的劳动过程以及由这种劳动体系所带来的全社会的非人化和反人道的性质，并把异化劳动以及展现它的历史形式——私有制作为人的发展和人类历史发展的一个环节。所以，马克思这样论述道："共产主义是对私有财产即人的自我异化的积极的扬弃，因而是通过人并且为了人而对人的本质的真正占有；因此，它是人向自身、也就是向社会的即合乎人性的人的复归，这种复归是完全的复归，是自觉实现并在以往发展的全部财富的范围内实现的复归。这种共产主义，作为完成了的自然主义，等于人道主义，而作为完成了的人道主义，等于自然主义，它是人和自然界之间、人和人之间的矛盾的真正解决。"② 在这里，马克思是以人性的异化与复归来论证人的全面发展的必然性的，具有明显的人本主义特征。

在《手稿》之后的著作中，马克思逐步抛弃了费尔巴哈的人本主义，转向人的实际状况、人的社会关系的真正意义的社会历史理论，主要是用生产力、生产方式（交往方式）等概念论证人的自由与人的发展问题，而不是与过去的思想家一样，从概念的推演、逻辑的演绎中寻找社会历史发展的动力及原因。马克思重点分析个人活动的物质条件，认为这是人的解放的历史前提。马克思还分析道，分工是私有制的原因和存在条件，也是资本主义工业的基础，人屈从于分工，高度发达的分工造成了资本和劳动的对立，人的自主活动，除了这种奴役劳动之外，已没有其他形式，这样，人的"自由自觉

---

① 《马克思恩格斯文集》第 1 卷，人民出版社 2009 年版，第 167 页。
② 《马克思恩格斯文集》第 1 卷，人民出版社 2009 年版，第 185 页。

的劳动"的本质就失去了肯定的性质，人就丧失了自由。受资本奴役的无产阶级与国家处于直接的对立之中。因此，只有占有生产力总和，无产阶级才能生存，才能克服异化状态，获得自由而全面的发展。现代人类自由的力量和主体只能是无产阶级。"虚幻的共同体"（资本主义国家）必须让位于"真实的共同体"（共产主义社会）。

二、从"人对物的依赖"到人的全面发展

在《1857—1858 年经济学手稿》中，马克思根据人的发展把社会分成三种形态。其中，人对人的依赖阶段指的是前资本主义社会，由于受生产力水平的限制，人们被限制在狭小的活动天地里。在资本主义社会里，商品、货币的交换原则渗透于社会生活的各个领域，使得人对物的依赖关系取代了人对人的依赖关系。这是一个历史的进步，是向着人的自由个性的形成和人的全面发展迈出的关键一步。资本主义的发展一方面为人的能力的全面发展创造了条件，同时由于资本主义私有制的存在，又使人的发展从一开始就处于不平等的起点上。物统治着人，人对物的依赖是资本主义占统治地位的价值原则，在这种情况下，人的自由而全面的发展是无法实现的。

"物的依赖性"是马克思对资本主义现代性进行批判的标志性概念。"物的依赖性"是历史上第二大社会形态的特征，它既不同于前资本主义社会形态，又不同于未来的共产主义社会，是资本主义的普遍特质。在这一阶段，生产力水平有了一定的提高，人类不再是"象单个蜜蜂离不开蜂房一样，以个人尚未脱离氏族或公社的脐带"状态存在，摆脱了"以直接的统治和奴役关系为基础"的状态，原来那种"人的依赖纽带、血统差别、教育差别等等事实上都被打破了，被粉碎了"，自然发生的或政治性的个人之间和服从关系已不是社会的基础，生产者在"他在衣袋里装着自己的社会权力和自己同社会的联系"。①

---

① 《马克思恩格斯全集》第 46 卷（上），人民出版社 1979 年版，第 103 页。

在"物的依赖性"的社会形态里，社会关系有两个重要特征，第一是形成全面依赖关系，第二是社会关系普遍物化。"一切产品和活动转化为交换价值，既要以生产中人的（历史的）一切固定的依赖关系的解体为前提，又要以生产者互相间的全面的依赖为前提。"① 这里所谓全面依赖，就是"每个人的生产，依赖于其他一切人的生产；同样，他的产品转化为他本人的生活资料，也要依赖于其他一切人的消费……这种相互依赖，表现在不断交换的必要性上和作为全面媒介的交换价值上"②。所以，哪怕看起来是私人利益的东西，由于这种全面依赖，"但它的内容以及实现的形式和手段则是由不以任何人为转移的社会条件决定的。……毫不相干的个人之间的互相和全面的依赖，构成他们的社会联系"③。而普遍物化，使得个人往往依附或听命于外在的事物，"个人从属于象命运一样存在于他们之外的社会生产；但社会生产并不从属于把这种生产当作共同财富来对待的个人"④。在这种普遍物化的社会关系中，"人们信赖的是物（货币），而不是作为人的自身"，因为"这种物是人们互相间的物化的关系，是物化的交换价值，而交换价值无非是人们互相间生产活动的关系"⑤。这样，整个社会就成为"物的依赖性"社会。

在"物的依赖性"阶段，人被自己创造出来的经济过程背后的"看不见的手"所支配，也就是受制于"经济必然性"，在这个阶段，人并没有获得真正的独立，人的世界和物的世界之间的关系是颠倒的。但是，在马克思看来，它比第一阶段"人的依赖关系"的阶段（马克思又称之为"自然必然性阶段"）要进步得多，这从他对资本主义的发展的高度肯定中便可以看出："资产阶级在它的不到一百年的阶级统治中所创造的生产力，比过去一切世代创造的全部生产力还要多，还要大。自然力的征服，机器的采

① 《马克思恩格斯全集》第 46 卷（上），人民出版社 1979 年版，第 102 页。
② 《马克思恩格斯全集》第 46 卷（上），人民出版社 1979 年版，第 102 页。
③ 《马克思恩格斯全集》第 46 卷（上），人民出版社 1979 年版，第 103 页。
④ 《马克思恩格斯全集》第 46 卷（上），人民出版社 1979 年版，第 105 页。
⑤ 《马克思恩格斯全集》第 46 卷（上），人民出版社 1979 年版，第 107 页。

用，化学在工业和农业中的应用，轮船的行驶，铁路的通行，电报的使用，整个整个大陆的开垦，河川的通航，仿佛用法术从地下呼唤出来的大量人口，——过去哪一个世纪料想到社会劳动里蕴藏有这样的生产力呢？"① 在资本主义条件下，尽管人与人的社会关系要通过物与物的社会关系来表现，进而"物的社会性离开人而独立"，但是，"这种物的联系比单个人之间没有联系更好，或者比只是以自然血缘关系和统治服从关系为基础的地方性联系要好"。所以，浪漫主义者"留恋那种原始的丰富，是可笑的"。可以说，"物的依赖性"是一个包含着痛苦经历的积极阶梯，摆脱对物的依赖是历史的任务，这一阶段为人的社会关系的未来形态准备了历史条件，"是一个必然的过渡点，因此，它已经自在地、但还只是以歪曲的头脚倒置的形式，包含着一切狭隘的生产前提的解体，而且它还创造和建立无条件的生产前提，从而为个人生产力的全面的、普遍的发展创造和建立充分的物质条件"②。

在资产阶级学者看来，人的本性是自由，而资本主义制度是最自由的制度，所以最符合人的本性。马克思对"物的依赖性"批判表明，资本主义制度必然会随着生产力的进一步发展而成为阻碍生产力发展的桎梏，生产力的发展是必然的，制度的变革也是必然的。资本主义制度不是永恒的，而是暂时的，它和奴隶制、封建制一样终归会退出历史舞台，为更高级的制度形态所取代。马克思运用历史唯物主义具体分析了资本主义制度对人的发展所起的积极作用和消极影响，认为资本主义经济的发展，打破了原始社会、奴隶社会、封建社会那种单纯的血缘关系或者人身依附关系对人的束缚，确立了人的独立性，然而，"在资产阶级经济以及与之相适应的生产时期中，人的内在本质的这种充分发挥，表现为完全的空虚，这种普遍的物化过程，表现为全面的异化，而一切既定的片面目的的废弃，则表现为为了某种纯粹外在目的而牺牲自己的目的本身"③。这样，人与人之间的关系被物与物的关系所

① 《马克思恩格斯选集》第 1 卷，人民出版社 1995 年版，第 277 页。
② 《马克思恩格斯全集》第 46 卷（上），人民出版社 1979 年版，第 520 页。
③ 《马克思恩格斯全集》第 46 卷（上），人民出版社 1979 年版，第 520 页。

取代，本来的关系发生了全面的颠倒，人成为失去精神灵性的"经济人""商品人"。这种物化的社会关系成为一种盲目的力量凌驾于人们之上，使刚刚成为自然主人的人又成为自己的社会结合的奴隶，生产的目的不是为了人，而是为了钱，刺激人的需要是为了赚取货币，第一个产品就是人们想用来诱骗他人的诱饵。资本主义使人脱离了人身依附关系的束缚，却又成为物的奴隶，人仅仅是手段，金钱这个人的本质的外化力量统治了世界。所以，在资本主义社会，人性发生了严重的扭曲。在一种畸形的形式中，人性不可能得到合理展现，要使人性得到自由和全面发展，必须砸碎资本主义私有制的枷锁。

在此基础上马克思强调，共产主义不是与现存世界无关的彼岸王国，"共产主义对我们来说不是应当确立的状况，不是现实应当与之相适应的理想。我们所称为共产主义的是那种消灭现存状况的现实运动"[1]，"是用实际手段来追求实际目的的最实际的运动"[2]。

为此，马克思提出了人的解放的学说，探讨了实现人的解放的现实路径。这条路径就是，要实现人的解放，必须消除资本主义私有制，建立共产主义制度。共产主义是私有财产和人的自我异化的积极扬弃，是通过人并且为了人而向社会的人的复归。到了共产主义社会，人不再是物的奴隶。因为物——自然界，不再使人相互割裂，而成为人与人相互联系的纽带。人们之间的关系不再是一定要通过物的关系来表现，而是直接的人的关系。这使自然界真正成了人的本质的确证。在人的对象性复归于人自身的同时，人的劳动也复归于人自身，劳动不再是外在于人的异己的东西，而成为人的本质的自由显现。劳动成为人的第一需要。这样真正实现了人的自由发展，共产主义就是使每个人的自由而全面发展，成为一切人自由发展的条件和前提。要实现人的解放，必须消除人性异化的根源。而要实现这一点，就要用革命的方式变革现实，用革命的手段摧毁资本主义私有制。

---

① 《马克思恩格斯选集》第1卷，人民出版社1995年版，第87页。
② 《马克思恩格斯全集》第3卷，人民出版社1960年版，第236页。

三、从人的片面发展到人的全面发展

人的发展是要从片面发展走向全面发展。人如果只是在某一方面有所发展，而不能使人在需要、活动、能力等各方面获得全面协调发展，那就是片面的、畸形发展。而要使人得到全面发展，必须要"用那种把不同社会职能当作互相交替的活动方式的全面发展的个人，来代替只是承担一种社会局部职能的局部个人"①。

在资本主义条件下，生产资料的资本主义私有制决定了资本家对剩余价值和利润的追求是无止境的。工人在资本主义社会中，不仅除了自己的劳动力之外是一无所有的被剥削者，而最根本的是他被剥夺了生产的主体地位和社会的主人地位，直接被贬低为活的有意识的物。表面上工人可以自由决定是否出卖自己的劳动力，而实质上他们是不自由的，因为为了生存而又一无所有，使得他们实质上依然是依附于资本家的雇佣奴隶。在资本主义再生产不断扩大的情况下，工人自己的劳动反过来会进一步加深自己的非人的地位。工人为资本家创造的财富越多，工人下岗失业和面临激烈竞争的压力就越大，工人的境遇就会越糟糕，工人的发展就会越来越趋于畸形化、片面化。

而且，随着生产社会化程度的不断提高，社会分工越来越精细。生产完整产品的劳动过程被分成若干环节，每一劳动者被束缚于劳动过程的某一环节，而不了解全过程，虽然他们在某一方面的才能得到比较充分的发展，但其他方面却得不到发展，因此这是一种片面的畸形的发展。恩格斯在《共产主义原理》中这样论述道："生产的社会管理不能由现在这种人来进行，因为他们每一个人都只隶属于某一个生产部门，受它束缚，听它剥削，在这里，每一个人都只能发展自己才能的一方面而偏废了其他各方面，只熟悉整个生产中的某一个部门或者某一个部门的一部分。"② 也如马克思所说："工场手工业把工人变成畸形物，它压抑工人的多种多样的生产志趣和生产才

---

① ［德］马克思：《资本论》第 1 卷，人民出版社 1975 年版，第 535 页。
② 《马克思恩格斯选集》第 1 卷，人民出版社 1995 年版，第 242 页。

能，……个体本身也被分割开来，成为某种局部劳动的自动的工具。"① 在旧式分工的情况下，人根本无法实现自由而全面的发展。"只要分工还不是出于自愿，而是自发的，那末人本身的活动对人说来就成为一种异己的、与他对立的力量，这种力量驱使着人，而不是人驾驭着这种力量。"② 这实质上是说，那种自发的、强制性的、固定的社会分工，使得人类整体的才能得到了加速的、较全面的发展，但这是以绝大多数社会个体片面的、畸形的发展为代价的。

在资本主义社会，工人阶级由于物质财富和现实关系的稀少而必然导致精神财富的缺乏。与此同时，资产阶级虽然拥有物质财富，但是精神也是畸形发展的，他们的思想观念被资本和利润欲奴役着。恩格斯就此指出："精神空虚的资产者为他自己的资本和利润所奴役，律师为他的僵化的法律观念所奴役，……一切'有教养的等级'都为各式各样的地方局限性和片面性所奴役，为他们的由于受专门教育和终身束缚于这一专门技能本身而造成的畸形发展所奴役。"③ 这一事实说明，资本主义社会中人的发展有其自身的根本缺陷，这一缺陷的克服就是人类要从阶级社会走向无阶级社会即共产主义社会。

共产主义社会之所以能实现人的全面发展，首先在于共产主义社会生产力的高度发达，为人的全面发展奠定更高更充分的物质基础。马克思指出，当人们在吃穿住的质和量方面得不到充分供应的时候，人们就谈不上获得解放。在生产力尚不发达，生产关系还有历史局限性的时候，人的发展直接表现为人对社会的关系，间接地表现为人对自然的关系。而在共产主义社会中，人的发展直接表现为人对自然的关系，表现为对自然的掌握和利用，人将成为全面发展的人。所以，生产力的发展是实现人的自由全面发展最积极的力量。只有生产力充分发展，物质财富极大丰富，才能为消灭阶级对立、阶级差别和最终消灭阶级创造物质基础，才能保证他们的体力和智力获得充

① 《马克思恩格斯全集》第 23 卷，人民出版社 1972 年版，第 399 页。
② 《马克思恩格斯全集》第 3 卷，人民出版社 1960 年版，第 37 页。
③ 《马克思恩格斯全集》第 20 卷，人民出版社 1971 年版，第 317 页。

分的自由的发展和运用，"人们每次都不是在他们关于人的理想所决定和所容许的范围之内，而是在现有的生产力所决定和所容许的范围之内取得自由的"①。

其次，高度社会化的生产使旧式的社会分工为新的社会分工所代替，那种使人奴隶般地服从于某一特定分工的情形消失，生产者有了更大的活动空间和流动余地。列宁在《国家与革命》中写道："在共产主义的第一阶段……'不劳动者不得食'这个社会主义原则已经实现了；'对等量劳动给予等量产品'这个社会主义原则也已经实现。但是，这还不是共产主义，还没有消除对不同等的人的不等量（事实上是不等量的）劳动给予等量产品的'资产阶级权利'。"② 那么，如何消除这一权利，实现人与人的平等？马克思认为，这依赖于强制性分工的消失。如果生产者实现了分工的自由，自然的分工转变为自愿的分工，任何人没有特定的活动范围，每个人都可以在任何部门发展，社会从总体上调节着整个生产，人们可以从一个部门流向另一个部门，使人的素质和能力得到多方面的锻炼和发展，人可以随自己的心愿今天干这事，明天干那事，上午打猎，下午捕鱼，傍晚从事畜牧，晚饭后从事批判。于是，人就不会再成为那种猎人、渔夫、牧人或批判者。显然，从劳动对象的角度看，分工仍然存在；但从劳动主体的角度看，分工由于不再单一化、固定化，人们能够按照自己的兴趣或有利于自己能力全面发展为目的，自主而自由地从事不同的职业，分工对于他们来说失去了旧有的性质，或者说分工被扬弃了。人类整体的全面发展与个体的全面发展的关系将具有全然不同的景象，"'人'类的才能的这种发展，虽然在开始时要靠牺牲多数的个人，虽然在开始时要靠牺牲多数的个人，甚至靠牺牲整个阶级，但最终会克服这种对抗，而同每个个人的发展相一致"③。

再次，由于资本主义私有制和私有观念的彻底消除，新型社会关系的建立，人们的利益基本一致，大家各自的发展能实现相互促进，从而使人的全

---

① 《马克思恩格斯选集》第 3 卷，人民出版社 1995 年版，第 633 页。

② 《列宁选集》第 3 卷，人民出版社 1995 年版，第 196 页。

③ 《马克思恩格斯全集》第 26 卷 Ⅱ，人民出版社 1973 年版，第 125 页。

面发展真正实现成为可能。这一状态也是人的劳动和劳动的人的一种更高级的分化和整合形式：人们在生产和交往中的固定的狭隘的关系变成了人的自由活动，意味着人与自然和人与人形成了普遍的交换和交往关系，原来横亘在它们之间的壁垒被铲除了。这样，人一方面更加普遍化、社会化了；另一方面也更加特殊化、个性化了。当然，要达到这一理想境界的状态，有赖于自然分工对生产力发展的推动，有赖于社会财富的极大丰富。否则，只要人们的生活条件使他们只能牺牲一些特性而单方面地发展某一种特性，亦即生活条件只提供给他们发展这一特性的材料和时间，那么，这些人就不能超出单方面的、畸形的发展。

最后，在共产主义社会，人的精神生产也必然高度发展。在未来社会，物质生产及其对物的占有与消费不可能给生活以真正的意义，人的需要不再局限于低层次的满足，需要的是更高层次需要的满足，特别是精神生活需要的满足被提到突出地位。在单纯的物质生产所提供给我们的生存的背后，永远有一种深刻的、无法满足的渴望，即对一种完满的、充满色彩与意义的生活的渴望。而这种生活的本质，只有在精神世界中才能寻找到。随着精神生产的发展和精神产品的广泛传播，人的精神关系也将在更大的范围内形成，从而实现人与人之间的普遍的精神交往。马克思说："只是由于人的本质客观地展开的丰富性，主体的、人的感性的丰富性，如有音乐感的耳朵、能感受形式美的眼睛，总之，那些能成为人的享受的感觉，即确证自己是人的本质力量的感觉，才一部分发展起来，一部分产生出来。"[①] 只有这样，精神生活的价值才不至于被贬低为一种价值能力，贬低为最低限度的粗俗和世俗化的生活表达，人们在精神生产方面的才能得到进一步开发，并能过上丰富多彩的精神生活，这是人所追求并要达到的生活境界。

人是实践的存在物，实践是开放的、历史性生成。正是实践的特点、本质内容和实践的内在矛盾运动使"人不是在某一种规定性上再生产自己，而是生产出他的全面性；不是力求停留在某种已经变成的东西上，而是处在变

---

① 《马克思恩格斯文集》第1卷，人民出版社2009年版，第191页。

易的绝对运动之中"①，从而使人的全面发展呈现为一个在实践中不断生成的过程和一种无限开放的状态，永远也不会达到所谓"完美"的终点。因此，资本主义不仅不是历史的完成，相反，资本主义还是属于为达到真正的人类史的一个"史前史"的阶段，它本身不是人类历史发展的目标和终结点。一个人人都能得到全面发展的共产主义社会，是人的发展必将经历的一个历史形态，也是人类社会发展、特别是消灭私有制的必然结果。正如恩格斯所说："由社会全体成员组成的共同联合体来共同地和有计划地利用生产力；把生产发展到能够满足所有人的需要的规模；结束牺牲一些人的利益来满足另一些人的需要的状况；彻底消灭阶级和阶级对立；通过消除旧的分工，通过产业教育、交换工种、所有人共同享受大家创造出来的福利，通过城乡的融合，使社会全体成员的才能得到全面发展；——这就是废除私有制的主要结果。"②

　　共产主义并不意味着人的发展的终点，而只是人的全面发展的"开始"，是"人的解放和复原的一个现实的、对下一段历史发展说来是必然的环节"③。这一环节的核心旨趣，就是人的自由自主的活动，而"自主活动就是对生产力总和的占有以及由此而来的才能总和的发挥"④；"个人的全面发展，只有到了外部世界对个人才能的实际发展所起的推动作用为个人本身所驾驭的时候，才不再是理想、职责等等，这也是共产主义者所向往的"⑤。在此基础上，马克思又进一步强调："自由王国是在由必需和外在目的规定要做的劳动终止的地方才开始；因而按照事物的本性来说，它存在于真正物质生产领域的彼岸。……在这个必然王国的彼岸，作为目的本身的人类能力的发展，真正的自由王国，就开始了。"⑥ 因此，真正的人类史发端于共产主义。共产

---

① 《马克思恩格斯全集》第 46 卷（上），人民出版社 1979 年版，第 486 页。
② 《马克思恩格斯选集》第 1 卷，人民出版社 1995 年版，第 243 页。
③ 《马克思恩格斯文集》第 1 卷，人民出版社 2009 年版，第 197 页。
④ 《马克思恩格斯选集》第 1 卷，人民出版社 1995 年版，第 129 页。
⑤ 《马克思恩格斯全集》第 3 卷，人民出版社 1960 年版，第 330 页。
⑥ 《马克思恩格斯全集》第 25 卷，人民出版社 1974 年版，第 926—927 页。

主义不是现实"应当"与之相适应的理想，而是彻底消除人的异化的现实运动。共产主义作为彻底扬弃私有财产的必要环节，使人类不再受异己力量的支配而实现对人的本质力量的占有。共产主义是伴随着资本主义现代性的终结（"史前历史"的终结）而必将到来的人类历史的新篇章，是人类由"必然王国"向"自由王国"的飞跃。只有这样，马克思所认为的真正的人的历史——自由而全面发展的人的历史才能最终实现。

第二节　现代性建构与人的全面发展的现实路径

一、现代性的当代反思及其建构

马克思对现代性的批判建立在历史原则之上。马克思不仅将现代性置于资本主义现实中进行批判，而且也将现代性置于人类社会历史中进行认识。一方面，对于以资本为核心、以理性主义为形上基础的现代性，马克思是持批判态度的。现代性的宏大叙事并非具有其所声称的普遍性，无产阶级的不公平的生存状况表明整个社会的悖论和错乱，现实地证明了"现代性方案"的虚幻性。马克思指出："辩证法，在其合理形态上，引起资产阶级及其夸夸其谈的代言人的烦恼和恐怖，因为辩证法在对现存事物的肯定的理解中同时包含对现存事物的否定的理解，即对现存事物的必然灭亡的理解；辩证法对每一种既成的形式都是从不断的运动中，因而也是从它的暂时性方面去理解，辩证法不崇拜任何东西，按其本质来说，它是批判的和革命的。"[1]

另一方面，马克思并没有彻底否定现代性的价值。现代性的种种乱象并不意味其承诺的关于人与社会的价值理想的破灭，更不意味着现代性已经失去了发展的潜力，问题存在于人们实现价值理想的方式和途径。正如马克思所指认的，通过终结资产阶级所有制的霸权，推翻资本主义生产关系，现代

---

[1] 《马克思恩格斯选集》第2卷，人民出版社1995年版，第112页。

性所蕴含的潜能将以全新方式得到充分的发挥，人和社会的价值理想才能真正实现。伊格尔顿说："马克思主义在赞美现代性的巨大成就方面超过了未来主义，同时以它对这一时代的无情谴责超过了反资产阶级的浪漫派。它既是启蒙主义的后裔又是它的内在批判者，不能用当前西方文化争论中时髦的赞成或反对现代主义的现成用语对它做出轻易的界定。现代主义本身在这个问题上就是非常混乱的，它依赖现代性，所以决不会真的反叛现代性。后现代主义要么使过去商品化，要么抹掉过去。唯独马克思主义鲜明地坚持了辩证法的思想，就是说，现代历史是文明和野蛮不可分离的历史，既与浪漫主义的怀旧思想相对立，也与现代化的自鸣得意相抵触。"① 从这个意义上说，马克思既是现代性的批判者，又是现代性的重建者。这两个维度的理论和实践价值是一致的。否定和肯定是辩证统一的，否定是事物发展的环节，没有批判就没有建构，批判就是为了建构。

当代西方哲学家们虽然与马克思具有共同的批判指向，即批判资本主义现代性，但两者却有着根本的原则和立场区别。在对资本主义现代性进行反思和批判的当代西方哲学家中，比较有影响和代表性的有哈贝马斯、吉登斯和罗尔斯等现代主义思想家。此外，后现代主义为了消除理性主义的片面性，提出解构理性、"重写现代性"的方案。这些思想家对现代资本主义的矛盾造成的种种混乱现象无比焦虑，提出了种种解释的理论和疗救的"药方"，但最终都找不到科学的回答和有效的路径，这些思想家对现代性问题的批判虽然言辞尖锐，观点激进，批判的论调振聋发聩，但其内容和思想实质却是一致的，都是充当资产阶级利益的"代言人"，是词句的"造反"，是以维护和肯定资本主义制度为前提的、为资本主义制度的永恒性作论证的理论。

在哈贝马斯看来，现代性的弊端源自它从意识哲学出发进行自我辩护，个体性主体的膨胀最终造成了启蒙的悖论。为了克服晚期资本主义合理性的

---

① ［英］特里·伊格尔顿：《历史中的政治、哲学、爱欲》，马海良译，中国社会科学出版社1999年版，第108页。

危机，推进现代性事业，他提出用主体间语言的交往理性代替以主体为中心理性。哈贝马斯认为，黑格尔的自我确证并不成功，其原因在于一旦黑格尔将理性视为一种绝对的知识或精神之后，哲学与现实的关系就疏远了，削弱了哲学的现实力量，现代性的自我确证也就无法完成。在哈贝马斯看来，现代性留给我们的是一份双重的遗产，我们不可能将之全盘抛弃，但也不意味着我们对之无批判地接受。"只有继续启蒙才能克服启蒙带来的弊病。我丝毫也不赞同一种绝对的理性批判，这种批判只能毁掉理性本身。然而，这并不是说我盲目地崇拜理性，而是相反，我以为，我们应该理性地审视我们所具有的理性并看到它的界限。我们不能像扔掉一件旧外套一样抛弃受康德思想主导的这种现代性的基本特征。它已经融化在我们的血肉中。现代性生活条件是我们所不能选择的——我们已经被'抛入'其中——它已经成为我们生存的必然。然而，对于现代性警惕的眼睛来说，它不仅仅是我们的宿命，而且也是对我们的挑战。"① 基于交往行动理论，哈贝马斯为人类社会的发展构思了一个理想模式，即以"自由和平等的公民共同体的民主的自我组织"作为其"规范的核心"的社会②，这一社会通过主体间的合理性的相互理解达到基于合理动机的协议一致性，以便实现人类的解放。他认为，真正的理想社会只有建立在以主体间性为基础的交往理性基础上才是可能的。这种建立在抽象的人和抽象的社会概念的基础上的"设计"和"方案"，不可能真正解决现代性问题。

吉登斯把突出"自反性"（reflexivity）作为摆脱现代性困境的出路，认为现在谈现代性的终结还为时过早，因为在当代社会，现代化的土壤依然存在，现在迫切需要的是重新审视现代性本身的特征。吉登斯认为："现代性，是在人们反思性地运用知识的过程中（并通过这一过程）被建构起来的"；"对现代社会生活的反思存在于这样的事实之中，即：社会实践总是不断地受到关于这些实践本身的新认识的检验和改造，从而在结构上不断改变

---

① ［德］哈贝马斯、哈勒：《作为未来的过去》，章国锋译，浙江人民出版社2001年版，第95页。

② ［德］哈贝马斯：《理论与实践》，郭官义等译，重庆出版社1997年版，第299页。

着自己的特征"①。在吉登斯看来，"自我认同"在一个充满了制度性反思特征的"晚现代社会"里，已成了一个"反思性地建立自我的计划"，即个人在其所经历的活动中有机会不断反复理解自己的自我身份。吉登斯认为，推动现代性前进的动力有三种来源：（1）时间与空间的分离；（2）使得社会行为脱离地域限制从而重组社会关系的脱域机制的发展；（3）知识的反思性运用。在时空分离的基础上，社会系统的抽离化使人们的日常生活进一步抽象化了，这影响到高度技术化和风险社会环境下的信任关系，而不断反思性重组的社会关系，既为我们提供了一个行动的模式，也提供了一个对行动模式加以修正的空间。在他看来，现代性的一个重要特征在于现代社会的高度反思性。所谓社会的反思性是指这样一个世界：它越来越多地是由信息，而不是由事先给定的行为方式所构成。这就是我们在传统和自然界消退之后的生活方式。反思是所有人类活动的一个特征，但是，"随着现代性的出现，反思具有了不同的特征。它被引入系统的再生产的每一基础之内，致使思想和行动总是处在连续不断地彼此相互反映的过程之中"②。现代社会反思性的主要表现是社会科学的产生及其与社会生活、社会行动的互动。吉登斯提出的所谓"现代化的自反性"，实质上是"人的创造物反过来反对人自身"的状态，在"丰饶的社会"中存在的是"贫穷的个人"。

为了缓和资本主义社会的矛盾，罗尔斯提出缩小人们收入差距"公平的正义"的原则，提出"公共理性"以达成多元价值取向下的"重叠共识"。罗尔斯认为，公平的正义是最合乎理性的观念，公共理性的观念属于秩序良好的宪政民主社会的一种构想。公平的正义原则是所有公民在一种完备性哲学学说的基础上所认可的观念，他们对正义原则的接受是以坚持相同的完备的自由主义哲学为根基的。这意味着作为规范和价值的正义原则是从一种完备性的哲学学说的理性事实中推演出来的，它必然是关于一元论的理性事实的价值之真理。罗尔斯认为，这同合乎理性而又互不相容的完备性学说的理

---

① ［英］安东尼·吉登斯：《现代性的后果》，田禾译，译林出版社2000年版，第34页。
② ［英］安东尼·吉登斯：《现代性的后果》，田禾译，译林出版社2000年版，第33页。

性多元论事实，以及诸多合乎理性的自由主义家庭内部的斗争的事实不相符合。公平正义必须从道德的观念转变为政治的正义观念，使它脱离于某一种合乎理性的完备性宗教学说、哲学学说、道德学说。而且，我们需要表达的是一种独立的政治观念，应当把它当成是在"公共理性"的运作中所达成的合乎理性的"重叠共识"。

这些思想观点虽各不相同，但有一点是共同的，思想家们都停留于对现代性的精神文化反思的层面，都是围绕着如何看待理性或合理性问题旋转的，只是沉溺于自己的话语体系，未能把对现代性的反思与对晚期资本主义社会制度的批判结合起来。他们无意批判现存的社会政治经济制度，更不愿去具体考察现代社会生产方式、社会政治经济特性以及影响现代社会文化面貌、人们文化心理结构的现实因素。这些思想家们没有一个不在重大的根本性问题上失足，陷入唯心主义和形而上学的死胡同，没有一个不被其他哲学所颠覆，一再地遭遇到"危机"，一再地被迫"转向"，一个一个地由兴起走向衰落。尽管有的哲学派别一再声称要发扬马克思主义对资本主义文明的批判精神，但是这种批判不是像马克思本人那样，针对着资产阶级的社会物质基础和现实矛盾，而是针对着它们在文化和意识领域的反射和回声。在他们那里，关于资本主义的经济分析和制度分析已为超越时空的心理分析和文化批判所取代，这种批判只是一种浮在社会现象表层的道德说教，只是完成了对资本主义的另一种解释，只能在事物的现象甚至假象的层面兜圈子，而始终不能理解革命实践的意义，因而都属于"解释世界"的哲学。对此，陶德麟先生有这样的论述："尽管人们从自认为（而且公认为）千真万确的前提出发，极严格地遵循演绎推理的规则去进行推理，因而极自信地认为得出的结论必然是真的，而实际的结果还是常常（虽然并不总是）出乎意料的错误"，"这是因为尽管逻辑推理的结论并没有超出前提所断定的范围，但实践所表明的实际情况却超出了这个范围"。①

实际上，现代性的危机并不仅仅是理论的危机，而是晚期资本主义社会

① 陶德麟：《中国当代哲学问题的探索》，武汉大学出版社 1989 年版，第 11 页。

现实矛盾在理论上的表现。在当代资本主义社会，随着信息化、知识化时代的到来，科学技术的不合理运用造成的后果更加严重，经济活动的利益原则向政治、文化领域的渗透更加严重。在全球化进程中，西方发达国家对发展中国家设置的经济陷阱、推行强权政治和强加的价值观念，使国际关系变得越来越复杂。这才是现代性危机的根源。因此，现代性发展到今天，我们看到的是一些相互冲突和对立的观点：一方面，现代性受到后现代主义的猛烈攻击，被宣判为终结："人们越来越强烈地感觉到，我们可以，而且应该抛弃现代性，事实上，我们必须这样做，否则，我们及地球上的大多数生命都将难以逃脱毁灭的命运。"① 另一方面，人们主张"在建立和维护现代民主政治的同时，如何保证不同民族、国家和地区之间的平等对话和理解；在强调个人自由和权利绝对至上的同时，如何确保人际平等"②。这些主张在对待现代性问题上各站立场，使人们在如何对待现代性视线模糊，对社会未来的前景不可预测。更为重要的，广大发展中国家也急切实现经济腾飞和社会的繁荣，在探索适合自己的现代化道路过程中，不同程度地遭遇到了现代性问题，甚至造成极大的冲击，一些国家对于西方现代性的弊端产生怀疑、警惕以至于抵制。如何正确反思和面对现代性问题，是发展中国家在实现现代化进程中带有普遍性的时代命题。

马克思的现代性批判思想为当代中国的发展提供了宝贵精神财富。今天，古老的中国不仅走上了现代化道路，而且迅速实现了经济上的崛起和社会政治文化生活的巨大变化，原来属于西方的许多文明成果，已经成为中国人生活的组成部分，中国已经深度参与国际社会并成为世界的重要成员。但不能回避的现实是，今天的中国还处在社会主义初级阶段，还在发展中国家的行列，现代化的进程刚刚开始，现代化的程度普遍不高，仍需要奋力追赶现代化。百年来的教训已经提供了铁的事实证明，中国要实现国家富强和民族复兴，就要坚定地走现代化道路，不走现代化之路，中国就必然会自外于

---

① ［美］格里芬：《后现代科学》，马季方译，中央编译出版社 1995 年版，第 16 页。
② 万俊人：《普世伦理及其方法问题》，《哲学研究》1998 年第 10 期。

人类发展进程，就会在世界文明发展的长河中沉沦下去，就会被历史抛弃，沦为别人的附庸。而且，从世界文明发展历程看中国现代化，科学、民主、理性、自由、主体性，以及经济、政治观念和行为的合理化、合法化、秩序化、组织化，等等，都是当代中国迫切需要建设的，这一切都决定了中国坚定不移地选择开放道路，主动融入世界发展潮流和现代化进程。

现代化是世界近代以来的历史潮流。中国的现代化和西方相比，在时间上是有巨大落差的。当中国开始走向现代化之时，西方在几百年前就已经越过传统农业文明而进入现代工业文明，而今工业文明已高度发达，以致出现了弊端和危机，并开始向后工业社会、后现代社会转型，现代性在西方社会也开始陷入"困境"。这些困境不仅表现为马克斯·韦伯所忧虑的理性的"铁笼"，更表现为越来越难以预见和控制的"风险"：本来以为能够消除和控制各种偶然性、不确定性的理性和科学，却为现代人类制造出更多的不确定性即人为的"风险"。如吉登斯所说："我们所面对的最令人不安的威胁是那种'人造风险'，它们源于科学与技术的不受限制的推进。科学理性使世界的可预测性增强，但与此同时，科学已造成新的不确定性——其中许多具有全球性，对这些捉摸不透的因素，我们基本上无法用以往的经验来消除。"①

这种历史落差使中国现代化置于特殊的历史境遇之中。一方面，中国现代化起步于19世纪后半叶的洋务运动，起步晚，起点低。从时间上看，和日本、沙俄等国家的现代化兴起的时间大约一致，但现代化进程却是远远落后的，直到新中国成立以后，现代化才有了实质性的发展，改革开放更加快了这一历史进程，追赶现代化成为当代中国人的普遍共识；另一方面，站在世界文明进程的立场上，中国现代化历程的起点是高的，这表现为它不仅可以吸收借鉴西方现代化的成功经验，而且可以通过西方社会这面"镜子"获得关于现代性的"问题"和"弊端"的警醒意识。因此，如何找到既克服西方现代性弊端，又适合中国社会发展的客观实际，发展一种既内含马克思主义的批判精神，又带有指向人的全面发展理想目标的现实道路，是不容回避

① ［英］安东尼·吉登斯：《现代性的后果》，田禾译，译林出版社2000年版，第115页。

的重大历史课题。

作为"外源型"国家，中国的现代化具有自己的特点，前现代、现代和后现代的不同阶段的社会状态和各种表现，共存于当代中国社会，使当代中国社会结构呈现出复杂性，本来是历时态展现的现代性矛盾，共时地出现在中国社会，从而加大了中国现代性建构的艰巨性。一个现代社会，似乎具有一种动力，引进了合理化和生产效率，提高了个人的责任感，但也威胁到了传统和现代的一体化，促进了社会的反常状态、消费主义、异化、不满，甚至会把矫揉造作的文化商业化。[①] 信奉理性主义和科学主义的现代人，其实并没有得到真正的独立与自由，相反，他们成了自己的欲望和工具理性的奴隶[②]。事物就是矛盾的统一体。现代性对于社会发展总会表现为积极与消极两个方面，无论是积极的一面还是消极的一面都是需要我们面对的，关键在于对这两方面持什么立场，发表什么主张。就中国所处的历史方位看，我们更应该看到的是矛盾的主要方面，也就是现代性的肯定性方面。现代性的积极作用是显著的，正是因为中国社会发展所处的现代性背景，可以充分利用后发优势，从西方社会的发展历程中找到可资借鉴的有益东西，同时又对现代性抱持审视态度，努力避免现代化进程的种种内在矛盾和负面效应，自觉克服在张扬人的主体性过程中造成的人与自然的对立、人的物化和工具化的严重后果，保持中国现代化进程的高度自立和自觉。

正如马克思没有离开资本主义现实批判现代性一样，我们也不能离开中国的现实来空泛地谈论现代性，而应立足中国社会发展的实际，诚如马克思和恩格斯所说："对实践的唯物主义者即共产主义者来说，全部问题都在于使现存世界革命化，实际地反对并改变现存的事物。"[③] 就此而言，批判已经不再是目的本身，而只是一种手段。批判的最终目的是要建构一个"新世界"；与其说批判是现代性的终结，倒不如说是它的一个新起点。因此，建

---

① 参见 [美] 罗伯特·皮平：《作为哲学问题的现代主义》，阎嘉译，商务印书馆 2007 年版，第 28—29 页。

② 参见张曙光：《现代性论域及其中国话语》，武汉大学出版社 2010 年版，第 14—15 页。

③ 《马克思恩格斯选集》第 1 卷，人民出版社 1995 年版，第 75 页。

构一种具有反思精神的现代性，正是马克思批判现代性的理论指向。

从理解和解决中国问题的立场出发，对于现代性的讨论和批判，一方面，保持清醒的中国现代性问题意识，要有深入底奥的洞察力，坚持以我为主，关注现代性的问题及其批判话语，厘清那些看起来纷乱纠缠的问题，避免重大的原则性失误，引导人们沿着正确的方向前进。如果仅仅停留在一般意义上，对西方现代性话语作随声附和，人云亦云，没有自己的坐标，甚至照搬西方的现代性，只会导致"邯郸学步，失其故行"，不仅解决不了中国迫切的现实问题，还会在追求现代化的道路上迷失方向，跌落陷阱。另一方面，要有高屋建瓴的广阔视野和世界胸襟，不拒细流，海纳百川，充分汲取人类现代化进程中的丰富营养，为我所用，取我所需，切不可盲目拒斥。关于这一点，刘小枫提出："欧美的社会理论在基本架构和实证研究两个方面均已有极为丰富的积累。建构中国的社会理论，既不可撇开这些积累，也不应仅限于译述和套用，带着中国问题进入西方问题再返回中国问题，才是值得尝试的思路。"① 带着中国问题进入西方问题再返回中国问题，这一观点符合唯物辩证法矛盾的普遍性和特殊性辩证统一原理，也体现实践与认识的辩证发展，对于当代中国现代性建构具有现实意义。

现代性的历程与人性张扬的历程是同一的，走向现代化的道路也是人实现自我解放的道路，社会现代化本质上是人的现代化，这是历史唯物主义的题中之义。马克思正是在现代性的建设性批判中提出人的自由而全面发展的。在马克思关于人的全面发展的一系列论述之中，人的全面发展的实现条件是最根本的问题，这是人的全面发展的现实性。只有在人的发展的各种条件充分具备的基础上，人的全面发展才能得以实现。因此人的全面发展的过程，也就是各方面条件不断成熟和完善的过程，不着眼于条件的创造和积累，人的全面发展只会是空想。马克思之前的思想家反对神本主义，高扬人的主体地位，强调人的自由和权利，把人或者人的某个方面（如非理性方面）抬高到至高无上的地位，这些思想建立在"共同人性"的理论预设基础上，

---

① 刘小枫：《现代性社会理论绪论》，上海三联书店1998年版，第4页。

206

其所谓的"人"，是根本不存在的、无差等的抽象的人。由于从根本上"撇开现实条件，……把整个历史变成意识的发展过程了"①，他们是无论如何找不到通往实际生活的现实道路。立足于现实的物质关系以及其他方面的关系，关注并探讨人的全面发展的条件，是马克思的人的全面发展理论的显著特征，是在当代中国促进人的全面发展绕不开的基本前提。

二、马克思东方社会理论的启示

马克思市民社会批判的立足点是现代西方社会。在这一批判话语系统中，马克思从经济关系入手解剖资本主义制度这个历史上最发达和最复杂的社会组织，来揭示人类社会发展的一般规律。马克思的研究视野并没有局限于西方社会，而是体现出世界视野和人类情怀。"人体解剖对于猴体解剖是一把钥匙"，通过资本主义社会，我们可以"透视一切已经覆灭的社会形式的结构和生产关系"，而且，"只有在资本主义社会的自我批判已经开始时，才能理解封建的、古代的合格东方的经济"②。在 19 世纪 60 年代，当马克思基本完成对西方资本主义社会的批判后，把研究视野转向东方社会，开始探讨东方社会的社会结构和发展道路，从而形成东方社会理论。在这一阶段，马克思把先前创造的理论融入世界历史之中，力图全面把握人类社会的发展规律和探求人类社会的发展道路。

马克思对东方社会问题的考察，经历了一个渐进的过程。1875 年三四月间，恩格斯《论俄国的社会问题》的写作和发表，是马克思、恩格斯阐述东方社会问题的开端。接着，1877 年马克思就东方社会问题表达了自己的见解。特别是在 1881 年，马克思在《给维·伊·查苏利奇的复信》中，着力探讨了俄国和东方社会的问题。马克思、恩格斯在《〈共产党宣言〉1882 年俄文版序言》中进一步论述了东方社会理论。这些前后相继的观点和论述，

---

① 《马克思恩格斯选集》第 1 卷，人民出版社 1995 年版，第 130 页。

② 《马克思恩格斯选集》第 2 卷，人民出版社 1995 年版，第 23、24 页。

形成了对东方社会问题考察的有机整体。

对东方社会的考察，马克思主要是从经济（生产力）、政治（制度）的角度来进行的。从总体上看，东方社会具有两个基本特征。第一，在经济结构方面以农村公社为基本单位。经济结构不仅包括基本的经济关系、分配关系和所有制关系，更重要的是指生产力发展程度。东方社会的这种农村公社的经济特征是农业和手工业直接结合，生产力水平落后，生产仅限于自给自足。农村公社这些"共同体是实体，而个人则只不过是实体的附属物，或者是实体的纯粹天然的组成部分"，而国家凌驾于这些共同体之上，是土地财产唯一的所有者。第二，在政治关系方面实行东方专制制度，而土地公有制构成了东方专制制度的基础。"东方的专制制度是基于公有制"①。之所以如此，是因为"各个公社相互之间这种完全隔绝的状态，在全国造成虽然相同但绝非共同的利益，这就是东方专制制度的基础"②。东方社会的典型是亚洲和中国，它们是"亚洲式的社会""亚细亚式的社会"。马克思认为，中国是东方社会"活的化石"，体现着"一切东方运动的共同特征"，而印度还保存着亚细亚所有制的"一整套图样"，"中国和印度现在是亚洲举足轻重的国家"。③ 所以，"亚细亚生产方式"是马克思东方社会理论的起点。

在研究亚细亚生产方式中，马克思看到东方社会具有"停滞性"。这种停滞性主要是指东方社会经济结构的"稳定性"。导致这种停滞性的直接原因，是东方社会内部农业和手工业的牢固结合。"这些自给自足的公社不断地按照同一形式把自己再生产出来；当它们偶然遭到破坏时，会在同一地点以同一名称再建立起来，这种公社的简单的生产机体，为揭示下面这个秘密提供了一把钥匙：亚洲各国不断瓦解、不断重建和经常改朝换代，与此截然相反，亚洲的社会却没有变化。这种社会的基本经济要素的结构，不为政治领域中的风暴所触动。"④ 这是一种"静止的社会状况"。正是在这个意义上，

---

① 《马克思恩格斯全集》第 20 卷，人民出版社 1971 年版，第 681 页。
② 《马克思恩格斯全集》第 18 卷，人民出版社 1964 年版，第 618 页。
③ 《马克思恩格斯选集》第 1 卷，人民出版社 1995 年版，第 737 页。
④ 《马克思恩格斯全集》第 23 卷，人民出版社 1972 年版，第 396—397 页。

马克思认为，中国像一个"保存在密闭棺材里的木乃伊"，而"印度社会根本没有历史"。亚洲社会的这种"稳定性""停滞性"在历史上保持得最持久、最顽固。但是，随着西方资产阶级的入侵以及各民族进入普遍交往的世界历史时代，东方社会开始面临着不同的历史命运。

印度成为西方资产阶级的"猎获物"，印度人"失掉了他们的旧世界而没有获得一个新世界"。西方资产阶级在印度"亚洲式专制"的基础上建立起"欧洲式专制"，这两种专制结合起来"要比萨尔赛达庙里任何狰狞的神像都更为可怕"①，导致印度社会长期处于一种新的停滞之中，出现了"没有历史的历史"。而中国在西方资本主义冲击下显示出顽强的"生命力"，同时又处于"解体的过程"。马克思极为关注古老中国在西方资本主义冲击下所表现出来的"顽固性"及其原因："除我们已证明与西方工业品销售成反比的鸦片贸易之外，妨碍对华进口贸易迅速扩大的主要障碍，是那个依靠着小农业与家庭手工业相结合而存在的中国社会经济结构。"②不同于印度，中国并没有完全沦为殖民地，英国的大炮只是"迫使天朝帝国与地上的世界接触。与外界完全隔绝曾是保存旧中国的首要条件，而当这种隔绝状态通过英国而为暴力所打破的时候接踵而来的必然是解体的过程"③。

既然中国的"解体的过程"势在必然，马克思晚年把目光转向俄国，提出了跨越"卡夫丁峡谷"的设想，即半东方的俄国有可能跨越资本主义历史阶段，直接走上社会主义道路。1861年农奴制改革以后，俄国走上了资本主义发展道路。不可否认的是，当时的历史环境也为俄国社会的发展提供了另一种可能性。马克思看到，"如果"俄国继续走它正在走的道路，即资本主义道路，那么它必将"遭受资本主义制度所带来的一切灾难性的波折"④。马克思反对把"关于西欧资本主义起源的历史概述彻底变成一般发展道路的历史哲学理论，一切民族，不管它们所处的历史环境如何，都注定要走这条

① 《马克思恩格斯选集》第1卷，人民出版社1995年版，第761页。
② 《马克思恩格斯选集》第1卷，人民出版社1995年版，第755页。
③ 《马克思恩格斯选集》第1卷，人民出版社1995年版，第692页。
④ 《马克思恩格斯选集》第3卷，人民出版社1995年版，第340页。

道路"①，而是从俄国与"现在世界的特殊联结方式"，从俄国农村公社的二重性、俄国资本主义已经得到一定程度的发展，以及西欧资本主义生产方式对俄国的冲击出发，提出这一设想的。因为，俄国既不像印度那样成为西方资产阶级的"猎获物"，也不像中国那样受到西方资本主义的强烈冲击而处于"解体的过程"，同时又不像西欧那样，其原来的农村公社内部的"私有制因素战胜集体制因素"，"俄国是在全国范围内把'农村公社'保存到今天的欧洲唯一国家"。从内部条件看，俄国农村公社具有二重性，"公有制以及公有制所造成的各种社会关系，使公社基础稳固，同时，房屋的私有、耕地的小块耕种和产品的私人占有又使个人获得发展"②。这种二重性是俄国农村公社具有强大生命力的源泉。从外部条件看，俄国与西方资本主义处于同时代，必然要和西方资本主义发生联系。"俄国是在全国广大范围内把土地公社占有制保存下来的欧洲唯一的国家，同时，恰好又生存在现代的历史环境中，处在文化较高的时代，和资本主义生产所统治的世界市场联系在一起。"③和资本主义生产的同时代性以及世界市场的存在，使得俄国可以借助西方资本主义已有的生产力发展成果，在特定的国际环境中跨越资本主义的历史阶段，直接进入社会主义社会。

然而，"跨越"是不可能在真空中实现的，而是要立足于现实土壤，以一定的社会历史条件为基础。马克思对此作了深入分析。

一方面，整个俄国虽然已经开始资本主义现代化，但其主体即农村公社的大部分尚未完全接替，俄国的资本主义现代化进程已经开始给俄国人民带来深重灾难，选择社会主义道路成为革命者追求的目标；另一方面，比起西方国家，当时的俄国又相当落后，缺乏现代工业生产力，落后的手工业生产力和小农经济占统治地位；在全国的范围内尚未形成现代化的市场经济体系，前资本主义的村社式的自然经济还占据主体地位。因此，俄国农村公社要想不通过"资本主义卡夫丁峡谷"，而获得新的历史发展起点，必须具备

① 《马克思恩格斯选集》第3卷，人民出版社1995年版，第341—342页。
② 《马克思恩格斯全集》第19卷，人民出版社1963年版，第434页。
③ 《马克思恩格斯全集》第19卷，人民出版社1963年版，第444页。

这样两个条件：其一，"必须有俄国革命"，"挽救俄国公社"。社会革命是实现社会形态更替的重要手段和决定性环节。当旧的生产关系严重阻碍生产力，旧的上层建筑又极力维护旧的经济基础时，必须用社会革命这一手段来摧毁或扫除历史前进的障碍。"如果革命在适当的时刻发生，如果它能把自己的一切力量集中起来以保证农村公社的自由发展，那末，农村公社就会很快地变为俄国社会复兴的因素，变为使俄国比其他还处于资本主义制度压迫下的国家优越的因素。"① 其二，是西欧革命，与俄国革命"互相补充"。"假如俄国革命将成为西方无产阶级革命的信号而双方互相补充的话，那末现今的俄国土地公社所有制便能成为共产主义发展的起点"②。在19世纪70年代和90年代初期，恩格斯将西方无产阶级革命看作俄国公社实现"跨越"发展的前提条件，认为俄国公社要实现向高级形式的过渡，"只有在下述情况下才会发生，即西欧在这种公社所有制彻底解体以前就胜利地完成无产阶级革命并给俄国农民提供实现这种过渡的必要条件……如果有什么东西还能挽救俄国的公社所有制，使它有可能变成确实富有生命力的新形式，那么就正是西欧的无产阶级革命"③，恩格斯也并不否认俄国革命的重要意义，要保全这个残存的公社，必须推翻专制的沙皇政权，而且，"俄国的革命还会给西方的工人运动以新的推动，为它创造新的更好的斗争条件，从而加速现代工业无产阶级的胜利；没有这种胜利，目前的俄国无论从公社那里还是从资本主义那里，都不可能达到社会主义的改造"④。所以，"对于这个问题，目前唯一可能的答复是：假如俄国革命成为西方无产阶级革命的信号而双方相互补充的话，那么现今的俄国土地所有制便能成为共产主义发展的起点"⑤。总之，革命是推动俄国历史发展的直接动力，也是俄国社会内部矛盾的集中体现，也只有具备上述两个条件，俄国农村公社才能"不通过资本主义卡夫

---

① 《马克思恩格斯全集》第19卷，人民出版社1963年版，第441页。
② 《马克思恩格斯全集》第19卷，人民出版社1963年版，第326页。
③ 《马克思恩格斯选集》第3卷，人民出版社1995年版，第282页。
④ 《马克思恩格斯选集》第4卷，人民出版社1995年版，第450—451页。
⑤ 《马克思恩格斯全集》第1卷，人民出版社2000年版，第251页。

丁峡谷", 而成为"俄国社会新生的支点"。

当然, 仅仅通过革命的方式来实现跨越, 无疑缺乏现实的物质力量。物质力量当然需要物质力量摧毁。历史进步的物质基础是社会生产力, 生产力是社会发展的最终决定力量, 这是考察社会发展进步的基本依据。在探讨东方社会发展道路时, 马克思突出了生产力对社会发展的决定作用。"要发展生产力, 把物质生产变成在科学的帮助下对自然力的统治。"但是, "只有在伟大的社会革命支配了资产阶级时代的成果, 支配了世界市场和现代生产力, 并且使这一切都服从于最先进民族的共同监督的时候, 人类的进步才会不再像可怕的异教神怪那样, 只有用被杀害者的头颅做酒杯才能喝下甜美的酒浆"①。

从生产力发展的角度探讨具体民族或国家的发展道路, 是马克思社会分析的根本方法论。在《德意志意识形态》中, 马克思认为, 日耳曼民族之所以能跨越奴隶制, 从原始社会直接走上封建社会, 实现社会发展的"跨越", 就是被征服者 (罗马帝国) 的生产力与征服者 (日耳曼民族) 的社会组织相互作用的结果。"封建制度决不是现成地从德国搬去的。它起源于征服者在进行征服时军队的战时组织, 而且这种组织只是在征服之后, 由于在被征服国内遇到的生产力的影响才发展为真正的封建制度的。"② 一个"民族本身的整个内部结构也取决于自己的生产以及自己内部和外部的交往的发展程度"③。可见, "定居下来的征服者所采纳的共同体形式, 应当适应于他们面临的生产力发展水平, 如果起初情况不是这样, 那么共同体形式就应当按照生产力来改变"④。

从俄国农村公社所处的历史环境出发, 马克思以宽广眼光突破了生产力水平的民族界限, 把俄国置于世界的整体联系中, 考察其"跨越"的可能性。马克思指出, 资产阶级"正像它使农村从属于城市一样, 它使未开化和半开

---

① 《马克思恩格斯选集》第1卷, 人民出版社1995年版, 第773页。
② 《马克思恩格斯选集》第1卷, 人民出版社1995年版, 第126页。
③ 《马克思恩格斯选集》第1卷, 人民出版社1995年版, 第68页。
④ 《马克思恩格斯选集》第1卷, 人民出版社1995年版, 第126页。

化的国家从属于文明的国家，使农民的民族从属于资产阶级的民族，使东方从属于西方"①。和"文明的国家"相比，落后的俄国"不是脱离现代世界孤立存在的"，而是"恰好又生存在现代的历史环境中，处在文化较高的时代，和资本主义生产所统治的世界市场联系在一起"②。与俄国并存的发达资本主义生产及其统治下的世界市场，在客观上为俄国提供了改造和发展农村公社的物质条件。如果"俄国吸取这种生产方式的肯定成果，就有可能发展并改造它的农村公社的古代形式，而不必加以破坏"③。这样，俄国农村公社就有可能脱离其原始形式，成为"俄国社会复兴的因素"，"使俄国可以不通过资本主义制度的卡夫丁峡谷，而把资本主义制度的一切肯定性成就用到公社中来"④。

在世界历史运动中，当西欧资本主义破坏了东方传统的公社所有制、激活其内在活力时，东方社会有可能借助西方无产阶级的成果，进行无产阶级革命，以无产阶级革命的方式解决资本主义的问题。生产力的发展必然会导致旧的社会主体的衰落和新的社会主体的崛起。新的社会主体与生产力的发展相一致，不仅追求自身的利益，而且把其他阶级的利益纳入自己的利益体系之中并使之从属于自己。人类的发展需要整体利益的实现，不仅要以同生产力发展相一致的新的阶级利益的实现为中介，而且要以牺牲同生产力发展不一致的、有碍新的阶级利益实现的其他阶级的利益为代价。这是历史进步过程中的代价。这一代价具有铁一般的必然性，是不可避免的。就是说，资本主义生产方式"一方面神奇地发展了社会的生产力，但是另一方面，也表现出它同自己所产生的社会化生产力本身是不相容的。它的历史今后只是对抗、危机、冲突和灾难的历史"⑤。所以，马克思在提出跨越"卡夫丁峡谷"的设想时，出发点之一就是使俄国的未来发展避免资本主义制度所造成的

① 《马克思恩格斯选集》第 1 卷，人民出版社 1995 年版，第 277 页。
② 《马克思恩格斯全集》第 19 卷，人民出版社 1963 年版，第 444 页。
③ 《马克思恩格斯全集》第 19 卷，人民出版社 1963 年版，第 444 页。
④ 《马克思恩格斯全集》第 19 卷，人民出版社 1963 年版，第 326 页。
⑤ 《马克思恩格斯全集》第 19 卷，人民出版社 1963 年版，第 443 页。

"波折""痛苦"和"致命危机"，避免"对抗""冲突"和"灾难"的历史，尽量"缩短和减轻"这种"分娩的痛苦"。如果俄国公社"在现在的形式下事先被引导到正常状态，那它就能直接变成现代社会所趋向的那种经济体系的出发点，不必自杀就能获得新的生命"①。

思想的阐发蕴含着深切的现实关照，理论的价值存在于对社会问题的探索。马克思关于俄国跨越资本主义"卡夫丁峡谷"设想的意义，并不在于这一设想本身。这一设想的思想意义在于提供了研究落后国家社会发展道路的科学方法论。落后国家要摆脱殖民束缚，实现国家民族独立、经济社会发展、人的自由解放，就要从这一思想资源中汲取营养，走一条适合自身国情的独立自主的现代化道路。

在 20 世纪上半叶，资本主义生产方式的内在矛盾的日益激化，经济危机不断发生，这些"工业较发达的国家向工业较不发达的国家所显示的，只是后者未来的景象"②。俄国十月社会主义革命改变了世界历史的发展方向，在这种历史条件下，殖民地半殖民地的民族解放运动都自觉不自觉地与无产阶级革命相呼应，从而使社会主义国家、发达资本主义国家在内的无产阶级革命以及殖民地半殖民地的民族运动形成一个历史整体，造就了"世界社会主义革命的时代"。

作为世界的一部分，中国的社会发展不可能背离世界历史的发展方向。历史地看，中国是在鸦片战争后被强行拖入世界历史进程的。在 1840—1842 年、1856—1860 年间，英国两次对中国发动鸦片战争。古老的帝国被轰开了大门，中国开始沦为西方列强掠夺和殖民的对象，国家蒙辱，人民蒙难，文明蒙尘，中华民族遭受前所未有的劫难。对于中国人民遭受的苦难，马克思给予深切的同情，在多篇通讯中，马克思高度赞扬中国为世界文明所作的巨大贡献，声援中国人民的抵抗斗争，认为帝国主义的野蛮入侵绝不是传播文明的义举，而是赤裸裸的残暴掠夺。马克思的笔触饱含着正义的

---

① 《马克思恩格斯全集》第 19 卷，人民出版社 1963 年版，第 451 页。
② 《马克思恩格斯选集》第 2 卷，人民出版社 1995 年版，第 100 页。

力量，具有宽广的世界历史眼光。在他看来，作为世界重要组成部分的东方社会，必然要融入世界之中，甚至要成为世界进步的引领力量。可严酷的现实是，在英国的铁蹄下中国开始一步步陷入半殖民地半封建的深渊。正是在落后挨打的历史境遇下，中国现代化在"救亡图存""实业救国"的呼声中应运而生，也是在此背景下开启了构建现代文明的尝试。然而，在没有民族独立、饱受战乱的情况下，无论是"言技""言政""言教"，还是洋务运动、戊戌变法、辛亥革命和五四运动，都没有使中国走上现代化的发展道路。严复的《原强》《辟韩》，郭嵩焘的《使西纪程》，孙中山的《建国方略》，都见证着近代以来中国现代化的希望和失望。相反，资本主义的"世界历史"却把中国的生产力和生产关系由民族性转向世界性，为中国走上社会主义道路"充当了不自觉的工具"。有鉴于此，马克思写道："的确，英国在印度斯坦造成社会革命完全是受极卑鄙的利益所驱使，而且谋取这些利益的方式也很愚蠢。但是问题不在这里。问题在于，如果亚洲的社会状态没有一个根本的革命，人类能不能实现自己的命运？如果不能，那么，英国不管干了多少罪行，它造成这个革命毕竟是充当了历史的不自觉的工具。"[1]

在 20 世纪上半叶，中国社会生产力的显著特点是落后与先进并存，即个体农业经济、手工业经济和现代工业并存，这是中国半殖民地半封建社会的根本性质决定的。这种二重特征造成了"两个中国之命运"的可能，即发展并确立资本主义生产关系或者建立社会主义生产关系的两种可能，是两种前途和命运的选择。中国"新式工业"是西方资产阶级"导入的"，具有"外源性"，这是资本主义开创的世界历史及其对中国的冲击、影响和渗透的结果。马克思、恩格斯在《共产党宣言》中指出："资产阶级，由于开拓了世界市场，使一切国家的生产和消费都成为世界性的了。使反动派大为惋惜的是，资产阶级还是挖掉了工业脚下的民族基础。……它们被新的工业排挤掉了，新的工业的建立已经成为一切文明民族的生命攸关的问题；这些工业所加工的，已经不是本地的原料，而是来自极其遥远的地区的原料；它们的产

---

[1] 《马克思恩格斯选集》第 1 卷，人民出版社 1995 年版，第 766 页。

品不仅供本国消费，而且同时供世界各地消费。……过去那种地方的和民族的自给自足和闭关自守状态，被各民族的各方面的互相往来和各方面的互相依赖所代替了。"① 资本主义生产方式对中国社会的冲击、影响和渗透，中国现实的重重难题，促使中国先进知识分子苦苦求索。为了救亡图存，各种资产阶级学说和民主共和的方案都试验过了，也都在中国严酷的现实面前一一破产，资本主义道路在中国已经证明走不通。在"山重水复疑无路"的困境下，马克思主义传入中国，中国共产党人以之观察中国的命运，从"走俄国人的路"到"走自己的路"，经过艰苦卓绝的斗争，取得了中国革命的胜利。

诚如马克思的科学预见，中国在 20 世纪中叶跨越资本主义的"卡夫丁峡谷"而直接走向社会主义，"中华共和国"的靓丽名字在中国大地上成为现实。中国社会主义的独特性决定了道路探索何其曲折艰难。但任何事物都存在相互对立的两个方面。尽管中国社会主义是在一穷二白、百废待兴的基础上建立的，生产力水平起点极低，但作为世界历史整体的"器官"，中国的发展不可避免地受到世界"整体"的影响，并在这种影响下发生某种程度的"变形"，表现出"相加效应"，即在世界的"普遍交往"中用自己的优势部分换取自己不足部分的弥补，或者利用其他民族的各种成果以充实、提高自己，给自己带来了新的发展动力。这使得较为落后的民族或国家不必一切"单另进行"和"从头开始"，而是借鉴人类的最新成果去创造更新的东西，推动文明转型，建立现代文明，从而跨越式地发展到世界先进行列。

作为一个"后发型"国家，一个现代化的"后来者"，中国具有两方面的后发特征，这种特征一方面体现出相比较先发国家的暂时落后性，后发国家需要奋力追赶；另一方面也有明显优势，中国可以在汲取中少走弯路，并独辟蹊径，实现弯道超车，以"跳跃式"的发展方式跨入现代化国家的行列。其一，科学地对待西方现代性，树立开放意识，向西方学习，既不崇洋媚外、全盘西化，又不排斥一切文明中可资利用的理念、理论和体制性因

---

① 《马克思恩格斯选集》第 1 卷，人民出版社 1995 年版，第 276 页。

素，充分吸收发达国家在现代化发展过程中所形成的管理经验、技术成果和资金资源等内容；既不鼓动狭隘的民族主义，又重视民族的文化认同，并且为民族个体之间、世界各民族之间更为合理的关系建立，提供以和平协商、和谐共存为基调的理念和智慧。这就是对外开放的基本逻辑。虽然我们是以社会主义方式来建设现代文明，但是我们并不排斥资本主义方式所创造出来的现代文明成果，以及所体现出来的现代化发展规律。如果闭关自守，故步自封，势必使中国和世界现代化的进程隔离开来，其结果就是走一条重复世界现代化的老路，还要走许多弯路。所以，"中国的发展离不开世界"[1]，因为"搞现代化建设，我们既缺少经验，又缺少知识"[2]。其二，建构具有中国特色的现代性，不照搬，不照抄，从自己的历史条件和现实情况出发，尊重传统，再造传统，不断形成并创新符合自身的具体的实践模式。[3] 正因为做到了这两点，社会主义现代化走出了一条"中国道路"，现代化在中国的实践取得了让世人刮目相看的历史成就，经过 70 多年特别是改革开放 40 多年的发展，中国在几十年的时间里走完了西方发达国家几百年的路程，大踏步赶上了时代，综合国力、科技实力、国防实力、文化影响力、国际影响力显著提升，成为世界上中等收入人口最多的国家和国际社会公认的最有安全感的国家之一，在构建面向未来的人类现代文明的中国形态的过程中，把发展进步的命运牢牢掌握在自己手中，按照自己的方式推进中华民族伟大复兴。

要清醒地认识到，中国长期处于社会主义初级阶段、仍然是发展中国家的基本国情没有变，人民的生活水平还不高，在解决绝对贫困基础上解决相对贫困还要啃不少硬骨头，不断改善人民群众的生活还是最突出的任务。1959 年底至 1960 年初，毛泽东同志提出，社会主义这个阶段，又可能分为两个阶段，第一个阶段是不发达的社会主义，第二个阶段是比较发达的社会主义。后一阶段可能比前一阶段需要更长的时间。邓小平同志也指出，社会主义本身是共产主义的初级阶段，而我们中国又处在社会主义的初级阶段，就

① 《邓小平文选》第 3 卷，人民出版社 1993 年版，第 78 页。
② 《邓小平文选》第 3 卷，人民出版社 1993 年版，第 22 页。
③ 参见张曙光：《现代性论域及其中国话语》，武汉大学出版社 2010 年版，第 156 页。

217

是不发达的阶段。习近平总书记指出："今天我们所处的新发展阶段，就是社会主义初级阶段中的一个阶段，同时是其中经过几十年积累、站到了新的起点上的一个阶段。"[①] 站在新的历史起点，最迫切的任务就是在过去 70 多年革命、建设、改革基础上接续奋斗，实现现代化，实现中华民族伟大复兴。世界正经历百年未有之大变局和中华民族伟大复兴战略全局，二者叠加交织、相互激荡，构成我们全面建设社会主义现代化国家的历史坐标和时代背景，要紧紧抓住新一轮工业革命浪潮的历史机遇，大力推进科技强国战略和创新驱动战略，加快经济社会的转型升级，以改革创新为动力推动高质量发展，提高人民的生活水平，不断促进人的全面发展。相应地，中国现代性建构就必须立足于以启蒙理性为核心的现代主义精神的培育和弘扬，以追求现代化为目标，破除各种影响现代化进程的制度障碍，在思想观念上适应现代化的要求，坚决克服制度对人的主体性的束缚、对创造个性的扼制、对科学理性的抑制，要将科学精神与人文精神统一起来，在制度变革完善中拥抱新时代、引领新时代。

习近平总书记作了这样启人深思的论述："我一直在思考，为什么从明末清初开始，我国科技渐渐落伍了。有的学者研究表明，康熙曾经对西方科学技术很有兴趣，请了西方传教士给他讲西学，内容包括天文学、数学、地理学、动物学、解剖学、音乐，甚至包括哲学，光听讲解天文学的书就有100 多本。是什么时候呢？学了多长时间呢？早期大概是 1670 年至 1682 年间，曾经连续两年零五个月不间断学习西学。时间不谓不早，学的不谓不多，但问题是当时虽然有人对西学感兴趣，也学了不少，却并没有让这些知识对我国经济社会发展起什么作用，大多是坐而论道、禁中清谈。1708 年，清朝政府组织传教士们绘制中国地图，后用 10 年时间绘制了科学水平空前的《皇舆全览图》，走在了世界前列。但是，这样一个重要成果长期被作为密件收藏内府，社会上根本看不见，没有对经济社会发展起到什么作用。反

---

① 习近平：《论把握新发展阶段、贯彻新发展理念、构建新发展格局》，中央文献出版社 2021 年版，第 471 页。

倒是参加测绘的西方传教士把资料带回了西方整理发表，使西方在相当长一个时期内对我国地理的了解要超过中国人。这说明了一个什么问题呢？就是科学技术必须同社会发展相结合，学得再多，束之高阁，只是一种猎奇，只是一种雅兴，甚至当作奇技淫巧，那就不可能对现实社会产生作用。"① 这段论述深刻阐明了中国科学技术落后以及由此带来的整个国家落后的根本原因。科学技术的发展只是社会发展的一种可能性，而不具有直接现实性，如果不着眼于科学技术的实际运用和对现实世界的改造，不与社会生产要素全面接轨，不通过制度变革促进科学技术的创新与运用，科学技术就只是停留在"阁中清谈"，不仅科学技术最终发展不起来，反而必然会导致经济社会的落后，而落后就会挨打，就会丧失发展的自主性和独立性，就会在世界发展的滚滚浪潮中沉沦下去。这是痛彻心扉的历史教训，我们要永远深刻吸取，不让历史悲剧重演。

在当代中国，科学技术不是高度发达，而是依然差距明显亟待发展；理性不是已经发展到普遍化、绝对化，而是十分缺乏需要大力倡扬；知识不是已经高度普及，而是很不平衡且得不到应有尊重；秩序不是已经向社会各层面全面渗透并广泛发挥规范效能，而是急需确立和完善体制机制；人的主体性不是过分张扬，而是缺乏主体能动性致使人的创新创造能力不足。因此，在当代中国，我们发展科学技术的聚焦点应该是社会的需要、人的需要，着眼于推动社会实践的发展，科学技术才具有真正科学理性的意义，并且在科学技术的发展运用中，强调对自然的理性把握和技术控制，并以此来确证人的主体性和本质力量。因此，我们没有任何理由对现代性报以排斥的态度，在中国社会仍处于"营养不良"状态时却简单地附和西方社会急切"减肥"。我们要做的事情只能是，既要大力展开和追赶而不是放弃现代化，又要充分参照和借鉴而不是拒绝后现代主义已经展开的对现代主义问题和弊端的批判，正视现代性的内在矛盾，并通过矛盾的合理解决促进现代性在中国的健康运行，保障中国现代化进程朝着合理完善的方向发展。

---

① 《习近平谈治国理政》，外文出版社 2014 年版，第 124—125 页。

　　无疑，马克思的东方社会理论为中国现代化进程提供了富有启示的思维向度。虽然现代文明在历史上是在资本主义社会中最早开启的，但建立现代文明却不一定都要按照资本主义方式来完成，并且现代文明也并非只是停留在资本主义阶段。中国正聚力于现代社会的建构，在时代大势面前，我们只能选择现代化的立场，坚定走现代化的道路。习近平总书记指出："治理一个国家，推动一个国家实现现代化，并不只有西方制度模式这一条道，各国完全可以走出自己的道路来。可以说，我们用事实宣告了历史终结论的破产，宣告了各国最终都要以西方制度模式为归宿的单线式历史观的破产。"①现代化不是一个抽象的先验的理性符号，而是现实的合理化运动，即经济的市场化、政治的制度化和文化的世俗化。"现代化——意指现代社会的目前状态——并不是历史的终点；如果将这种现代性看作是一种现代社会独具的潜质，我们也不能判定现代性究竟包括哪些内容。"②现代化的内容不是既定的，必然要在实践中呈现出其独特性和丰富性。我们所推进的现代化既有各国现代化的共同特征，更有基于国情的中国式现代化。中国式现代化道路，能够使中华民族在构建现代文明过程中，遵循中华文明历史逻辑、现代化发展逻辑和共产主义运动逻辑，做到不忘本来、吸收外来和面向未来的有机结合。习近平总书记强调："我们积极学习和借鉴人类文明的一切有益成果，欢迎一切有益的建议和善意的批评，但我们绝不接受'教师爷'般颐指气使的说教！"③我们建设的现代化必须是具有中国特色、符合中国实际的。从中国实际和人的现实需要出发，坚持打开国门搞建设，扩大对外开放，进一步深化改革，积极推进中国现代化，致力于为人民创造幸福美好生活，是基于中国发展需要作出的唯一历史抉择。马克思东方社会理论的时代启示在于：

　　一是大力发展社会生产力。随着生产力的发展，人类文明不仅在内容上

---

① 《习近平关于社会主义政治建设论述摘编》，中央文献出版社 2017 年版，第 7 页。

② 谢中立、孙立平主编：《二十世纪西方现代化理论文选》，上海三联书店 2002 年版，第 373 页。

③ 习近平：《在庆祝中国共产党成立 100 周年大会上的讲话》，人民出版社 2021 年版，第 14—15 页。

不断发展，而且在形态上不断迭代，从而推动着人类文明从古代向现代，乃至向更高阶段发展。现代性最终根源于现代生产方式，因而推动现代生产的持续快速发展是培育现代性的必然途径。没有生产力的大力发展，现代性的建构肯定是一纸空文，促进人的全面发展也必然是一句空话。正如马克思所说："如果没有这种发展，那就只会有贫穷、极端贫困的普遍化；而在极端贫困的情况下，必须重新开始争取必需品的斗争，全部陈腐污浊的东西又要死灰复燃。"① 显然，克服资本主义现代化的弊病，真正使人和社会得到全面的发展，是一个长期而复杂的世界历史过程。只有在这一过程完成之后，社会主义才能进入共产主义的高级阶段，即在能保证社会劳动生产力的极高度发展的同时又保证人类最全面的发展的社会。中国当前最大的实际就是仍然处在社会主义初级阶段，也就是不发达阶段，发展仍然是摆在我们面前头等重要的任务，对于我们这样一个发展中国家来说，大力发展社会生产力水平，创造越来越多的物质成果，提高人民群众的生产生活水平，是增强现代性和促进人的全面发展的基础和前提。

二是培育推进中国现代化的制度环境。现代性的发育成长总是与一定的制度环境紧密联系在一起的。历史发展证明，不合理的社会关系和制度安排往往造成现代性的扭曲，进而造成现代性的灾难。构建反映时代要求、符合历史趋势的现代性，走出具有中国特色的现代化道路，是当代中国社会发展的必然要求。随着经济全球化的不断加快，信息化以更优越的方式对现代社会产生重大影响，成为现代化的崭新内容。但是，在社会生产力取得巨大发展的同时，资本主义世界也面临着前所未有的问题，不断爆发的经济危机已给资本主义带来严重影响，成为资本主义社会的"不治之症"。现代化过程中所产生和积累的社会问题不仅影响西方资本主义国家的发展，也给世界上其他国家造成巨大冲击。资本主义社会出现的诸多矛盾和问题，归根到底是资本主义固有的内在矛盾的外在表现，"症结"在于资本主义制度本身。在中国现代化进程中，我们切不可将经济建设、生产力发展作为唯一目标，要始

---

① 《马克思恩格斯选集》第 1 卷，人民出版社 1995 年版，第 86 页。

终围绕人这个中心，用系统观念和整体思维推进社会建设，在制度上给予充分有力保障，建设社会主义制度文明，立足于制度环境的改革完善，防止和消除资本主义的各种负面价值和弊端，重塑公平、正义、自由、和谐、民主与法治，使人真正成为现代化所追求的价值目标，在此基础上促进人与自然、人与社会、人与自身关系的协调发展，促进社会的全面进步，促进人的全面发展。

三、人的全面发展的生产力维度

生产力是人的存在与发展的物质基础和决定力量。迄今为止人类社会的发展史就是一部人与自然、人与人之间不断斗争的历史，是一部反映着客观经济条件的生产关系不断向前运动的历史。马克思认为，要研究人在社会中的发展，就必须首先确立历史起点、历史前提以及社会系统的存在。而"全部人类历史的第一个前提无疑是有生命的个人的存在"，"一当人开始生产自己的生活资料的时候，这一步是由他们的肉体组织所决定的，人本身就开始把自己和动物区别开来。人们生产自己的生活资料"①，展开改造自然的实践活动。马克思指出："个人的全面性不是想象的或设想的全面性，而是他的现实关系和观念关系的全面性。由此而来的是把他自己的历史作为过程来理解，把对自然界的认识（这也表现为支配自然界的实际力量）当作对他自己的现实体的认识。发展过程本身被当作是并且被意识到是个人的前提。但是要达到这点，首先必须使生产力的充分发展成为生产条件，使一定的生产条件不表现为生产力发展的界限。"②

可是，在前资本主义社会阶段，"作为过去取得的一切自由的基础是有限的生产力；受这种生产力所制约的、不能满足整个社会的生产，使人们的发展只能具有这样的形式：一些人靠另一些人来满足自己的需要，因而一些

---

① 《马克思恩格斯选集》第 1 卷，人民出版社 1995 年版，第 67 页。
② 《马克思恩格斯全集》第 46 卷（下），人民出版社 1980 年版，第 36 页。

人（少数）人得到了发展的垄断权；而另一些人（多数）经常地为满足最迫切的需要而进行斗争，因而暂时（即在新的革命的生产力产生以前）失去任何发展的可能性"①。在资本主义社会，资本主义生产方式虽然导致了经济发展与人的全面发展之间的背离，尽管一切提高社会劳动生产力的方法都是靠牺牲工人个人来实现的，但它与前资本主义社会相比，却创造了巨大的物质财富和精神财富，现代资本主义在资本逻辑的主导之下，呈现了现代社会的本质特征："生产的不断变革，一切社会状况不停的动荡，永远的不安定和变动，这就是资产阶级时代不同于过去一切时代的地方。一切固定的僵化的关系以及与之相适应的素被尊崇的观念和见解都被消除了，一切新形式的关系等不到固定下来就陈旧了。一切等级的和固定的东西都烟消云散了，一切神圣的东西都被亵渎了。人们终于不得不用冷静的眼光看他们的生活地位、他们的相互关系。"② 变动和变革是资本主义社会区别于以前社会形态的显著标志。资本主义制度的建立为根本变革落后生产方式以及由它所决定的经济形式提供了条件，从而大大促进了生产力的发展，更为重要的是这种变革对于人的生存所具有的积极意义在于，有助于"人格的普遍提高"。正如马克思所指出的："资本的文明面之一是，它榨取剩余劳动的方式和条件，同以前的奴隶制、农奴制等形式相比，都更有利于生产力的发展，有利于社会关系的发展，有利于更高级的新形态的各种要素的创造。"③

马克思对人类社会由受落后的社会生产力和生产关系的束缚的"必然王国"进入生产力高度发达、人类社会全面发展的"自由王国"的状况进行了构想。在这样一个"自由王国"中，"在共产主义高级阶段上，在迫使人们奴隶般服从分工的情形已经消失，脑力劳动和体力劳动的对立也随之消失之后；在劳动已经不仅仅是谋生的手段，而且本身成了生活的第一需要之后；在随着个人的全面发展生产力也增长起来，而集体财富的一切源泉都充分涌流之后——只有在那个时候，才能完全超出资产阶级法权的狭隘眼界，社

---

① 《马克思恩格斯全集》第 46 卷（下），人民出版社 1980 年版，第 38 页。

② 《马克思恩格斯选集》第 1 卷，人民出版社 1995 年版，第 275 页。

③ ［德］马克思：《资本论》第 1 卷，人民出版社 1975 年版，第 925—926 页。

会才能在自己的旗帜上写，上各尽所能，按需分配"①。这说明，在未来的共产主义社会，随着生产力的高度发展，在物质财富极其丰富的情况下，在人类彻底摆脱了生产的客观条件对主体能动性发挥的束缚的前提下，人类将会解决人与自然的矛盾，人的社会关系将空前丰富，能力将得到普遍提高，那时，历史将"完全转变为世界历史"，从而将实现"每个人的自由而全面的发展"，人的"自由个性"将充分展现。

（一）促进人的需要的全面发展

唯物史观是对人类社会历史发展规律的正确反映，是关于现实的个人及其历史发展的科学，这一观点逻辑地决定了需要在人与社会历史活动中的地位和意义。人的需要是价值确立的前提，人的全面发展也是人的需要的目的性指向。需要作为一般范畴，它是人和整个社会的一种特殊状态，这种状态一方面体现了人和整个社会对其存在和发展的客观条件的依赖；另一方面体现了人和整个社会能够获取的享用一定对象的本质力量，它是人和整个社会的生存与发展的客观根据及各种积极形式的来源。

可以说，唯物史观的完整理论形态不是从生产力与生产关系以及其相互关系开始的，而是从它的前提和根据，即现实的人的需要和劳动开始的。在《德意志意识形态》中，马克思明确指出："我们开始要谈的前提不是任意提出的，不是教条，而是一些只有在想象中才能撇开的现实前提。这是一些现实的个人，是他们的活动和他们的物质生活条件，包括他们已有的和由他们自己的活动创造出来的物质生活条件。"② 显然，马克思把现实的个人、他们的活动以及他们的物质生活条件看作是历史的基本前提。

马克思进而认为，以往的哲学在理解人和社会活动时，"习惯于用他们的思维而不是用他们的需要来解释他们的行为"③。人的需要即人的本性，人以其需要的无限性和广泛性区别于其他一切动物。人与动物的区别在于，

---

① 《马克思恩格斯选集》第1卷，人民出版社1995年版，第516页。
② 《马克思恩格斯选集》第1卷，人民出版社1995年版，第66—67页。
③ 《马克思恩格斯选集》第4卷，人民出版社1995年版，第381页。

"动物仅仅利用外部自然界，简单地通过自身的存在在自然界中引起变化；而人则通过他所作出的改变来使自然界为自己的目的服务，来支配自然界。这便是人同其他动物的最终的本质的差别，而造成这一差别的又是劳动。"①所以，人的第一个历史活动，就是生产满足人的物质生活资料需要的物质生产劳动，用以维持其生命对生活资料的需要。作为生产主体的人不是以纯粹自然的形式出现的，他要在参与社会的各种对象性关系中，获取和占有社会提供的各种资料和手段，使人发展为多种多样的本质力量，人也因此获得了多种多样的现实性。"一当人们自己开始生产他们所必需的生活资料的时候（这一步是由他们的肉体组织所决定的），他们就开始把自己和动物区别开来。"②也就是说，个人的肉体组织以及他们与自然界的关系，是人类的第一个历史活动——生产劳动的前提，它们决定了生产的产生。这里的"个人的肉体组织"也就是有生命的个人，"受肉体组织制约的他们与自然界的关系"也就是人们为了维持自己的生命存在而与自然界进行物质、能量和信息的交换关系。正因为这样，人才不是以直接的自然物而是以整个自然界为自己需要的对象，并能够按任何一种尺度再生产出整个自然界。

人的需要、生产和技术之间存在的动态联系，人的需要驱动生产，又因为需要推动新的生产技术的革新和改进。只要一个层面的需要得到满足，新的需要即刻产生，也推动新的技术进步。这也是历史演进的机制。在历史发展过程中，人作为自然存在物和社会存在物，必然具有各种自然需要和社会需要，而满足这些自然需要和社会需要，就必须进行各种生产实践活动，以使外界自然物发生符合自己需要的形式的变化，从而满足自己的需要，而需要的满足和满足需要的手段又产生新的需要，新的需要反过来又引起新的生产活动。人的需要作为人们追求对象的生命机能，是人的物质生产活动的内在动力，同时它又要通过人的物质生产活动来满足。这样，在需要推动人的生产活动的同时，生产活动又反过来推动人的需要，即在满足需要的过程中

---

① 《马克思恩格斯选集》第 4 卷，人民出版社 1995 年版，第 383 页。
② 《马克思恩格斯全集》第 3 卷，人民出版社 1960 年版，第 24 页。

改造原有的需要，产生出新的需要，给生产活动以新的动力。人的需要充分满足是一个永无止境的过程，即使是在未来的共产主义社会里，人的需要也都会不断地向更高层次发展，人们寻求满足新的需要的活动永远也不会停止，在"满足需要的活动"与"新的需要"之间的双向互动中，人也获得了不断的发展。

人的全面发展是人的需要的全面发展，人的全面发展在需要上体现为人的需要的多样性、全面性。这种多样性和全面性表现了人的不断超越的本质特征。需要按起源来分，可分为自然性需要和社会性需要；按所需要的对象来分，可分为物质需要和精神需要；按对人的生活的意义来分，有生存需要、享受需要和发展需要；按需要的性质来分，有生活的需要、劳动的需要、知识的需要、交往的需要、休息的需要；等等。可以说，需要的层次和结构越复杂，需要的内容越丰富，也就意味着人越来越趋于全面、趋向于自由。马克思说："人以其需要的无限性和广泛性区别于其他一切动物"①，"动物只生产它自己或它的幼仔所直接需要的东西；动物的生产是片面的，而人的生产是全面的；动物只是在直接的肉体需要的支配下生产，而人甚至不受肉体需要的影响也进行生产，并且只有不受这种需要的影响才进行真正的生产；动物只生产自身，而人再生产整个自然界；动物的产品直接属于它的肉体，而人则自由地面对自己的产品。动物只是按照它所属的那个种的尺度和需要来构造，而人却懂得按照任何一个种的尺度来进行生产，并且懂得处处都把固有的尺度运用于对象；因此，人也按照美的规律来构造"②。动物只是按照它所属的那个物种的尺度进行生存活动，只是凭着它的本能去适应环境来维持它的生存。因此，动物只能一代一代地复制自己，而没有发展。相反，人的生命活动是按照内在的尺度和外在的尺度进行改变世界的创造性活动，因此在改变世界的同时，也在改变着人自身。这种改变使人越来越全面、越来越丰富和自由。

---

① 《马克思恩格斯全集》第 49 卷，人民出版社 1982 年版，第 130 页。
② 《马克思恩格斯文集》第 1 卷，人民出版社 2009 年版，第 162—163 页。

　　人的需要推动人的全面发展，这里的需要只能是合理的需要。人的合理需要是指有利于增强人的本质力量和巩固人在世界中的主体地位的需要，同时也是社会发展和进步的需要，而不是"非人"的需要。在资本主义条件下，工人已深深地感到自己的生活是"非人"的生活。"人（工人）只有在运用自己的动物机能——吃、喝、生殖，至多还有居住、修饰等等——的时候，才觉得自己在自由活动，而在运用人的机能时，觉得自己只不过是动物。"①在资本主义条件下，人（工人）的需要已经变为"非人"的需要、不合理的需要，这种需要只能导致工人的畸形的、片面的发展。马克思在批判资本主义生产关系使人的本质发生异化时指出："他的劳动不是自愿的劳动，而是被迫的强制劳动。因此，这种劳动不是满足一种需要，而只是满足劳动以外的那些需要的一种手段。劳动的异己性完全表现在：只要肉体的强制或其他强制一停止，人们就会像逃避瘟疫那样逃避劳动。"②本来，劳动应该是满足人的需要的活动，但是，由于在资本主义条件下劳动者失去了生产资料，劳动者的生产活动及其产品不再为满足人的需要服务，反而倒过来成为进一步剥削劳动者的资本。

　　在分析社会主义和共产主义生产方式时，马克思又指出，在社会主义条件下，人的需要的丰富性，从而使某种新的生产方式和某种新的生产对象具有意义：人的本质力量的新的证明和人的本质的新的充实。"社会的人的感觉不同于非社会的人的感觉。只是由于人的本质客观地展开的丰富性，如有音乐感的耳朵、能感受形式美的眼睛，总之，那些能成为人的享受的感觉，即确证自己是本质力量的感觉，才一部分发展起来，一部分产生出来。"③他认为，不应当把共产主义人的丰富需要的满足仅仅理解为占有和享受，而应当理解为"人以一种全面的方式，就是说，作为一个完整的人，占有自己的全面的本质。"④马克思把人的需要的丰富性和普遍性看成是共产主

① 《马克思恩格斯文集》第1卷，人民出版社2009年版，第160页。
② 《马克思恩格斯文集》第1卷，人民出版社2009年版，第159页。
③ 《马克思恩格斯文集》第1卷，人民出版社2009年版，第160页。
④ 《马克思恩格斯文集》第1卷，人民出版社2009年版，第189页。

义社会的特征，认为社会主义形态的前提是工人有较高的生活需要。相对于资本主义私有制条件下需要的异化，社会主义社会是以公有制为基础，以满足人民群众日益增长的物质文化生活需要为目的的。为此，在社会主义条件下促进人的全面发展就应该着眼于大力发展社会生产力，只有立足于发展社会生产力，才能提高人的物质生活和精神生活质量，逐步实现人的现代化，进而促进人的全面发展。

（二）丰富和发展人的社会关系

马克思说："人的本质不是单个人所固有的抽象物，在其现实性上，它是一切社会关系的总和。"[1]"人类社会能够不断发展，在于生产力中最重要的要素'人'能在与其对象的主客体的实践关系中不断创新，从而决定生产关系的改变，进而实现社会的变革与发展。"[2] 人是存在于社会关系之中并通过生产活动来表现自己在社会关系中的存在。即使是改造自然的客观物质性活动，也必须借助于社会关系这个中介。人的生产活动是人的社会关系的根本存在形式，离开人的生产活动，就无法理解人的社会关系，当然也就无法理解生产活动本身。马克思认为，要解释人的本质的现实性，就必须从人的实际社会关系出发，也就是"从人们现有的社会联系，从那些使人们成为现在这种样子的周围生活条件来观察人们"[3]。所以，人的发展也表现为人的社会关系的发展。而交往关系、生产关系以及全部社会关系是以生产力为基础的，正是生产力的发展变化引起了交往关系、生产关系从而全部社会关系的变化。只有生产力的普遍发展，人们之间的普遍交往才能建立起来，地方的和民族的自给自足和闭关自守状态才能被各民族的各方面的互相往来和各方面的互相依赖所代替，历史才能转化为世界历史，狭隘地域性的个人才能转化为世界历史性的真正普遍的个人。也只有通过生产力的发展才能促进生产关系的调整和变革，实现社会制度、社会形态的更替和完善。

---

① 《马克思恩格斯选集》第 1 卷，人民出版社 1995 年版，第 56 页。
② 《马克思恩格斯文集》第 1 卷，人民出版社 2009 年版，第 160 页。
③ 《马克思恩格斯全集》第 3 卷，人民出版社 1960 年版，第 50 页。

生产力的发展也离不开一定的社会关系的协调。人们只有以一定的方式共同活动和互相交换其活动，才能进行生产。为了进行生产，人们相互间便要相互交往，发生一定的联系和关系。人也只有在与他人交往和结成的社会关系中才能存在和发展。尽管资本主义使个体与社会的矛盾发展到尖锐的程度，使人类交往变成一种外在的物化关系，但毕竟造就了丰富的、普遍的社会关系和能力体系，为实现人的真正自由的交往创造了条件。资本的矛盾运动的"结果就是：生产力或一般财富从趋势和可能性来看的普遍发展成了基础，同样，交往的普遍性，从而世界市场成了基础。这种基础是个人全面发展的可能性，而个人从这个基础出发的实际发展是对这一发展的限制的不断消灭，这种限制被意识到是限制，而不是被当做某种神圣的界限"①。这就使人们超越封闭狭隘的社会关系，克服交往的自发性，而以交往的世界化为指向。因而，人的发展表现为社会关系的全面丰富性和社会交往的普遍性。人的社会关系是多种多样的，包括经济的、政治的、精神文化的等方面的关系，这些关系又互相联系、互相制约、互相渗透，构成了复杂的人的社会关系之网。马克思指出："不管个人在主观上怎样超脱各种关系，他在社会意义上总是这些关系的产物。"②

人在相互交往和相互作用的各种社会关系中处于一定的地位，人的一切社会关系也是历史地变化的。马克思和恩格斯指出："社会关系实际上决定着一个人能够发展到什么程度。"③"一个人的发展取决于和他直接或间接进行交往的其他一切人的发展。"④ 只要社会关系还没有能达到保证"一切人的自由发展""全面发展"的程度，那么，社会关系就要求进行进一步完善和优化。个人活动的社会化，使人在物质交换和物质关系以及政治、法律、伦理、文化等其他方面的全面而丰富的关系，并且随着交往的普遍化，突破狭隘的地域性和民族性的限制，形成世界性和全球性的联系。人的片面性根源

① 《马克思恩格斯全集》第 46 卷（下），人民出版社 1980 年版，第 36 页。
② 《马克思恩格斯全集》第 23 卷，人民出版社 1972 年版，第 12 页。
③ 《马克思恩格斯全集》第 3 卷，人民出版社 1960 年版，第 295 页。
④ 《马克思恩格斯全集》第 3 卷，人民出版社 1960 年版，第 515 页。

于物质关系和其他社会关系的狭隘性，而生产、消费、交往的普遍化则必然造就全面发展的个性。

（三）为人的全面发展提供自由时间

时间对人而言是富有积极意义的存在，它不仅是人的生命的尺度，而且是人的发展的空间。自由时间使个人得到充分发展的空间。自由时间也就是非"劳动时间"，即"不被生产劳动所吸收的时间"，它包括"个人受教育的时间，发展智力的时间，履行社会职能的时间，进行社交活动的时间，自由运用体力和智力的时间"① 等。马克思突出强调生产力发展对人的自由时间获得的积极作用。马克思认为，在现代社会，社会生产力的发展将如此迅速，以致尽管生产将以所有的人富裕为目的，所有的人可以自由支配的时间还会逐渐增加。因为真正的财富就是所有个人的发达的生产力。只有拥有充分的自由支配的时间，人们才能从事自由活动这种"不像劳动那样是在必然实现的外在目的的压力下决定的"活动。

自由时间是与通过劳动时间的节约分不开的。"正像单个人的情况一样，社会发展、社会享用和社会活动的全面性，都取决于时间的节省。一切节约归根到底都是时间的节约。"②"节约劳动时间等于增加自由时间，即增加个人得到充分发展的时间"③。在这里，时间的节约相当于生产能力的发展，也即意味着劳动生产率得到极大提高，单个工作日中必要劳动时间所占比例越来越小，整个社会和社会的每个成员可以自由支配的时间越来越多。马克思认为，社会生产过程本身就是劳动力和生产资料的消费过程，即活劳动和物化劳动的消耗过程。由于劳动消耗的多少以劳动时间来衡量，因此，一切节约归结起来都应是劳动时间的节约。就像马克思所说，"真正的节约（经济）＝劳动时间的节约＝生产力的发展"④。

---

① ［德］马克思：《资本论》第 1 卷，人民出版社 1975 年版，第 294 页。
② 《马克思恩格斯全集》第 46 卷（上），人民出版社 1979 年版，第 120 页。
③ 《马克思恩格斯全集》第 46 卷（下），人民出版社 1980 年版，第 225 页。
④ 《马克思恩格斯全集》第 46 卷（下），人民出版社 1980 年版，第 533 页。

时间是常量，而自由时间却是变量；时间不能创造，自由时间却是人的自觉活动的结果。在生产力水平极低的条件下，人的自由时间是极其有限的。随着生产力的发展和劳动生产率的提高，劳动者就可以超出自身的生存需要而为社会提供剩余劳动，人类的劳动就区分为必要劳动时间和剩余劳动时间。剩余劳动时间是自由时间的直接基础，而劳动实践的发展需要和人的自我发展本性则决定了人们必然将剩余劳动时间转化为自由时间。自由时间是以剩余劳动为基础的，是剩余劳动时间的转化形态，是生产力发展和劳动生产率提高的结果。随着劳动时间的缩短和可自由支配时间的增加，人的生产能力将得到全面开发，人的素质将得到全面提高。而这又将作为生产力的首要因素作用于生产过程，从而进一步缩短必要劳动时间，增加剩余劳动时间，在此基础上创造人的自由时间。

创造人的自由时间根本途径在于发展生产力。只有发达的社会生产力才能为人类带来巨大的财富，使整个社会的劳动时间缩减到最低限度，从而为全体社会成员的发展腾出大量时间。只有生产力高度发展，人才能在摆脱外部必然性和自身必然性的基础上，创造、占有和运用自由时间。马克思说："整个人类的发展，就其超出对人的自然存在直接需要的发展来说，无非是对这种自由时间的运用，并且整个人类发展的前提就是把这种自由时间的运用作为必要的基础。"[1] 自由时间既是人的自由发展的客观前提，又是人的自由发展的现实根据。"创造可以自由支配的时间，也就是创造产生科学、艺术等等的时间"[2]。也就是"为自由活动和发展开辟广阔天地。时间是发展才能等等的广阔天地"[3]。只有在自由时间里，人才能在科学、艺术、交往等方面得到自由发展，才能充分发展自己的兴趣、爱好和才能；只有在自由时间里，人不仅成为外部世界的主人，而且成为自己的主人；只有创造并全面占有、运用自由时间，人才能真正实现人的自由而全面发展。

---

① 《马克思恩格斯全集》第 47 卷，人民出版社 1979 年版，第 216 页。
② 《马克思恩格斯全集》第 46 卷（上），人民出版社 1979 年版，第 381 页。
③ 《马克思恩格斯全集》第 26 卷（第 3 册），人民出版社 1973 年版，第 281 页。

（四）促进人的个性的全面发展和"自由个性"形成

人的发展也是人的个性发展。在马克思人的发展的"三个阶段"理论中，"建立在个人全面发展和他们共同的社会生产能力成为他们的社会财富这一基础上的自由个性，是第三个阶段。第二个阶段为第三个阶段创造条件"①。在这一阶段上，人们共同地占有他们的生产能力，其所对应的社会形态是共产主义社会，即所谓"自由人联合体"。"它是各个人的这样一种联合（自然是以当时发达的生产力为前提的），这种联合把个人的自由发展和运动的条件置于他们的控制之下。"② 因此，在这一阶段上，人不仅摆脱了"人的依赖关系"，也最终摆脱了"物的依赖关系"，从而完全控制了自己的生存条件，通过充分发展而达到了自由个性这一人的发展的理想状态。

在马克思的一系列表述中，构成人的"自由个性"之实现基础的有两个方面：一是"个人的全面发展"，二是"他们共同的社会生产能力成为他们的社会财富"。其中，第二个方面说的是未来共产主义社会中人们之间社会关系的历史性变化，它实际上指的是个人自由发展得以可能的社会条件。因此，"自由个性"的实现应该完整地理解为个人的自由而全面发展或自由而全面的发展。也正因为如此，马克思称未来的共产主义社会是"以每个人的全面而自由的发展为基本原则的社会形式"③。

正如马克思所表述的关于人的历史发展第三阶段那样，马克思所说的人的全面发展，主要是指人的个性的全面发展，即构成人的个性的各种因素包括人的体力、智力、才能、兴趣、品质等各个方面都得到充分发展。而在构成人的个性的各种因素中，马克思尤其强调个人能力的全面发展。他说："全面发展的个人……，也就是用能够适应极其不同的劳动需求并且在交替交换的智能中……使自己先天的和后天的各种能力得到自由发展的个人来代

---

① 《马克思恩格斯全集》第 46 卷（上），人民出版社 1979 年版，第 104 页。
② 《马克思恩格斯选集》第 1 卷，人民出版社 1995 年版，第 121 页。
③ 《马克思恩格斯全集》第 23 卷，人民出版社 1972 年版，第 649 页。

替局部生产职能的痛苦的承担者。"① 马克思还把个人能力的全面发展与人的自由个性的实现直接联系起来，认为要使这种个性成为可能，能力的发展就要达到一定的程度和全面性。显然，马克思在这里所说的个人的全面发展或个人能力的全面发展，并不是指个人终将成为无所不能的人，而是强调个人能力的多方面发展对于造就其丰富的个性的重要性。因此，马克思讲的人的全面发展，实际上主要是指个人个性的充分发展、特别是个人能力的多方面发展。"全面发展的个人——他们的社会关系作为他们自己的共同的关系，也是服从于他们自己的共同的控制的——不是自然的产物，而是历史的产物。要使这种个性成为可能，能力的发展就要达到一定的程度和全面性"②。

人的能力的多方面发展，必须以"发达的生产力为基础"③。在生产力不发达的情况下就无法设想人的自由而全面发展。"作为过去取得的一切自由的基础的是有限的生产力；受这种生产力所制约的、不能满足整个社会的生产，使得人们的发展只能具有这样的形式：一些人靠另一些人来满足自己的需要，因而一些人（少数）得到了发展的垄断权；而另一些人（少数）经常地为满足最迫切的需要而进行斗争，因而暂时（即在新的革命的生产力产生以前）失去了任何发展的可能性。"④ 生产力是不断发展的，人的个性也是不断发展的；生产力是一个不断发展的过程，人的个性也是一个不断发展的过程。生产力是人的最重要的实践活动及其能力本身。在人的实践活动中，最重要的是物质生产活动，它制约和决定着人的其他现实活动正是在改造自然的物质生产活动的基础上，才产生和分化了人们的社会活动、政治活动、思想活动，等等。因此，生产力的发展和人的能力的发展根本上说就是一件事情。生产力的发展本身就是自然界和社会历史赋予人的各种天赋和潜能的发挥，是人的能力的不断丰富和提高。发展社会生产力，不仅可能保证一切社会成员有富足的和一天比一天充裕的物质生活，而且还可能保证他们的体力

① [德]马克思：《资本论》第1卷，人民出版社1975年版，第500页。
② 《马克思恩格斯全集》第46卷（上），人民出版社1979年版，第108页。
③ 《马克思恩格斯全集》第3卷，人民出版社1960年版，第85页。
④ 《马克思恩格斯全集》第3卷，人民出版社1960年版，第507页。

和智力等各个方面都获得充分的自由发展和运用。

四、人的全面发展的制度维度

现代性与其他任何事物一样，是一个矛盾统一体。现代性既有历史的进步性，也具有时代的局限性。这种局限性带来的各方面弊端，显然不在社会生产力的发展方面，也不在科学技术上，而在于人自身，在于人的社会关系的协调，在于人到底应该以什么方式实现真正意义的发展，归根到底在于制度本身。因此，现代性的未来在于人的社会关系的重构。正如吉登斯所言，"我们必须从制度上来理解现代性"①。也就是说，现代性是通过一定的社会模式和制度安排而得到表现和实现，并通过制度的方式来加以实施和巩固。在这种意义上，现代性是对于现代化进程中不利于人类文明进步的要素与特性的一种整合和提升，并将其作为制度而确立起来并不断加以巩固和完善的。这也显示出制度建设和社会与人的发展的内在联系。

马克思以唯物史观对社会制度作出分析，把社会制度纳入社会、历史以及人的存在与发展的方式之中考察，通过生产方式和交换方式的相互作用，阐释人类社会发展的经济制度和社会制度的基本特征。马克思论述道："这种历史观就在于：从直接生活的物质生产出发阐述现实的生产过程，把同这种生产方式相联系的、它所产生的交往形式即各个不同阶段上的市民社会理解为整个历史的基础，从市民社会作为国家的活动描述市民社会，同时从市民社会出发阐明意识的所有各种不同理论的产物和形式，如宗教、哲学、道德等等，而且追溯它们产生的过程。"② 社会发展是一种现实运动，人的发展是一个历史范畴，是从现实出发的永恒的运动过程。人的发展的现实性与历史性决定了服务于人的发展的社会制度，是现实的人从现实出发作出的现实性选择和设计。同时，人追求成为自由自觉的存在，因此，人的自由自觉性

---

① [英]安东尼·吉登斯：《现代性与自我认同》，夏璐译，上海三联书店1998年版，第3页。
② 《马克思恩格斯选集》第1卷，人民出版社1995年版，第92页。

决定了社会制度是人的自主建构的产物。就是说，社会制度是人为了满足自身的生存与发展需要，而由人自觉建构的用以规范和激励人的思想与行为的规则。

这一规则的形成以社会生产力的发展、人类理性能力的不断完善为基础。人类社会的任何一种制度，都有它产生的充分依据，又都不可避免地要被新的、更完善的、更进步的制度所取代。引起这种变更的根本动因不是什么缜密的概念更迭和逻辑演绎，而是人的粗糙的现实生活，是物质生产力的发展。生产力是生产关系形成的前提和基础。"各个人借以进行生产的社会关系，即社会生产关系，是随着物质生产资料、生产力的变化和发展而变化和改变的。"① 有什么样的生产力，最终就会形成什么样的生产关系，进而形成什么样的社会和什么样的制度。

与此同时，在现实生活中，人们只有以一定的方式共同活动和互相交换其活动，才能进行生产。为了进行生产，人们相互间便要交往，从而形成一定的联系和关系。在长期的实践中经过反复的交往实践，人们将某些交往关系、社会关系固定下来、规范起来，或者通过理性的设计规范和固定某些社会关系，从而成为制度。制度从哲学的角度看，就是社会化了的人类群体的结合方式，是稳定、规范、固化的社会关系。马克思说："在生产、交换和消费发展的一定阶段，就会有一定的社会制度。"② 社会生活本质上是一种制度化了的生活，制度一旦从人的活动和社会关系中产生，不仅赋予社会关系以合法性、稳定性和普遍性，而且也成为人的本体存在方式和发展方式。马克思强调人是社会存在物，也就是强调人是制度的存在物。

人总是在一定的社会制度中生活，是"制度里的公民"③。人的发展离不开制度，人的全面发展需要从制度的视角加以探讨。事实上，随着新制度经济学在 20 世纪后期的兴起，其思想观点逐渐向其他学科如政治学、社会学、法学、人类学的渗透，制度对经济增长和社会生活的重要性得到人们普

---

① 《马克思恩格斯选集》第 1 卷，人民出版社 1995 年版，第 345 页。
② 《马克思恩格斯全集》第 4 卷，人民出版社 1958 年版，第 321 页。
③ ［美］康芒斯：《制度经济学》上册，于树生译，商务印书馆 1962 年版，第 93 页。

遍的认同，并引发热烈探讨，由此也形成许多共识。在思考中，人们所关注的多是制度对于社会稳定和社会发展所具有的功能问题，对人的关注却有明显欠缺。本质上，制度对于社会发展的重要性，内含着制度对人的存在和发展的根本意义，因为制度是与人的活动、人的社会关系、人的存在方式联系在一起的。使人的活动朝着正确方向前进，需要有正确的价值引领，这一价值目标就是人的自由全面发展。人的全面发展是个人追求的目标，也是现代社会发展的最终诉求，但是它的实现及其实现程度并不取决于每个人的主观愿望，而是受着多种主客观因素的制约。在制约人的全面发展的诸因素中，制度是直接决定性因素。制度对于人来说，是一种既定的力量，它限定、规范和塑造着人的活动和社会关系以及人的个性，由此构成人的发展的现实空间，形成人的现实生活世界。人发展什么、怎样发展，根本上是由生产力决定的，而直接的，则是由社会关系即制度来决定的。

第一，制度作为规则，界定着人的活动范围。马克思说："在社会历史领域内进行活动的，是具有意识的、经过思虑或凭激情行动的、追求某种目的的人；任何事情的发生都不是没有自觉的意图，没有预期的目的的。……尽管各个人都有自觉预期的目的，总的说来在表面上好像也是偶然性支配着。人们所预期的东西很少如愿以偿，许多预期的目的在大多数场合都互相干扰，彼此冲突，或者是这些目的本身一开始就是实现不了的，或者是缺乏实现的手段的。"[1] 这就是说，人的现实自由空间是以限制为前提的。为了约束和限制人的行动，减少社会领域的干扰和冲突，顺利实现人的预期的目的，就必须确立一系列制度来规范人的行动，否则人的自由的实现就无从谈起。制度不但可以通过限制某种自由去扩展另一种自由，通过限制一些人的自由去扩展另一些人的自由，而且还可以通过限制一个人某些方面的自由去实现和保障另一方面的自由。

规则的限制为人们的行为划定了界限，这条界限标志着社会共同体认可的行为准则。诚如诺斯所说："制度确定了人们的选择集合"，也"限制了人

---

① 《马克思恩格斯选集》第 4 卷，人民出版社 1995 年版，第 247 页。

们的选择集合"①。在界限以内的活动，得到社会的许可、赞赏、鼓励，超越界限的活动，则受到社会的排斥、谴责和打击。规则的限度是必要的，正是因为它的存在，社会才可能稳定，秩序才可能形成。在没有规则的情况下，人的行动是随机的、偶然的，唯一的尺度是他个人的好恶或利益。一个人如若仅凭其个人的好恶或利益行事，社会便会陷入混乱和无序。制度作为一种规范的存在物，其实现人的自由和人的利益是以人接受其规范为前提的，如果个别性地打破规范固然暂时可能得到超乎正常状态的利益与自由，但这是以其他人正常状态利益与自由损失为前提的。所以，布罗姆利说："没有社会秩序，一个社会就不可能运转。制度安排或工作规则形成了社会秩序，并使它运转和生存。"②"制度提供了对于别人的保证，并在经济关系这一复杂和不确定的世界中给予预期以秩序和稳定性。"③

制度真实地影响、制约、塑造着人们的活动，为人的活动提供规则、标准和模式，将人的活动导入可合理预期的轨道，为人提供了从事活动的实际空间。依据新制度经济学派的观点，制度的功能可概括为约束机制、信息机制和激励机制三个方面的功能，这三项功能是制度发挥作用的主要机制。人的活动空间的大小与发展的程度和水平成正比。空间越大，意味着发展的程度和水平越高；空间越小，意味着发展的程度和水平越低。而将发展限制在某个特定范围内，以种种理由不容许超越，则意味着循环，循环不是发展，"它的社会状况却始终没有改变"④。这就是说，没有人的活动的变化，就没有社会结构的变化，就没有发展，有的只是循环。制度对于人的行为的约束或限制，也就等于告诉了人们有关行动的信息。借助制度提供的信息，人可以确定自己的行动，也可以预期他人的行动。由于人的行动势必与他人发生关系，和他人的行为形成互动，所以，在考虑自己如何行动时，熟悉他人行

---

① [美]诺斯：《制度、制度的变迁与经济绩效》，刘守英译，上海三联书店1994年版，第4—5页。
② [美]布罗姆利：《经济利益与经济制度》，陈郁等译，上海三联书店1996年版，第55页。
③ [美]布罗姆利：《经济利益与经济制度》，陈郁等译，上海三联书店1996年版，第23页。
④ 《马克思恩格斯选集》第1卷，人民出版社1995年版，第763页。

动的信息十分重要。只有知道他人的行动，知道他人对自己行动的反应，才能决定自己怎样行动，才能合理地协调与他人的关系，从而达到自己的目的。人的活动的实际空间的扩大也需要制度的激励，制度构造了"人们在政治、社会或经济方面发生交换的激励结构"①。通过制度提倡什么反对什么、鼓励什么压抑什么，实际地范导人们的行为方向，改变人们的偏好，影响人们的选择，激发或制约人的能力的发挥。社会发展动力的核心在于人的积极性、创造性和潜能的发挥。对于人来说，制度给予其什么样的激励以及激励程度的大小，直接影响人的发展程度、水平和快慢。

第二，制度规范人的社会关系。制度是人的活动的产物，是从人们的交往和社会关系中产生出来的。活动是人的存在方式和发展方式。现实的人把自己和动物区别开来的第一个历史活动，就是生产自己的生活资料、能动地解决人与自然的矛盾的实践活动，而人改造自然的实践活动是在人与人的交往和社会关系中进行的。"我从自身所做出的东西，是我从自身为社会做出的，并且意识到我自己是社会的存在物。"②马克思指出，为了实现人与自然之间的物质交换，人与人之间必须以一定的方式共同活动和互相交换其活动，并结成一定的社会关系，"只有在这些社会联系和社会关系的范围内，才会有他们对自然界的影响，才会有生产"③。

马克思说："社会关系的含义在这里是指许多个人的共同活动"④，人的共同活动也就意味着合作，而合作只有在秩序中才能进行，"一种制度，其规范的公开性保证介入者知道对他们相互期望的行为的何种界限以及什么样的行为是被允许的。存在着一个决定相互期望的共同基础"⑤。在一个具体的制度中，每一个人总是扮演着多个角色，从而也拥有复杂的社会关系。分

---

① ［美］诺斯：《制度、制度的变迁与经济绩效》，刘守英译，上海三联书店1994年版，第3页。
② 《马克思恩格斯全集》第42卷，人民出版社1979年版，第122页。
③ 《马克思恩格斯选集》第1卷，人民出版社1995年版，第344页。
④ 《马克思恩格斯选集》第1卷，人民出版社1995年版，第80页。
⑤ ［美］约翰·罗尔斯：《正义论》，何怀宏译，中国社会科学出版社1988年版，第52页。

散的、居住在狭小区域里的个人，只是由于有了制度，才有了确定和代表的丰富关系，本质上才是一切社会关系的总和。制度确定的关系不仅是人具有社会性的机制，也是这些关系成为人的现实关系的机制。没有制度，人的社会关系就是一堆杂物，它们不断地产生，又不断地消逝，人们无从确定它们，也无法把握它们，社会不能形成稳定的联系、结构和功能，不能形成一定的秩序。正是制度，使人们的社会关系有序和稳定，而不同的制度则使人们的社会关系呈现出不同的特征。

人的活动具有目的性，人的发展是通过主体性活动实现自己目的的过程。制度通过规范人的行为来调节交往主体间的相互关系，承担起限制冲突、增强合作的职责。这样，制度就成为一种规范人的行为、调节人的关系的工具或手段，"是道德一致性与共同利益在行为上的表现"[1]。个人的发展依靠社会组织的发展，而社会组织的发展的基本手段是制度。一方面，制度确立人们之间广泛的社会联系或关系，包括市场体制、政治法律制度等无一不是众多关系的综合，正是因为有了制度，人才得以按照制度行事，受制度制约；另一方面，制度通过规范人的行为建立主体间相互关系的过程，也是运用制度解决矛盾和冲突的过程。如果说合作产生了制度的可能性，冲突则产生了制度的必要性。由于资源短缺、利益差别、价值观冲突等原因，共同活动和交往中的人们会发生各种冲突，若不对冲突加以限制，冲突双方就会在无休止的争斗中同归于尽或两败俱伤，彼此之间相互掣肘，对谁都是伤害。要使合作得以存在，也必须把冲突限制在一定秩序的范围内，并能把他们追逐自身利益的行动引导到有利于或者至少不损害公共利益的轨道上，这就需要制度的建构及实施，以对人的行为进行协调和约束。"一个政治制度衰微的社会，无力约束个人和集团欲望的泛滥，其政治状态必然像霍布斯所描述的那样，充满着社会势力之间的无情竞争。"[2]

正是因为制度能够规范人的社会关系，所以，人类在长期的实践中，将

---

[1] ［美］亨廷顿：《变革社会中的政治秩序》，李盛平等译，华夏出版社 1988 年版，第 10 页。

[2] ［美］亨廷顿：《变革社会中的政治秩序》，李盛平等译，华夏出版社 1988 年版，第 24 页。

某些交往关系、社会关系固定和规范下来，或者通过理性的设计规范和固定某些社会关系从而形成制度，通过制度规范人的行为，协调人们之间的关系，使社会保持一定的秩序和稳定，实现一定的共同价值，保障人们的特定权利和利益。因此马克思说，制度是个人之间的必然产物，"随着分工的发展也产生了单个人的利益或单个家庭的利益与所有互相交往的个人的共同利益之间的矛盾；而且这种共同利益不是仅仅作为一种'普遍的东西'存在于观念之中，而首先是作为彼此有了分工的个人之间的相互依存关系存在于现实之中。"①"在生产、交换和消费发展的一定阶段上，就会有相应的社会制度、相应的家庭、等级或阶级组织"②。

第三，制度发展着人的个性。任何制度都有自己的人性基础，也都有某种人性假设作为自己的逻辑前提。无论是局限存在物假设、经济人假设，还是有限理性人假设、权力无休止界限假设，等等，都是对某个时代现实人性的抽象，是现实人性某一方面的反映，而不是现实人性的全部，更不是现实人性的边界。现实人性有着复杂的结构和内容，总是随着人的活动的发展而不断发展的，是一种不断否定和生成自身的超越性、历史性存在，而不是固化在那里、被某种先验本质所规定的存在。

制度是人的活动的产物，又决定着人们的思想意识。"人们自觉地或不自觉地，归根到底总是从他们阶级地位所依据的实际关系中——从他们进行生产和交换的经济关系中，获得自己的伦理观念。"③从马克思的论述可以看出，制度实际上包括两个部分：经济制度属于经济基础，政治文化制度属于社会上层建筑。它们作为社会存在决定着人们的思想意识。同时，制度体系是在一定的意识形态指导下建立的，制度本身内含着一定的文化价值体系、价值规范，是一定的价值观念、伦理精神的实体化、具体化。作为社会制度的规范体系，实际就是实现价值的规则体系，价值观念决定着规范体系的内容和形式，坚持什么样的价值观念就会有什么样的社会规范。制度所内含的

① 《马克思恩格斯文集》第1卷，人民出版社2009年版，第536页。
② 《马克思恩格斯选集》第4卷，人民出版社1995年版，第532页。
③ 《马克思恩格斯选集》第3卷，人民出版社1995年版，第434页。

价值观念、伦理精神通过组织形式、运作程序等方式引导人们的行为，整合人们的社会意识，从而形成行为的合力。制度的规范性和约束力对人的品质、德性、思想及其他的精神状况产生作用，使社会规范转化为个人的自觉思想和行为，内化为个体的现实个性和人格，从而对个人的行为产生向导作用。

在不同的制度下，人的个性表现出不同的状况和特点，具有不同的发展水平。马克思在 1843 年致卢格的信中说："专制制度唯一的原则就是轻视人类，使人不成其为人，而这个原则比其他很多原则好的地方，就在于它不单是一个原则，而且还是事实。专制君主总把人看得很下贱。他眼看着这些人为了他而淹在庸碌生活的泥沼中，而且还像癞蛤蟆那样，不时从泥沼中露出头来。""这种制度的原则就是使世界不成其为人的世界"，世界于是成为"庸人的世界""政治动物的世界"①。对于专制制度，马克思看到的是它禁锢人的思想，压抑人的个性。在专制制度下，人们失去了自由思想的权利和能力，个人也缺乏独立的自我意识，缺乏必要的能动性、自主性，也没有独立自主的活动和独立自主的意义与价值，人与人之间存在着不对等的统治与被统治、占有和被占有的关系。个人必须依附于一定的共同体，甚至也只有在归属于共同体的意义上才被称作人，个人的品质与共同体的性质趋同。同时，由于个人之间需要、能力和活动上尚未分化，具有天然的同质性。所以，个人与个人之间缺乏差异性、独特性，个性缺失的人事实上仍处在"精神的动物世界"。

与此相反，完善的市场经济和民主制度，不仅会使自由、民主、平等思想和观念深入人心，而且使之成为个人的基本权利，为每个人的自由思考、精神的自我提升提供了权利保障和制度空间。在这样的制度背景下，人的主体性得到较大发展，人的独立自主性得到显著增强，个人的主动性、积极性、创造性和个人的活力也得到激发和保护。这样的制度环境和条件，必然有利于促进人的全面发展，同时，在协调人的社会关系的过程中，制度本身

---

① 《马克思恩格斯全集》第 1 卷，人民出版社 1956 年版，第 410—411 页。

也得到了完善和发展，如英格尔斯所说："那些先进的制度要获得成功，取得预期的效果，必须依赖运用它们的人的现代人格、现代品质。无论哪个国家，只有它的人民的心理、态度和行为，都能与各种现代形式的经济发展同步前进，相互配合，这个国家的现代化才真正能够实现。"①

第三节　制度文明与人的全面发展

　　制度作为人的社会关系的维系体系，构成人的活动的现实空间，关联着人的生存状态，离开制度就无法理解人的活动及其实际状态。一个必然的结论就是，促进人的全面发展离不开制度体系的建构。特别是在社会交往日益普遍与频繁的现代社会，制度状态更是直接影响着人的生存状态，要让人的生活更加和谐美好，就必须更加优化和完善制度体系，构建具有人文取向的制度体系。如果没有与生产力水平相适应的制度建构，没有体现现代社会发展要求的制度文明，只有生产力的高度发展，那只会导致人走向相反的方向，即人的异化和人格分裂。马克思在对市民社会批判中深刻揭示了这一历史逻辑。因此，社会主义制度文明建设是促进人的全面发展的必由之路。

　　制度之所以成为人类文明演进的标志，源于人的存在与发展对制度产生的依赖。可以说，人类的文明史是制度文明的进化史和演进史。在漫长的历史演进中，中华民族形成了天下为公、民惟邦本、以和为贵、德主刑辅、礼义廉耻、选贤任能、革故鼎新等一系列价值理念，形成涉及社会规范、文化制度、刑罚政令、行为方式等方面的典章制度。比如，在儒家看来，在社会物质财富相对有限的条件下，需要礼制来调节社会秩序，人们的物质欲求需要社会规范加以调节、疏导和约束，才能实现社会的秩序化和良性运转。中华优秀传统制度文化使礼治与法治相统一，礼治重在防患于未然，法治则重

---

① ［美］阿历克斯·英格尔斯：《人的现代化》，殷陆君译，四川人民出版社1985年版，第6页。

在惩戒，即"礼者禁于将然之前，而法者禁于已然之后"①，而且认为，法治和德治应该兼顾协调，"徒善不足以为政，徒法不能以自行"，历代有远见的统治阶级的治国方略，事实上都是刑德兼施，法治和德治两手并用的，只不过法治和德治的内容与现在不同。

应当看到，各个时代制度的构建都不能不受生产力发展水平的制约，而且都是按照在经济上占统治地位的阶级和利益集团的需要建立的。在资本主义社会，制度的设计及实施都是围绕资产者的利益而展开的。资产阶级谋求利益最大化不仅限于国内，更是将其利益诉求扩展到世界范围，这种制度话语权也是由生产力水平决定的。在资本主义国家居于强势地位的背景下，对于"后发现代化"国家来说，切不可听任其摆布，落入其精心设计的陷阱，而必须独立自主地走符合本国实际的现代化之路。因此，"我们要深刻认识资本主义社会的自我调节能力，充分估计到西方发达国家在经济科技军事方面长期占据优势的客观现实，认真做好两种社会制度长期合作和斗争的各方面准备。在相当长时期内，初级阶段的社会主义还必须同生产力更发达的资本主义长期合作和斗争，还必须认真学习和借鉴资本主义创造的有益文明成果，甚至必须面对被人们用西方发达国家的长处来比较我国社会主义发展中的不足并加以指责的现实。我们必须有很强大的战略定力，坚决抵制抛弃社会主义的各种错误主张，自觉纠正超越阶段的错误观念。最重要的，还是要集中精力办好自己的事情，不断壮大我们的综合国力，不断改善我们人民的生活，不断建设对资本主义具有优越性的社会主义，不断为我们赢得主动、赢得优势、赢得未来打下更加坚实的基础。"② 在现有的时代条件下，要使现代社会真正成为"自由人的联合体"，使每个人自由发展真正成为一切人自由发展的条件，实现人的全面发展是不可能的。但是，这并不等于说我们当代人就只能无所作为地等待。我们是社会主义国家，我们可以而且必须走自己的路，并参与全球化的过程，通过制度优势遏制资本主义的负面效应，为

---

① 参见郭齐勇：《中华优秀传统制度文化的特质》，《人民日报》2021年4月22日。

② 习近平：《关于坚持和发展中国特色社会主义的几个问题》，《求是》2019年第4期。

塑造人们期盼的公平正义、民主法治、自由和谐的文明制度环境一步步地创设条件。

制度文明是人们处理社会关系实践的积极成果的总和，表现为人们社会关系和行为方式规范体系的进步状态，集中体现了社会的发展水平。在现实生活中，人们总是通过建构各种各样的制度来规范、协调处于社会关系中人的行为，从而为人的实践的展开、人的需要的满足和利益的实现提供制度保障。社会的整体发展是通过各种关系动态平衡实现的，在很大程度上也是通过制度文明体现的。推进制度文明建设，就要通过调整社会结构，优化社会制度的功能状态，健全和发展社会的体制机制，创造适宜于人的全面发展的制度环境和制度条件。

一、马克思市民社会批判视域中的制度文明

那么，我们该如何界定制度的内涵？马克思明确指出："现存制度只不过是个人之间迄今所存在的交往的产物。"① 可以看到，交往是一种社会性的活动，通过交往人的个体活动加入和转化为社会活动总体，形成了社会各种关系形态，在对各种关系规范过程中也就形成了制度。而且，随着交往的拓展，制度也得到相应的延伸。随着人的交往内容、实践形式的不断发展，交往也由个人到家庭，到种族、部落，到民族和多民族国家的扩展。马克思、恩格斯把交往普遍化、历史成为世界历史的现实看作一个与人的活动范围的扩大、与自然形成的不同民族之间分工彻底消灭相一致的过程，一个不断消灭人的活动的地域局限和民族局限的过程。这个过程就是制度演进的过程，制度是"交往的产物"，随着交往的发展而发展，体现出制度作为社会关系范畴的本质。

人是社会的产物，是由社会关系塑造而成的，离开了社会关系的土壤就谈不上人的产生，更不存在具有完整的人格。所以，马克思说："'特殊的

---

① 《马克思恩格斯全集》第 3 卷，人民出版社 1960 年版，第 79 页。

人格'的本质不是人的胡子、血液、抽象的肉体的本性，而是人的社会特质。"① 同样，人是制度中的人，制度是人的社会关系的产物。马克思论述道："社会不是由个人构成，而是表示这些个人彼此发生的那些联系和关系的总和。"② 这些关系包括经济关系、政治关系、文化关系（包括思想关系、价值伦理关系等），按特定的方式组织起来，形成一定的关系结构，表现出一定的秩序，从而构成一个有机联系的社会体系和稳定规范的社会关系，也就是制度。制度是社会化了的人类群体的结合方式，是人们实践和交往活动的产物，本质上就是"交往的形式"或"共同活动的方式"。而构成人与人之间的联系和关系并不是抽象的概念，它必须要有自己的实现形式，在不同的社会发展阶段有不同的、具体的体现。这种体现就演绎出了生产关系在历史中的不同表现形态，如公社共同体占有制度、土地公有制度、城市行会制度、占有权和使用权制度、剩余劳动分配制度以及这些制度在法权关系上具体形态。

马克思对于制度的思考是基于对社会形态的分析。马克思认为，资产阶级所推行的价值观念和所谓的制度文明，把一切封建的、宗法的和田园诗般的关系都破坏了。而代替这些的是资本主义式的利己主义价值观，资产阶级把宗教的虔诚、骑士的热忱、小市民的伤感这些情感的神圣激发，淹没在利己主义打算的冰水之中。它把人的尊严变成了交换价值，用一种没有良心的贸易自由代替了无数特许的和自力挣得的自由。并且，资产阶级迫使一切民族在自己那里推行他们所谓的制度文明，从而使未开化和半开化的国家从属于西方。但是资产阶级推行的所谓的制度文明的实质是什么呢？它的实质是"用公开的、无耻的、直接的、露骨的剥削代替了由宗教幻想和政治幻想掩盖着的剥削"③。他们推行的所谓文明在转向殖民地的时候，"资产阶级文明的极端伪善和它的野蛮本性就赤裸裸地呈现在我们面前，它在故乡还装出一副体面的样子，而在殖民地它就丝毫不加掩饰了"。更有甚者，资产阶级以

---

① 《马克思恩格斯全集》第 1 卷，人民出版社 1956 年版，第 270 页。
② 《马克思恩格斯全集》第 46 卷（上），人民出版社 1979 年版，第 220 页。
③ 《马克思恩格斯选集》第 1 卷，人民出版社 1995 年版，第 275 页。

消灭殖民地的文明来维护其所谓文明在交往中的地位，"他们破坏了本地的公社，摧毁了本地的工业，夷平了本地社会中伟大和崇高的一切，从而毁灭了印度的文明"①。

然而，对社会形态的研究，只有立足于社会生产力及与之相适应的生产关系（经济基础），才能对耸立在这个基础上的政治法律思想、艺术和道德等上层建筑的性质做出说明。在马克思看来，制度构成的性质和水平要与生产力诸要素的性质和水平相适应，社会制度是生产力诸要素发生作用的"内生变量"。就社会所有制制度而言，一个社会的财产所属关系不是抽象的，而是生产力诸要素发生作用的必要的社会条件。这些条件对于生产力诸要素而言，都是具体的、历史的。所以，任何社会制度都要着眼于社会生产力发展，否则就会因为地基不稳而难以长期维持。社会制度不仅要适应社会生产力发展水平，还要反映社会生产力的发展趋势，适应发展了的社会生产力水平。这样，制度的建构既不能不切实际地超越社会生产力发展水平，一味追求高级的制度模式与制度形态，又不能一味地迁就现有生产力系统中的落后部分，让先进的制度形态难以产生和发展。这样，制度的变迁和建构与社会生产力的发展之间的辩证运动，构成不同社会形态更替的基本力量。

在社会形态的更替演进中，新的社会形态的直接表现为制度文明的先进性，表现为人在整个社会结构中所处的地位。马克思市民社会批判视野中的制度文明的基本内涵是主权在民，权力属于人民，权力来自人民。马克思谈论民主是和人的自由联系在一起的，也就是说，没有民主就没有人的自由，也没有人的发展，民主是实现人的自由和人的发展制度保障。正是本着这一理念，马克思深入剖析了市民社会的内在结构，揭示了人的自由全面发展的现实基础。这一思想在《黑格尔法哲学批判》中得到明确："在君主制中，整体，即人民，从属于他们存在的一种方式，即他们的政治制度。在民主制中，国家制度本身就是一个规定，即人民的自我规定。在君主制中是国家制

---

① 《马克思恩格斯选集》第 1 卷，人民出版社 1995 年版，第 772、768 页。

度的人民；在民主制中则是人民的国家制度。民主制是国家制度一切形式的猜破了的哑谜。在这里，国家制度不仅就其本质说来是自在的，而且就其存在、就其现实性说来也日益趋向于自己的现实的基础、现实的人、现实的人民，并确定为人民自己的事情。国家制度在这里表现出它的本来面目，即人的自由的产物。"在真正的民主制中政治国家就消失了"①。民主制作为经济社会最集中的表现，作为社会基本矛盾、社会基本关系最集中的反映，作为社会管理和控制的枢纽，必须要在社会发展的历史进程中稳步推进。完善的民主制度不仅会使自由、民主思想和观念深入人心，而且使之成为个人的基本权利，为每个人的自由发展提供了权利保障和制度空间。

公平正义是制度文明的基本内容，是社会主义、共产主义社会制度的本质特征。真正的公平、正义在资产阶级社会是不可能真正实现的。在市场经济条件下，市场主体的分化导致利益主体异质化，人与人之间既形成了一种包含权利与义务相一致的契约性人际关系，也必然存在着利益的冲突。这正是市民社会的基本特征。对于市民社会存在的矛盾和冲突，罗尔斯是这样阐述的："由于社会合作，存在着一种利益的一致，它使所有人有可能过一种比他们仅靠自己的努力独自生存所过的生活更好的生活；另一方面，由于这些人对由他们协力产生的较大利益怎样分配并不是无动于衷的，这样就产生了一种利益的冲突，就需要一系列原则来指导在各种不同的决定利益之间进行选择，达到一种有关恰当的分配份额的契约。这里所需要的原则就是社会正义的原则，它们提供了一种在社会的基本制度中分配权力和义务的办法，确定了社会合作的利益和负担的适当分配。"②

在这里，罗尔斯看到了利益冲突的存在，主张根据"正义原则"形成"契约"以达到"适当分配"，在原则上是无可非议的。问题恰恰在于，既然利益冲突是客观存在的，人人都对实现自己的最大利益"不是无动于衷"，那么具有不同利益的社会成员对何谓"正义"、何谓"适当"的看法又怎么可

---

① 《马克思恩格斯全集》第 1 卷，人民出版社 1956 年版，第 281、282 页。
② [美] 约翰·罗尔斯：《正义论》，何怀宏译，中国社会科学出版社 1988 年版，第 10 页。

能一致？全社会一致认可的"契约"又怎么可能达成？这些原则上正确的话语也还是原则而已，这些以"原则"为标签所谓的公平正义，只能是虚假的，是为维护和代表资产者利益而制定的"原则"，不具有普遍性和真实性。因此，在没有消除产生利益冲突的根源——资本主义制度的情况下，完全意义的公平和正义是不可能实现的。

所以，马克思彻底批判在资产阶级社会发展起来的"平等的权利"体系，揭露了这种所谓的制度文明的虚妄性和欺骗性，并指出消解和摧毁这一权利体系的条件和途径。他指出："权利，就它的本性来讲，只在于使用同一尺度；但是不同等的个人（而如果他们不是不同等的，他们就不成其为不同的个人）要用同一尺度去计量，就只有从同一个角度去看待他们，从一个特定的方面去对待他们。""这种平等的权利，对不同等的劳动来说是不平等的权利。"因此，平等的权利体系仍然只是抽象态度的产物，"按照原则仍然是资产阶级权利""总还是被限制在一个资产阶级的框框里"，是社会的"弊病"。共产主义作为社会的高级阶段，在于它能"超出资产阶级权利的狭隘眼界"①。恩格斯在《大陆上社会改革的进展》中，提出了公平正义是人类社会的崇高境界，也是社会主义和共产主义的首要价值之所在，而且，"真正的自由和真正的平等只有在共产主义制度下才可能实现；而这样的制度是正义所要求的"②。

二、社会主义制度文明的价值取向

没有人就不能形成社会，没有人的活动也就无所谓制度。制度在人的活动中产生，随着人的活动的发展而不断改进和发展，所以，制度的运行也必然围绕着人的活动、人的发展，制度运行是否有序，着眼点在于是否有利于人的活动，有利于人的发展。资产阶级社会的制度设计是围绕着资产者打造

---

① 《马克思恩格斯选集》第 3 卷，人民出版社 1995 年版，第 306 页。
② 《马克思恩格斯全集》第 1 卷，人民出版社 1956 年版，第 582 页。

的，其所宣扬的制度文明是为少数人谋利益的，其结果带来的是异化劳动和人的片面的发展。与之截然不同的是，社会主义制度是为绝大多数人服务的，代表最大多数人的利益，就是说，社会主义制度是着眼于最大多数人的需要，是为最大多数人谋利益的制度，其价值目标在于人的自由全面发展。这是社会主义制度优越于资本主义制度的根本点。

"以人为本"作为理念产生于古希腊时期，并一直绵延于人类发展的历史进程。特别是在文艺复兴、启蒙运动和现代人本主义思潮中，这一理念反复呈现，甚至"在中世纪也有文艺复兴时期那样的方式看待人类和人类世界的先例"①，使"人成了精神的个体，并且也这样认识自己"②，人文主义传统得以形成。18 世纪法国的启蒙学者继承和发展了文艺复兴时期人本主义思想家所确立的原则。卢梭反对亚里士多德的"天然奴隶"说，认为在自然状态下，"人是一个自由的主体"③，他公开宣称要如实展现人原本的天性，充分揭露使人的天性大变其样的时代和事物演变的过程。人本主义反对一切以神为本的旧观念，宣扬人是万物的尺度，用"人权"对抗"神权"，其价值核心在于对人的关怀。在如何实现对人的关怀的问题上，人本主义认为，只有对人的本性的发现和觉醒才能实现对人的关怀。人本主义从人的本性出发，在人的自我觉醒、自我发现的基础上，宣扬人的价值、人的尊严和人的权利，强调人的自由、平等，推崇人的理性权威，把人提到高于一切的地位，相对于封建专制制度对人性的压抑而言无疑是巨大进步。

然而，从文艺复兴到 19 世纪，西方资产阶级的各种学说和流派，从唯心主义的历史观出发，从不变的、普遍的、抽象的人性论出发，对"人"的理解只是停留在书面的口头上，抽去了人的具体的历史条件和社会关系，没有看到人的社会性、历史性和实践性，至多"他把人只看作是'感性对象'，

---

① [英]阿伦·布洛克：《西方人文主义传统》，董乐山译，上海三联书店 1997 年版，第 9 页。

② [瑞士] 雅各布·布克哈特：《意大利文艺复兴时期的文化》，何新译，商务印书馆 1979 年版，第 125 页。

③ [法] 卢梭：《论人与人之间不平等的起源和基础》，李平沤译，商务印书馆 2007 年版，第 57 页。

而不是'感性活动'"①，把现实世界理解为"感性直观"，而没有理解为实践活动的对象和结果。这样的"以人为本"仅仅是一种理念。人本主义所描绘的是"抽象的人"，实质上就是以资产阶级为"模特儿"设计出来的，他们的要求实际上是资产阶级发展资本主义的要求，他们从资产阶级的根本利益出发，通过如个人自由、个人价值、个人幸福等作为人性或理性的基本要求而表现出来。由于在实现自己的根本利益的过程中，往往受到人民的抵制甚至反抗，他们又及时提出"自由、平等、民主、博爱"等所谓的普世价值观念和关爱人、同情人的人道主义理论来欺骗人民，为自己的生产关系和生活方式辩护。说到底，这一价值观是受制于资本逻辑的，其普适性也受制于资本的历史本性，是与资产阶级私有制的经济基础相一致的、维护剥削阶级生产关系的意识形态，其所要求实现的理想制度其实就是资本主义制度。

因此，"以人为本"理念要转化为一种现实的人的生存状况，必须在现实的物质生产活动基础上，通过制度的变革才有可能，即"必须推翻那些使人成为被屈辱、被奴役、被遗弃和被蔑视的东西的一切关系"，从而"把人的世界和人的关系还给人自己"②。从西方哲学史看，无论是黑格尔、青年黑格尔派还是费尔巴哈，强调"人"的"解放"只是词句的"解放"，而不是"现实的世界"的解放，用各种形式的"抽象的人"的观念掩盖对"现实的人"的认识。马克思在确立唯物史观的出发点就是"人"："我们的出发点是从事实际活动的人，而且从他们的现实生活过程中还可以描绘出这一生活过程在意识形态上的反射和反响的发展。"③唯物史观是关于现实的人及其历史发展的科学。马克思指出："在社会历史领域内进行活动的，是具有意识的、经过思虑或凭激情行动的、追求某种目的的人；任何事情的发生都不是没有自觉的意图，没有预期的目的的。"人们总是按照自己设定的目标从事社会活动，"创造这一切、拥有这一切并为这一切而斗争的，不是'历史'，而正是人，现实的、活生生的人。'历史'并不是整个所谓世界历史不外是人通

---

① 《马克思恩格斯选集》第 1 卷，人民出版社 1995 年版，第 77—78 页。
② 《马克思恩格斯全集》第 1 卷，人民出版社 1956 年版，第 443 页。
③ 《马克思恩格斯选集》第 1 卷，人民出版社 1995 年版，第 73 页。

过人的劳动而诞生的过程。"还说："人就是人的世界，就是国家、社会。"①
因此，"国家的职能等等只不过是人的社会特质的存在和活动方式"②，从而
不仅将"解放"的目标指向现实的历史条件，即资本主义制度，而且还指向
未来的历史条件，即共产主义。

　　马克思的理论生涯起步于"为人类的幸福和我们自身的完善"，而且始
终以人的解放和发展的崇高价值为目标，"以人为本"始终是他的理论的价
值取向。但马克思的人本主义是通过对旧唯物主义的批判、对传统的认识论
和本体论意义上的人本主义的批判、在创立唯物史观和政治经济学批判的过
程中确立的。因此，马克思主义以人为本的价值取向，是对西方人本主义传
统的扬弃，与哲学史上不同语境下的"以人为本"具有不同的含义。根本不
同点在于，马克思理解的以人为本原则不是从"抽象的人"出发，而是从"现
实的人"出发，人的自由和解放需要在社会生产持续发展中不断实现自我，
通过人的活动不断达成，而不可能在个人或几个人的头脑之中自我完结。正
是人的现实活动、现实的物质生产，才创造了人的现实的正常生活条件，创
造了人的社会关系，创造了现实的人的世界。归根到底，解放的对象就是
"现实的人"，解放的目标就是实现人的自由全面发展。

　　马克思主义以人为本的价值理念具有鲜明的现实性。在实践中，中国共
产党人把马克思主义基本原理与中国实际相结合，与中华优秀传统文化相结
合，不断赋予社会主义价值理念以新的时代内涵，不断实现全体人民的根本
利益，不断促进人的发展。进入新时代，我们党提出以人民为中心的发展思
想，是从新世纪新阶段党和国家事业发展全局出发提出的重大论断，其中蕴
含的关注人的价值与尊严、人的主体地位与权益、人的自由全面发展等价值
向度，对于实现中国现代化和中华民族伟大复兴，具有重要现实意义。以人
民为中心的发展思想与以人为本的价值理念一脉相承又与时俱进，蕴涵和体
现着马克思主义的根本出发点和归宿。人是有价值、有意义的存在，以人民

---

① 《马克思恩格斯选集》第 1 卷，人民出版社 1995 年版，第 1 页。
② 《马克思恩格斯全集》第 1 卷，人民出版社 1956 年版，第 270 页。

为中心就是要肯定和尊重人的价值和意义。人的价值相对于物的价值，无疑是最高的，物总是在为人服务，物的价值在于被人改造和使用。也就是说，人是社会发展的主体，社会发展的中心不在于物，而在于人，作为主体的人自觉地把物变成实现其内在本质力量的有效方式和有机条件，使人不盲目受物的支配，因而体现出了人的独立存在的意义和价值，体现出人的主体地位。

以人民为中心是与以物为中心根本对立的。这种价值观的对立实质是社会制度的对立，是人的生存状态的本质区别。在以资本逻辑为主导原则的社会制度下，人必然会走向失落和异化。马克思在分析将一切都物化和商品化的资本主义社会时指出："它使人和人之间除了赤裸裸的利害关系，除了冷酷无情的'现金交易'，就再也没有任何别的联系了。"① 马克思、恩格斯还分析了资本主义的本质不是为了满足人的需要，而是追求剩余价值，人只是追求物的手段，人的劳动是和机器一样可以用货币交换的商品，于是，"货币不仅是致富欲望的一个对象，而且是致富欲望的唯一对象，这种欲望实质上就是万恶的求金欲"②。同时，建立在资本主义私有制基础上的市场经济使"人的社会关系转化为物的社会关系"③，对人的依赖转化为对物的依赖，这就意味着在把人从群体本位的人身依赖和等级从属的束缚中解放出来的同时，又把人置于物的支配下，使人成为物的奴隶，把追求经济利益最大化看作是经济活动的唯一目的，把物质满足、占有作为人的最大目标。

与之截然相反的是，社会主义是以人民为中心、以追求人的全面发展为目标的社会形态，把人民放在最高位置。这里的人民就是所有的"现实的个人"。这就决定了制度的设计、安排和运行要围绕现实的人为中心进行，是制度为人而存在，而不是人为制度而存在。人创设制度就是为了使自己能够更好地生存和发展，人是制度的主体和目的，制度是达成人的目的的条件。制度本身不能成为目的，如果制度成为目的就必然会异化。在社会主义条件

---

① 《马克思恩格斯选集》第1卷，人民出版社1995年版，第275页。
② 《马克思恩格斯全集》第46卷（上），人民出版社1979年版，第171页。
③ 《马克思恩格斯全集》第46卷（上），人民出版社1979年版，第103页。

下，制度的构建与运行绝不可能走资本主义的老路，使制度成为异化的制度，而是促进人的自由全面发展的制度。因此，社会主义是体现社会文明进步的、更高级的制度形态，是具有真实性的制度形态。在社会主义条件下，制度建设体现出来的是充分肯定人的价值制度体系，以人民为中心的社会主义制度体系就是符合社会进步趋势的制度文明。

所以在社会主义条件下，制度构建充分满足和发展个人正当合理的利益，把增进全社会和每个人的利益总量作为评价和衡量政策措施的终极标准，在这一制度体系中，人的权利放在制度安排的重要地位，人的权利体现人的价值和尊严。以此为目的，制度文明建设尊重和促进人的权利，包括人的生存权、自由权、平等权、财产权等。这里的权利并不是抽象概念，它的实际内涵具有深刻的现实性和历史性，随着社会经济、政治和文化的发展而不断丰富。在人的各种权利中，自由是首要的最基本的权利，也是人的最高价值。因此，制度文明建设特别注重保障和扩展人的自由，这里的自由同样是具有现实和历史内涵的自由。

制度文明最深层价值理念在于促进人的自由全面的发展。一个制度体系实际是围绕人的价值理想的实现所作的规则安排。社会主义是以人民为中心、以追求人的全面发展为目标的社会形态。由于人在社会主义进程中具有至上的地位和价值，必然要求制度文明建设把实现人的全面发展作为根本目的和最高尺度。秉持这样的价值理念，我们党和国家一切工作都是以实现人民的愿望、满足人民的需要、维护人民的利益作为出发点和落脚点，强调人民群众既是中国特色社会主义事业的建设者，又是其成果的享有者，各项大政方针的制定、具体工作的开展都必须着眼于维护、实现和发展人民群众的根本利益。并以此作为衡量党和国家一切工作成败得失的标准。

人民群众的根本利益是由各个方面具体的现实利益构成的。在社会主义市场经济条件下，人民群众的利益日趋多元化，不同方面的具体利益之间的关系呈现出交织的局面，对这些具体利益关系的处理，关涉着人民群众的根本利益。所以，习近平总书记指出："要抓住人民最关心最直接最现实的利益问题，把人民群众的小事当作我们的大事，从人民群众关心的事情做起，从让人民满意的事情抓起，加强全方位就业服务，高度重视困难群众帮扶救助工作，加快建成多层次社会保障体系，加强社区治理体系建设，坚持精准扶贫精准脱贫，推进民生保障精准化精细化。"① 因此，制度文明建设必须围绕人这个主体因素，围绕人民群众的利益和需求推进社会发展。

因此，制度文明建设就要通过制定一系列政策措施充分挖掘人的潜能，调动人的主观能动性，创造把这些能力解放出来的制度环境，使社会的制度、体制、机制的建构、运行及其调整始终围绕着充分发挥人的能力来设计、安排和评价。人是生产活动以及全部社会活动的主体。从创立唯物史观开始，马克思就强调从作为社会历史主体的感性活动和实践去把握人，并把这一点作为自己的新哲学与旧唯物主义的根本区别。马克思明确指出，人既是"社会联系的主体"，是"生产主体"，又是推动社会发展的"动力主体"。人在创造历史的实践活动中，越来越掌握了这样"一个伟大的基本思想，即认为世界不是既成事物的集合体，而是过程的集合体，其中各个似乎稳定的事物同它们在我们头脑中的思想映象即概念一样都处在生成和灭亡的不断变化中，在这种变化中，尽管有种种表面的偶然性，尽管有种种暂时的倒退，前进的发展终究会实现"②。从这个角度看，制度文明建设必然会有利于培养人的创造个性。在追求高质量发展的时代背景下，摆在突出位置的就是人的创新创造能力，必须不断提高劳动者的生产能力，激发生产全要素的活力，不断满足人民群众的美好生活需要，不断实现全体人民共同富裕。坚持以人民为中心，明确回答"为了谁、依靠谁、我是谁"这一重大命题，体现了在人的发展问题上目的和手段的有机统一。我们必须始终坚持和尊重人民的主体地位，通过制度建设充分发挥人民的主体作用，在此基础上实现人民对美好生活的向往。

---

① 《习近平谈治国理政》第 3 卷，外文出版社 2020 年版，第 135—136 页。
② 《马克思恩格斯选集》第 4 卷，人民出版社 1995 年版，第 244 页。

第五章
以人民为中心的制度建构与实践

　　马克思对市民社会的批判，不仅通过揭示劳动—资本的关系进而揭示资本主义制度的本质，而且建构了实现人类解放和人的自由全面发展的远景。人的自由全面发展的构想与社会制度的批判性建构之间的理论逻辑及现实联系，必然要求制度建构需要有符合时代要求的价值表达。人的全面发展不是虚幻的理性思辨，而是起于现代社会的现实运动，只有通过不断的制度变革才能实现。进入新时代，中国社会的主要矛盾已经转化为人民日益增长的美好生活需要与不平衡不充分的发展之间的矛盾。这一论断将追求人民美好生活摆在突出地位，更加鲜明地体现了社会主义价值理想，彰显了以人民为中心的价值情怀，并通过民主、法治、公平、正义、安全、环境等与人民美好生活需要密切联系的要素凸显出来。这些要素是制度文明建设的核心要素。因此，制度文明建设关系人民福祉，攸关人民对美好生活的向往。我们要践行以人民为中心的发展思想，通过建立系统完备、运行有效的制度体系，使社会主义价值理想成为"现实的人"的生存状况，切实把人的世界和人的关系还给人自己，不断促进人的全面发展，为人类对更好的社会制度的探索提供中国智慧、中国方案和中国力量。

第一节　人的利益保障

　　唯物史观是人类社会发展一般规律的科学，也是现实的人及其发展的科学，即关于人的自由和解放的科学。马克思把对人的命运最赤诚的关切与对客观实际的最为冷峻的分析融为一体，解开了什么是"人本身"这个千古之谜。马克思、恩格斯明确指出："我们的出发点是从事实际活动的人"，而唯心史观的"考察方法从意识出发，把意识看作是有生命的个人"①，强调人的利益在理解人与活动中的重要意义，因为"人们奋斗所争取的一切，都同他们的利益有关"②。还将人的需要与人的利益联系在一起，强调"把人和社会连接起来的唯一纽带是天然必然性，是需要和私人利益"③。同时，人的利益作为人特有的动力因素，其"内容以及实现的形式和手段则是不以任何人为转移的社会条件决定的"④。人的利益的实现是人的一切实际活动的起点，是人的现实活动的原动力，因此，人的利益及其实现也是唯物史观的逻辑起点。践行以人民为中心的发展思想，就要把人的利益放在首要位置，在发展生产力的基础上加强制度变革，建设社会主义制度文明，保障和实现人的利益，促进人的全面发展。

一、以人民为中心的核心

人的利益是唯物史观的核心范畴，不仅反映人的社会关系，也反映人的价值关系。人的利益关系是具体的，在不同的时代具有不同的规定性。在人类社会早期，社会生产力水平低下，没有剩余产品可以支配，人们平均分配劳动产品，人与人之间也没有根本的利益冲突。进入到阶级社会，人们的利益冲突随着生产的发展越来越复杂化，人的利益关系也成为最基本的社会关系，以至于在资产阶级社会，"利益被提升为人的统治者。利益霸占了新创造出来的各种工业力量并利用它们来为自己服务"⑤。而且随着工业力量的不

---

① 《马克思恩格斯选集》第 1 卷，人民出版社 1995 年版，第 73 页。
② 《马克思恩格斯全集》第 1 卷，人民出版社 1956 年版，第 82 页。
③ 《马克思恩格斯全集》第 1 卷，人民出版社 1956 年版，第 439 页。
④ 《马克思恩格斯全集》第 46 卷（上），人民出版社 1965 年版，第 103 页。
⑤ 《马克思恩格斯全集》第 1 卷，人民出版社 1956 年版，第 674 页。

断增强，人与人的利益关系和利益格局的分化日趋剧烈，当然会激起无产者对资产者的抵制和反抗。为了掩盖贪婪的实质，维护自己的剥削地位，资产者只能运用欺骗和谎言把普世价值唱得响彻云霄。但是，资本主义发展几百年的历史证明，资产阶级从未在自己的利益上作出分毫让步，从来都把剩余价值和利润置于人民的福祉之上。在当今社会，发达资本主义国家更是变本加厉地践踏人类公理和良知，把利己主义、单边主义和霸凌主义演绎到极点，充分暴露了资产阶级的虚伪性，生动诠释了资本主义制度的腐朽性。

无产阶级政党与资产阶级政党具有本质的区别，区别的根本之点就在于真正代表谁的利益的问题。为什么人的问题，是检验一个政党、一个政权性质的试金石。无产阶级自从登上历史舞台，就把自身的利益和全人类的利益统一起来，强调无产阶级只有解放全人类才能解放自己。无产阶级的政治立场决定了它没有一丝一毫的私利，它的利益与全人类的根本利益是完全一致的，在资产阶级社会和一切还存在阶级对立和利益对立的社会里，与最广大人民的根本利益完全一致。中国共产党是中国工人阶级的先锋队，它首先代表无产阶级的根本利益，同时也就代表最广大人民的根本利益。① 中国共产党自诞生之日起，就从来没有自己的私利，而是用马克思主义的宽广眼界把握自己的历史定位，站在全人类的立场上，将人民群众的根本利益放在最高位置，成为中国人民利益的忠实代表。正如毛泽东同志在《论联合政府》一文中指出的，共产党人"就是和最广大的人民群众取得最密切的联系。全心全意为人民服务，一刻也不脱离群众；一切从人民的利益出发，而不是从个人或小集团的利益出发；向人民负责和向党的领导机关负责的一致性；这些就是我们的出发点"②。时代在发展，历史在前进，党的根本宗旨坚如磐石。习近平总书记强调："人民是我们党执政的最大底气，是我们共和国的坚实根基，是我们强党兴国的根本所在。我们党来自于人民，为人民而生，因人民而兴，必须始终与人民心心相印、与人民同甘共苦、与人民团结奋斗。每

---

① 《陶德麟文集》，武汉大学出版社 2007 年版，第 372 页。
② 《毛泽东选集》第 3 卷，人民出版社 1991 年版，第 1094—1095 页。

个共产党员都要弄明白，党除了人民利益之外没有自己的特殊利益，……人民是历史的创造者、人民是真正的英雄，必须相信人民、依靠人民；我们永远是劳动人民的普通一员，必须保持同人民群众的血肉联系。"① 正是因为我们党把人民群众放在心中最高位置，一切为了人民，紧紧依靠人民，不断造福人民，永远与人民肩并肩、心连心，才能在极端困境中发展壮大、在濒临绝境中突出重围、在困顿逆境中毅然奋起，在每一个关键阶段、每一次重大关头，党都始终紧紧依靠人民战胜困难赢得胜利。

坚持历史唯物主义的群众史观，坚持党的群众路线，是我们党不断走向成功的重要法宝。在革命战争年代，我们坚持了这一点，最终夺取了国家政权；在和平建设时期，也坚定不移地坚持这一点。在不同历史阶段，人民利益的内容和表现形式各不相同。比如，在民主革命时期，最广大人民的根本利益就是推翻"三座大山"，建立人民民主专政的新国家。在改革开放的征程上，党带领人民群众聚精会神搞建设，一心一意谋发展，人民收入不断提高，生活不断改善，彰显了党的群众路线、人民立场的强大力量，人民根本利益不断得到发展。在新时代我们党提出以人民为中心的发展思想，是对唯物史观和党的群众观点的创造性阐发，是群众史观的理论升华，向世人昭示："中国共产党人的初心和使命，就是为中国人民谋幸福，为中华民族谋复兴。这个初心和使命是激励中国共产党人不断前进的根本动力。全党同志一定要永远与人民同呼吸、共命运、心连心，永远把人民对美好生活的向往作为奋斗目标，以永不懈怠的精神状态和一往无前的奋斗姿态，继续朝着实现中华民族伟大复兴的宏伟目标奋勇前进。"②

以人民为中心的发展思想蕴涵着社会主义的价值目标。就是说，发展社会生产力、不断增强综合国力的根本目的在于实现最广大人民的根本利益，并通过制度变革不断实现共同富裕。中国特色社会主义进入新时代，以习近平同志为核心的党中央坚持以人民为中心的发展思想，高度重视保障和

---

① 《习近平谈治国理政》第3卷，外文出版社2020年版，第137页。
② 《习近平谈治国理政》第3卷，外文出版社2020年版，第1—2页。

改善民生，出台一系列重大方针政策，推出一系列重大举措，持续推动统筹城乡的民生保障制度建设，覆盖城乡居民的社会保障体系基本建立，人民健康和医疗卫生水平大幅提高，围绕全面建成小康社会的中心任务，作出全面深化改革、全面依法治国、全面从严治党等一系列战略部署，如期完成脱贫攻坚的战略任务，实现全面建成小康社会的第一个百年奋斗目标，并以此为起点，踏上实现第二个百年奋斗目标的新的赶考之路，团结带领人民创造更加美好的生活，就是在切实实现最广大人民的根本利益。这也是我们把握新发展阶段、推动高质量发展的价值导向。因此，社会主义价值目标与人民群众根本利益高度一致。坚持以人民为中心的发展思想，就是坚持社会主义价值取向，实现最广大人民根本利益。

代表最广大人民根本利益，维护人民合法权益，是我国国家制度和国家治理体系的本质属性，也是国家制度和国家治理体系有效运行、充满活力的根本所在。党的十九大报告指出："坚持在发展中保障和改善民生。增进民生福祉是发展的根本目的。必须多谋民生之利、多解民生之忧，在发展中补齐民生短板、促进社会公平正义，在幼有所育、学有所教、劳有所得、病有所医、老有所养、住有所居、弱有所扶上不断取得新进展，深入开展脱贫攻坚，保证全体人民在共建共享发展中有更多获得感，不断促进人的全面发展、全体人民共同富裕。"① 实现、维护和发展最广大人民的根本利益，是社会主义制度优越性的集中体现，社会主义制度也是最广大人民根本利益的根本保证。社会主义制度不是固定的僵化模板，而是动态的有机体系。要在新时代创新和完善中国特色社会主义制度体系，进一步释放社会主义制度优越性，围绕着人民这个中心，在重大制度安排和政治决策时兼顾社会各方面的利益诉求，结合新时代的新形势新要求，自觉主动解决地区差距、城乡差距、收入差距等问题，不断增强人民群众获得感、幸福感、安全感，真正做到发展为了人民、发展依靠人民、发展成果由人民共享，把不断实现人民日益增长的美好生活需要贯穿于实现中华民族伟大复兴的历史进程。

---

① 《习近平谈治国理政》第3卷，外文出版社2020年版，第18—19页。

二、实现人民根本利益的制度途径

制度是人的社会关系的规范体系，制度体系的建构必须突出人的中心地位，充分发挥人的主观能动性，激发蕴藏在其间的创造活力。如果没有制度的有序协调运转，人的活动就会处在低效或失效状态，即使人的活动创造了一定的物质基础和条件，人的利益分配的合理格局也无法形成，其结果只能是人的利益的丧失，也就体现不出人在社会发展的中心地位，整个社会也将呈现散乱无序状态。因此，我们要加强制度建设的顶层设计，将加强顶层设计与坚持问计于民有机统一起来，深入基层调查研究，鼓励人民以各种方式建言献策，结合时代发展特点倾听人民呼声、汇聚人民智慧，及时梳理分析和认真吸收各方面诉求和呼声，使之得到切实转化，形成实现人民根本利益的制度路径。

以人民为中心的价值理念，首先体现在人民群众是新时代中国特色社会主义的利益主体。唯物史观认为，人民群众是社会历史发展的决定力量，人类社会的发展进步既是人民群众现实活动作用的结果，同时又客观表现为人民群众根本利益的实现。早在新民主主义革命时期，毛泽东同志就强调，解决群众的穿衣问题，吃饭问题，住房问题，柴米油盐问题，疾病卫生问题，婚姻问题。总之，一切群众的实际生活问题，都是我们应当注意的问题。从人民根本利益出发，我们党团结带领人民夺取了中国革命胜利，建立了中华人民共和国，为摆脱贫困创造了根本政治条件。新中国成立后，我们党组织人民自力更生、发愤图强，为摆脱贫困、改善人民生活打下了坚实基础。改革开放以来，我们党团结带领人民实施大规模、有计划、有组织的扶贫开发，着力解放和发展社会生产力，着力保障和改善民生。以此为立足点，邓小平同志强调，贫穷不是社会主义，社会主义要消灭贫穷，不断提高人民群众的物质生活水平，逐步达到共同富裕。他指出："社会主义现代化建设是我们当前最大的政治，因为它代表着人民最大的利益、最根本的利益。"[①]

---

① 《邓小平文选》第2卷，人民出版社1994年版，第163页。

中国特色社会主义进入新时代，社会发展具有许多方面的新特点、新内涵，但人民根本利益这个价值取向是非常明确的，离开了这个目标，为生产而生产，为发展而发展，我们党的工作就没有价值可言，人民也不会拥护和支持。所以必须始终把最广大人民根本利益作为一切工作的出发点和落脚点，不断解决好人民最关心最直接最现实的利益问题，努力让人民过上更好生活，经济、政治、文化和社会发展，都必须围绕着人这个主题因素，为着人的利益和需求来推进经济社会发展。习近平总书记进一步指出："制度优势是一个国家的最大优势，制度竞争是国家间最根本的竞争。"① 践行以人民为中心的发展思想，使之在现实大地生根开花结果，需要坚强有力的制度体系保障。"我们必须坚持发展为了人民、发展依靠人民、发展成果由人民共享，作出更有效的制度安排，使全体人民朝着共同富裕方向稳步前进，绝不能出现'富者累巨万，而贫者食糟糠'的现象"②，"实现共同富裕不仅是经济问题，而且是关系党的执政基础的重大政治问题。我们决不能允许贫富差距越来越大、穷者愈穷富者愈富，决不能在富的人和穷的人之间出现一道不可逾越的鸿沟。"③ 他强调，要加强社会治理制度建设，完善党委领导、政府负责、社会协同、公众参与、法治保障的社会治理体制，提高社会治理社会化、法治化、智能化、专业化水平。面对突如其来的新冠肺炎疫情，党中央坚持人民至上、生命至上，把人民生命安全和身体健康放在第一位，采取最全面、最严格、最彻底的防控措施，在最短时间内取得疫情阻击战的重大战略成果，彰显了中国共产党领导和我国社会主义制度的显著政治优势，铸就了生命至上、举国同心、舍生忘死、尊重科学、命运与共的伟大抗疫精神。习近平总书记动情地指出："为了保护人民生命安全，我们什么都可以豁得出来！从出生仅30多个小时的婴儿到100多岁的老人，从在华外国留学生到来华外国人员，每一个生命都得到全力护佑，人的生命、人的价值、人的

---

① 《习近平谈治国理政》第 3 卷，外文出版社 2020 年版，第 119 页。

② 《十八大以来重要文献选编》（中），中央文献出版社 2016 年版，第 827 页。

③ 习近平：《论把握新发展阶段、贯彻新发展理念、构建新发展格局》，中央文献出版社 2021 年版，第 480 页。

尊严得到悉心呵护。这是中国共产党执政为民理念的最好诠释！这是中华文明人命关天的道德观念的最好体现！这也是中国人民敬仰生命的人文精神的最好印证！"① 我们也要针对疫情防控中暴露出来的问题和不足，抓紧补短板、堵漏洞、强弱项，"这里面，有些是体制问题，有些是政策落实问题，有些是发展中的问题。只有构建起强大的公共卫生体系，健全预警响应机制，全面提升防控和救治能力，织密防护网、筑牢筑实隔离墙，才能切实为维护人民健康提供有力保障"②。这也是党的十九届四中全会提出"强化提高人民健康水平的制度保障"的要求。这些重要论述的着眼点和落脚点在于加强制度建设，制度保障是实现维护人民利益的根本要求，不仅是维护人民健康方面，在其他涉及人民利益的任何方面，都需要不断强化制度体系的保障作用。

人的利益在不同条件下有不同的具体表现。在新时代，人的利益表现为人民美好生活需要。人民美好生活需要也不是固定的，内涵也在不断拓展和延伸，要深刻认识人民对美好生活的向往呈现多样化、多层次、多方面的特点，不仅对物质文化生活提出了更高要求，而且在民主、法治、公平、正义、安全、环境等方面的要求日益增长。这就需要运用辩证思维，抓住主要矛盾和矛盾的主要方面，用"一盘棋"思维整体推进。实现人的根本利益，保障和改善民生是最基础的环节，这是现阶段我国社会发展的一条主线，也是人的利益的直接现实的体现。其一，发展是第一要务，通过经济发展为保障和改善民生提供物质基础，只有手头上的东西多了，我们才能处于主动，所以要用发展的办法解决我国当前的突出矛盾和现实问题。其二，发展的目的是为了增进民生福祉。经济发展的数量和指标不是考核衡量政绩的标准和依据，经济发展的着眼点是要解决好人民群众普遍关心的就业、收入、教育、医疗、住房、养老等民生问题。其三，处理好经济发展与民生保障的关系，也就是处理好做大"蛋糕"和分好"蛋糕"的关系，逐步解决好发展不

---

① 习近平：《在全国抗击新冠肺炎疫情表彰大会上的讲话》，《求是》2020年第20期。

② 习近平：《构建起强大的公共卫生体系　为维护人民健康提供有力保障》，《求是》2020年第18期。

平衡不充分的问题，确保社会公平正义，这是社会主义的本质要求，也是实现人民根本利益的必然要求。

分配决定于生产，又反作用于生产。习近平总书记指出："从我国实际出发，我们确立了按劳分配为主体、多种分配方式并存的分配制度。实践证明，这一制度安排有利于调动各方面积极性，有利于实现效率和公平有机统一。由于种种原因，目前我国收入分配中还存在一些突出的问题，主要是收入差距拉大、劳动报酬在初次分配中的比重较低、居民收入在国民收入分配中的比重偏低。对此，我们要高度重视，努力推动居民收入增长和经济增长同步、劳动报酬提高和劳动生产率提高同步，不断健全体制机制和具体政策，调整国民收入分配格局，持续增加城乡居民收入，不断缩小收入差距。"[1] 因此，要坚持按劳分配为主体、多种分配方式并存，着重保护劳动所得，完善要素参与分配政策制度，在不断提高城乡居民收入水平的同时，自觉主动解决地区差距、城乡差距、收入差距等问题，着力解决制度碎片化问题，围绕着实现共同富裕的现实目标，促进各项民生制度更加成熟定型、更加公平合理、更加规范有效，不断巩固和扩大民生建设成效，规范收入分配秩序，让发展更有温度、民生更有厚度，保证全体人民在共建共享中有更多获得感，不断增进人民福祉，推动人的全面发展、全体人民共同富裕取得更为明显的实质性进展。

三、人民根本利益的最高形式

人总是将需要及利益倾注于对象之中，从而实现自己本质力量。马克思说："一个存在物如果在自身之外没有对象，就不是自然存在物。"[2] 正是因为利益，才使得人的本质力量凝聚于对象之中，以改造对象来实现自身的利益。因此，人的利益与人的活动是高度一致的。人的活动与人的利益实现双

---

① 《十八大以来重要文献选编》（下），中央文献出版社 2018 年版，第 5 页。

② 《马克思恩格斯全集》第 42 卷，人民出版社 1979 年版，第 168 页。

向互动，是一个没有止境的过程。人的全面发展既是人的需要的全面发展，也是人的利益（个人利益与社会利益）的整体发展。人的多个层次需要的满足，人的整体利益的推进，人的自由全面发展，是社会发展的根本取向，是衡量社会发展和历史进步的最高价值尺度。

马克思主义是关于人的解放的学说，揭示了人的全面发展的实现过程。这个过程不是由抽象的思辨虚构起来的，而是人的需要和利益的不断满足和实现的辩证运动。马克思主义视野中的社会发展离不开这个过程，也体现出这一历史逻辑和演进机制。将人的活动与人的利益实现融为一体，是马克思主义中国化的必然前提，也是发展当代中国马克思主义的基本要义。人既是财富的创造者，又是利益的享有者，只有充分调动人的积极性，人的利益才可能得以实现。人的活动推动社会进步的过程，也就是人的需要和利益不断满足和实现的过程。人的需要、利益与人的活动之间在历史进程中的互动，需要、利益的无限性与满足、实现的相对性之间在历史进程中的矛盾，构成了推动人的全面发展的内在动力。在新时代，坚持以人民为中心的发展思想，实现最广大人民根本利益，从根本上说，就要把人民根本利益作为发展的出发点和落脚点，在经济社会不断发展进步的基础上，实现人民对美好生活的向往，不断促进人的全面发展。

最广大人民的根本利益既是社会发展目的，也是衡量社会发展和历史进步的客观标尺。客观地讲，在一段时间里，人们在发展问题上有不清醒的认识，比如把"以经济建设为中心"和"发展是硬道理"理解为唯GDP论英雄，只顾经济指标和数字而忽视经济质量和发展代价，造成资源浪费和环境破坏，阻碍了经济社会和谐有序发展，归根到底是损害最广大人民的根本利益。习近平总书记指出："要立足提高质量和效益来推动经济持续健康发展，追求实实在在、没有水分的生产总值，追求有效益、有质量、可持续的经济发展。"① 我们不能重走简单以 GDP 增长率论英雄的老路，不

① 习近平：《论把握新发展阶段、贯彻新发展理念、构建新发展格局》，中央文献出版社2021 年版，第 476 页。

能饥不择食、慌不择路，"捡到筐里都是菜"，而要保持清醒头脑，端起历史的望远镜，把握好发展的全局性、长远性，处理好社会发展与人民利益之间的关系，绝不能陷入西方一些学者倡导的价值预设的泥潭，而是要深刻汲取资本主义发展模式的教训："自进入工业时代以来，几代人一直把他们的信念和希望建立在无止境的进步这一伟大允诺的基石之上，他们期望在不久的将来能够征服自然界，让物质财富涌流，获得尽可能多的幸福和无拘束的个人自由。"①

实现最广大人民的根本利益要坚持党的最高纲领和新时代的基本纲领的统一。党的最高纲领是实现共产主义，实现人的自由全面发展，是一个极其艰难而又漫长的历史过程。现阶段，一切工作要以最广大人民根本利益为最高目标，聚焦群众急难愁盼的问题，同人民想在一起、干在一起，保持党同人民群众的血肉联系，从人民群众创造的新经验新做法中汲取智慧和力量，用心用情用力解民忧、纾民怨、暖民心，促进社会公平，带领人民不断创造美好生活。习近平总书记指出："时代是出卷人，我们是答卷人，人民是阅卷人。"②人民是我们党的工作的最高裁决者和最终评判者。人民是否真正得到了实惠，人民生活是否真正得到改善，人民权益是否真正得到保障，这些都要由人民来评判。这就要求我们必须把人民拥护不拥护、赞成不赞成、高兴不高兴、答应不答应作为衡量一切工作得失的根本标准，看我们的政策措施带给人民的是"笑脸"还是"哭脸"。我们要在大力发展生产力基础上，不断改革和健全发展成果共享的体制机制，构建符合我国国情的制度体系，打牢为人民执政、靠人民执政的坚实制度根基，为人民在国家治理中发挥主体作用提供制度化渠道。可以说，人的全面发展是人民群众根本利益的最高形式，是人民群众根本利益的集中体现，实现了人的全面发展，标志着人民群众根本利益的最终实现。

---

① ［美］弗罗姆：《占有还是生存——一个新社会的精神基础》，关山译，上海三联书店1988年版，第3页。
② 《习近平谈治国理政》第3卷，外文出版社2020年版，第70页。

第二节　人的能力的发展

人的全面发展最根本的是人的能力的全面发展。"我们的能力是我们唯一的原始财富"①。人的能力和素质如何直接关系到社会发展的程度和水平。没有人自身在德、智、体、美等方面素质能力的全面发展，就不可能有物质文明、政治文明、精神文明、社会文明、生态文明的整个文明体系的和谐发展。所以，马克思说："工业的历史和工业已经产生的对象性存在，是一本打开了的关于人的本质力量的书。"② 这就是说，工业化的历史和工业生产的产品是人的素质和能力的公开展示，它使人的能力得到普遍的提高。这表明，现代社会的政治、经济、文化等方面的现代化，离不开人的现代化，而人的现代化最重要的是人的能力和素质的现代化。

一、建立均等教育的制度体系

人的能力和素质是多种因素相互联系、合力作用的体现。这些因素包括生理因素、心理因素和文化思想因素等方面，构成不可分割的整体，共同促进人的生活方式和行为方式的形成。人的素质和能力的高低，决定人的生活方式和行为方式的水平高低。人的素质和能力不是天然形成的，需要包括社会实践、客观环境和主观条件等多种因素的培育和塑造。

生产力是推动社会发展的最根本动力。在整个生产力体系中，相比较物的各种因素，人的因素是最活跃、最积极的因素，也是生产力发展和社会发展的首要因素。劳动者素质也是衡量社会发展水平的基本尺度，也是社会矛盾和问题解决的主体力量。经济学研究也表明，劳动力、资本、土地、技术、数据等要素的变化组合，直接影响经济效率，其中，劳动力素质和能力

---

① 《马克思恩格斯全集》第 47 卷，人民出版社 1979 年版，第 553 页。
② 《马克思恩格斯全集》第 42 卷，人民出版社 1979 年版，第 127 页。

对经济效率有着至关重要的作用。应该看到，当前中国社会发展的突出矛盾和问题表现出许多新的特点，总体上都与人的素质和能力关系密切，人的能力及素质的问题解决好了，其他方面的要素问题就会迎刃而解。

马克思说："任何人的职责、使命、任务就是全面地发展自己的一切能力，其中也包括思维的能力。"[1] 提升人的素质能力，最根本的是大力发展教育事业，提高人的科学文化素质，增强人的民主法治观念和道德意识，促进健全人格的养成。马克思指出，教育"不仅是提高社会生产的一种方法，而且是造就全面发展的人的唯一方法"[2]。邓小平同志指出："我们国家，国力的强弱，经济发展后劲的大小，越来越取决于劳动者的素质，取决于知识分子的数量和质量。一个十亿人口的大国，教育搞上去了，人才资源的巨大优势是任何国家都比不了的。"[3] 在发展教育事业的进程中，经济发达地区和大中城市教育资源相对集中，广大边远地区和农村基础薄弱，解决教育公平问题特别迫切。这是阻断贫困代际传递的治本之策，也是培养较高素质的劳动者大军的根本之举。党的十八大强调，大力促进教育公平，合理配置教育资源，重点向农村、边远、贫困、民族地区倾斜，支持特殊教育，提高家庭经济困难学生资助水平，积极推动农民工子女平等接受教育，让每个孩子都能成为有用之才。因此，大力发展教育事业，造就千姿百态的高素质劳动者，是我国现代化建设的必然要求。

党的十九大报告指出："优先发展教育事业。建设教育强国是中华民族伟大复兴的基础工程，必须把教育事业放在优先位置，深化教育改革，加快教育现代化，办好人民满意的教育。要全面贯彻党的教育方针，落实立德树人根本任务，发展素质教育，推进教育公平，培养德智体美全面发展的社会主义建设者和接班人。"[4] 通过大力发展教育事业，为新时代中国特色社会主义建设事业提供精神动力、智力支持和思想保证。只有把教育放在优先发展

---

① 《马克思恩格斯全集》第 3 卷，人民出版社 1960 年版，第 330 页。

② 《马克思恩格斯全集》第 23 卷，人民出版社 1972 年版，第 530 页。

③ 《邓小平文选》第 3 卷，人民出版社 1993 年版，第 120 页。

④ 《习近平谈治国理政》第 3 卷，外文出版社 2020 年版，第 35—36 页。

的战略地位，我国社会发展中存在的突出矛盾和问题，比如创新能力不足、城乡发展不平衡、收入分配存在差距、发展质量不高等方面的问题才能得到切实解决。因此，人的能力素质是解决一系列问题的关键。

教育是一个系统工程，其内在结构的优化就需要进行制度的调整与变革，理顺系统内部各要素的关联方式，以维持这个系统的通畅和高效运转。有两方面的环节亟待加强：一方面是农村基础教育和义务教育，另一方面是培养技术和产业"工匠"的职业教育。针对这两方面的问题，要抓住教育体系中存在的矛盾主要方面，重点推动城乡义务教育一体化发展，探索建立中小学新时代城乡教育共同体，共享"互联网＋教育"优质内容，努力让每个孩子都能享有公平而有质量的教育。无论是新型城镇化还是乡村振兴，人才都是基础和支撑，而基础教育则是国民素质整体提升、培养高素质人力资源的根本途径。有高质量的教师，才会有高质量的教育，应站在全面提升国民素质的战略高度，改革完善教师管理体制与人事管理制度，并在财政投入、待遇、编制、职称等政策上向乡村学校教师实质性倾斜，为乡村学校配齐配强教师资源。同时，要加强完善职业教育和培训体系，深化产教融合、校企合作，深入推进育人方式、办学模式、管理体制、保障机制改革，健全公平的升学和就业制度，建设技能型社会，推动职业教育高质量发展，培养更多高素质技术技能人才、能工巧匠、大国工匠，推动终身学习型社会建设，提高人口平均受教育年限。正如马克思所说："要改变一般的人的本性，使它获得一定劳动部门的技能和技巧，成为发达的和专门的劳动力，就要有一定的教育或训练。"①"最先进的工人完全了解，他们阶级的未来，从而也是人类的未来，完全取决于正在成长的工人一代的教育。"②

教育是民族振兴、社会进步的重要基石，是国之大计、党之大计。大力发展教育事业，从战略全局看，就要坚持立德树人的根本导向，为党育人，为国育才，增强教育服务经济社会全面协调可持续发展的能力，培养更多适

---

① 《马克思恩格斯全集》第 23 卷，人民出版社 1972 年版，第 195 页。
② 《马克思恩格斯全集》第 16 卷，人民出版社 1964 年版，第 217 页。

应创新发展、高质量发展的各类人才。为此，要深化新时代教育改革，建立健全发展素质教育的制度机制，更加注重学生爱国情怀、创新精神和健康人格养成。要优化与新发展格局相适应的教育结构、学科专业结构、人才培养结构，优化区域教育资源配置。"十四五"规划和 2035 年远景目标纲要中强调，"提升人力资本水平和人的全面发展能力"，"人民思想道德素质、科学文化素质和身心健康素质明显提高"，"国民素质和社会文明程度达到新高度"，"广泛开展全民健身运动，增强人民体质"等，都是从促进人的全面发展上体现党的人民情怀，体现了坚持以人民为中心发展教育的思想，显示了面向现代化深度开发人力资源的意向，展示了通过教育拓展人口质量红利从而支撑高质量发展的能力。

二、形成创造力竞相迸发的制度优势

人的能力和素质既需要教育的培养，更需要社会土壤的滋养，离开社会实践的锻炼和现实舞台的锻造，人的能力素质是无从谈起的空中楼阁，没有现实的根基。这就需要构建开放的教育体系，应主动融入社会发展大局，加强与生产资源要素的深度融合，把社会大舞台与人才锻炼成长紧密结合起来，实现学校教育与社会"干中学"的有机衔接。与之相适应，社会也要顺应人才成长发展的趋势和要求，积极营造适宜教育发展的社会生态，着力打造人才队伍蓬勃发展的制度基础，在人才培养基础上形成让各类人才创造力竞相迸发的制度优势，把我国的人口大国转化为人才强国，从人口红利转化为人才红利、创新红利、发展红利，通过强化人才培养体制机制支撑高质量发展，在推动社会发展的同时促进人的全面发展。

创新是国家兴旺发达的不竭动力。纵观人类文明发展史，各种科技成就、文明成就从根本上说是人民创造的，彰显了人的思想道德素质、科学文化素质、身心健康素质的全面提升；同时，各种科技成就、文明成就又是为了人民，促进了人的全面发展。在当前形势和条件下，加快科技创新特别需要激发人才智力资源的创新活力，需要将各方面动力要素集成发酵制度的创新。习近平总书记指出："多年来，我国一直存在着科技成果向现实生产力转化不力、不顺、不畅的痼疾，其中一个重要症结就在于科技创新链条上存在着诸多体制机制关卡，创新和转化各个环节衔接不够紧密"，"要解决这个问题，就必须深化科技体制改革"①。在创新体制机制中，人才使用机制格外重要，因为"创新驱动实质上是人才驱动"②，"人是科技创新最关键的因素。创新的事业呼唤创新的人才。"③当代中国国情决定了发展仍是党执政兴国的第一要务，在资源、土地、资金等生产要素都不足以支撑中国经济社会高质量发展的现实背景下，实施创新驱动是唯一可行的道路。这体现了人才与创新、创新与发展的辩证关系。人才与创新如鸟之双翼、车之双轮，两者相辅相成互为条件，形成中国科技自立自强的有力支撑，也是实现高质量发展的强大动力。

实施创新驱动，制度创新重于技术创新。制度创新的作用是基础性的，技术的研发动力和使用效率依靠制度的激励机制，制度的有序运行有利于高素质人才队伍的成长。邓小平同志指出："我们进行社会主义现代化建设，是要在经济上赶上发达的资本主义国家，在政治上创造比资本主义国家的民主更高更切实的民主，并且造就比这些国家更多更优秀的人才。"④创新之道，唯在得人。习近平总书记指出："人才是实现民族振兴、赢得国际竞争主动的战略资源。要坚持党管人才原则，聚天下英才而用之，加快建设人才强国。"⑤建设人才强国，迫切需要人才培养和使用机制的改革与创新，只有激活人才资源，科技创新和高质量发展才有可靠的动力保证。人才活力足不足、作用能不能充分发挥出来，关键在于体制机制适应不适应。为此，要改革创新人才使用和人才管理的体制机制，构建激发人才创新创造活力的制度体系，使各方面人才各得其所、各展其长，归结起来就是营造良好的育人用

---

① 《习近平谈治国理政》，外文出版社 2014 年版，第 125 页。

② 《习近平关于科技创新论述摘编》，中央文献出版社 2016 年版，第 119 页。

③ 《习近平谈治国理政》，外文出版社 2014 年版，第 127 页。

④ 《邓小平文选》第 2 卷，人民出版社 1994 年版，第 322 页。

⑤ 《习近平谈治国理政》第 3 卷，外文出版社 2020 年版，第 50 页。

人制度环境。"要发挥市场对技术研发方向、路线选择、要素价格、各类创新要素配置的导向作用，让市场真正在创新资源配置中起决定性作用。"① 在坚持市场配置人才资源改革取向的同时，健全社会主义市场经济条件下新型举国体制，形成支持全面创新的基础制度。

我国经济社会发展正处在新旧动能转换的关键阶段，国际国内环境依然严峻复杂，不稳定性不确定性增加，全球产业链供应链面临重构，国际竞争更趋激烈，我国发展会面临更多逆风逆水的外部环境。更应看到，我国已转向高质量发展阶段，制度优势显著，治理效能提升，物质基础雄厚，人力资源丰富，市场空间广阔，发展韧性强劲，社会大局稳定，拥有全球最完整、规模最大的工业体系和完善的配套能力，国内循环在我国经济中的作用不断上升。时与势在我们一边，这是我们的定力和底气所在，也是我们的决心和信心所在。外部冲击只能倒逼我们加快改革创新的步伐。"当前，我国经济发展环境出现了变化，特别是生产要素相对优势出现了变化。劳动力成本在逐步上升，资源环境承载能力达到了瓶颈，旧的生产函数组合方式已经难以持续，科学技术的重要性全面上升。在这种情况下，我们必须更强调自主创新。"② 如果自主创新搞不上去，发展动力就很难实现成功转换。要科学把握发展大势，勇于开"顶风船"，下好"先手棋"，打好"主动仗"，抓住科技创新这个"关键变量"，有力有序推进创新攻关的"揭榜挂帅"体制机制，"大力推进科技创新及其他各方面创新，加快推进数字经济、智能制造、生命健康、新材料等战略性新兴产业，形成更多新的增长点、增长极"③，加强创新链和产业链对接，以创新驱动实现供给侧改革，推动新技术、新业态蓬勃发展，在供给端以更充裕、多层次、高质量的产品满足人民美好生活需求，服务构建新发展格局。

① 《习近平谈治国理政》第3卷，外文出版社2020年版，第251页。
② 习近平：《论把握新发展阶段、贯彻新发展理念、构建新发展格局》，中央文献出版社2021年版，第485页。
③ 习近平：《论把握新发展阶段、贯彻新发展理念、构建新发展格局》，中央文献出版社2021年版，第352页。

我国是一个人力资源大国，拥有世界上最大规模的人才队伍，但人才的国际竞争力与发达国家相比还存在差距。同时，由于全球范围新兴产业发展的速度远快于人才培养的速度，人才短缺问题在不断加剧。我们比历史上任何时期都更需要广开进贤之路、不拘一格降人才，充分用好人才，以识才的慧眼、爱才的诚意、用才的胆识、容才的雅量、聚才的良方，把各方面优秀人才、顶尖人才吸引过来、凝聚起来，解决好引得进、留得住问题，提出更加积极、开放、有效的人才政策，细化操作规则，"努力形成人人渴望成才、人人努力成才、人人皆可成才、人人尽展其才的良好局面，让各类人才的创造活力竞相迸发、聪明才智充分涌流"①。"培养造就一大批具有国际水平的战略科技人才、科技领军人才、青年科技人才和高水平创新团队。"② 这就要求拓展思路，以更加开放的视野，搭建起平稳有序的制度平台，建设一支规模宏大、结构合理、素质优良的创新人才队伍，激发各类人才创新活力和潜力，为新时代高质量发展提供源源不竭的人才智力支持。

第三节　人的主体地位确立

社会的发展是由人的活动推动的。"历史活动是群众的活动，随着历史活动的深入，必将是群众队伍的扩大。"③ 历史充分证明，无论是生产力的发展、生产关系的变革，还是社会制度的建构和创新，都离不开人民的创造实践。习近平总书记指出："历史是人民书写的，一切成就归功于人民。只要我们深深扎根人民、紧紧依靠人民，就可以获得无穷的力量，风雨无阻，奋勇向前。"④ 正因为我们党坚持人民主体地位，坚守依靠人民推动社会前进的

① 《习近平谈治国理政》第 3 卷，外文出版社 2020 年版，第 51 页。
② 《习近平谈治国理政》第 3 卷，外文出版社 2020 年版，第 25 页。
③ 《马克思恩格斯文集》第 1 卷，人民出版社 2009 年版，第 287 页。
④ 《习近平谈治国理政》第 3 卷，外文出版社 2020 年版，第 67 页。

人间正道，才能创造出彪炳史册的伟业。人的主体性充分彰显，积极性、主动性和创造性充分发挥，就会加快中国社会现代化进程，也必将促进社会主义市场经济体制的日益完善，不断促进人的全面发展。

一、人是社会的主体

而历史只不过是人的历史。马克思指出，"整个所谓世界历史不外是人通过人的劳动而诞生的过程"①。恩格斯也说："随同人，我们进入了历史。"②人是社会历史发展的主体，这是马克思主义社会历史观的重要观点。在《德意志意识形态》中，马克思阐述了社会历史发展的三个基本要素——"需要""物质生产""生命生产"，这三个基本要素都离不开人，离开了这些就无法理解人的活动，也就无法理解社会历史。因此，人既是社会发展的"剧作者"，也是"剧中人"："只要你们把人们当成他们本身历史的剧中人物和剧作者，你们就是迂回曲折地回到真正的出发点。"③

正因为人是社会的主体，推动社会发展的力量只能体现在人身上。人的活动决定着社会历史的发展。马克思在创立他的世界观时，以实践为基础阐释了人是全部社会生活和社会活动的主体。离开人的活动，谈不上社会现代化，社会现代化本质上是人的现代化。在我国这个世界上最大发展中国家实现现代化，意味着比现在所有发达国家人口总和还要多的中国人民将进入现代化行列，将彻底改写现代化的世界版图，成为人类历史上前所未有的壮举。而要实现社会现代化，关键要把握好人的活动，发挥人的主体要素的作用，尊重人民主体地位，围绕人这个社会的中心进行制度设计安排。邓小平同志指出："社会主义现代化建设的极其艰巨复杂的任务摆在我们的面前。很多旧问题需要继续解决，新问题更是层出不穷。党只有紧紧地依靠群众，密切地联系群众，随时听取群众的呼声，了解群众的情绪，代表群众的

---

① 《马克思恩格斯文集》第 1 卷，人民出版社 2009 年版，第 196 页。
② 《马克思恩格斯文集》第 9 卷，人民出版社 2009 年版，第 421 页。
③ 《马克思恩格斯文集》第 1 卷，人民出版社 2009 年版，第 608 页。

利益，才能形成强大的力量，顺利地完成自己的各项任务。"① 我们党必须不断提高工人、农民、知识分子和其他劳动群众的思想道德素质和科学文化素质，不断提高他们的劳动技能和创造才能，要制定一系列政策措施充分挖掘人的潜能，创造把这些能力激发出来的机制和环境。只有人的主体性得到最大发挥，才能创造出丰富的社会物质财富和精神财富，不断使自身利益得到实现，并推动社会现代化进程。

坚持人民主体地位，保证人民当家作主，体现人民共同意志，是我国国家制度和国家治理体系的本质属性，是新时代中国特色社会主义的现实要求。习近平总书记指出："我们要始终把人民立场作为根本立场，把为人民谋幸福作为根本使命，坚持全心全意为人民服务的根本宗旨，贯彻群众路线，尊重人民主体地位和首创精神，始终保持同人民群众的血肉联系，凝聚起众志成城的磅礴力量，团结带领人民共同创造历史伟业。这是尊重历史规律的必然选择，是共产党人不忘初心、牢记使命的自觉担当。"②

坚持以人民为中心的发展思想，就是要以人民为发展的动力主体。第七次全国人口普查（2021）统计结果显示，目前中国拥有 14 亿多人口，8.8 亿平均年龄为 38.8 岁的劳动力，其中 2 亿多高素质的劳动者，劳动力资源依然丰富，人口红利继续存在。这是无可比拟的财富和资源。只要我们坚持发展依靠人民，始终相信人民，尊重人民首创精神，深深扎根于人民的创造性实践之中，始终与人民心心相印、与人民同甘共苦、与人民团结奋斗，最广泛凝聚民心、汇集民智，调动一切积极因素，我们就能汇聚蕴藏在人民中间的磅礴力量，创造令世界刮目相看的人间历史伟业。习近平总书记指出："在人民面前，我们永远是小学生，必须自觉拜人民为师，向能者求教，向智者问策；必须充分尊重人民所表达的意愿、所创造的经验、所拥有的权利、所发挥的作用。"③ 实践也充分证明了这一点。脱贫攻坚战取得全面胜利，困扰

---

① 《邓小平文选》第 2 卷，人民出版社 1994 年版，第 342 页。
② 《习近平谈治国理政》第 3 卷，外文出版社 2020 年版，第 156 页。
③ 《习近平谈治国理政》，外文出版社 2014 年版，第 27 页。

中华民族几千年的绝对贫困问题得到历史性解决，创造了人类减贫史上的奇迹；推进世界历史上规模最大、速度最快的城镇化，城镇人口规模不断扩大，在城镇化过程中创造更多就业、不断提高人民收入，推进以人为核心的新型城镇化；人口素质实现质的飞跃，建成世界上规模最大的社会保障体系等，这些历史性成就的取得，关键在于坚持以人民为中心的发展思想，充分发挥我国社会主义制度的显著优势，凝聚全体人民投身现代化建设，创造幸福美好生活。

马克思的政治经济学虽以资本主义作为研究对象，但它一开始就根植于无产阶级解放运动之上，因而具有鲜明的人民主体性。坚持人民主体地位与发扬社会主义民主是有机统一的。社会主义社会是人民当家作主的社会，具有比资本主义社会更高级的民主形态，坚持和发扬社会主义民主是社会主义本质属性，也是社会主义国家政权不可缺少的职能。坚持人民当家作主，发展人民民主，紧紧依靠人民推动社会发展，是"中国之治"的制度密码。习近平总书记指出："江山就是人民、人民就是江山，打江山、守江山，守的是人民的心。中国共产党根基在人民、血脉在人民、力量在人民。""任何想把中国共产党同中国人民分割开来、对立起来的企图，都是绝不会得逞的！"[1] 我们要多层次、多领域扩大人民有序政治参与，最大限度地体现人民群众意志、维护人民群众利益。坚持问政于民、问需于民、问计于民，把人民群众的意见和诉求集中起来形成正确的政策，将政策的实施化为党和人民群众的共同行动。要自觉接受人民群众的监督，确保政策实施到位，不走偏、不走样。坚持人民主体地位，就是要践行初心使命，带领人民创造美好生活。我们要紧紧围绕新时代我国社会的主要矛盾，用改革的办法、创新的思维、适合的举措、完善的制度，不断满足人民日益增长的美好生活需要，朝着实现全体人民共同富裕的目标坚实迈进。

---

[1]　习近平：《在庆祝中国共产党成立100周年大会上的讲话》，人民出版社2021年版，第11—12页。

二、人是市场的主体

市民社会的世俗化与个体化，与市场经济的一般特征是相吻合的。市民社会具有"公共领域"的私人生活特性，是"私人利益的体系"，首先表达出来的是对个体利益的关切，并以此为基础，建立起社会的、经济的、法律的关系，是"契约性的社会关系，一方面是每个个人达到自己目的的手段，另一方面也是建立起来的一个系统，加入这个系统，可使每一个体都变成其他个体实现其目的的手段"①。这样的个体"为了保护自己不被作为手段而受奴役，就变成了阻碍而非实现他人的目的"。"在市民社会中，表征人际关系思想的中心概念，就是功利、契约、个人权利之类。"② 可以看出，在资产阶级社会，人与人之间的社会关系不可避免地因为个人利益发生扭曲和变形，人只是他人实现自身利益的手段。

这一点是构建社会主义市场经济尤为需要注意的。在马克思和恩格斯创立的经典理论中，社会主义意味着消灭商品生产，实行计划经济。但是，社会主义经济建设的实践表明，在社会主义初级阶段，在经济制度中引入市场机制才符合社会发展实际，符合社会发展规律。计划经济体制和单位社会体制，虽然能为现代化建设提供原始积累和组织化基础，但不能为现代化建设提供可持续发展动力。因此，中国的现代化不能够单靠国家力量和政党力量做好对人民的组织，还必须为充分调动人民的积极性提供制度性基础，我们必须重视市民社会对中国现代性建构的作用和意义，表现为，市场经济为市民社会的形成创造了现实条件，市民社会的形成为市场经济的发展提供了社会空间，意味着在政治生活之外构建一个独立的、自治的结构性领域；市民社会的形成有利于契约原则和法律精神的普遍推行和实施，体现现代理性对于现代社会的范导作用；也有利于塑造现代社会的新阶层和新的社会结构，

---

① Alasdair MacIntyre, "The Thesee on Feuerbach: A Road Not Taken", in:Knight, K（ed.）, The MacIntyre Reader, Cambridge, 1998, p.233.

② Alasdair MacIntyre,"The Thesee on Feuerbach: A Road Not Taken", in:Knight, K（ed.）, The MacIntyre Reader, Cambridge, 1998, p.233.

从而有利于社会科层化和现代化①。

随着中国社会主义市场经济体制建立，中国市民社会已经形成并在快速发展，经济领域的组织方式由行政化手段向市场化手段转变，社会多样性和多元性倾向不断加强。市场经济体制的确立，使人告别了传统社会自然发生的人的依赖关系，突破了人与人之间交往的狭窄范围和孤立地点，产生出个人之间社会物质交换的普遍性和全面性。人的生存和发展，必然要体现出这种普遍性和全面性，提升自身的能力和素质，这是市民社会相对于传统社会的区别之一，也是走向人的自由个性、实现人的全面发展的必经阶段。市场机制的根本特点就是市场在配置资源的基础性和决定性作用。市场主体是市场上从事交易活动的组织和个人，即商品进入市场的监护人、所有者。市场活力是靠人的竞争力和创造力激发的。人是市场资源配置的主体，在各种资源要素配置中，人处于主体地位，也是财富创造的源泉。是人支配物而不是物支配人，市场的活力和效率取决于人，没有人的创造力就没有市场的效率。

促进中国现代社会的发展，根本在于构建完善的市场机制，确立起人在市场中的主体地位，唤起人的主体意识，鼓励人的创新和创造。社会主义市场经济的发展完善，依赖于人的主体性的发挥，适应市场经济的竞争性和开拓性。在这个过程中，要积极应对市场经济可能出现的各种负面效应，那就是，如何保证人在发挥其主体作用的同时，避免市民社会的"见物不见人"，避免人异化为物或者是人沦为物的奴隶；具有自利特性的个人如何走出自我，与他人结成社会，从而规避功利主义、个人主义对社会整体的破坏？克服这些消极影响，根本路径在于如何协调人与人之间的关系，规范人的市场行为，从而确立起人的主体地位，使人成为真正意义上的人，而不至于沦为物的附庸，成为异化的"非人"。因此，构建高水平的社会主义市场经济体制，我们要充分反思和汲取资产阶级市民社会的历史教训，理顺人与物的关

---

① 参见刘国胜：《中国现代性建构与马克思主义哲学中国化》，中国社会科学出版社 2015 年版，第 232 页。

系，协调好人的社会关系，通过系统完备的制度构建，激发各类市场主体的活力和动力，彰显人的主体地位，促进独立人格的形成和人的全面发展。

作为现代社会的经济形式，市场经济是以肯定个人对自身利益的追求为前提的。这一前提与社会公共利益之间存在必然的矛盾，就是说，个人的权利和社会的道德义务之间存在着必然的矛盾。那么，追逐自己利益的原子式的个人如何生成社会？近代以来的思想家们都认识到这一矛盾的存在并竭力提出自己的解决方案。比如，社会契约论以人的自我保存本能以及理性来分析社会的生成；青年黑格尔派借助于人的理性、人的类本质来寻求解答，从人的概念、想象中的人、人的本质、人中引申出人们的一切关系。这些观点都颠倒了思想与现实之间的联系，脱离现实的纯粹理论不可能为解决两者的现实矛盾提供合理的方法。市场经济是历史的现实存在，它所包含的内在矛盾只有通过自身的不断发展而逐步被克服。在笔者看来，解决市场社会的现实矛盾，根本路径在于建立一个良好的社会秩序和完善的行为规范体系，着力推进制度文明建设。制度文明建设的根本点在于对人的社会关系及其活动的规范与调节，使人的活动处于一种有序和有效的状态，既维护人的私人利益，也重视对人的市场行为的约束和调节。这是现代社会市场经济健康运行的坚实保证。

马克思认为，现代社会就是借助于市场经济建立起来的。"家长制的，古代的（以及封建的）状态随着商业、奢侈、货币、交换价值的发展而没落下去，现代社会则随着这些东西一道发展起来。"① 社会主义是作为对资本主义制度的否定而出现的社会制度，与资本主义社会一样，都建立在市场经济的基础之上。市场经济的发展，相应地改变了人们的行为方式、思维方式和价值观念，这对社会既有制度体系提出变革的要求。在我国社会主义市场经济的建立和发展过程中，人们对市场经济的理解有过偏差，认为市场经济就是效益经济，经济指标成为核心指标，导致现实生活中的拜金主义、以邻为壑等现象，以至于人的主体地位的失落，人成为物化的存在，人的发展让位

---

① 《马克思恩格斯全集》第 46 卷（上），人民出版社 1979 年版，第 110 页。

于经济发展；认为市场经济就是"自由"经济，这种"自由"不受约束，也不需要政府引导和监管，想怎么干就怎么干，导致自由主义、个人主义的一度流行，以至于人的市场行为的失范与盲目；等等。这些观念和做法在市场经济不成熟、不完善的初期是不可避免的，在摸索过程中难免出现偏差和失误，但不可用"交学费"之类说辞为之辩护，而是要深刻分析和总结。对此，要结合我国市场经济体制构建中的实践经验，充分汲取并体现现代社会文明进步的一切有益成果，对高水平的市场经济体制进行战略谋划。

习近平总书记指出："在社会主义条件下发展市场经济，是我们党的一个伟大创举。我国经济发展获得巨大成功的一个关键因素，就是我们既发挥了市场经济的长处，又发挥了社会主义制度的优越性。我们是在中国共产党领导和社会主义制度的大前提下发展市场经济，什么时候都不能忘了'社会主义'这个定语。之所以说是社会主义市场经济，就是要坚持我们的制度优越性，有效防范资本主义市场经济的弊端。我们要坚持辩证法、两点论，继续在社会主义基本制度与市场经济的结合上下功夫，把两方面优势都发挥好，既要'有效的市场'，也要'有为的政府'，努力在实践中破解这道经济学上的世界性难题。"① 因此，社会主义市场经济的根本特点在于坚持社会主义制度，充分利用和发挥制度的优越性，实现社会主义与市场经济的有机统一，在发挥市场配置资源的决定性作用的同时，发挥好政府的宏观协调作用。发挥政府作用就是要加强制度体系的建设和完善，通过市场制度体系建构和社会主义制度文明建设，破除生产要素市场化配置和商品服务流通的体制机制障碍，完善促进市场发展的法律环境和政策体系，加快建设高标准市场体系，持续优化营商环境，提升监管能力和水平，防止资本无序扩张。释放体制机制潜力和活力，还要善于统筹国内国际两个大局，利用好国际国内两个市场、两种资源，发展更高层次的开放型经济，最大限度克服市场经济的风险与弊端，防范市场失序和市场机制失灵，把握好发展与安全、自由与竞争、公平与效率的关系，促进经济社会有序发展。

---

① 《十八大以来重要文献选编》（下），中央文献出版社 2018 年版，第 5—6 页。

制度文明建设是人真正成为市场主体的根本保障，也是促进人的自由全面发展的必然路径。近代以来的现代化历程，是张扬人性、以理性对抗神性的理性化过程，是自主立法的现代人依照自身的理性组建和安排世界秩序的过程。在这一过程中，"宗教、自然观、社会、国家制度，一切都受到了最无情的批判；一切都必须在理性的法庭面前为自己的存在做辩护或者放弃存在的权利。思维着的知性成了衡量一切的唯一尺度"①。现代社会的市场经济发展历程，是人的理性张扬的历程。市场经济依托市场主体的理性行为，同时也需要对人的主体行为进行合理规范，使理性成为人在市场经济中的存在方式。在理性化的制度环境下，人既要运用理性思维对社会信息和市场行情加以分析、选择和处理，也要运用理性控制人的情感意志，还要把握市场的本质和发展规律，以精细的理性计算使劳动和资本达到最优化组合，获取更大的利润。与此同时，理性原则强调通过公开的、正当的、合理的途径去从事社会行为，避免人的主体地位的失落、人走向异化。对此应注意以下几个方面。

一是通过制度引导人的行为动机的理性化。任何市场经济行为的目的总是获利，"各个人的出发点总是他们自己"②。就是说，市场中的人把个人看得见的利益作为出发点，把个人财富的扩大作为目的，"市场上的有关参加者正是把他们的举止作为'手段'，以自己典型的、主观的经济利益作为'目的'，把他们怀着对对方举止的典型期望作为达到目的的'条件'，并使他们的举止以这种目的和期望为取向"③。市场机制使各个人充分展示出自己利益追求的本性，从而焕发人的潜能，进一步确证人在市场中的主体地位，这对于促进人的发展是有积极意义的。

但是，一旦物质利益冲动变成经济行为的唯一动因，经济活动和市场行为就会失去基本的理性。在市场运作的过程中，种种非理性现象在利益的驱动下充斥于市场的各个领域，产生"理性悖论"，物质利益集中了人们对整

---

① 《马克思恩格斯全集》第 3 卷，人民出版社 1960 年版，第 355 页。
② 《马克思恩格斯选集》第 1 卷，人民出版社 1995 年版，第 119 页。
③ ［德］马克斯·韦伯：《经济与社会》，林荣远译，商务印书馆 1997 年版，第 56 页。

个价值世界的巨大热情，成为价值世界的万能幻象，成为非理性的欲求的化身。在此情境下，若不构建具有约束力的市场机制和规范制度，行为主体的非理性活动若不加以正确引导，便会泛化为一种放纵的市场破坏力量。"在理性的奋斗中，非理性的倾向也潜在地存在着，当格洛弗（E.Glover）说'对实在和大体上自我保存的情境有意识地全神贯注'往往掩盖了无意识的促动因素时，他并非有什么错。由于无意识的冲动，如变态的或转移的虐待狂态度，或者为了荣誉的缘故，我们沉溺于理性的计算、赚钱和无情地追求个人利益，这是频繁出现的事情。"① 这样一来，市场行为出于利益最大化，不顾社会利益和市场经济基本规则，势必会影响到市场的健康运行，也影响到人的发展。这方面的制度约束和规范体系务必加紧构建，以适应市场经济的快速发展。事实上这方面的制度措施在加快出台落实。比如，为了规范人的市场行为，《中华人民共和国民法典》系统规定了自然人、法人、非法人组织等民事主体制度，通过制度确立了市场准入者的条件，同时针对不同类型的法人和非法人组织的治理结构作出了框架性规定，从而确保市场经济运行的秩序。制度文明建设是促使人在市场经济中按理性的法则从事社会行为的内在要求。合理引导人的行为动机，规范人的市场行为，对于构建社会主义市场经济体制关系重大。只有通过合理制度引导和规范市场主体的行为，才能有效促进社会理性化程度的提高，为自由自觉的人的生存状态和促进人的全面发展提供适宜的条件。

二是促进人的手段选择的理性化。在市场经济条件下，人们为了追求利润的最大化，在手段的选择和运用上出现了较为严重的偏差，导致工具理性的诞生。西方理性主义者所一再高扬的理性旗帜，其实就是工具理性。工具理性的过度膨胀、人文价值的失落，几乎贯穿西方现代化的整个过程，现代化中人这一根本维度不仅没有得到重视，反而愈来愈边缘化了。人在社会中主体性的地位日益被庞大的机器组织和茂密的技术层级所取代或包围。吉登

---

① ［德］卡尔·曼海姆：《重建时代的人与社会：现代社会结构的研究》，张旅平译，上海三联书店 2002 年版，第 124—125 页。

斯用个人对社会"专家系统"的依赖来表征现代性的这一技术特征，海德格尔则把这一时代称为"技术时代""机器时代"。应该看到，人的价值实现、人的本质关系的提升才是技术发展的最终目的，技术发展从根本上说是人的本质力量的外在展示。技术对人的本质的存在与发展的意义十分重要，但并非人的本质的全部内涵。人在获得技术手段及物质生产生活资料的同时，对人的生命存在的各种要素包括哲学、伦理、信念、理想等的追求也是必然的，这些要素同样构成了人的本质特征，如果缺乏这些要素，整个社会就会失序而呈现出病态，最终会影响到人的本质力量的显现和人的发展。因此，"无论是科学的成就，还是工业技术的进步都不等同于真正的人类进步。科学和技术仅仅是现存社会整体的组成部分，尽管取得了那些辉煌的成就，其他要素，甚至社会整体本身可能都在倒退"①。所以，技术的发展和效率的提高并非人的最终追求，社会发展的终极意义还在于人自身。在市场经济条件下，制度文明建设要为技术理性的发展提供足够的空间，最为根本的，是要把科学技术的发展目标置于造福人类福祉、适应促进人的自由全面发展的方向。

第四节　人的自由本性实现

自由是人的本性，人的全面发展也就是人的自由本性的实现。"生产者只有在占有生产资料之后才能获得自由"②，就是说，生产力的发展是实现人的自由本性的根本前提，与之相适应，还需要人的生产关系、社会关系的变革，需要一系列相对成熟稳定的社会制度条件，包括社会稳定、关系协调、结构合理、利益共存、价值共享、资源互有等方面高度整合的制度体系建构。推进人的自由本性的实现，当前的着力点在两个方面。一是推进民主

---

① ［德］霍克海默：《批判理论》，李小兵译，重庆出版社 1993 年版，第 248 页。
② 《马克思恩格斯全集》第 19 卷，人民出版社 1964 年版，第 264 页。

化进程。民主以人的自由为基础和前提，又是自由实现的渠道和方式。民主是社会主义社会的本质属性，应健全民主制度，丰富民主形式，拓宽民主渠道，不断加强人民当家作主的制度保障；二是推进法治化进程。应以法的形式确定规则和秩序，使自由成为法的基本原则。民主化、法治化的进程，也是人的自由本性逐渐实现的过程。

一、民主化与人的全面发展

自由是人的天性和最高理想。在人的个性压抑和自由丧失的制度环境中，彰显人的主体性只是一种虚构，人的自由而全面发展更是无从谈起。在资产阶级社会，人的自主和自由是虚假的，这些都只是资产者的专利，劳动者则是一无所有。正如恩格斯指出，在市民社会，劳动者的悲惨处境是不合理的社会制度造成的，"应该善于干预，而且要大胆地干预现在所有制和劳动力方面普遍存在的经济混乱，对它们进行整顿，把它们加以改造，使任何人都不丧失生产工具，使有保证的生产劳动最终成为人们早就在寻求的正义和道德的基础"①。要改变劳动者的生存状态，就必须改造现存社会制度和人的社会关系，这是实现人的自由的前提。

市场经济具有内在的自由的要求，没有自由就谈不上真正意义的市场经济。同时，自由与民主紧密相连。在马克思生活的年代，资本主义民主制度的支柱——选举制、代议制和政党制度先后得以确立，资产阶级民主的虚伪性随着资本主义社会危机的日益严重而日渐明朗。马克思的民主思想就是在这样的时代背景下，在批判资产阶级民主制度中确立的。马克思在《黑格尔法哲学批判》中指出："在君主制中是国家制度的人民；在民主制中则是人民的国家制度。"②"民主制独有的特点是：国家制度在这里毕竟只是人民的一个定在环节，……不是国家制度创造人民，而是人民创造国家制度。"③ 在资

---

① 《马克思恩格斯全集》第 45 卷，人民出版社 1985 年版，第 184 页。

② 《马克思恩格斯全集》第 3 卷，人民出版社 2002 年版，第 39 页。

③ 《马克思恩格斯全集》第 3 卷，人民出版社 2002 年版，第 40 页。

本主义条件下，以私有制为基础的商品经济处于统治地位，资本主义生产方式表面上是自由和平等的，其实质是资本主义雇佣劳动，工人只是在"等价交换"的谎言下出卖自己的劳动力，维持自己和家人的生存，工人只是资产者谋求剩余价值、赚取超额利润的工具，在专制的国家制度背景下，工人出卖劳动力不是自由的，而是生活所迫，人是没有民主可言的，没有民主就没有人的真正自由。也就是说，市民社会条件下的民主是与国家制度相连的，是一个阶级压迫另一个阶级的工具。

同时，民主以自由为基础和前提，没有自由就没有民主。民主的一个重要原则，是在自由平等的基础上，使公民行使自己的正当权利，充分发表自己的意见和看法。只有在自由平等的基础上，民主原则才能得到切实运行，少数人的自由意志和意见才能得以保护和尊重。与此同时，民主又是自由实现的必要渠道和方式。唯有实行民主，才能赋予人在社会生活中的独立人格、自由以及平等权利。由于市场机制的作用，买和卖是在商品交换领域的界限以内进行的，这里占主导地位的是自由和平等。"自由！因为商品例如劳动力的买者和卖者，只取决于自己的自由意志。他们是作为自由的、在法律上平等的人缔结契约的。契约是他们的意志借以得到共同的法律表现的最后结果。平等！因为他们彼此只是作为商品所有者发生关系，用等价物交换等价物。"① 一方面，人是自由的，能够把自己的劳动力当作自己的商品来支配；另一方面，也发生这样的情况，他没有别的商品可以卖，自由得一无所有，没有任何实现自己的劳动所必要的东西。所以，人要获得真正的自由，就离不开民主制度的培育。民主制是实现人民自由和主权的政治组织形式。民主意味着主权在民，权力属于人民，权力来自人民，政府统治的合法性在于人民的认同，而不是在于神的旨意或者资本的逻辑。在《哥达纲领批判》中，马克思指出，"'民主的'这个词在德语里意思是'人民当权的'"②。在市场经济条件下，人的主体地位的确立就是让他们决定生产什么和如何生

---

① 《马克思恩格斯全集》第 46 卷（上），人民出版社 1979 年版，第 197 页。
② 《马克思恩格斯选集》第 3 卷，人民出版社 1995 年版，第 312 页。

产，政府的权力是为市场服务的，政府的权力要接受人民意志的约束，受到民主机制的制衡，得到公众和舆论的监督。

公平是民主的理由，是现代社会制度安排的重要依据，是协调社会各个阶层相互关系的基本准则。公平是涉及社会和人际关系的价值判断标准。公平可以从两个层次理解。一是经济公平的层次。经济公平是在经济领域关于个人生活资料分配和收入分配的概念，指的是收入分配的公平、财产分配的公平、获取收入与积累财产机会的公平；另一个层次是社会公平。社会公平是一个外延更广的概念。它不仅包括经济公平，而且包括人的民主权利平等在内的政治平等的内容。在两个层次之间，经济利益是社会利益的基础，只有在一定社会的经济利益基础上，才能更好地理解社会意识形态和上层建筑的合理性，才能更直接地理解社会公平，也更现实地推进民主。

公平总是和效率联系在一起的。通过投入资本、技术、劳动力以及自然资源获得产品和服务，是市场经济的基本特征。在任何一个竞争充分的市场中，市场主体都会争取最大的产出和最大的效率。"效率意味着从一个给定的投入量中获得最大的产出"①。只要人们的出发点是自己的利益，他就会在生产和交换中想尽一切办法使自己以尽可能小的代价得到尽可能大的收益。这固然可以激励人们提高生产效率，使自己的个人商品生产时间低于社会平均必要劳动时间，也会诱发人们采取不正当的手段谋取利润。在经济领域之外，人更会不惜手段巧取豪夺。这样，市场经济的效率法则和工具理性有可能把人间的一切价值都归结为功利，人在其生存和发展的过程中就将走向异化，人就将成为"单向度的人"，人的自由全面发展就会被个人主义、功利主义所阻断。

在市场经济条件下，人的生存和发展不可能离开效率法则，不追求效率原则就不符合市场经济的基本规律，竞争也最能够体现出这一原则。但同时，人的生存与发展还必须用公平正义作保障。亚里士多德说："公平正义是某些事物的'平等'观念，它属于'某种平等'之中，它要求按照以尚优

---

① ［美］阿瑟·奥肯：《平等与效率》，陈涛译，华夏出版社 1999 年版，第 2 页。

和以贡献为尺度的平等原则，把这个世界上的事物和利益公平地分配给社会成员。"① 如果说，效率法则体现的是"工具理性"，公平正义则体现的是"价值理性"。价值理性将道义和理想放在首位，较之工于算计的工具理性，更能体现人的崇高，对于人的发展也更具实质意义。问题在于，以价值理性代替工具理性，看起来是很公平，实际上却并不公平，因为它否认了人的能力和贡献对于他的分配的决定性意义，看不到人的积极性和创造性，看不到人的实际贡献，也势必会阻碍人的主体性发挥，这样的"公平"实质上是不公平。

实现社会公平对于促进人的发展的积极意义，关键在于构建公正合理的社会制度以及相应的体制机制。公正合理的社会制度或体制既有利于实现人们政治上和经济上的平等，又能够促进生产效率的提高。历史地看，过去的资本主义市场经济往往有"效率"而无"公平"，传统社会主义计划经济往往有"公平"而无"效率"。这两种社会体制都是难以实现效率与公平的统一。实质上，公平和效率并非不可兼得、此消彼长的关系，而是相互依存、相得益彰的关系。一方面，公平是提高经济效率和生产效率的社会保证，公平竞争是这一运行过程的必要条件，公平分配则是这一过程的必然结果，如果人们没有同样的参与机会，就难有人的积极性和生产效率的提高；另一方面，效率是促进社会公平的物质保证。在经济效率和生产效率低下、物质财富短缺的社会里，是不可能真正实现社会公平的，也就是说，维护或增进社会公平，必须以相应的经济效率和生产效率为基础。只有社会财富增加了，国民收入提高了，分配领域中的矛盾才会得到根本解决，真正的社会公平也才能建立起来并且不断得到改善，才会更有利于促进包括物质领域、社会关系、精神境界等在内的人的全面发展。

总之，社会主义市场经济大力弘扬了人的主体性，促进了社会生产力的大发展，也促进了民主意识的觉醒，人的社会地位和发展程度得到了相应提高。所以，中国社会主义现代性的建构绝不是像哈耶克说的那样，"民主在

---

① ［古希腊］亚里士多德：《政治学》，吴寿彭译，商务印书馆1997年版，第148页。

本质上是一种个人主义的制度，与社会主义有着不可调和的冲突。……社会主义却仅仅使每个人成为一个工具，一个数字。"① 哈耶克所说的，正是资本主义现代性的本质特征，资本主义民主带来的是人格丧失和人的主体地位的失落，与人的自由而全面发展是背道而驰。我们要坚定中国式民主的自信与自觉，通过发挥制度的保障和规范作用，形成有利于培育中国式民主的实践情境，让广大人民群众充分感受到中国式民主的真实性、科学性。因此，在社会主义市场经济建设进程中，要通过制度文明建设体现出社会主义制度的优越性。制度文明建设以保证人民当家作主为根本，以增强党和国家活力、调动人民积极性为目标，在通向现代化的道路上不断健全民主制度，丰富民主形式，拓宽民主渠道，依法实行民主选举、民主决策、民主管理、民主监督，保障人民的参与权、表达权、监督权，从而使人民充分享有自己的民主权利，使各方面制度和国家治理更好体现人民意志、保障人民权益、激发人民创造；在社会关系上，破除人们之间纵向的等级特权关系，确立人们之间横向的平等关系，这种平等关系正是独立自主人格确立的前提和基础，也是促进人的自由全面发展的制度条件。

二、法治化与人的全面发展

在近现代西方哲学史上，市民社会具有特定的历史内涵，它主要介于家庭和政治国家之间。在西方自由主义理论家看来，介于政治国家和家庭的"公共领域"是现代自由、民主精神建构的重要"基地"。与传统社会相比，市民社会的进步意义在于，人被理解为独立自主的个体，有着平等的人格，而不是传统社会中有着等级差异与束缚的人，在此基础上形成的契约精神与法治精神也是市民社会的重要原则。自由、民主、公平、正义的原则逻辑上要求市场法治化。市场经济的根本特点是法治经济，法治化是市场经济有序

① ［英］哈耶克：《通往奴役之路》，王明毅、冯兴元等译，中国社会科学出版社 1997 年版，第 227 页。

运行的必然路径。

法律在实现人的民主自由、公平正义方面的作用，一直以来都是重要议题。亚里士多德认为，法律是正义的体现，是"没有感情的智慧"。法治具有人治所不能做到的"公正性质"，"法律恰恰正是免除一切情欲影响的神祇和理智的体现"[①]。马克思指出，真正的法律是以自由为基础的，是实现人的自由的真正工具，是人的生活的自觉反映。"法律不是压制自由的手段，正如重力定律不是阻碍运动的手段一样"，"恰恰相反，法律是肯定的、明确的、普遍的规范，在这些规范中自由的存在具有普遍的、理论的、不取决于个别人的任性的性质"，"法典就是人民自由的圣经"[②]，"哪里的法律成为真正的法律，即实现了自由，哪里的法律就真正地实现了人的自由"[③]。可以说，人类法律制度的发展史，就是人的社会关系不断改善、人的价值不断提高、人的自由程度不断得到发展的历史，将法律制度作为调整社会关系的手段和工具，是制度建设的最基本的内容。从法律制度的演进轨迹来看，法律制度能否成为实现人的自由的基本手段，关键在于要使自由成为法的基本原则。

在市场经济条件下，市场交换的前提是自由和平等，这种平等、自由不仅体现在经济上，也体现在法律和政治上，"作为在法律的、政治的、社会的关系上发展了的东西，平等和自由不过是另一次方的这种基础而已"[④]。这里讲的"另一次方"，显然是指经济上的平等、自由在政治、法律上的放大与扩展。工业革命以来，日益发达的社会分工和市场体系创造了越来越多的形式，市场主体的分化导致利益主体异质化，人与人之间形成了一种包含权利和义务相一致的契约性人际关系。作为市场经济发展的必要条件，社会制度必须贯彻自由竞争的原则。自由竞争机制强调公平和公正。公平的竞争要求市场主体处于同等地位，需要制度保证市场主体事实上的地位平等，进行

---

① ［古希腊］亚里士多德：《政治学》，吴寿彭译，商务印书馆 1997 年版，第 169 页。
② 《马克思恩格斯全集》第 1 卷，人民出版社 1956 年版，第 71 页。
③ 《马克思恩格斯全集》第 1 卷，人民出版社 1956 年版，第 72 页。
④ 《马克思恩格斯全集》第 46 卷（上），人民出版社 1979 年版，第 197 页。

公平、自由的竞争。以法律形式确定竞争规则和秩序，是公平的制度保证。

市场主体的异质化也必然导致利益的冲突。"每一个社会的经济关系首先是作为利益表现出来"①。市场交换关系在消解传统的血缘、地缘和信仰联系的同时，也将人们之间的社会关系改造为单纯的利益关系，将人统一在一个由资本支配的市场交换体系之中。每个人的利益都具有特殊性。市场交换领域中的特殊性原则使人难以制约自己，它的无限度扩展必然导致人的颓废和衰败。"特殊性本身既然尽量在一切方面满足了它的需要，它的偶然任性和主观偏好，它就在它的这些享受中破坏本身，破坏自己实体性的概念……市民社会在这些对立中以及它们错综复杂的关系中，既提供了荒淫和贫困的景象，也提供了为两者所共同的生理上和伦理上蜕化的景象。"②

市场法治化的实质就是对人的规范和约束。少数人靠觉悟，多数人靠制度。没有制度的严格约束，人与人之间势必为各自经济利益的最大化展开激烈无序的竞争，结果往往是相互伤害，而不是互补互利。只有在一系列制度的约束下，人才能保障他们的行为在自己的利益的驱动下，客观上承担起对社会的责任。所以，作为制度典型形式的法律，其最高原则就是平衡人与人之间的利益。法律是冲突的人类利益合成与融合的产物。正如马克思所说："法律应该以社会为基础。法律应该是社会共同的、由一定物质生产方式所产生的利益和需要的表现，而不是单个个人的恣意横行。"③

通过法律制度约束政府行为，是现代社会制度文明的重要环节。亚里士多德说："法治应包括两重意义：已成立的法律获得普遍的服从，而大家服从的法律又应该本身是制定得良好的法律。"④法律规范着政府权力，只容许政府权力在法律范围内活动和运作，从而保证政府权力服务于社会而不是成为凌驾于社会之上的异己力量。唯物史观认为，政府权力是建立在经济基础之上的上层建筑，它决定于经济基础，同时，又对经济基础具有反作用。政府

---

① 《马克思恩格斯全集》第 3 卷，人民出版社 1960 年版，第 378 页。

② ［德］黑格尔：《法哲学原理》，范扬、张企泰译，商务印书馆 1961 年版，第 67 页。

③ 《马克思恩格斯全集》第 6 卷，人民出版社 1961 年版，第 292 页。

④ ［古希腊］亚里士多德：《政治学》，吴寿彭译，商务印书馆 1997 年版，第 199 页。

权力适应经济基础，就能推动经济社会发展，相反，其也能构成社会发展的桎梏和阻碍力量。对此，恩格斯作过这样的分析："国家权力对于经济发展的反作用可以有三种：它可以沿着同一方向起作用，在这种情况下就会发展得比较快；它可以沿着相反的方向起作用，在这种情况下，像现在每一个大民族的情况那样，它经过一定的时期都要遭到崩溃；或者是它可以阻止经济发展沿着既定的方向走，而给它规定另外的方向——这种情况归根到底还是归结为前两种情况中的一种。但是很明显，在第二和第三种情况下，政治权力会给经济发展带来巨大的损害，并造成人力和物力的大量浪费。"[①] 因此，确保国家权力能够对经济的发展"沿着同一方向"运行，就必然要求对权力的制约，否则，权力就处于一种放任的"自由"状态，反过来就极可能成为公众利益的祸害。

在市场经济条件下，对于政府权力的有效约束，还需要与自组织的社会的有效整合，核心是处理好政府和市场关系。这需要紧紧围绕构建高水平社会主义市场经济体制要求，坚持社会主义市场经济改革方向，加快建设高标准市场体系，进一步健全公平竞争制度，充分激发各类市场主体活力。如果政府与市场在更高水平上得到整合，就能有一个好的市场环境和法治环境，市场机制就能够发挥自身功能，优化配置资源，也发挥充分调动和发挥公众对政府权力的监督作用。一般来说，在市场经济还不足够成熟，市场调节力量还不够强、市场失衡时，政府常常起着"拐杖"作用，如在发生经济出现重大波动、人的生产生活受到严重影响时，政府适时的、有针对性、强有力干预就非常必要；而当市场体系比较完善、市场调节力量较强、市场处于均衡状态时，就应该缓和政府干预的力度，以充分发挥市场配置功能。如果不抛开"拐杖"，甚至用政府干预去替代市场机制的运行，就会致使寻租（rent-seeking）活动加剧，从而带来违背市场经济规律的行为。因此，必须限制政府对经济活动干预，发挥组织监督、群众监督和舆论监督的作用，用制度特别是法律制度进行强力约束。否则，市场经济会落入坏的市场经济的泥坑，

---

① 《马克思恩格斯选集》第 4 卷，人民出版社 1995 年版，第 701 页。

人的基本权益就得不到保障，人就缺乏从事市场活动的积极性和创造性，当然也就谈不上人的发展。

邓小平同志指出："我们过去发生的各种错误，固然与某些领导人的思想、作风有关，但是组织制度、工作制度方面的问题更重要。这些方面的制度好可以使坏人无法任意横行，制度不好可以使好人无法充分做好事，甚至会走向反面。""克服特权现象，要解决思想问题，也要解决制度问题"①。习近平总书记强调："使市场在资源配置中起决定性作用、更好发挥政府作用，既是一个重大理论命题，又是一个重大实践命题。在市场作用和政府作用的问题上，要讲辩证法、两点论，'看不见的手'和'看得见的手'都要用好，努力形成市场作用和政府作用有机统一、相互补充、相互协调、相互促进的格局，推动经济社会持续健康发展。"② 应加快完善社会主义市场经济体制，以完善产权制度和要素市场化配置为重点，实现产权有效激励、要素自由流动、价格反应灵活、竞争公平有序、企业优胜劣汰，这样市场才可能是充分竞争的有效市场。

进入新阶段，必须更加注重发挥法治的作用，在法治轨道上推进国家治理体系和治理能力现代化。一个现代化的国家必然是法治国家。党的十八大以来，党中央作出全面深化改革、全面依法治国的重大决定，旨在通过政府机构优化、职能转变提高政府运行效率，增强政府治理能力，构建系统完备、科学规范、运行高效、依法行政的政府治理体系，着眼于转变政府职能，坚决破除制约使市场在资源配置中起决定性作用、更好发挥政府作用的障碍因素。围绕推动高质量发展主题，着力推进重点领域和关键环节的机构职能优化和调整，进一步深化行政管理体制改革，健全政府职责体系，健全各部门之间的协调配合机制，持续推进"放管服"改革，让政府切实履行好服务职能。在这个过程中，特别突出法治的地位和作用。法治是规则之治，要加快健全法律面前人人平等保障机制，为全面依法治国提供完备的制度保

① 《邓小平文选》第 2 卷，人民出版社 1994 年版，第 332—333 页。
② 《习近平谈治国理政》，外文出版社 2014 年版，第 116 页。

障。要坚持用制度管权、管事、管人，特别要解决权力过分集中和缺乏制约的问题，坚决问责"庸懒散拖"以及"卷帘门""玻璃门""旋转门"等问题，使政府职能向服务型和法治型政府转变。

习近平总书记指出："法治是治国理政的基本方式，要更加注重法治在国家治理和社会管理中的重要作用"，要通过"科学立法、严格执法、公正司法、全民守法"[①]来推进依法治国，并强调制度一经形成，就要严格遵守，坚持制度面前人人平等、执行制度没有例外，坚决维护制度的严肃性和权威性，强调"保证人民依法管理好自己的事务。要推进权力运行公开化、规范化，完善党务公开、政务公开、司法公开和各领域办事公开制度，让人民监督权力，让权力在阳光下运行"[②]。全面依法治国为党和国家事业发展提供长期性制度保障，也让人民群众在法治化进程中感受到公平正义。从根本上说，坚持全面依法治国，就是坚持以人民为中心的法治思想。以人民为中心，意味着社会主义法治精神追求是为了人民、依靠人民、造福人民、保护人民。只有当法律代表人民的意志、为人民所广泛认同和普遍接受时，法治精神才可能得以树立[③]。坚持以人民为中心，就要系统研究谋划和解决法治领域人民群众反映强烈的突出问题，让人民群众在每一项法律制度、每一个执法决定、每一宗司法案件中都感受到公平正义。要懂得"100-1=0"的道理，一个错案的负面影响足以摧毁九十九个公正裁判积累起来的良好形象。要把体现人民利益、反映人民愿望、维护人民权益、增进人民福祉落实到全面依法治国全过程，积极回应人民群众新要求新期待，不断增强人民群众获得感、幸福感、安全感，用法治方式保障人民安居乐业。只有把党和国家工作纳入法治化轨道，使各方面制度更加成熟、更加定型，才能实现国家治理体系和治理能力现代化。

社会主义制度文明力求与社会生产力的发展水平、与经济体制改革的程度相适应。只有加强制度文明建设，我们才可能真正建立起现代法治社会，

---

① 《习近平谈治国理政》，外文出版社 2014 年版，第 138、140 页。

② 《习近平谈治国理政》第 2 卷，外文出版社 2017 年版，第 297—298 页。

③ 参见周叶中：《大力弘扬社会主义法治精神》，《人民日报》2020 年 12 月 22 日。

实现权利与义务的统一，公平分配社会资源；只有加强制度文明建设，社会不同利益群体的利益诉求才能得到有效表达，并建立起协调利益矛盾的现实机制；只有加强制度文明建设，政府的权力结构及其运行机制才能得到有效监督与合理制约；只有加强制度文明建设，市场机制作为通过竞争的方式配置资源的关系整合范畴，其功能才能指向解放个性，也解放个人生机勃勃的创造力。只有这样，我们才能确立起有序的基本规范秩序，社会主义的价值理念才能转化为现实的人的生存状况，才能保护和促进人民群众的包括生存权、平等权、自由权、财产权等方面的权利，使全体社会成员在稳定有序、合乎人性的制度环境中，被塑造成具有现代人格的一代新人，为促进人的自由全面发展提供制度空间。

第五节 人、自然与社会的和谐发展

和谐是人类的理想境界。建设美好社会，实现社会和谐，一直都是人类追求的梦想。从莫尔笔下的"乌托邦"，到康帕内拉描绘的"太阳城"，从摩莱里阐述的《自然法典》，到欧文的"新和谐公社"，都表达了人类对美好社会的探索构想。而这些都只能是虚构和幻想。只是在市民社会兴起后，才为构建和谐社会提供了现实的基础和可能性。这种现实的基础和可能性来自市民社会的内在矛盾，即个体人格的丧失与人的异化。"自我异化的扬弃同自我异化走的是一条道路"[1]。马克思正是在批判市民社会的内在矛盾中，把这一价值理想包含在对共产主义的说明里，使之成为科学的价值理念。因而，共产主义既是一种制度，也是一种价值理念，是消除了阶级对立和脑体差别，在保证社会劳动力高度发展的同时又保证每个人自由全面发展的社会，使人的自由全面发展与社会发展的和谐一致，使人和自然之间、人和人之间的矛盾得到真正解决。

---

[1] 《马克思恩格斯全集》第42卷，人民出版社1979年版，第117页。

社会主义制度文明建设是促进社会全面协调发展的机制保证。社会是按特定的方式组织起来的关系结构，表现为一定的秩序的有机体系。社会协调在本质上表现为结构性的有序。离开制度文明建设，社会就会处于杂乱无章的无序状态，就不可能平稳运行，就谈不上社会的和谐有序。唯物史观在强调生产力对社会发展起决定性作用的同时，特别指出政治制度、文化制度对于社会发展的重要作用。恩格斯指出："根据唯物史观，历史过程中的决定性因素归根到底是现实生活的生产和再生产。无论马克思或我都从来没有肯定过比这更多的东西。如果有人在这里加以歪曲，说经济因素是唯一决定性的因素，那么他就是把这个命题变成毫无内容的、抽象的、荒诞无稽的空话。"① 强调"政治、法、哲学、宗教、文学、艺术等等的发展是以经济发展为基础的。但是，它们又都互相作用并对经济基础发生作用。并非只有经济状况才是原因，才是积极的，其余一切都不过是消极的结果"②。因此，我们必须坚持发展的历史辩证法，通过制度文明建设处理好社会发展中的各方面关系，在发展社会生产力、建设社会主义物质文明的基础上，切实在制度层面促进人的全面发展。

一、坚持人与自然和谐共生

"自然"的本来含义，是指独立于人、外在于人的那部分世界。中国古人称为"天"并与"人"相对，西方人称"自然界"，它是与"人类社会"相对的"天然的自然"。亚里士多德把"自然"指认为"本性"，认为"'本性'的基本含义与其严格解释是具有这类动变渊源的事物所固有的'怎是'；物质只被称为本性（自然）者就因为动变凭之得以进行；生长过程之被称为本性，就因为动变正由此发展。在这意义上，或则潜存于物内或则实现于物中，本性就是自然万物动变的渊源"③。在这里，"自然"概念是与"人为"

---

① 《马克思恩格斯选集》第4卷，人民出版社1995年版，第695—696页。
② 《马克思恩格斯选集》第4卷，人民出版社1995年版，第732页。
③ [古希腊] 亚里士多德：《形而上学》，吴寿彭译，商务印书馆1983年版，第91页。

领域相区分的。也就是说，自然被理解为根本的、主要的、永恒的实体，是外在于人类生活的，人的活动对自然的作用并不明显。

　　然而，人类的历史也是超越自然的历史。人类来自自然并不意味着人只是自然界的一部分，而且是超越自然的那一部分，这种超越意识体现着人的本性与特质。人的超越自然的意识与生俱来，比如古代埃及狮身人面像和中国上古的人首蛇身图腾，都反映了人类祖先超越自然的强烈意向。古代的神话传说表现了人类借助想象支配自然的能力，宗教中的上帝则表明人类还需要进一步借助信仰支配自己的社会生活。随着人类支配自然能力的不断提高，人的需要也在不断发展，这反过来又促使人的劳动方式、生产方式发生变化。就是说，人类从诞生于自然的那一刻起，就已经不"安分守己"，而是力求在更大的空间范围和更长的时间维度上获得自主和自由。

　　近代以来，在高扬的理性主义旗帜下，人与自然的关系被抽象的主体和客体的关系取代。人开始发现自己是一个不同于自然的存在，是自然界的主人，而自然被看作是满足人类欲望的物质材料，完全是为人而存在的，"为自然立法"成为人的基本信念。工业文明时代的人类中心主义否定和取代了农业文明时代的自然中心主义。在这种哲学看来，自然不可脱离人而独立存在，而只能依赖于人，人的发展过程一直被看成是人对自然的征服过程，自然越是被人利用，表明人的发展程度越高。理性主义发展观的价值观假设，导致人的自我意识的极度膨胀，使人类在更为深广的领域对自然进行征服性活动并控制自然。启蒙所建构的主体性，本应通过现代化得到完善并充分发挥出来，但在强大的物化社会中，人发生异化、成为物化的人。"需要和才能使人能够不断地发现各种控制和利用自然的方法……他用自然作手段来战胜自然；他的聪敏的理智使他能够以自然对象对抗威胁他的自然力量并使之失效，以此来保护和保存自己。"[①] 因此，近代人类从对神的力量的崇拜中解放出来，转而崇尚人的力量，强调人对自然界的支配，而自然界不过是人的

---

① ［加拿大］威廉·莱斯：《自然的控制》，岳长岭译，重庆出版社 1993 年版，第 262—263 页。

对象，不过是有用物，所以培根说："人作为自然的仆役和解释者，他所能做、所能懂的只是如他在事实中或思想中对自然进程所已观察到的那样多，也仅仅那样多：在此以外，他是既无所知，亦不能有所作为。人类知识和人类权利归于一；因为凡不知原因时即不能产生结果。要支配自然就须服从自然；而凡在思辨中为原因者在动作中则为法则。"①

正是在理性主义的牵引下，人与自然的关系发生了根本变化。在人从自然力量统治下解放出来的同时，人对自然界施加了违背自然本性的统治；在人从自然界获得巨大利益的同时，人又破坏了自身生活的自然环境。人类依靠先进科学技术武装起来的强大生产力，无限制地向自然进攻，一方面掠夺式地开发自然资源，拼命地向自然索取，"资产阶级社会与众不同的是，它满足的不是需要而是欲求，欲求超过了生理本能，进入心理层次，因而是无限的需求"②。另一方面，不断向环境排放废弃物，超出了自然的净化能力。"在先进的、富裕的和政治上民主的社会里，物质享受上的纵欲无度越来越主宰和界定着个人生存的内容和目标"③。工业革命改变了地表形态、加速了文明进程，但工业发展也排放出大量温室气体，导致全球气候变暖。英国泰晤士河 1814 年以后完全没有冰冻期，欧洲阿尔卑斯山的冰川自 1850 年后已消失一半。与追求无限增长的现代生产模式相适应的，是追求无限的现代消费模式，享受人生、尽情消费俨然成为人生目标和时尚，消费主义成为现代人们信奉的准则。"如果在世界人口、工业化、污染、粮食生产和资源消耗方面，按现在的趋势继续下去，这个行星上的增长的极限有朝一日将在今后一百年发生。最可能的结果将是人口和工业生产力双方有相当突然和不可控制的衰退。"④一系列数字也在警示着环境问题的严峻性：按目前的速度，全

---

① [英] 培根：《新工具》，许宝骙译，商务印书馆 1982 年版，第 7 页。
② [美] 丹尼尔·贝尔：《资本主义文化矛盾》，赵一凡译，上海三联书店 1989 年版，第 68 页。
③ [美] 布热津斯基：《大失控与大混乱》，潘嘉玢译，中国社会科学出版社 1994 年版，第 75 页。
④ [美] 丹尼斯·米都斯等：《增长的极限》，李宝恒译，吉林人民出版社 1997 年版，第 17 页。

球平均气温将在 2040 年左右甚至更早上升 1.5 摄氏度；自然界 780 万个物种中，约有 100 万个正面临灭绝；拉丁美洲、非洲和亚洲约有 1/3 的河流受到严重污染……全球自然灾害频发、新冠肺炎疫情全球蔓延，更警示我们深刻反思人与自然的关系。① 人类决不能无视这些严峻状况，否则就没有未来。

地球是人类赖以生存的唯一家园，支撑着人类的工作、生活、健康。人类一路走来，人的世界观不断变化，比如中国传统的"天人合一"、西方近代"主客二分"思维方式等，由这些世界观决定的方法论既有一定的优点也存明显的不足，需要我们进行再认识、再思考，需要我们重新审视"人类中心主义"无法逾越的神话。同时，更需要对人的行为方式作认真检讨，并据以提出更具洞察力和启发性的价值理念以及可操作的实践观念。正如生态学马克思主义者威廉·莱斯提出，人类面临的最迫切挑战不是征服外部自然，而是控制人的欲望的非理性和破坏性，基本途径是发展能够负责任地使用科学技术手段提高我们的生活水平的能力，以及培养和保护这种能力的生活制度。②

马克思、恩格斯早就指出要检讨人类理性，强调要以人的态度对待自然。面对突飞猛进的工业文明，马克思忠告："文明如果是自发地发展，而不是自觉地发展，则留给自己的是荒漠。"③ 恩格斯也说："我们不要过分陶醉于我们人类对于自然的胜利。对于每一次这样的胜利，自然界都对我们进行报复。每一次的胜利，起初确实取得了我们预期的结果，但是往后和再往后却发生完全不同的、出乎意料的影响，常常把最初的结果又消除了。"④ 毫无疑问，自然是人得以生存和发展的内在要素，而绝不是外在于人的生存与发展的。"过于富饶的自然'使人离不开自然的手，就像小孩子离不开引带一样'。它不能使人自身的发展成为一种自然的必然性。"⑤ 而作为人的生存

① 参见邹翔：《呵护好我们的地球家园》，《人民日报》2021 年 4 月 22 日。
② 参见［加］威廉·莱斯：《自然的控制》，岳长龄译，重庆出版社 1993 年版，第 25 页。
③ 《马克思恩格斯选集》第 1 卷，人民出版社 1995 年版，第 256 页。
④ 《马克思恩格斯选集》第 4 卷，人民出版社 1995 年版，第 383 页。
⑤ 《马克思恩格斯全集》第 42 卷，人民出版社 1979 年版，第 167 页。

和发展条件，自然环境直接地约束着人的活动。"人作为自然的、肉体的、感性的、对现行的存在物，和动植物一样，使受动的、受制约的存在物。"① 因而，人的活动必须符合和满足自然生命物的基本要求。"自然环境不仅是人的活动的条件，同时还是被人能动改造、被人所加工的客体。但是，它绝不仅是受动的客体，是其内部存在着相互作用、相互影响运动的，并通过这一运动作用于人，给人以影响的自立的客观世界。"② 这实质上是说，人本身就是自然进化的产物，而且作为生物性进化已经定型的人类也必须依赖于自然环境才能获得长久的生存。

人作为来自自然又超越自然的存在，其存在方式确是在于否定自然。然而，自然对于人的生存和发展的价值和意义正是通过人的实践活动而呈现出来的，自然客体是以人的生存与发展为前提的客观世界，这既是一种意向性的客体，也是具体实践活动中的客体，人类正是通过这一客体确定自身生存方式。正如梅洛·庞蒂所说："自然不单是客体，也不单是意识与知识的交谈中所形成的附属物。它是我们产生于其中的客体，在这客体中，我们的起源逐渐被确定，一直发展到将起源系于一种实存。但即使这样，客体也依然是实存的基础和源泉。"③ 人的本性并不仅仅只是否定性与占有性，自然也不仅仅是"外在的事物集合"，而内在于人的生存与发展之中。人本身是作为自然的一部分而存在的，自然本身也是不断人化着的存在。"人不仅仅是自然存在物，而且是人的自然存在物，就是说，是自为地存在着的存在物，因而是类存在物。他必须既在自己的存在中也在自己的知识中确证并表现自身。因此，正像人的对象不是直接呈现出来的自然对象一样，直接地存在着的、客观地存在着的人的感觉，也不是人的感性、人的对象性。自然界，无论是客观的还是主观的，都不是直接同人的存在物相适合地存在着。"④ 在这

---

① 《马克思恩格斯全集》第 29 卷，人民出版社 1971 年版，第 519 页。

② [日] 岩佐茂：《环境的思想》，韩立新等译，中央编译出版社 1997 年版，第 82 页。

③ 转引自[美]弗莱德·R.多尔迈：《主体性的黄昏》，万俊人译，上海人民出版社 1992 年版，第 237 页。

④ 《马克思恩格斯文集》第 1 卷，人民出版社 2009 年版，第 211 页。

里，自然的人化与人的自然化是有机统一的。

作为"自然存在物"和"社会存在物"的人与自然之间必然要保持统一与和谐。人是自然的一部分，是能动的作用者；同时自然是人活动的环境，是人的本质的对象。人的实践活动不能离开自然，而只能是越来越贴近自然。只有在自然中，人才能充分展示自身的自由本性。后来，在《资本论》第一卷中，马克思开宗明义地指出，劳动首先是人和自然都参加的一种过程。人在劳动中既对自然物进行加工改造，同时也在改造自己。劳动所调节和控制的是人和自然之间的物质变换，就是说，人用自己的肉体方面的各种力量，例如肩、脚、头和手，去创造和占有自然的物质财富，从而满足自身的生活需要，也提高了自己支配自然的能力。自然提供了人的劳动对象和劳动手段，发挥了人的本质力量，人在自然面前也打上了自己的印记。

所以，人改造自然、利用自然，并不是要制造人与自然的对立，而是要体现出人与自然的和谐统一。人与自然的和谐，不是通过人"统治"自然的观念，而是通过人与自然的关系的控制来维持的。马克思在论及自然界时曾说："在实践上，人的普遍性正是表现为这样的普遍性，它把整个自然界——首先作为人的直接的生活资料，其次作为人的生命活动的对象（材料）和工具——变成人的无机的身体。"[1]"自由不在于幻想中摆脱自然规律而独立，而在于认识这些规律，从而有计划地使自然规律为一定的目的服务。无论对外部自然的规律，或对支配人本身肉体存在和精神存在的规律来说，都是一样。"[2]自然是人和人类社会生存、发展的物质基础。人的实践就是根据人的一定目的的实现由自在自然向人化自然的转变，实现自然和社会的统一。正是在这个意义上，马克思把社会的历史理解为"自然的历史"，又把自然的历史理解为"历史的自然"，这不仅因为自然有其自己的进化过程，而且因为这样的自然展示了人类的历史，体现了人的本质和实现了的价值。

---

① 《马克思恩格斯文集》第 1 卷，人民出版社 2009 年版，第 161 页。
② 《马克思恩格斯选集》第 3 卷，人民出版社 1995 年版，第 455 页。

马克思没有提出"生态文明"概念，但在论述人的存在、人的本质、人的异化等问题时，都把自然中介作为动态要素，肯定唯物主义人化自然、人与自然物质互换的自然观，批判资本主义对自然的"断裂式"掠夺。这是马克思人与自然和谐统一的辩证自然观。我们要汲取资本主义发展方式、消费方式的深刻教训，认识到自然对人的活动的约束作用，没有自然，就没有人类，也没有人类这个中心。同时，我们也要充分汲取中国优秀传统文化中人与自然和谐统一的思想养料。中华文明孕育了丰富的生态理念，历来崇尚天人合一，重视人与自然和谐共生。比如，《老子》上说："人法地，地法天，天法道，道法自然。"《孟子》有言："不违农时，谷不可胜食也；数罟不入洿池，鱼鳖不可胜食也；斧斤以时入山林，材木不可胜用也。"《荀子》写道："草木荣华滋硕之时，则斧斤不入山林，不夭其生，不绝其长也。"这些思想蕴含着按照自然规律活动的生存哲理，具有极强的现实意义。人与自然和谐统一是社会发展的前提和保证，没有好的生态环境，就得不到实质上的发展，表面上发展得再快也只能是暂时的，取得的成果也会因自然界的"报复"而最终消失的。

现实地看，我国的自然资源和环境现状不容乐观，生态环保问题还是我国发展不平衡不充分的主要方面。从生态环境状况看，种种原因使中国的环境承受力在有的地区、有些方面达到甚至超过了极限，人与自然之间的矛盾相对突出，生态环境成为经济社会发展的明显短板，雾霾、沙尘暴等环境污染和灾害对人民群众的生产生活造成严重影响，公众对环境质量的不满意和对政府加大环保力度的呼声越来越高。《中国生态环境状况公报》（2018）显示，近年来中国生态环境质量加快改善，但整体形势严峻。大气污染防治初见成效，但与中国发展的现实要求差距甚远。劣质水（IV 到 V 类水体）得到改善的同时，最优质水（I 类水体）的比例却也有所下降。土壤污染形势严峻，耕地土壤环境质量不容乐观。环境风险易发高发态势明显，突发环境事件仍然频繁发生。山水林田湖草沙缺乏统筹保护，人工生态系统发展较快，自然生态系统有所下降，生态空间遭受过度挤占。环境污染物的排放总量这几年正处于历史高位，复合型污染的特征明显等。可以说，我国生态文明建设仍然面临诸多矛盾和挑战，生态环境保护结构性、根源性、趋势性压力总体上尚未根本缓解，生态环境保护依然任重道远。面对新时期经济社会发展和生态环境问题的挑战，我们一定要算大账、算长远账、算整体账、算综合账，做好促进发展和环境治理两篇文章。

拥有天蓝、地绿、水净的美好家园，是每个中国人的梦想。人不负绿水青山，绿水青山定不负人。党的十八大以来，习近平总书记站在历史和全局高度提出绿水青山就是金山银山理念，阐述一系列标志性、创新性、战略性思想观点，深刻回答了为什么建设生态文明、建设什么样的生态文明、怎样建设生态文明等一系列重大理论和实践问题，形成了习近平生态文明思想。在新时代，党中央高度重视社会主义生态文明建设，强调生态环境应该而且必须成为发展的题中应有之义，要求"像保护眼睛一样保护生态环境，像对待生命一样对待生态环境，坚决摒弃损害甚至破坏生态环境的发展模式，坚决摒弃以牺牲生态环境换取一时一地经济增长的做法，让良好生态环境成为人民生活的增长点、成为经济社会持续健康发展的支撑点、成为展现我国良好形象的发力点，让中华大地天更蓝、山更绿、水更清、环境更优美"[①]。将山水林田湖草沙与人一样，看作是生命共同体中不可或缺的元素，全面提升生物多样性保护水平。坚持把生态文明建设作为统筹推进"五位一体"总体布局和协调推进"四个全面"战略布局的重要内容，将生态文明正式写入国家根本法，实现了党的主张、国家意志、人民意愿的高度统一，融入经济建设、政治建设、文化建设、社会建设各方面和全过程，推动生态文明建设在重点突破中实现整体推进。

放眼全国，生态文明建设正发生历史性、转折性、全局性的变化，人与自然和谐共生的美丽图景正在绘就。相关资料显示，2013 年至 2018 年，全国完成造林 0.4 亿公顷，森林面积达 2.15 亿公顷；国家储备林制度初步建立，建设和划定国家储备林 700 万公顷；草原生态环境持续恶化势头得到遏制，综合植被盖度超过 55.7%；启动沙化土地封禁保护区等试点，荒漠化、沙化

---

① 《习近平谈治国理政》第 2 卷，外文出版社 2017 年版，第 395 页。

土地面积持续缩减。美国航天局的卫星数据显示，全球从 2000 年到 2017 年新增的绿化面积中，约四分之一来自中国，贡献比例居全球首位。在全球森林资源持续减少的背景下，中国森林面积和蓄积量持续双增长，成为全球森林资源增长最多的国家。① 联合国环境规划署执行主任英厄·安诺生表示，中国在环境修复上付出了巨大努力，各国应与中国加强学习交流，坚持绿色、可持续发展道路。最早提出"绿色 GDP"概念的学者之一、美国国家人文科学院院士小约翰·柯布认为，"中国给全球生态文明建设带来了希望之光"。

持续推进生态文明建设，重点在于深入贯彻习近平生态文明思想，持续推进制度建设。习近平总书记指出，必须"加快生态文明体制改革，建设美丽中国"。"我们要建设的现代化是人与自然和谐共生的现代化，既要创造更多物质财富和精神财富以满足人民日益增长的美好生活需要，也要提供更多优质生态产品以满足人民日益增长的优美生态环境需要。必须坚持节约优先、保护优先、自然恢复为主的方针，形成节约资源和保护环境的空间格局、产业结构、生产方式、生活方式，还自然以宁静、和谐、美丽。"②"要深化生态文明体制改革，尽快把生态文明制度的'四梁八柱'建立起来，把生态文明建设纳入制度化、法治化轨道。"③ 聚焦人民群众对优美生态环境、优良生态产品、优质生态服务的新向往新期待，用最严格制度最严密法治保护生态环境，以制度建设为取向，努力构建以政府为主导、企业为主体、社会组织和公众共同参与的环境治理体系，建立健全生态产品价值实现机制，探索完善生态系统生产总值（GEP）核算应用体系，建立市场化多元化生态补偿机制，完善以法治为核心的生态环境管理制度，加强生态环境立法和督察执法，广泛形成绿色生产生活方式，持续推进全国碳市场制度体系建设，持续推进生态文明制度建设，实现碳达峰、碳中和目标。习近平总书记强调："实现碳达峰、碳中和是我国向世界作出的庄严承诺，也是一场广泛

① 新华社通讯：《建设美丽中国共筑绿色家园》，新华网 2019 年 4 月 27 日。
② 《习近平谈治国理政》第 3 卷，外文出版社 2020 年版，第 39—40 页。
③ 《习近平谈治国理政》第 2 卷，外文出版社 2017 年版，第 393 页。

而深刻的经济社会变革，绝不是轻轻松松就能实现的。……各级党委和政府要拿出抓铁有痕、踏石留印的劲头，明确时间表、路线图、施工图，推动经济社会发展建立在资源高效利用和绿色低碳发展的基础之上。"① 实现更高质量、更有效率、更加公平、更可持续、更为安全的发展，实现生态环境领域国家治理体系和治理能力现代化。

　　进一步说，人与自然和谐共生的价值目标，在于促进人的全面发展。在马克思认为，要解决人与自然的矛盾，只有消除异化产生的根源，也就是改造不合理的社会制度，变革生产关系，才可能使自然真正复活。马克思洞察到资本主义制度及其生产的盲目性对人与自然之间物质交换的破坏："它一方面聚集着社会的历史动力，另一方面又破坏着人和土地之间的物质交换……这样，它同时就破坏城市工人的身体健康和农村工人的精神生活。"② 马克思认为，在资本主义条件下，自然界作为资本为一部分人占有，并与大多数的劳动者相对立，它体现的是人的本质的异化。"只有在资本主义制度下自然界才不过是人的对象，不过是有用物。"③ 而扬弃私有制后，自然界与人的关系将发生根本变化："自然界的人的本质只有对社会的人说来才是存在的；因为只有在社会中，自然界对人来说才是人与人联系的纽带，才是他为别人的存在和别人为他的存在，只有在社会中，自然界才是人自己的合乎人性的存在的基础，才是人的现实的生活要素。只有在社会中，人的自然的存在对他来说才是人的合乎人性的存在，并且自然界对他来说才成为人。因此，社会是人同自然界的完成了的本质的统一，是自然界的真正复活，是人的实现了的自然主义和自然界的实现了的人道主义。"④ 就是说，只有废除资本主义私有制，人才能真正不是把自然界作为单纯的谋生手段，而是通过改造自然的对象性活动来发展自己全面的才能。

---

① 习近平：《论把握新发展阶段、贯彻新发展理念、构建新发展格局》，中央文献出版社2021年版，第540页。

② 《马克思恩格斯全集》第23卷，人民出版社1972年版，第552页。

③ 《马克思恩格斯全集》第46卷（上），人民出版社1979年版，第393页。

④ 《马克思恩格斯文集》第1卷，人民出版社2009年版，第187页。

而只有到了共产主义社会，自然主义和人道主义才能真正统一起来，人与人之间、人与自然之间的矛盾才能真正得到解决。因为，到了那个时候，"社会化的人，联合起来的劳动者，将合理地调节他们与自然之间的物质交换，把它置于他们的共同控制之下，而不让它作为盲目的力量来统治自己；靠消耗最小的力量，在最无愧于和最适合于他们的人类本性的条件下进行这种物质交换"①。"代替那存在着阶级和阶级对立的资产阶级旧社会的，将是这样一个联合体，在那里，每个人的自由发展是一切人自由发展的条件。"②即是说，在共产主义条件下，人们不仅会调节人际关系，而且合理地调节人和自然的关系，使社会发展同自然生态系统能够协调进行，那时的劳动在彻底摆脱了异化状态后，以"最无愧于"和"最适合于"人类本性为尺度，成为自由和自觉的活动，人将成为全面发展的人。

二、加强制度建设，促进社会与人的全面发展

在资本主义条件下，现代化造成了强大的物化社会。由于人过度追求物质性自由的满足，使人与人的关系建立在物质联系基础上，人附属于物而成为物的奴隶，如同西美尔所说的那样，货币经济在资本主义典型地表现为"物质主义"，人的内部世界与外部世界一同外化为物质世界，使得"人没有内心世界"，人的内心世界就是那冷冰冰的物质景观，城市成了"匿名大众的场所"③，以致因为人际关系的变形，人失去了正当的人际交往，人也失去了赖以生存的精神家园和精神支柱。这种畸形发展的"病症"在西方社会日益加重，正在扩散蔓延而为"西方之乱"。如果不进行制度的根本性变革，人就会失去自己，人在现代社会中的主体地位日益被庞大的机器组织和茂密的技术层级所取代或包围，成为被物所左右和支配的物化的人，人的自由只能是虚构和幻影，人也就没有未来。

---

① 《马克思恩格斯全集》第25卷，人民出版社1974年版，第926—927页。
② 《马克思恩格斯选集》第1卷，人民出版社1995年版，第294页。
③ 参见陈志尚：《人学新论》，人民出版社2015年版，第257—258页。

马克思认为，社会不是一个偶然产生和机械组合的个人集合体，而是由人们按照一定的关系结合起来的共同体，是多因素相互作用的结果。在这里，马克思突出强调物质生活资料的生产是一定社会关系形成的基础，"人们在生产中不仅仅同自然界发生关系。他们如果不以一定的方式结合起来共同活动和互相交换其活动，便不能进行生产，为了进行生产，人们便发生一定的联系和关系；只有在这些社会联系和社会关系的范围内，才会有他们对自然界的关系，才会有生产"①。因此，人们都是在一定的社会关系中从事物质生产和精神生产的，即以一定的方式进行生产活动的个人。

正是从生产力对社会发展的决定作用出发，马克思把社会看成是一个有机整体，强调社会发展的全面性和整体性。在社会结构体系中，经济结构是社会的基础，政治结构是社会的控制和调节系统，思想观念结构是社会的精神和文化系统，这些系统中的要素处于相互关联的状态，是结构性和系统性的有机统一。马克思的社会有机体理论，是在批判蒲鲁东和其他资产阶级经济学家中逐渐确立起来的。在《哲学的贫困》中他指出："谁用政治经济学的范畴构筑某种思想体系的大厦，谁就是把社会体系的各个环节割裂开来，就是把社会的各个环节变成同等数量的依次出现的单个社会。其实，单凭运动、顺序和时间的唯一逻辑公式怎能向我们说明一切关系在其中同时存在而又互相依存的社会机体呢？"② 在为《资本论》第一版写的《序言》中又指出："现在的社会不是坚实的结晶体，而是一个能够变化并且经常处于变化过程中的有机体。"③ 在强调生产力对社会发展起决定性作用的同时，也特别强调政治制度、文化制度对于社会发展的重要作用。

社会有机体就是指由人和全部社会生活条件、要素构成并相互依存和相互作用，具有内在联系而且不断运动、变化和发展着的有机整体。就是说，社会是由经济、政治、文化等要素构成的，社会的进步是经济、政治、文化协调发展的结果。没有政治制度发展、文化发展和社会发展的不断推进，单

---

① 《马克思恩格斯全集》第 6 卷，人民出版社 1961 年版，第 486 页。
② 《马克思恩格斯选集》第 1 卷，人民出版社 1995 年版，第 143 页。
③ 《马克思恩格斯选集》第 2 卷，人民出版社 1995 年版，第 102 页。

纯追求经济发展，不仅经济发展难以持续，而且经济最终也难以搞上去。邓小平同志指出："社会主义基本制度确立以后，还要从根本上改变束缚生产力发展的经济体制，建立起充满生机和活力的社会主义经济体制，促进生产力的发展，这是改革，所以改革也是解放生产力。"① 社会主义改革的基本特征是对生产方式运行过程中具体环节、层面，进行调整、充实、转换和完善，使现存的生产关系更好地适应现实的生产力发展，而且"只搞经济体制改革，不搞政治体制改革，经济体制改革也搞不通，因为首先遇到人的障碍。……从这个角度来讲，我们所有的改革最终能不能成功，还是决定于政治体制的改革。"② 如果只是聚力于某一方面，就会无视社会系统的整体性和构成社会系统各个要素的内在联系，就会畸轻畸重，左支右绌，顾此失彼，导致只见树木、不见森林的片面性。

中国社会发展的客观现实更是要求注重整体性和全面性，因为中国要实现的现代化，是人口规模巨大的现代化，是全体人民共同富裕的现代化，是物质文明和精神文明相协调的现代化，是人与自然和谐共生的现代化。习近平总书记指出："注重系统性、整体性、协同性是全面深化改革的内在要求，也是推进改革的重要方法。"③ 党的十八届历次全会和党的十九大以来部署的改革任务按规划进度顺利推进，改革全面发力、多点突破、蹄疾步稳、纵深推进，很多领域实现历史性变革、系统性重塑、整体性重构。坚持社会发展的全面性，既包括人民物质生活的改善，也包括民主政治的发展和人民精神生活的充实，还包括人与环境的协调，是经济、政治、文化、环境等方面的协调发展，体现了在坚持发展的前提下，把社会发展与促进人的全面发展内在地统一起来，社会主义民主得到充分发扬，依法治国基本方略得到切实落实；社会各方面的利益关系得到妥善协调，人民内部矛盾和其他社会矛盾得到正确处理；全社会互帮互助、全体人民平等友爱；社会组织机制健全，社会管理完善，社会秩序良好，人民群众安居乐业，社会保持安定团

---

① 《邓小平文选》第 3 卷，人民出版社 1993 年版，第 370 页。
② 《邓小平文选》第 3 卷，人民出版社 1993 年版，第 164 页。
③ 《习近平谈治国理政》第 2 卷，外文出版社 2017 年版，第 109 页。

结；生产发展，生活富裕，生态良好，人与自然和谐相处。习近平总书记指出："全面深化改革需要加强顶层设计的整体谋划，加强各项改革的关联性、系统性、可行性研究。我们讲胆子要大、步子要稳，其中步子要稳就是要统筹考虑、全面论证、科学决策。经济、政治、文化、社会、生态文明各领域改革和党的建设改革紧密联系、相互交融，任何一个领域的改革都会牵动其他领域，同时也需要其他领域改革密切配合。"① 这些基本方面相互联系，相互作用，构成了中国社会发展的总体轮廓和中国实现现代化的基本方略。

习近平总书记指出："文明是现代化国家的显著标志。"② 现代文明的要素和形态，是在现代化发展过程中不断生成和发展的。作为社会生产的积极成果积淀而成的社会文明也表现为多样性的文明系统，即表现为物质文明、政治文明、精神文明、社会文明、生态文明等有机构成的整体文明系统。这是人类文明的新形态。这一整体文明系统中的各个组成部分是相互影响、互为条件的，只有从文明系统各个要素的相互作用、不可分割去作整体把握，才能获得对社会全面正确的认识，才能真正促进社会又好又快地发展。这是指社会的有机性与整体性、发展的全面性与协调性。因此，真正意义的发展不仅是表现在经济领域，而是要关联到政治、文化、社会、生态等各个领域的发展，不仅是社会结构要素的和谐相融，也是从城市到乡村、从东部到西部、从国内发展到对外开放空间意义上的和谐发展，而且还是统筹今天与未来在时间上的持续和谐发展。

在整个文明系统中，政治文明建设既是基础性要素，也是枢纽性环节，离开政治文明建设，文明系统内部各要素的功能就难以发挥，彼此之间的内在关联就不能实现有机化。所以，政治文明的状态关涉整个文明系统的状态，而政治文明的基本要义是制度文明，同样地，离开高度发达制度文明，如果整个社会的运作机制缺失或者失效，整个文明系统就会陷入混乱乃至崩塌。制度是社会化的人的结合方式，是稳定、规范的社会关系。既然制

---

① 《习近平谈治国理政》，外文出版社 2014 年版，第 88 页。
② 习近平：《在教育文化卫生体育领域专家代表座谈会上的讲话》，人民出版社 2020 年版，第 6 页。

度从人的活动和社会关系中产生，也必然成为人的存在方式，从而对人的活动和整个社会的运行起范导作用。可以说，制度建设是社会发展的保证，社会发展离不开健全完善的制度体系对人的社会关系的约束、调节和规范。作为人的社会关系和行为方式规范体系的进步状态，制度文明不仅为物质文明建设提供正确的政治方向和安定团结的政治环境，而且为精神文明建设提供必要的前提条件和正确的政治方向，还为生态文明建设提供有效的约束和控制机制。因此，社会主义制度文明建设是人与自然、人与社会和谐发展的关键环节。制度文明建设是社会发展的基础和条件。必须通过制度创新和体制创新，通过加强制度文明建设，用好的制度来革除不好的制度，用好的制度环境来取代不好的制度环境，为社会发展提供科学、规范的制度保障，促进经济更加发展，科技更加进步，文化更加繁荣，环境更加优美，社会更加和谐，人民生活更加殷实。

"人永远是这一切社会组织的本质"①。人作为社会的存在物，人是社会的人与社会是人的社会的内在统一。一方面，人是社会的主体，每个人都生活在社会关系之中，人的全部活动或是享受，无论就其内容或就其存在方式来说，都是社会的活动和社会的享受。因此，人的存在就是社会的活动，无论是个人还是群体，人只有在社会中才能生存和发展。马克思认为，社会性质是整个运动的一般性质，正像社会本身生产作为人的人一样，人也生产社会。这就是说，人是社会成员，离开了社会，人就失去了自己的本质，人就不成其为人，社会规定着人的本质。另一方面，社会是人的存在方式，社会是由人组成的共同体，是以人的存在为前提与标志的。马克思认为，社会——不管其形式如何——是什么呢？是人们交互作用的产物。在生产、交换和消费发展到一定阶段上就会有相应的家庭、阶级或阶级组织，一句话，就会有相应的市民社会。在这里，马克思揭示了社会发展与人的发展本质的内在联系。社会是人存在与发展的形态，人是一定社会结构整合的社会存在物，离开了人，社会就失去了自己的本质与发展的目标，社会也就不成其为

---

① 《马克思恩格斯全集》第 1 卷，人民出版社 1956 年版，第 293 页。

社会，人的发展规定着社会的发展。

社会发展的价值目标在于促进人的全面发展。社会主义制度文明作为人类文明的新形态，强调以人民为中心，而不是以少数人为代表的资本力量为中心。传统现代文明发展过程，是以资本为中心和以工业化为手段的。这是两种文明形态的本质区别。中国通过坚持和发展中国特色社会主义，在走中国式现代化道路过程中，确立并发展了面向未来的人类现代文明的中国形态。在新的文明形态引领下，中国式现代化是社会主义现代化，强调物质文明和精神文明协调发展、物质力量和精神力量全面增强、人民群众物质生活和精神生活同步改善。无论是社会的经济发展、政治发展，还是文化发展，最终都是为了满足人的需要，促进人的全面发展。没有社会经济、制度和文化的发展，人的各方面需要的满足就缺乏应有的物质条件、制度条件和精神文化条件，也就从根本上失去了人的全面发展的可能性。与此同时，离开人的全面发展谈论经济和发展，社会就可能异化为人的全面发展的障碍，成为一部分人压迫另一部分人的工具，离开人的全面发展，经济就不但不能为人服务，反而成为压迫和奴役人的条件；离开人的全面发展，政治制度就会成为剥夺人的权利、制造和保护社会不平等的力量，成为不合理的社会现象的辩护体系，制度会蜕变为奴役人的工具，不是依法治国、依法行政，而是以法治人。因此，在社会主义市场经济条件下，要进一步加强制度建设，以促进人的全面发展为价值目标，把制度文明建设放在促进人与社会和谐发展的显著地位，彰显制度的人民性。

社会发展的全面性体现在人身上，就是全体人、绝大多数人都平等而全面地分配各种权利和义务，使每一个社会成员在政治思想、物质生活等方面都享有平等的自由和利益，使人们享有平等的机会。公平、平等是人们将现存经济关系与一定主体的需要、利益相联系产生的价值评价，是制度文明的重要体现。社会公平和平等的关键在于社会制度或体制的公正合理。公正合理的社会制度或体制既要有利于实行人的政治上、经济上的平等，又要能够促进生产效率的提高。我国现在正处于社会主义初级阶段，人民美好生活需要与发展不平衡不充分之间的矛盾突出，同时，随着经济体制所面临的深刻变革，社会结构利益格局正在发生深刻的变化，各种利益关系的冲突和社会矛盾也日益突出，在利益分化和重组的矛盾叠加期，通过深化改革来体现制度的公平性。

围绕着人的现代化，制度文明要求在政治领域给予社会各阶层、群体以平等的政治地位；在经济领域，保障不同经济主体在社会经济生活中机会均等、公平竞争，肯定并鼓励多元经济主体的多样化经营，赋予并尊重其劳动权利，承认并依法保护其合法收益与劳动所得；在思想文化领域，支持并维护公民思想、言论等方面的自由，营造良好的舆论氛围和文化环境，培育和践行社会主义核心价值观，使广大人民在理想信念、价值取向、道德规范方面寻求最大公约数，画出最大同心圆，产生强大的思想共鸣，促进社会和谐发展。从根本上说，制度文明建设和促进人的全面自由发展是内在统一的。没有制度文明建设，人的合法权益就难以得到保障，促进人的全面发展就失去了安定有序的社会环境；而人的全面发展的价值取向对制度文明建设提出了全方位和高标准的要求，明确制度文明建设的价值目标在于人，而非物。

从制度设计和安排入手，充分尊重和保护社会公民合法利益，体现公平与和谐的原则。我国现代化既是人口规模巨大的现代化，更是全体人民共同富裕的现代化，共同富裕本身就是社会主义现代化的重要目标，同时，实现共同富裕有利于扩大内需，形成强大国内市场，也是构建新发展格局的主要着力点。因此，在新发展阶段，必须把促进全体人民共同富裕摆在更加重要的位置，着力解决地区差距、城乡差距、收入差距等问题，在发展中体现社会主义公平正义原则，需要强有力的制度推进作保障，形成积聚力量的制度合力。习近平总书记指出："让人民生活幸福是'国之大者'。全面推进乡村振兴的深度、广度、难度都不亚于脱贫攻坚，决不能有任何喘口气、歇歇脚的想法，要在新起点上接续奋斗，推动全体人民共同富裕取得更为明显的实质性进展。"[1]"当然，实现共同富裕，要统筹考虑需要和可能，按照经济社

---

① 习近平：《解放思想深化改革凝心聚力担当实干建设新时代中国特色社会主义壮美广西》，《人民日报》2021年4月28日。

会发展规律循序渐进。同时，这项工作也不能等，要自觉主动解决地区差距、城乡差距、收入差距等问题"①，通过加快推进民生领域体制机制创新，促进公共资源向基层延伸、向农村覆盖、向困难群体倾斜。为此，要进一步建立合理有序的收入分配格局和覆盖城乡居民的社会保障体系，完善基本公共服务体系等，将适合农民的最大利益作为经济社会发展的主体内容和建设方向，"要坚持农业农村优先发展，按照产业兴旺、生态宜居、乡风文明、治理有效、生活富裕的总要求，建立健全城乡融合发展体制机制和政策体系，加快推进农业农村现代化"②。要强化以工补农、以城带乡，以缩小城乡发展差距和居民生活水平差距为目标，切实推进城乡要素自由流动、平等交换和公共资源合理配置，建立城乡一体化的规划管理和实施体制，推动城镇公共服务向农村覆盖，推动人才下乡、资金下乡、技术下乡，推动农村人口有序流动、产业有序集聚，形成城乡互动、良性循环的发展机制，在全社会形成关注农业、关心农村、关爱农民的浓厚氛围，让农民的日子越过越红火。

　　人与自然、人与社会的和谐发展，其视野不仅是当代人还包括后代人，要让子孙后代在持续发展中建功立业，让发展成果造福子孙后代。代际公平是制度文明的重要内容，也是社会进步的重要标志。要实现代际和谐与公平，就要求当代人要自觉担当起不同代际分配资源的伦理责任，以对人类整体负责的态度开发和利用自然资源，就成为规范和制约当代以及未来人类生产、生活的基本要求。自然美景，既带给人们美的享受，也是人类走向未来的依托。必须吸取过往的实践教训，尊重自然的客观存在及其客观规律，与自然保持良性的动态的辩证统一，突出强调人与自然、人类与生态环境关系的重要性。良好的生态环境是最基本、最普惠的民生福祉。要进一步树立尊重自然、顺应自然、保护自然的生态文明理念，将生态文明建设融入整个现代化进程，加快转变经济发展方式，在发展中保护、在保护中发展，实现发展经济、改善民生、保护生态的和谐共赢，以此引领人类文明形态的发展。

---

① 习近平：《论把握新发展阶段、贯彻新发展理念、构建新发展格局》，中央文献出版社2021年版，第480页。

② 《习近平谈治国理政》第3卷，外文出版社2020年版，第25页。

因此，要完整、准确、全面贯彻新发展理念。坚持新发展理念是关系我国发展全局的一场深刻变革，为立足新发展阶段、构建新发展格局、推动高质量发展提供了科学引领和行动指南。习近平总书记强调指出："理念是行动的先导，一定的发展实践都是由一定的发展理念来引领的。发展理念是否对头，从根本上决定着发展成效乃至成败。"①"党的十八大以来我们对经济社会发展提出了许多重大理论和理念，其中新发展理念是最重要、最主要的。新发展理念是一个系统的理论体系，回答了关于发展的目的、动力、方式、路径等一系列理论和实践问题，阐明了我们党关于发展的政治立场、价值导向、发展模式、发展道路等重大政治问题。"② 新发展理念是一个整体，提出的要求是全方位、多层次的，必须全面系统把握，让各方面形成合力，这就要求把新发展理念贯穿于经济社会发展全过程和各领域，作为管全局、管根本、管方向、管长远的基础性和支撑性要素。要特别注重基于新发展理念的制度建设，坚持以人民为中心，围绕解决发展动力问题、发展不平衡问题、人与自然和谐问题、发展内外联动问题、社会公平正义问题，建构更加定型成熟的制度体系，切实推动质量变革、效率变革、动力变革，努力实现创新成为第一动力、协调成为内生特点、绿色成为普遍形态、开放成为必由之路、共享成为根本目的的高质量发展，不断满足人民日益增长的美好生活需要，更好推动人的全面发展、社会全面进步。

---

① 《习近平谈治国理政》第 2 卷，外文出版社 2017 年版，第 197 页。
② 习近平：《论把握新发展阶段、贯彻新发展理念、构建新发展格局》，中央文献出版社 2021 年版，第 479 页。

主要参考文献

一、马克思主义经典著作

《马克思恩格斯全集》第 1、2、3、4、19、20、23、25、26、27、39、40、42、46（上、下卷），人民出版社中文第 1 版。

《马克思恩格斯选集》第 1—4 卷，人民出版社 1995 年版。

《马克思恩格斯文集》第 1 卷，人民出版社 2009 年版。

［德］马克思：《资本论》第 1 卷，人民出版社 1975 年版。

《毛泽东选集》第 3 卷，人民出版社 1991 年版。

《邓小平文选》第 2 卷，人民出版社 1994 年版。

《邓小平文选》第 3 卷，人民出版社 1993 年版。

《习近平谈治国理政》，外文出版社 2014 年版。

《习近平谈治国理政》第 2 卷，外文出版社 2017 年版。

《习近平谈治国理政》第 3 卷，外文出版社 2020 年版。

习近平：《关于坚持和发展中国特色社会主义的几个问题》，《求是》2019 年第 4 期。

习近平：《在庆祝中国共产党成立 100 周年大会上的讲话》，人民出版社 2021 年版。

习近平：《论把握新发展阶段、贯彻新发展理念、构建新发展格局》，中央文献出版社 2021 年版。

二、西方重要著作（中译本）

［古希腊］亚里士多德：《政治学》，吴寿彭译，商务印书馆 1997 年版。

［英］亚当·斯密：《国富论》（上、下卷），郭大力、王亚南译，商务印书馆 1972 年版。

［法］卢梭：《论人与人之间不平等的起源和基础》，李平沤译，商务印书馆 2007 年版。

［德］康德：《纯粹理性批判》，李秋零译，人民出版社 2004 年版。

［德］黑格尔：《精神现象学》，贺麟、王玖兴译，商务印书馆 1997 年版。

［德］黑格尔：《小逻辑》，贺麟译，商务印书馆 1997 年版。

［德］黑格尔：《法哲学原理》，范扬、张企泰译，商务印书馆 1961 年版。

［德］黑格尔：《历史哲学》，王造时译，上海书店出版社 2001 年版。

［德］黑格尔：《哲学史讲演录》第 1—4 卷，贺麟、王太庆译，商务印书馆 1959 年版。

［德］黑格尔：《法哲学政治著作选》，商务印书馆 1981 年版。

［德］费尔巴哈：《基督教的本质》，荣震华译，商务印书馆 1984 年版。

［德］费尔巴哈：《费尔巴哈哲学史著作选读》第 1 卷，商务印书馆 1978 年版。

［德］费尔巴哈：《费尔巴哈著作选集》（上、下卷），荣震华、李金山译，商务印书馆 1984 年版。

［法］科尔纽：《马克思恩格斯传》第 1 卷，刘丕坤等译，商务印书馆 1973 年版。

［德］赫斯：《共产主义信条问答》，《国际共运史资料》第 7 辑，人民出版社 1982 年版。

［英］戴维·麦克莱伦：《青年黑格尔派与马克思》，夏威仪译，商务印书馆 1982 年版。

［英］培根：《新工具》，许宝骙译，商务印书馆 1982 年版。

［美］丹尼尔·贝尔：《资本主义文化矛盾》，赵一凡译，三联书店 1989 年版。

［加拿大］查尔斯·泰勒：《黑格尔》，张国清、朱进东译，译林出版社 2002 年版。

［德］胡塞尔：《欧洲科学危机和超验现象学》，张庆熊译，上海译文出版社 1988 年版。

［德］伽达默尔：《哲学解释学》，夏镇平、宋健平译，上海译文出版社 2004 年版。

［德］海德格尔：《面向思的事情》，陈小文、孙周兴译，商务印书馆 1996 年版。

［德］哈贝马斯：《后形而上学思想》，曹卫东译，译林出版社 2001 年版。

［德］哈贝马斯：《现代性的哲学话语》，曹卫东译，译林出版社 2004 年版。

［德］马克斯·韦伯：《新教伦理与资本主义精神》，苏国勋等译，三联书店 1987 年版。

［瑞士］雅各布·布克哈特：《意大利文艺复兴时期的文化》，何新译，商务印书馆 1979 年版。

［英］柯林伍德：《历史的观念》，何兆武、张文杰译，商务印书馆 1997 年版。

［美］弗莱德·R.多尔迈：《主体性的黄昏》，万俊人等译，上海人民出版社1992年版。

［美］乔治·霍兰·萨拜因：《政治学说史》下卷，刘山译，商务印书馆1986年版。

［英］哈耶克：《通往奴役之路》，王明毅、冯兴元等译，中国社会科学出版社1997年版。

［美］布罗姆利：《经济利益与经济制度》，陈郁等译，三联书店1996年版。

［美］弗洛姆：《为自己的人》，孙依依译，三联书店1988年版。

［美］马尔库塞：《单向度的人——发达工业社会意识形态研究》，刘继译，上海译文出版社2006年版。

［德］卡尔·雅斯贝斯：《时代的精神状况》，王德峰译，上海译文出版社1997年版。

［美］约翰·罗尔斯：《正义论》，何怀宏译，中国社会科学出版社1988年版。

［英］戴维·弗里斯比：《现代性的碎片》，卢晖临译，商务印书馆2003年版。

［美］特里·伊格尔顿：《历史中的政治、哲学、爱欲》，马海良译，中国社会科学出版社1999年版。

［美］康芒斯：《制度经济学》，于树生译，商务印书馆1997年版。

［美］诺斯：《制度、制度的变迁与经济绩效》，杭行译，三联书店1994年版。

［美］丹尼斯·米都斯等：《增长的极限》，李宝恒译，吉林人民出版社1997年版。

［法］福柯：《何为启蒙》，载汪晖、陈燕谷主编：《文化与公共性》，三联书店1998年版。

［英］安东尼·吉登斯：《现代性与自我认同：现代晚期的自我与社会》，夏璐译，三联书店1998年版。

［英］安东尼·吉登斯：《现代性的后果》，田禾译，译林出版社2000年版。

［英］乔纳森·沃尔夫：《当今为什么还要研读马克思》，段忠桥译，高等教育出版社2006年版。

［英］齐格蒙·鲍曼：《现代性与大屠杀》，杨渝东、史建华译，译林出版社2002年版。

［德］詹姆斯·施密特：《启蒙运动与现代性》，徐向东、卢华译，上海人民出版社2005年版。

［美］罗伯特·皮平：《作为哲学问题的现代主义》，阎嘉译，商务印书馆2007年版。

[美] 阿瑟·奥肯:《平等与效率》, 陈涛译, 华夏出版社 1999 年版。

[德] 卡尔·曼海姆:《重建时代的人与社会: 现代社会结构的研究》, 张旅平译, 三联书店 2002 年版。

[美] 布隆克:《质疑自由市场经济》, 林季红译, 江苏人民出版社 1999 年版。

[日] 岩佐茂:《环境的思想》, 韩立新译, 中央编译出版社 1997 年版。

三、外文文献

Horkheinmer. M. and 6. N Waszek, The Scottish Enlightment and Hegel's Account of "Civilsociety", Dordrecht: Kluwer Academic Publishers, 1988.

Adam Seligman, The Idea of Civil Society, New York: Free Press, 1992.

Mark Neocleou, "From Civil Society to the Social", The British Journal of Sociology, 1995, 46（3）.

Adorno. T. Dialectic of Enlightenment, New York: Herder and Herder Inc.

Adorno. T. W, The Culture Industry, London: Routledge, 1991.

J. Habermas, The Philosophical Discourse of Modernity, Cambridge: Polity Press, 1987.

J. Habermas, The Structural Transformation of Public Sphere, MTT Press, 1989.

Dallmayr, Fred., Life-word, Modernity and Critique: Paths between Heidegger and the Frankfurt School, Polity Press 1991.

Robert Antonio（ed.）Marx and Modernity: Key readings and Commentary, Blackwell Publishing Company, 2003.

G. Lukaacs, History and Class Consciousness, Lodon, 1971.

Benjamin, Andrew, ed., The Problems of Modernity: Adorno and Benjamin, Routledge 1989.

Alasdair Maclntyre,The Thesee on Feuerbach: A Road Not Taken, in: Knight, K（ed.）, The Maclntyre Reader, Cambridge, 1998.

四、中文主要参考著作

黄楠森主编:《马克思主义哲学史》（八卷本）, 北京出版社 1990 年版。

《陶德麟文集》, 武汉大学出版社 2007 年版。

陶德麟:《哲学的现实与现实的哲学》,北京师范大学出版社 2005 年版。

陈先达:《马克思早期思想研究》,中国人民大学出版社 2006 年版。

陈先达:《走向历史的深处——马克思历史观研究》,中国人民大学出版社 2006 年版。

孙伯鍨:《探索者道路的探索》,南京大学出版社 2002 年版。

侯才:《青年黑格尔派和马克思早期思想发展》,中国社会科学出版社 1994 年版。

刘小枫:《现代性社会理论绪论》,三联书店 1998 年版。

汪行福:《走出时代的困境——哈贝马斯对现代性的反思》,上海社会科学院出版社 2000 年版。

吕世荣:《马克思社会发展力量研究》,社会科学文献出版社 2001 年版。

马长山:《国家、市民社会与法治》,商务印书馆 2001 年版。

何萍、李维武:《马克思主义中国化探论》,人民出版社 2002 年版。

韩庆祥、邹诗鹏:《人学:人的问题的当代阐释》,云南出版社 2002 年版。

谢中立、孙立平主编:《二十世纪西方现代化理论文选》,上海三联书店 2002 年版。

袁祖社:《权力与自由:市民社会的人学考察》,中国社会科学出版社 2003 年版。

陈立新:《历史的生存论澄明——马克思历史观哲学境域研究》,安徽大学出版社 2003 年版。

王新生:《市民社会论》,广西人民出版社 2003 年版。

汪信砚:《当代视域中的马克思主义哲学》,湖北人民出版社 2004 年版。

吴晓明、王德峰:《马克思的哲学革命及其当代意义》,人民出版社 2005 年版。

丰子义:《发展的反思与探索》,中国人民大学出版社 2006 年版。

韩庆祥等:《马克思开辟的道路——人的全面发展研究》,人民出版社 2005 年版。

吴晓明:《形而上学的没落——马克思与费尔巴哈关系的当代解读》,人民出版社 2006 年版。

吴晓明:《思入时代的深处:马克思哲学与当代世界》,北京师范大学出版社 2006 年版。

仰海峰:《形而上学批判:马克思哲学的理论前提及当代效应》,江苏人民出版社 2006 年版。

杨鲜兰:《经济全球化条件下人的发展问题》,中国社会科学出版社 2006 年版。

李佃来：《公共领域与生活世界——哈贝马斯市民社会理论研究》，人民出版社 2006 年版。

蒋红：《马克思市民社会理论研究》，人民出版社 2007 年版。

邹广文：《当代文化哲学》，人民出版社 2007 年版。

陈学明：《驶向冰山的泰坦尼克号——西方左翼思想家眼中的当代资本主义》，人民出版社 2008 年版。

邓正来：《国家与社会：中国市民社会研究》，北京大学出版社 2008 年版。

杨国荣主编：《现代性的中国视域》，华东师范大学出版社 2008 年版。

杨耕：《东方的崛起：关于中国式现代化的哲学反思》，北京师范大学出版社 2009 年版。

张曙光：《现代性论域及其中国话语》，武汉大学出版社 2010 年版。

洪岩编著：《马克思市民社会理论研究》，吉林大学出版社 2011 年版。

陈东英：《赫斯与马克思早期思想关系研究》，人民出版社 2011 年版。

邹诗鹏：《激进政治的兴起：马克思早期政治与法哲学批判手稿的当代解读》，复旦大学出版社 2012 年版。

李志：《马克思的个人概念》，人民出版社 2014 年版。

谢霖等：《马克思东方社会理论与中国特色社会主义道路》，中国社会科学出版社 2015 年版。

刘国胜：《中国现代性建构与马克思主义哲学中国化》，中国社会科学出版社 2015 年版。

陈志尚：《人学新论——马克思主义人学基本理论和重大现实问题研究》，人民出版社 2015 年版。

王代月：《回归历史——基于马克思市民社会批判视角》，中国社会科学出版社 2016 年版。

郑宇：《马克思自由和解放思想研究》，复旦大学出版社 2018 年版。

欧阳英：《马克思政治哲学思想探析》，中国社会科学出版社 2018 年版。

五、主要参考论文

吴晓明：《论马克思对现代性的双重批判》，《学术月刊》2006 年第 2 期。

何萍：《人的全面发展与市民社会》，《武汉大学学报》2002 年第 5 期。

何萍：《现代化与马克思恩格斯东方社会理论》，《山东社会科学》2003 年第 2 期。

萧诗美：《实践论和辩证法的分离与统一》，《哲学研究》2009 年第 1 期。

万俊人：《普世伦理及其方法问题》，《哲学研究》1998 年第 10 期。

叶汝贤：《唯物史观视域中的"以人为本"》，《哲学研究》2004 年第 10 期。

吴向东：《制度与人的全面发展》，《哲学研究》2004 年第 8 期。

丰子义：《马克思现代性思想的当代解读》，《中国社会科学》2005 年第 4 期。

俞吾金：《马克思对现代性的诊断及其启示》，《中国社会科学》2005 年第 1 期。

鲁品越、骆祖望：《资本与现代性的生成》，《中国社会科学》2005 年第 3 期。

郭大为：《镜像中的生存——现代性的反思与反思的现代性》，《中国社会科学》2005 年第 1 期。

罗骞：《马克思与现代性批判》，《江苏社会科学》2005 年第 1 期。

张琳：《现代性：规范、反思、建构——对当代中国现代性建构的反思》，《江海学刊》2006 年第 1 期。

吴晓明：《论马克思对现代性的双重批判》，《学术月刊》2006 年第 2 期。

王浩斌：《市民社会批判与马克思主义哲学研究范式的转换》，《华东师范大学学报》2007 年第 3 期。

陈学明：《马克思的公平观与社会主义市场经济》，《马克思主义研究》2011 年第 1 期。

陈立新：《历史唯物主义与"历史科学"》，《武汉大学学报》（人文科学版）2010 年第 5 期。

仰海峰：《物的依赖关系与市民社会的经济学—哲学批判——新版〈国民经济学批判大纲〉研究》，《教学与研究》2013 年第 9 期。

周叶中：《大力弘扬社会主义法治精神》，《人民日报》2020 年 12 月 22 日。

郭齐勇：《中华优秀传统制度文化的特质》，《人民日报》2021 年 4 月 22 日。

［法］G. 索尔曼：《哈耶克：使资本主义复兴的人》，江小平译，《国外社会科学》1989 年第 6 期。

后　记

　　自武汉大学博士研究生毕业至今，屈指数来，已经过去 14 个年头了。时间的年轮滚滚向前，岁月的痕迹镌刻在脸庞，我还是对攻读博士研究生期间的那段日子无限感怀。导师恩师陶德麟先生的悉心点拨和亲切教诲让我无比感激。前些年每临春节，陶先生和师母总是给我及家人寄来满是温暖的祝福话语，言语中饱含父辈的慈祥和牵挂，而现在我只能久坐在书桌旁，凝眸先生为我留下的隽秀厚重的笔墨，对先生寄予深切的缅怀。往事在眼前浮现，思念在心中翻腾！念手泽未泯而音容永隔，诚不禁潸然泪下，"飞霜五月百花残，抚摩遗札泪如泉"①。

　　本著是在博士论文基础上的拓展和延伸。在贯彻新发展理念、推动高质量发展的时代背景下，理论工作者应该做出体现时代要求的回应与思考。本书力图对马克思市民社会理论的理论逻辑进行系统梳理，并阐述以人民为中心是唯物史观的当代中国发展。以人民为中心蕴含的人的主体地位、人的根本利益、人的现实需要、人的共同富裕、人与自然和谐共生、人的全面发展等价值立场，与马克思市民社会理论一脉相承又与时俱进。基于此，本书的着眼点和落脚点在于通过制度建设切实贯彻以人民为中心的发展思想，阐述制度变革与建构对于增进民生福祉、促进人的全面发展、实现共同富裕的必要性和必然性，突出以人民为中心的现实性。

---

① 摘自陶德麟：《忆鹤鸣师》（鹤鸣师指李达同志），载《陶德麟文集》，武汉大学出版社 2007 年版，第 1116 页。

　　本书的写作得到武汉大学马克思主义哲学博士点多位教授的指点，汪信砚教授、何萍教授的耳提面命和真知灼见对于我的学术成长起到了基础性作用。在此表达衷心谢忱！尽管写作的道路充满艰辛，勉力而为之，我也深知，以我的学识素养驾驭此艰深的理论问题，是力所不逮的，谨借此书出版，期待求教于方家，得到更多的指导和匡正。

　　已经进入知天命的年纪了。回看走过的人生历程，有太多的人、太多的事令我无法忘却、时时记起，感谢的话语说出来总是显得那么苍白乏力。我特别感念滋养我人生和职业成长的江汉大学，每当我需要的时候，她总是给予我各方面的亲切关怀和慷慨帮助，而我能为她付出的，又是那么匮缺和单薄，我心存愧疚，回报她的最好方式也只有勤勉努力地工作，奉献自己的涓滴之力。也感恩父母、家人的暖心关爱和温馨陪伴，父母的健康、家人的幸福、生活的美好是我莫大的心愿。

刘建新

2021 年（辛丑）元宵节

责任编辑：崔继新

封面设计：王欢欢

版式设计：严淑芬

责任校对：马　婕

图书在版编目（CIP）数据

以人民为中心视域下的马克思市民社会理论研究／刘建新　著 . — 北京：

　　人民出版社，2022.4

ISBN 978－7－01－023872－2

I.①以⋯　 II.①刘⋯　 III.①市民－城市社会学－马克思著作研究

　　IV.① A811.64

中国版本图书馆 CIP 数据核字（2021）第 208771 号

以人民为中心视域下的马克思市民社会理论研究

YI RENMIN WEI ZHONGXIN SHIYU XIA DE MAKESI SHIMIN SHEHUI LILUN YANJIU

刘建新　著

人 民 出 版 社 出版发行

（100706　北京市东城区隆福寺街 99 号）

北京盛通印刷股份有限公司印刷　新华书店经销

2022 年 4 月第 1 版　2022 年 4 月北京第 1 次印刷

开本：710 毫米 ×1000 毫米 1/16　印张：20.5

字数：303 千字

ISBN 978－7－01－023872－2　定价：98.00 元

邮购地址 100706　北京市东城区隆福寺街 99 号

人民东方图书销售中心　电话（010）65250042　65289539